21世纪世界历史学探微

中国社会科学院世界历史研究所学术文集
（2004—2019）

汪朝光 罗文东 主编

第一卷 唯物史观与史学理论研究

中国社会科学出版社

图书在版编目（CIP）数据

21世纪世界历史学探微：中国社会科学院世界历史研究所学术文集：2004—2019：全五卷/汪朝光，罗文东主编. —北京：中国社会科学出版社，2022.11

ISBN 978 - 7 - 5203 - 9689 - 9

Ⅰ.①2⋯ Ⅱ.①汪⋯ ②罗⋯ Ⅲ.①世界史—文集 Ⅳ.①K107 - 53

中国版本图书馆CIP数据核字（2022）第024608号

出 版 人	赵剑英
责任编辑	刘　芳　宋燕鹏
特约编辑	耿晓明　吴丽平
责任校对	赵雪姣
责任印制	李寡寡

出　　版	中国社会科学出版社
社　　址	北京鼓楼西大街甲158号
邮　　编	100720
网　　址	http://www.csspw.cn
发 行 部	010 - 84083685
门 市 部	010 - 84029450
经　　销	新华书店及其他书店
印刷装订	北京君升印刷有限公司
版　　次	2022年11月第1版
印　　次	2022年11月第1次印刷
开　　本	710×1000　1/16
印　　张	129.5
字　　数	1810千字
定　　价	698.00元（全五卷）

凡购买中国社会科学出版社图书，如有质量问题请与本社营销中心联系调换
电话：010 - 84083683
版权所有　侵权必究

编委会

主　　编　汪朝光　罗文东
编委会成员（以姓氏拼音为序）
　　　　　　　毕健康　高国荣　姜　南　刘　健
　　　　　　　罗文东　孟庆龙　饶望京　任灵兰
　　　　　　　汪朝光　俞金尧　张跃斌
编辑组成员　刘　健　任灵兰　刘　巍　马渝燕
　　　　　　　张　然　张艳茹　张　丹　王　超
　　　　　　　邢　颖　鲍宏铮　信美利　孙思萌
　　　　　　　郑立菲　罗宇维　时伟通　杨　洁

总目录

历史科学和中国特色社会主义（代序） ………… 于 沛（1）

第一卷 唯物史观与史学理论研究

中国的世界历史学发展方向问题……………… 张顺洪（1）
构建世界历史体系的方法和原则……………… 罗文东（30）
构建双主线、多支线的中国世界史编撰线索体系
　——全球化时代马克思世界历史理论的应用 …… 董欣洁（42）
唯物史观：一门真正的实证科学……………… 吴 英（60）
跨文化研究的话语
　——关于历史思维的讨论……………………… 姜 芃（74）
信息史学建构的跨学科探索…………………… 王旭东（104）
"庶民研究"与后殖民史学……………………… 张旭鹏（139）
黑格尔与兰克历史认识论之辩………………… 景德祥（156）
论阿克顿的历史哲学…………………………… 张文涛（175）
评麦克尼尔的《西方的兴起》及全球史研究 ……… 郭 方（191）
马歇尔·霍奇森的文明研究…………………… 李俊姝（202）
伯纳德·贝林与美国早期移民史研究………… 魏 涛（221）
法国学者富尔格谈城市史研究………………… 张 丽（240）
西方财产观念的发展…………………………… 刘 军（245）
中世纪欧洲厌女主义的发展及其影响………… 李桂芝（268）

中国世界史研究 70 年回顾与前瞻 ………………… 汪朝光（292）
2011 年中国世界史研究述评 …………………………… 任灵兰（323）
世界历史研究回顾与展望暨世界历史研究所
　成立 50 年座谈会综述 ………………………………… 饶望京（366）

第二卷　世界古代中世纪史研究

正确对待《家庭、私有制和国家的起源》一书 …… 廖学盛（ 1 ）
关于国家定义的重新认识 ………………………………… 易建平（ 15 ）
神学与科学
　——近代西方科学的产生 …………………………… 张椿年（ 47 ）
"继承神秘剧的展演"：古埃及王权继承仪式探析 … 郭子林（ 64 ）
赫梯基拉姆节日活动的仪式特征及其功能 …………… 刘　健（ 90 ）
赋役豁免政策的嬗变与亚述帝国的盛衰 ……………… 国洪更（108）
雅典古典时期的埃菲比亚文化 ………………………… 吕厚量（138）
希腊城邦与奥林匹亚节 ………………………………… 邢　颖（162）
古代斯巴达的公民大会 ………………………………… 祝宏俊（180）
罗马化抑或高卢化
　——高卢罗马化过程中的文化互动现象考察 …… 胡玉娟（195）
庄园法庭、村规民约与中世纪欧洲
　"公地共同体" …………………………………… 赵文洪（222）
"为他人的利益而占有财产"
　——中世纪英国的地产托管、封土保有与
　　家产继承 ……………………………………… 陈志坚（242）
中世纪英格兰仆从的法律地位探析 …………………… 王超华（273）
英格兰宗教改革时期的新教改革者与传播媒介 …… 张　炜（288）
中世纪晚期英格兰圣职候选人的"头衔"探析
　——以赫里福德主教区为例 ……………………… 孙　剑（307）
十四至十六世纪荷兰农村手工业兴起的原因 ………… 宁　凡（326）
高句丽好太王碑拓本的分期与编年方法 ……………… 徐建新（344）

幽州刺史墓墓主身份再考证	孙　泓（385）
吐鲁番对传统中医药学的贡献	宋　岘（403）
揄扬与贬抑：明清之际英国学人的中国观	徐亚娟（412）

第三卷　苏俄东欧史研究

19世纪中叶俄国进步舆论对中国时局的反应	陈之骅（1）
揭开俄国农村公社的神秘	
——读罗爱林著《俄国封建晚期农村公社研究	
（1649—1861）》	孙成木（14）
普列汉诺夫"政治遗嘱"真伪辨	陈启能（19）
错译的"余粮收集制"与国内学界对苏联史的	
误读	赵旭黎（36）
苏联初期政治体制与20世纪30年代的世界经济	
危机	吴恩远（58）
20世纪90年代初"过渡时期"的俄罗斯历史学	邢媛媛（65）
俄罗斯史学研究的"帝国热"和帝国史流派	
——近代俄罗斯史学转型的重大问题	马龙闪（78）
当代俄国的劳工史研究	曹特金（95）
俄罗斯解密二战档案：捍卫真实的历史	闻　一（101）
安·尼·梅杜舍夫斯基谈当代俄罗斯	
史学	黄立茀　王丹（105）
俄罗斯学者对几个历史问题的再认识	
——访俄随录	段启增（115）
赫鲁晓夫时期苏联与古巴关系的演变及其影响	
因素	刘国菊（124）
俄罗斯住房体制转型评析	张　丹（149）
基辅罗斯外交浅析	国春雷（170）
克柳切夫斯基论波雅尔杜马在国家政治体制发展史	
中的历史地位	朱剑利（188）

东欧农业集体化与东欧国家社会稳定问题浅议 …… 刘　凡（220）
波兰战后初期的人民民主道路之争……………… 刘邦义（235）
苏东剧变后波兰的人口状况及移民趋势…………… 王晓菊（255）
波美拉尼亚的"格里芬"
　　——波兰卡舒比人刍议…………………………… 何　风（271）
匈牙利剧变的前因后果 …………………………… 阚思静（287）
保加利亚社会转型与人口危机……………………… 马细谱（297）
一部颇具新意的《保加利亚史》 ………………… 张联芳（307）
难以实现的合作
　　——中国与华约组织的关系…………………… 李　锐（318）
"丝绸之路经济带"：地缘构想的当代起源及其
　　再认识……………………………………………… 侯艾君（343）
中东欧的核电争议与中国核企的机遇和挑战 ……… 鲍宏铮（359）

第四卷　西欧北美史研究

全球化进程中的时间标准化……………… 俞金尧　洪庆明（ 1 ）
资本贪婪与金融危机：资本的本性、特点、霸权、
　　转嫁危机和思维方式 …………………………… 吴必康（ 34 ）
从世界史看当前金融危机的重大影响……………… 孟庆龙（ 43 ）
"回归欧洲"与东扩 ………………………………… 周荣耀（ 59 ）
1937—1947：战争—世界 ………………………… 端木美（ 72 ）
"火"的思想史和化学史 …………………………… 李文靖（ 75 ）
猎巫运动的衰亡：一个社会思想史的维度 ………… 姚　朋（ 87 ）
法德英关系与欧洲一体化（1945—1993） ……… 姜　南（111）
英美现代警察调控职能和调控手段变化的
　　历史考察 ………………………………………… 谢闻歌（127）
工业革命时期英国人才环境探究…………………… 张　瑾（140）
17—18 世纪英属大西洋世界的奴隶制度与废奴
　　运动 ……………………………………………… 金　海（153）

近代法国莱茵河"自然疆界"话语的流变
  （1450—1792）……………………………… 黄艳红（175）
孟德斯鸠对"礼仪之争"的解读 ………………… 许明龙（212）
从德国十一月革命看近代德国工人运动的道路
  选择 ……………………………………………… 王宏波（230）
希特勒民社党的社会政策（1933—1939）………… 邱 文（248）
论科尔政府务实的德国政策
  ——以十亿马克贷款为例 ……………………… 王 超（264）
从西班牙历史看"民族国家"的形成与界定 ……… 秦海波（279）
试论瑞典的"充分就业" …………………………… 张晓华（295）
美国联邦个人所得税制度的确立及其社会影响 …… 张红菊（311）
美国的中国通与20世纪60年代初到70年代初的
  美中关系 ………………………………………… 顾 宁（327）
近二十年来美国环境史研究的文化转向…………… 高国荣（343）
里根政府的环境政策变革探析……………………… 徐再荣（372）
桑巴特问题的探究历程……………………………… 邓 超（390）
"9·11"事件以来美国对外援助机构调整以及
  效果分析 ………………………………………… 孙明霞（410）

第五卷 亚非拉美史研究

天皇制的起源及结构特征 ………………………… 武 寅（1）
日本《华夷通商考》及其增补本中的海上贸易 …… 李文明（29）
第二次世界大战前日本救助犹太人的"河豚
  计划" …………………………………………… 文春美（41）
从世界反法西斯战争的视角论中国人民抗日战争 … 汤重南（60）
东京审判的回顾与再思考 ………………………… 沈永兴（77）
伊藤博文政党观的演变及政党实践的变迁 ……… 陈 伟（91）
对战后初期美国转变对日政策原因的再审视 …… 张经纬（110）
日本史学史上的"昭和史论争" ………………… 张艳茹（122）

日本的近现代史研究：问题与挑战……………………… 张跃斌（143）
驻韩美军对韩国社会的影响……………………………… 许　亮（159）
浅析印度地方分权运动的发展及特征…………………… 宋丽萍（179）
同强权博弈：谋略·胆量………………………………… 李春放（191）
土耳其凯末尔世俗主义改革之反思……………………… 毕健康（198）
以色列多党制民主制度的建立及其发展变化 ………… 赵云侠（212）
利益集团与美国的中东研究……………………………… 姚惠娜（268）
埃及军政分歧与第三次中东战争………………………… 朱泉钢（294）
论战后英美在英属撒哈拉以南非洲的经济伙伴关系
　（1945—1964）　………………………………… 杭　聪（307）
南非种族隔离时期的教育制度与种族分层劳动力
　市场的形成 ……………………………………… 刘　兰（325）
拉丁美洲与外部世界：历史解析………………………… 郝名玮（341）
论威权政体在拉美现代化进程中的演变和作用 ……… 冯秀文（347）
冷战初期美国对拉美外交政策的转变…………………… 杜　娟（362）
"墨西哥奇迹"与美国因素………………………………… 王文仙（379）

后　记 ……………………………………………………………（397）

历史科学和中国特色社会主义
（代序）

于 沛

中国特色社会主义是改革开放新时期开创的，也是建立在我们党长期奋斗的基础上，是中国共产党把马克思主义与中国实际和时代特征相结合，实现马克思主义中国化的最新理论成果。改革开放是我们党的一次伟大觉醒，是中国人民和中华民族发展史上一次伟大革命。中国史学在伟大的觉醒和伟大的革命中，融入中国特色社会主义的宏伟事业中，开启了中国马克思主义史学发展的新征程。

一

当代中国历史科学坚持以马克思主义为理论指导，它植根于中国特色社会主义实践，渊源于中华民族五千年文明史，是中国特色社会主义不可或缺的一部分。新中国史学70年最重要的理论成就，是马克思主义的"社会经济形态"理论，成为马克思主义史学理论方法论的核心理论。这是新中国史学继承、弘扬和发展中国马克思主义史学优秀传统的结果。

早在新中国成立前夕，1949年7月1日，中国新史学研究会筹备会成立，郭沫若任主席，吴玉章、范文澜为副主席。研究会的重要任务之一，是"学习并运用历史唯物主义的观点和方法，批判各种旧历史观，并养成史学工作者实事求是的作风，以从事新史学的建设工作"。① 同年9月29日，中国人民政治协商会议第一届全体会议通过的具有宪法性质的《共同纲领》也明确规定："提倡用科学的历史观点，研究和解释历史、经济、政治、文化和国际事务。"②

1949年10月1日新中国成立，中国历史揭开了崭新的一页，中国史学也进入了一个全新的发展阶段。1951年7月28日，在中国新史学研究会的基础上，中国史学会成立。当选主席郭沫若在成立会上作《中国历史学上的新纪元》的报告。他说：自中国新史学研究会成立后的两年间，"大多数的历史研究者已经逐渐从旧的史观转向了新的史观；这就是说，从唯心史观转向用马列主义的方法来处理实际问题，由唯心史观转向唯物史观"。吴玉章在会上有《历史研究工作的方向》的报告，从四个方面重申历史研究要坚持马克思主义唯物史观的理论指导，即"要认识到劳动人民是历史的主人"，"要重视现实"，"要把爱国主义与国际主义结合起来"，以及"我们的工作作风应当是反对党八股的革命的工作作风"，③反对历史研究中空洞无物、牵强附会，甚至剽窃抄袭等恶习。

20世纪50年代起至60年代初，中国史学界以唯物史观为理论指导，开展了对"中国古代史分期问题""中国封建土地所有制形式问题""中国封建社会农民战争问题""中国资本主义萌芽问题"和"汉民族形成问题"五个重大的史学理论问题（"五朵金花"），以及"亚细亚生产方式""中国封建社会长期延续的原因""中国古代民族关系""爱国主义与民族英雄""历史发展的动力"和"历史人物评价问题"等重大史学理论问题的深入讨论。这次讨论的成果并没有因"文化大革命"十年动乱而消逝，其嬗变于八九十年代到21世纪初，至今在中国学术界依然有重要影响。这些对改革开放后马克思主义史学理论建设，仍具有里程碑的意义。

---

① 《中国新史学研究会暂行简章》（1949年7月1日中国新史学研究会筹备会通过），载中国史学会秘书处编《中国史学会五十年》，海燕出版社2004年版，第4页。
② 中共中央文献研究室：《建国以来重要文献选编》第1册，中央文史出版社1992年版，第11页。
③ 中国史学会秘书处：《中国史学会五十年》，第7、9—11页。

马克思主义的"社会经济形态"理论，正如"达尔文推翻了那种把动植物物种看作彼此毫无联系的、偶然的、'神造的'、不变的东西的观点，探明了物种的变异性和承续性，第一次把生物学放在完全科学的基础上。同样，马克思也推翻了那种把社会看做可按长官的意志（或者说按社会意志和政府意志，反正都一样）随便改变的、偶然产生和变化的、机械的个人结合体的观点，探明了作为一定生产关系总和的社会经济形态这个概念，探明了这种形态的发展是自然历史过程，从而第一次把社会学放在科学的基础之上"①。历史研究要自觉地以马克思主义为理论指导，要有具体的内容，而不是口号。"人类的最高任务，就是从一般的和基本的特征上把握经济演进（社会存在的演进）的这个客观逻辑。"② 马克思主义的社会经济形态理论，揭示了人类社会从低级向高级发展规律的共同性和发展道路的多样性，这不仅指引着中国历史科学，而且指引着中国特色社会主义的未来。

1846年，马克思恩格斯在《德意志意识形态》中以所有制为标准，第一次将历史划分为部落所有制；古代公社所有制和国家所有制；封建的或等级的所有制；资产阶级的所有制；未来共产主义所有制五种所有制形式。③ 1859年，在《〈政治经济学批判〉序言》中，马克思第一次提出"社会经济形态"这个概念，并以社会经济形态划分历史："大体说来，亚细亚的、古希腊罗马的、封建的和现代资产阶级的生产方式可以看作是经济的社会形态演进的几个时代。资产阶级的生产关系是社会生产过程的最后一个对抗形式……人类社会的史前时期就以这种社会形态而告终。"④ 人类历史由低级到高级有序发展的规律，可以用自然科学的精确性表示出来。物质资料的生产是物质生活的基础；生产力是生产发展的决定因素；生产力自身的发展，形成人们的历史联系。在《资本论》中，马克思的"社会经济形态"理论

---

① 《列宁选集》第1卷，人民出版社2012年版，第10页。
② 《列宁选集》第2卷，第221页。
③ 参见《马克思恩格斯选集》第1卷，人民出版社2012年版，第148—149页。
④ 《马克思恩格斯选集》第2卷，第3页。

得到进一步丰富和深化。社会生产关系是随着物质生产资料、生产力的变化和发展而变化和改变的；社会经济形态发展表现为一系列不同的阶段。"社会经济形态的发展同自然的进程和自然的历史是相似的。"① 人类社会发展的历史规律，不以人的意志为转移。

中国马克思主义史学自产生起，始终坚持以唯物史观为理论指导，自觉用社会经济形态理论分析中国的历史和现实。1927年中国大革命失败后，由中国革命性质和社会性质论战，引发了中国社会史论战。论战的主要内容是中国历史发展经过了哪些社会形态，包括"亚细亚生产方式""中国历史上有无奴隶制社会"以及"商业资本主义（前资本主义）与专制社会"等。这直接涉及如何认识中国革命的性质和社会的性质；而论战的实质，是马克思主义社会形态理论是否适用于中国。中国人民在十年土地革命中的胜利，使"马克思主义社会形态理论不适用中国"的谬说不攻自破。

从1937年中国人民全面抗战开始，到1949年新中国成立，是中国马克思主义史学发展的新阶段。在这阶段，马克思主义唯物史观的影响日渐扩大，中国古代史分期讨论不断深化。继郭沫若《中国古代社会研究》（1930）之后，中国马克思主义史家吕振羽、翦伯赞、侯外庐、范文澜等人的重要著作相继问世②。延安的史学界也积极开展了关于殷商社会性质的争论。尹达等撰文③，就殷代生产力的发展水

---

① 马克思：《资本论》第1卷，（根据作者修订的法文版第1卷翻译），中国社会科学出版社1983年版，第4页。

② 这些成果主要是：吕振羽在1939—1940年修订了《中国社会史纲》的第1、2册，即《史前期中国社会研究》《殷周时代的中国社会》，后又发表有关中国社会史的多篇论文。1942年，耕耘出版社将这些汇集出版，书名为《中国社会史诸问题》。翦伯赞：《历史哲学教程》（1938）、翦伯赞：《中国史纲》第1卷，史前史和殷周史（1946）；《中国史纲》第2卷，秦汉史（1947）。郭沫若：《青铜时代》（1945）、《十批判书》（1945）。侯外庐：《中国古典社会论》（1943）、《中国古代思想学说史》（1943）。范文澜：《关于上古历史阶段的商榷》（1940）、范文澜：《中国通史简编》上册（1941）。20世纪40年代在国统区，以唯物史观为指导研究中国社会史较有影响的著作是邓初民的《中国社会史教程》、吴泽的《中国社会史纲要》等。

③ 相关文章主要有：尹达：《关于殷商社会性质争论的几个重要问题》，《中国文化》第2卷第1期，1940年9月；谢华：《略论殷代奴隶制度》，《中国文化》第2卷第4期，1940年12月；叶蠖生：《从安阳发掘成果中所见殷墟时代社会形态之研究》，《中国文化》第2卷第6期，1941年5月；尹达：《关于殷商史料问题》，《中国文化》第3卷第1期，1941年6月。

平、生产工具发展水平、殷代的农业和畜牧业，以及战争俘虏等问题提出讨论，在史坛引起热烈反响，中国马克思主义史学成长壮大。

如果说新中国成立前的"中国社会史论战"，直接关系到中国革命的性质、任务、动力和前途等，和政治论战交织在一起，是对国民党"文化围剿"的"反围剿"；那么，新中国成立后，在全国出现学习马克思主义热潮中，继续开展"中国古代史分期"的讨论，就有了新的意义和新的特点。"中国社会史论战"讨论的诸多问题，都不可避免地涉及"五种生产方式""五种所有制形式"或"五种社会经济形态"（"五形态论"），总之，都涉及马克思的社会经济形态学说，涉及是否承认人类社会的发展，是服从于一定规律的自然历史过程。这是加强马克思主义史学理论建设的需要，同时也有重要的现实意义。新中国成立初期，有助于人们在新的历史环境中，认清社会发展规律，坚定社会主义、共产主义的理想信念。

新中国成立初期中国古代史分期的讨论，首先是开展对一些重大理论问题的讨论，如"亚细亚生产方式"问题的论争、奴隶制的不同形态与古代东方社会的特点、区别奴隶制和封建制的标准，以及封建社会形成的条件和途径等。[①]

1966年开始的"文化大革命"，使中国历史科学在"文化大革命"中受到严重摧残。"文化大革命"结束后，全国人民在马列主义、毛泽东思想的指导下，解放思想，努力研究新情况新事物新问题，历史研究趋于活跃，有关社会经济形态问题的研究出现了新的进展。

1980年前后，首先由"亚细亚生产方式"的讨论，引发了对社会经济形态的热烈论争，因这个问题涉及诸如亚细亚生产方式、奴隶制问题、古史分期问题，以及中国封建社会长期延续等重大理论问题，同时这个问题对改革开放初期的中国有重要的现实意义，"文化大革命"后的中国向何处去？毋庸讳言，现实的社会经济是历史上的社会经济的延伸，自然要受到经济形态——历史规律的支配。

---

① 参见林甘泉等《中国古代史分期讨论五十年（一九二九——一九七九年）》，上海人民出版社1982年版，第147—214页。

所以直至80年代后期,"社会经济形态"问题仍是史学理论研究的热点,成为1988年全国史学理论研讨会的中心议题。

对"社会经济形态"研究争论的焦点有四个方面,分别是"五种社会经济形态"("五形态论")理论的来源;"五种社会经济形态"是否是人类社会普遍的发展规律;奴隶社会是否是人类社会的必经阶段;如何划分社会经济形态。① 这些讨论的焦点和歧见,实际上都和如何科学解读"五形态"依次演进是历史的规律有关。正确回答这个问题的关键,不在于五形态论是斯大林在《论辩证唯物主义和历史唯物主义》中提出的,还是马克思恩格斯在《德意志意识形态》中提出的;不在于是马克思在《〈政治经济学批判〉序言》、《资本主义生产以前的各种形式》中提出的,还是恩格斯在《家庭、私有制和国家的起源》中提出的;也不在于是否是列宁在《论国家》中提出的。正确回答这个问题的关键,是如何规定"历史规律"的科学含义。能否科学地理解"历史规律",直接影响到人们能否正确地理解"五形态论"的科学价值和现代意义。

对"规律"的理解,不能停留在直观的事物外在的因果关系上,而要去探求"本质的关系或本质之间的关系"。② 这就是说,对"规律"的认识,不能停留在经验的范围内,而是要超出这个范围,深入到事物内在的本质联系中去探寻。对于反映人类社会矛盾运动的历史规律也如是。认识和分析历史规律,"其一,从表现层面上对诸历史事件进行有秩序、规则的解释"。即从个案的、纷纭复杂、杂乱无章的历史事件中,寻找他们具有共同意义的普遍性。"其二,从历史运动的内部机制上进行规律性解释",即探究历史事件何以是"这样",而不是"那样"的基本动因。这两个方面,一个是从历史外在的历史事件、历史现象、历史过程中去寻找规律性,可称之为"表现型规律";另一个则是从"人类社会在历史过程中表现出来的

---

① 参见姜义华主编,武克全副主编,上海社会科学联合会编:《社会科学争鸣大系(1949—1989)·历史卷》,上海人民出版社1991年版,第58—64页。

② 列宁:《哲学笔记》,人民出版社1956年版,第161页。

现象进行机制性的解读,即机制型规律"。① 显然,历史规律、亦即对五形态论的理解,要从"从历史外在的、表现出来的历史现象",与"历史运动的内部机制"的辩证统一中去理解。

不难看出,一些对五形态论持否定意见的论者,多是以某一地区、某一国家或某一民族具体的历史发展进程为"个案例证",来否定五形态论所反映人类历史"普遍的历史规律"。这样就人为地割裂了"表现型规律"和"机制型规律"不可分割的统一性,仅仅是用经验归纳法得出的片面性的结论,它所反映的仅仅是"历史外在"的直观的内容,而没有深入到"历史内部"所蕴含的复杂内容中去。历史规律,总是作为历史矛盾运动总趋势的规律,五形态论即是这样的历史规律的具体体现,它是从整体的人类历史进程的视角出发,在历史进步不可抗拒的实证研究的基础上提出结论的。

19世纪中叶,包括马克思恩格斯在内,人们对原始社会知之甚少,对其研究也十分薄弱;五形态论对人类历史的演进只是提出了一个大体的、粗略的框架。马克思曾说:"一定要把我关于西欧资本主义起源的历史概述彻底变成一般发展道路的历史哲学理论,一切民族,不管他们所处的历史环境如何,都注定要走这条路……我要请他原谅。他这样做,会给我过多的荣誉,同时也会给我过多的侮辱。"② 但是,马克思探讨人类历史发展规律的方法论原则,却是有重大的理论意义。马克思主义的社会经济形态理论,是中国史学理论的基石不容置疑。不仅如此,还按其理论逻辑明确了中国特色社会主义是社会主义,其前景是共产主义,而不是什么别的主义。

2006年,高等教育出版社出版齐世荣主编4卷本《世界史》的《前言》写道:"马克思主义根据人类社会内部生产力与生产关系基本矛盾的不同性质,把人类历史发展的诸阶段区分为原始公社制、奴隶制、封建制、资本主义制和共产主义制几种生产方式和与之相应的几种社会形态。它们构成一个由低级到高级发展的纵向序列,

---

① 刘华初:《历史规律探究》,人民出版社2013年版,第110—111页。
② 《马克思恩格斯全集》第19卷,人民出版社1963年版,第130页。

但不是所有民族、国家的历史都一无例外地按照这个序列向前发展。有的没有经历过某一阶段，有的长期停顿在某一阶段。总的说来，人类历史由低级社会形态向高级社会形态的更迭发展，尽管先后不一，形式各异，但这个纵向发展的总过程仍然具有普遍的、规律性的意义"。① 这种认识，在中国史学界，已成为越来越多的人的共识。

二

新中国 70 年历史科学的发展，始终与时代同行，从不脱离实现中华民族伟大复兴的时代主题。它通过丰硕的原创性的精品力作，为全国人民学好历史这门必修课、坚定中华民族的历史自信、从正确的历史时空坐标中，认识到中国特色社会主义是历史的选择、人民的选择，做出了不可替代的贡献。

习主席说："在漫长的历史进程中，中华民族创造了独树一帜的灿烂文化。……今天遇到的很多事情都可以在历史上找到影子，历史上发生过的很多事情也都可以作为今天的镜鉴。中国的今天是从中国的昨天和前天发展而来的。"② 欲真切了解中国的现实和未来，必须要认真地研究中国的历史；同样，欲科学研究中国的历史，也不能钻进象牙塔里，无视中国特色社会主义的现实和未来。

20 世纪五六十年代"五朵金花"等重大史学理论问题讨论的成果，后主要由《历史研究》编辑部等结集出版③，有力地推动了中

---

① 齐世荣主编：《世界史·当代卷》，高等教育出版社 2006 年版，第 I 页。
② 习近平：《在中共中央政治局第十八次集体学习时的讲话》，《人民日报》，2014 年 10 月 14 日。
③ 《历史研究》编辑部编辑的讨论文集主要有《中国的奴隶制与封建制分期问题论文选集》，生活·读书·新知三联书店 1962 年版；《中国古代史分期问题讨论集》，生活·读书·新知三联书店 1957 年版；《中国近代史分期问题讨论集》，生活·读书·新知三联书店 1957 年版；《汉民族形成问题讨论集》，生活·读书·新知三联书店 1957 年版；《中国历代土地制度问题讨论集》，生活·读书·新知三联书店 1957 年版；《关于历史人物评价等问题的讨论》，生活·读书·新知三联书店 1965 年版。此外还有中国人民大学中国历史教研室编：《中国资本主义萌芽问题讨论集》（上、下），生活·读书·新知三联书店 1957 年版；景珩、林言椒编：《太平天国革命性质问题讨论集》，生活·读书·新知三联书店 1961 年版；南开大学历史系中国古代史教研室编：《中国封建社会土地所有制形式问题讨论集》（上、下），生活·读书·新知三联书店 1962 年版；史绍宾编：《中国封建社会农民战争问题讨论集》，生活·读书·新知三联书店 1962 年版。

国史学的理论建设。在此期间，后在改革开放新的历史时期，又有不少有广泛影响的精品力作问世。新中国成立17年间，杨宽、顾颉刚、何兹全、漆侠、唐长孺、周一良、韩国磐等，在先秦史、秦汉史、魏晋南北朝史等领域，都有专著问世。① 同在这一时期，隋唐史或隋唐五代史研究的成果也是硕果累累。除诸多重要的学术论文外，岑仲勉、陈寅恪、吕思勉、吴枫等都有专著问世。在两宋和辽夏金元的研究中，可以见到张家驹、陈述、蔡美彪的著作或文献整理。在明清史研究中，李洵、谢国桢、郭影秋、傅衣凌等，都有新成果问世②。

"中国近代史"是一相对年轻的学科，1949年新中国成立后得到迅速发展。1950年，中国科学院近代史研究所成立，范文澜出任所长，其前身为建于1938年的延安马列学院历史研究室。新中国成立后17年间，以马克思主义为指导的中国近代史学科体系基本确立；研究成果斐然，发表了包括学术论文在内的各类文章"5500篇，出版的近代史著作约200种，论文集32种。内容涉及了政治、经济、军事、思想文化、科学技术、中外关系及人物评价等广阔领域"，③ 同时对中国近代史的基本线索和分期等重大理论问题，也进

---

① 相关成果主要有杨宽:《战国史》，上海人民出版社1955年版；顾颉刚:《史林杂识初编》，中华书局1963年版；何兹全:《秦汉史略》，上海人民出版社1955年版；漆侠等:《秦汉农民战争史》，生活·读书·新知三联书店1962年版；唐长孺:《魏晋南北朝史论丛》，生活·读书·新知三联书店1955年版；唐长孺:《魏晋南北朝史论丛续编》，生活·读书·新知三联书店1959年版；唐长孺:《三至六世纪江南大土地所有制的发展》，上海人民出版社1957年版；周一良:《魏晋南北朝史论集》，中华书局1963年版；韩国磐:《北朝经济试探》上海人民出版社1958年版；韩国磐:《南朝经济试探》，上海人民出版社1963年版。

② 相关成果主要有岑仲勉《隋唐史》（上、下），高等教育出版社1958年版；吕思勉《隋唐五代史》（上、下），中华书局1959年版；韩国磐《隋唐五代史》，生活·读书·新知三联书店1961年版；吴枫《隋唐五代史》，人民出版社1958年版；陈寅恪《元白诗笺证稿》，文学古籍刊行社1955年版；张家驹《两宋经济重心的南移》，湖北人民出版社1957年版；陈述《金史拾补五种》，科学出版社1960年版；蔡美彪《元代白话碑集录》，科学出版社1955年版；李洵《明清史》，人民出版社1957年版；谢国桢《南明史略》，上海人民出版社1957年版；郭影秋编著《李定国纪年》，中华书局1960年版；傅衣凌《明清时代商人及商业资本》，人民出版社1956年版；侯外庐主编《中国思想通史》，人民出版社1957年版。

③ 肖黎主编:《中国历史学40年》，书目文献出版社1989年版，第260页。

行了研究，产生了一批精品力作①。这些著作的共同特点，是坚持以唯物史观为理论指导，厚积薄发，多是作者长年学术积累的研究结晶，反映了中国近代史研究的新进展，新高度，成为理解中国历史发展逻辑的基础，无论在当时还是在其后，都产生了广泛的影响。

改革开放新时期历史研究的主要任务，首先是从理论上拨乱反正，这就决定了这一时期历史研究的突出特点之一，是更加重视马克思主义对历史研究的指导作用，强调对历史过程或历史现象进行马克思主义的理论分析；关注现实，努力做到研究成果历史感和现实感的统一。1980年4月8日，胡乔木在中国史学会第二次代表大会的报告中说："马克思、恩格斯、列宁都说过，他们的学说是历史的学说。他们是用历史的眼光看待世界上事物的。……历史科学本身就是马克思主义不可缺少的基础之一，是马克思主义的一个组成部分。""为了认识和处理当前的现实问题，不能不研究历史。"这是因为"历史问题本身经常作为各种各样的现实问题，出现在我们面前，因为我们是生活在历史中间的，历史上的问题不可避免地会出现在我们的生活里"②，如中华民族的起源问题，中国文化、文明的起源问题等，既是古老的历史问题，又是一个非常现实的问题。此外，建设中国特色社会主义不能脱离中国的国情和历史特点，历史学应该对此作出科学的回答。诸如"为什么中国封建社会如此高度发展而走向近代化的步履却又如此艰难？中国封建专制主义中央集权国家在历史上究竟起了什么积极的和消极的作用？怎样看待中国传统社会的小农经济和农民阶级？传统文化对中国人民的心理结构和民族性格产生了什么影响？中华民族凝聚力的内在根据是什么"，等等。③ 研究历史，是为了开创中国特色社会主义辉煌的未来，成

---

① 这些作品主要有范文澜：《中国近代史》上册，人民出版社1955年版；戴逸：《中国近代史稿》第1卷，人民出版社1958年版；郭沫若主编：《中国史稿》第4册，人民出版社1962年版；翦伯赞主编：《中国史纲要》第4册，人民出版社1964年版。

② 中国史学会秘书处：《中国史学会五十年》，海燕出版社2004年版，第30—32页。

③ 林甘泉：《走向21世纪的中国史学》，载北京师范大学史学研究所编《历史科学与历史前途：祝贺白寿彝教授八十五华诞》，河南人民出版社1994年版，第17—18页。

为新时期历史科学蓬勃发展的基本动因。

这具体表现在一批重要成果相继问世[①],特别引人注目的是历史研究表现出越来越鲜明的时代精神。这具体反映了史家主体意识在改革开放后发生的深刻变化。例如,1989—1999年,上海人民出版社出版了白寿彝总主编的12卷本《中国通史》。该书第一卷《导论》为史学理论卷,重点探究了中国历史研究中提出的重大理论问题。[②] 编写者对这些问题进行艰苦的理论探讨时,广泛汲取了历代中国马克思主义史家的研究结晶,从整体上反映了新中国成立后,中国史学界在马克思主义史学理论研究中取得的重大进展。"论从史出",对这些问题的提出和回答,建立在新中国史学不断深入的实证研究基础上,努力做到了"把反映历史的规律性与反映历史的丰富性二者结合起来",在不少方面"实现了重大创新"[③]。如该书特别强调中国历史,是"统一的多民族的历史",广袤的中华人民共和国的疆域,是中国各民族共同进行历史活动的舞台。编写者高度重视历史上的民族关系,和各民族的历史贡献,以加强今天中华民族的

---

① 相关成果主要有:白寿彝主编:《中国通史》,上海人民出版社1989—1997年版;范文澜、蔡美彪:《中国通史》,人民出版社2009年版;白钢主编:《中国政治制度通史》,人民出版社1996年版;龚书铎主编:《中国社会通史》,山西教育出版社1996年版;郑师渠主编:《中国文化通史》,北京师范大学出版社2009年版;胡厚宣主编:《甲骨文合集》,中华书局1982年版;谭其骧主编:《中国历史地图集》,中国地图出版社1982年版;李学勤:《夏商周文明研究》,商务印书馆2015年版;夏鼐:《中国文明的起源》,文物出版社1985年版;苏秉琦:《中国文明起源新探》,生活·读书·新知三联书店2000年版;宋镇豪主编:《商代史》,中国社会科学出版社2011年版;王戎笙主编:《清代全史》,辽宁人民出版社1991年版;胡绳:《从鸦片战争到五四运动》(上、下),人民出版社1981年版;张海鹏主编:《中国近代通史》,江苏人民出版社2006年版;许涤新、吴承明主编:《中国资本主义发展史》,社会科学文献出版社2007年版;李新主编:《中华民国史》,中华书局2011年版;金冲及:《二十世纪中国史纲》(上、下),社会科学文献出版社2009年版;王秀鑫、郭德宏主编,中共中央党史研究室第一研究部编著:《中华民族抗日战争史(1931—1945)》,中共党史出版社2015年版;当代中国研究所:《中华人民共和国史稿》,人民出版社2012年版;中共中央党史研究室:《中国共产党的九十年》,中共党史出版社2016年版。

② 这些重大理论问题是:统一的多民族的历史;历史发展的地理条件、人的因素;科学技术和社会生产力;生产关系和阶级关系;国家和法;社会意识形态;历史理论和历史文献;史书体裁和历史文学;历史上的中国与世界。

③ 陈其泰:《史学体系的重大创新——白寿彝先生主编的〈中国通史〉成就略论》,《史学理论研究》2000年第1期。

大团结，使多民族的社会主义新中国长治久安。这部《中国通史》对民族史如此重视，是同类著作中前所未有的。这对于深刻认识中国的国情，建设有中国特色的社会主义，有重要的现实意义。

又如，刘大年在21世纪初著《我亲历的抗日战争与研究》。金冲及在该书的《序》中写道："大年同志是一名英勇不屈的战士，又是一位好学深思的学者，这两个侧面在他身上十分自然地融为一体。他亲身经历了八年抗战烽火的全过程……是历史的直接见证人"；另一方面，他"作为享誉海内外的研究中国近代历史的权威学者，他又能以宽广的历史视野和深厚的史学素养，冷静地回顾和剖析他亲身经历的这段历史"①。刘大年认为半殖民地半封建的经济军事落后的中国，最后战胜了资本主义的军事强国日本，基本依据就是"中华民族的空前觉醒"。正是在这个意义上，他强调"抗战是中国复兴的枢纽"、"抗战胜利准备了新中国与旧中国的决战，加速中国走进社会主义"②。这些研究进一步深化了中国抗日战争史研究，铭记历史和开创未来密切联系在一起。

2012年9月，经中央批准，当代中国研究所编写的多卷本《中华人民共和国史稿》，由人民出版社、当代中国出版社出版。这部《中华人民共和国史稿》的撰写和修改用了20年时间，记述了中华人民共和国自1949年10月成立到1984年10月党的十二届三中全会召开的历史。新中国来之不易，"战争年代牺牲在战场和刑场上的革命先烈约2000万人"。正是"这无数先烈前仆后继的脚印，铺就了新中国的诞生之路"。③《中华人民共和国史稿》全书分为序卷和第一至第四卷。序卷概述了中国是一个辉煌灿烂的文明古国；近代中国社会沉沦与救亡图存；中国共产党领导中国人民进行新民主主义革命，建立社会主义新中国的奋斗历史。其后各卷阐述了新中国成

---

① 金冲及：《我亲历的抗日战争与研究·序》，载刘大年《我亲历的抗日战争与研究》，中央文献出版社2000年版，第1页。
② 参见刘大年《我亲历的抗日战争与研究》，第2、146、163、183页。
③ 当代中国研究所：《中华人民共和国史稿》序卷，人民出版社、当代中国出版社2012年版，第1—2页。

立后35年间，党领导全国各族人民经过实践探索和艰苦奋斗，终于走上中国特色社会主义道路的伟大历程。

在撰写过程中，编写者始终坚持以马克思主义中国化的最新成果统领自己的研究工作。该书突出的一个主题，是中国人民和人民当家做主的国家政权在中国共产党领导下进行社会主义革命、建设和改革的伟大实践；该书遵循的一条主线，是把马克思主义基本原理同中国具体实际和时代特征相结合，探索和形成的中国特色社会主义发展道路；该书把握的一个主流，是集中反映中国人民在中国共产党的正确领导下，确立社会主义基本制度，开展大规模社会主义建设，进行改革开放和社会主义现代化建设并取得辉煌成就的历史。[1] 这些都反映了历史的本质内容，因而能够给人以深刻的历史启迪和思考。

所谓"当代人不修当代史"的陈规旧说，在新中国的史学发展历史上，已被彻底摒弃。这不仅在"国史"研究中，也表现在世界现代史的学科建设上。改革开放40余年来，世界现代史研究从无到有、由弱到强，得到迅速发展[2]，对繁荣历史科学和认清中国和世界历史发展大势，有重要的理论意义和现实意义。面对复杂严峻的国际形势，如何认清国际形势发展的特点和趋势？如何认识中国与世界的关系已经发生和正在发生的历史性变化？这一刻也离不开对世

---

[1] 参见当代中国研究所《中华人民共和国史稿》第4卷，人民出版社、当代中国出版2012年版，第381页。

[2] 相关成果主要有：世界现代史编写组：《世界现代史（一九一七—一九四五年）》，山东人民出版社1981年版；王斯德主编：《世界现代史》，高等教育出版社1988年版；徐天新等：《当代世界史（1945—1992）》，人民出版社1989年版；王斯德主编：《世界当代史（1945—1991）》高等教育出版社1989年版；吴于廑、齐世荣主编：《世界史·现代篇》（上、下），高等教育出版社1994年版；金重远主编：《战后世界史》，复旦大学出版社1995年版；李世安：《世界现代史》，高等教育出版社2000年版；余伟民主编：《世界当代史》，高等教育出版社2001年版；王斯德主编：《现代文明的发展与选择：20世纪世界史》，华东师范大学出版社2001年版；金重远等：《世界现当代史》，复旦大学出版社2005年版；齐世荣等主编：《20世纪世界历史巨变》，学习出版社2005年版；齐世荣总主编：《世界史·现代卷》，高等教育出版社2006年版；齐世荣主编：《世界史·当代卷》，高等教育出版社2006年版；王斯德主编：《世界当代史：1945—2000》，高等教育出版社2008年版；世界现代史编写组：《世界现代史》上下册，高等教育出版社、人民出版社2011年版。

界现代史的学习和研究。"世界现代史以20世纪以来的世界历史作为研究对象,就是从全世界、全人类的角度,从政治、经济、军事、社会、文化等各方面综合研究和考察1900年以来世界发展的历史。"① 欲深入理解世界多极化更趋明朗、经济全球化深入发展、文化多样化持续推进、社会信息化加速发展,以及国际安全挑战变得更加复杂多样等等,首先要对世界现代历史进行回顾和思考。2018年6月,习主席在中央外事工作会议上提出,"当前中国处于近代以来最好的发展时期,世界处于百年未有之大变局,两者同步交织、相互激荡"②,此后,他又多次重申这个判断。这无疑是站在世界历史的高度,对世界发展大势作出的重大战略判断。世界出现"百年未有之大变局"的主要表现和主要原因是什么?"百年未有之大变局"对世界和中国的影响是什么?中国该如何应对?世界将走向何处?对于这些问题的回答,同样离不开深入学习和研究世界现代历史。

新中国70年,中国史学学科建设的成就斐然。面对着一部部无愧前人、启迪后人的信史、良史,和一系列史学理论的重大成果,重温习主席"中国特色社会主义,是科学社会主义理论逻辑和中国社会发展历史逻辑的辩证统一"③ 的论述,备感亲切。

新中国70年历史研究表明:中国历史发展,既不脱离人类历史发展所遵循的共同规律,但又有自己的特点。这些"中国特点"亦可视为"中国社会发展历史的逻辑":中华民族的形成,有一漫长的历史过程。"中华民族作为一个自觉的民族实体,是在近百年来中国和西方列强对抗中出现的,但作为一个自在的民族实体,则是几千年的历史过程所形成的。"④ 中华民族有共同的历史记忆、共同的现

---

① 《世界现代史》编写组:《世界现代史》上册,高等教育出版社、人民出版社2013年版,第2页。

② 习近平:《坚持以新时代中国特色社会主义外交思想为指导,努力开创中国特色大国外交新局面》,新华社:《习近平出席中央外事工作会议并发表重要讲话》,《人民日报》2018年6月24日。

③ 习近平:《关于坚持和发展中国特色社会主义的几个问题》,《求是》2019年第7期。

④ 费孝通等:《中华民族多元一体格局》,中央民族学院出版社1989年版,第1页。

实利益，和走向未来的共同命运。中国在历史上就是一个人口众多、国土辽阔的大国。今天中国的版图，是在几千年中逐渐形成的，"并非简单地依靠一时的战争和征服而形成……同近代多民族大国的形成是靠对殖民地的征服、掠夺或移民的情况也不同"①。中国在历史上发达的鼎盛时期，同周边的或遥远的国家保持着友好交往。中国传统文化的历史基因，是强调天人合一，和而不同，主张人与自然、人与社会、人与人；以至民族与民族、国家与国家和平交往，而非弱肉强食，侵略扩张。

中国是一个历史悠久的文明古国，中华民族对人类进步做出了重大贡献。但近代中国却逐渐落后了，其重要原因，是"欧洲近代产生了有发展能力的资本主义生产方式，这种生产方式演进中形成了市场经济模式"。而"中国古代文明没能实现从农业文明到商业文明的转型，核心就是中国传统社会未能实现由自然经济向市场经济的过渡"②。到19世纪中叶，中国在鸦片战争后逐渐成为半殖民地半封建社会，中国人民开始了反帝反封建的前仆后继的伟大斗争。1921年中国共产党成立，正是近代中国社会历史发展的客观要求。90年来，党紧紧依靠人民完成了新民主主义革命、社会主义革命，进行了改革开放新的伟大革命，完善和发展着中国特色社会主义。

历史是最好的老师。通过对中国社会发展历史逻辑的简单回顾，有助于人们站在正确的历史时空坐标中，通过广阔的历史视野去认识中国特色社会主义是历史的选择、人民的选择。历史就是历史，事实就是事实。任何历史叙事，究其本质都是与时代主题、时代使命相关的时代叙事。无论是从历史的时空坐标还是从广阔的历史视野中都表明，中国共产党开辟的中国特色社会主义道路，既顺应历史大势，大踏步赶上时代的潮流，符合人类历史发展的规律；又不脱离中国的国情，是近代以来，中国历史矛盾运动符合逻辑发展的

---

① 宁可：《历史上的中国》，载中宣部《党建》杂志社《思考中国》，红旗出版社2010年版，第13页。
② 中央政策研究室哲学历史研究局：《史论十三篇》，红旗出版社2002年版，第293页。

必然结果。

三

"当代中国正经历着我国历史上最为广泛而深刻的社会变革,也正在进行着人类历史上最为宏大而独特的实践创新。这种前无古人的伟大实践,必将给理论创造、学术繁荣提供强大动力和广阔空间。这是一个需要理论而且一定能够产生理论的时代,这是一个需要思想而且一定能够产生思想的时代。"[①] 中国特色社会主义旺盛的生命力和创造力,使中华民族以崭新姿态屹立于世界东方。经过长期努力,中国特色社会主义进入了新时代。这意味着久经磨难的中华民族迎来了实现中华民族伟大复兴的历史性飞跃;意味着科学社会主义在21世纪的中国焕发出强大的生机活力;意味着中国特色社会主义道路,为丰富人类社会发展模式贡献了有世界历史意义的中国智慧。

中国特色社会主义新时代,呼唤着"新史学",并决定其有如下新的学术和时代的特点。一是历史研究的视野更为开阔,反映人类历史规律和时代特征的标识性选题明显增加。二是史学的科学认识功能和社会功能得到更充分的实现,首先是提高整个中华民族的文化素质;通过从历史中汲取智慧,为认识、分析中外重大理论问题和现实问题提供的历史支持越来越多。三是"强制阐释"和"公共阐释"概念的提出[②],有力地推动了"历史阐释"研究的深化。历史内在联系的建立、历史认识的价值判断,和对蕴含在历史信息深处的历史真理的揭示,都离不开科学的历史阐释,史学主体性与实证性辩证统一的"中国历史阐释学"呼之欲出。四是广大史学工作者深知历史的遗产、历史的经验和教训,以及这样或那样的历史因

[①] 习近平:《在哲学社会科学工作座谈会上的讲话》,《人民日报》2016年5月18日。
[②] 张江:《强制阐释论》,《文学评论》2014年第6期;张江:《公共阐释论纲》,《学术研究》2017年第6期。

素，总是存在于现实生活之中。他们怀着强烈的社会责任感，以自觉的社会担当精神献身史学，关注现实，服务大局，历史研究表现出愈益鲜明的时代精神。五是史学方法与史学理论的关联更加密切，史学方法总是一定的史学理论的方法，有鲜明的世界观、历史观和价值观内容，而非抽象的方法。割裂理论与方法的内在联系，同割裂史观与史料的联系一样令人费解。"史学理论与方法"是一个完整统一的科学概念，而不是可彼此独立的"史学理论"和"史学方法"。六是广泛汲取中国传统史学和外国史学的一切优秀成果，注重从中外史学发展的学术史上汲取经验，获取启迪，从历史与现实、理论与实践的结合上，不断丰富、完善和发展新时代的新史学。

诞生于20世纪二三十年代的中国马克思主义史学的历史表明，即使同是中国马克思主义史学，但因它在不同的时代也会有不同的形态。时代发展中的重大历史转折，往往是马克思主义史学形态改变的契机。在中国特色社会主义进入了新时代的视域下，构建中国马克思主义史学的新形态，即将构建中国历史科学的学科体系、学术体系、话语体系提上日程，成为摆在广大史学工作者面前的现实任务和历史使命。

中国特色社会主义新时代的新史学之"新"，首先是作为唯物史观的新的增长点的"大历史观"的提出。不仅深入理解中国"广泛而深刻的社会变革""最为宏大而独特的实践创新"，需要大历史观的科学阐释；而且在中外历史研究中欲真正获取历史的启迪和历史的教训，也离不开大历史观。如果说历史观"不过是从对人类历史发展的考察中抽象出来的最一般的结果的概括"[1]，那么，大历史观则是以唯物史观为理论基础，无论是"对人类历史发展的考察"，还是从中得出的"最一般的结果的概括"，都赋予了"大"的内容。这就是强调"历史—现实—未来"是一个相互依存、互为因果的"大"的不可分割的有机整体，而且这一有机整体，存在着不以人的意志为转移的内在的规律性的运动。正如习主席所强调的那样，正

---

[1] 《马克思恩格斯选集》第1卷，人民出版社2012年版，第153页。

确的历史观,就是不仅要看现在什么样,"而且要端起历史望远镜回顾过去、总结历史规律,展望未来、把握历史前进大势"①。毋庸讳言,这里的"大历史观"有其明确规定的内容。所谓"大",决非仅仅是时空之大;与海外学术界流行的"大历史"②,有着质的区别。

习主席指出:"历史研究是一切社会科学的基础,……重视历史、研究历史、借鉴历史,可以给人类带来很多了解昨天、把握今天、开创明天的智慧。所以说,历史是人类最好的老师。"③ 这是在新的历史条件下,对中国马克思主义史学优秀传统的发展和升华。李大钊早在1918年4月曾说:"无限的过去都以现在为归宿。无限的未来都是以现在为渊源。'过去'、'未来'的中间全仗有'现在'以成其连续,以成其永远。"④ 这些都有助于我们清晰地理解历史是过去的现实,现实是未来的历史。在中国史学界,"大历史观"还有另一重意义,那就是在历史认识中,从史实出发揭示"中国史"和"世界史"的内在联系,而不是继续扩大它们之间人为制造出的鸿沟。脱离世界史的中国史,往往会对中国历史进程中的一些重大理论问题的分析浅尝辄止;同样,没有中国史的世界史,则是不完整的世界史。无法认识世界史整体的真实图景。

综上可看出,"大历史观"不是历史认识时空的延长或扩大,而意在强调植根于唯物史观的一种新的历史观念,即历史的整体性、连续性和发展性辩证统一的历史观念。"大历史观"虽在中国史学界

---

① 习近平:《坚持以新时代中国特色社会主义外交思想为指导,努力开创中国特色大国外交新局面》,见新华社《习近平出席中央外事工作会议并发表重要讲话》,《人民日报》2018年6月24日。

② 这类著作很多,仅以近年译成中文的英语著作为例,主要有:[美]大卫·克里斯蒂安:《时间地图:大历史,130亿年前至今》,晏可佳等译,中信出版社2017年版;[美]大卫·克里斯蒂安等:《大历史:虚无与万物之间》,刘耀辉译,北京联合出版公司2017年版;大卫·克里斯蒂安:《起源:万物大历史》,孙岳译,中信出版集团2019年版;[美]大卫·克里斯蒂安:《简明大历史》,杨长云译,中信出版集团2019年版;[荷]弗雷德·斯皮尔:《大历史与人类的未来》,孙岳译,中信出版集团2019年版;[美]大卫·克里斯蒂安:《大历史:从宇宙大爆炸到我们人类的未来》,徐彬等译,中信出版集团2019年版。

③ 《习近平致第二十二届国际历史科学大会的贺信》,《人民日报》2015年8月24日。

④ 《李大钊选集》,人民出版社1959年版,第94页。

近年提出，但其内容的阐释和运用却早已有之。一个不争的事实是，"马克思主义是一门历史科学，是一门迄今为止我们所获得的具有最高视野的阐述人类历史发展的科学，也是一门关于人类社会发展及其规律的大史学。……它根据大量史实并以理论形式探寻人类历史发展的轨迹"①。如马克思正是详尽地研究了16世纪以来的资本主义发展史，才得出资本主义必然被社会主义所代替的科学结论。正是从唯物史观是马克思学说的"本源"的意义上，马克思主义经典作家强调："历史就是我们的一切，我们比任何一个哲学学派，甚至比黑格尔都更加重视历史。"②"大历史观"在今天凸显，是中国特色社会主义这一伟大事业使然，是经济全球化的时代使然，是中国特色社会主义新史学的召唤。

大历史观的历史认识客体是人民，史家要牢记以人民为中心。这是因为"历史活动是群众的活动，随着历史活动的深入，必将是群众队伍的扩大"③。人类的一切财富，无论是物质财富还是精神财富的产生，无一不体现出人民是历史的创造者。中华民族5000多年的文明史，中国人民近代以来170多年的斗争史，中国共产党90多年的奋斗史，中华人民共和国70年的发展史，都是人民书写的历史。马克思主义所以是人民的理论，就是因为它植根于人民之中，紧密地依靠人民推动历史前进。在这个意义上，"历史过程的客体"，与"历史认识客体"在本质上并不相悖，都在强调人民是历史的主人。但是，这并不否定历史人物是一定阶级的代表，每个时代都需要并会造就出自己的伟大人物。

大历史观的历史认识的主体性，是历史认识主体的科学性、时代性和民族性的辩证统一。历史研究有生命力的传世之作，都体现出这三方面的完美统一。但这种"完美统一"与时俱化，在新的历史环境中，不可避免地会被赋予新的内容。总之，"历史认识的过

---

① 吴江：《马克思主义是一门大史学》，中央编译出版社2002年版，第1页。
② 《马克思恩格斯全集》第1卷，人民出版社1956年版，第650页。
③ 《马克思恩格斯文集》第1卷，人民出版社2009年版，第287页。

程，是认识主体对客体的一种观念的反映关系。历史认识不是一成不变地再现历史、机械地重构历史，而是主体对客体辩证的能动的反映，在这个过程中，历史认识主体通过不断扬弃陈旧的历史思维，提高历史认识的科学水平"。① 这对彻底摒弃"史学即是史料学""价值中立的客观主义史学"等错误观念，有重要的理论意义和现实意义。投身于建设中国特色社会主义的广大史学工作者，不是与世隔绝，闭门在书斋整理史料、编纂历史，而是在火热的生活中以历史的主动精神创造历史。

大历史观需要新的历史思维，而其从来就是时代精神的体现。如恩格斯所指出的那样："每一时代的理论思维，包括我们这个时代的理论思维，都是一种历史的产物，它在不同的时代具有完全不同的形式，同时具有完全不同的内容。"② 新的历史思维的"新"，首先是历史思维鲜明的时代性，而这和大历史观的"大"是完全相通的，它们都是随着中国特色社会主义的伟大实践而展现，因而也可称新的历史思维是"大历史观的历史思维"。大历史观的历史思维是历史、现实、未来相通的长时段的思维；是强调历史的联系、历史的继承、历史的发展相统一的整体性思维。无论是"长时段的历史思维"，还是"整体性的历史思维"，都是对客观的历史真理能动的并具有创造性的反映，对从整体上提高历史研究的科学认识水平，有十分重要的意义。

中国是一个文明古国，也是一个史学大国。"中国于各种学问中，唯史学为最发达；史学在世界各国中，唯中国为最发达"③。沧海桑田，中国史学披着历史的风雨，在20世纪中叶进入它漫长发展史上最好的时期，且一发而不可收。"马克思的历史唯物主义是科学思想中的最大成果。过去在历史观和政治观方面占支配地位的那种混乱和随意性，被一种极其完整严密的科学理论所代替"。"马克思

---

① 于沛：《历史认识概论》，中国社会科学出版社2008年版，第72页。
② 《马克思恩格斯选集》第3卷，第873页。
③ 梁启超：《中国历史研究法》，东方出版社1996年版，第11页。

的哲学是完备的哲学唯物主义，它把伟大的认识工具给了人类，特别是给了工人阶级"。[①] 新中国史学70年一切成就的根源，在于坚持以马克思主义学说为理论指导，在于坚持以马克思主义中国化的最新理论成果，统领自己的科学工作。毋庸讳言，新中国史学发展的道路并不平坦，有曲折、失误和错误，而产生这一切的根本原因，则是违背、脱离了马克思主义学说和马克思主义中国化理论成果的指导，这是我们要永远铭记的历史教训。

"建设有中国特色的社会主义"这个重大历史命题的提出，将社会主义推进到一个新阶段。中国社会已经发生、并正在发生着翻天覆地的深刻变化，必然对中国历史科学提出许多新要求。它在中国特色的社会主义新时代必将担当起新的历史使命，有新的作为，必将在中华民族进行的伟大斗争、建设伟大工程、推进伟大事业、实现伟大梦想中，做出更多更大的贡献。

(原载《中国社会科学》2019年第10期)

[①] 《列宁选集》第2卷，第311页。

目　　录

（第一卷）

中国的世界历史学发展方向问题 …………………… 张顺洪（1）
构建世界历史体系的方法和原则 …………………… 罗文东（30）
构建双主线、多支线的中国世界史编撰线索体系
　　——全球化时代马克思世界历史理论的应用 …… 董欣洁（42）
唯物史观：一门真正的实证科学 …………………… 吴　英（60）
跨文化研究的话语
　　——关于历史思维的讨论 ………………………… 姜　芃（74）
信息史学建构的跨学科探索 ………………………… 王旭东（104）
"庶民研究"与后殖民史学 …………………………… 张旭鹏（139）
黑格尔与兰克历史认识论之辩 ……………………… 景德祥（156）
论阿克顿的历史哲学 ………………………………… 张文涛（175）
评麦克尼尔的《西方的兴起》及全球史研究 ……… 郭　方（191）
马歇尔·霍奇森的文明研究 ………………………… 李俊姝（202）
伯纳德·贝林与美国早期移民史研究 ……………… 魏　涛（221）
法国学者富尔格谈城市史研究 ……………………… 张　丽（240）
西方财产观念的发展 ………………………………… 刘　军（245）
中世纪欧洲厌女主义的发展及其影响 ……………… 李桂芝（268）
中国世界史研究70年回顾与前瞻 …………………… 汪朝光（292）
2011年中国世界史研究述评 ………………………… 任灵兰（323）
世界历史研究回顾与展望暨世界历史研究所
　　成立50年座谈会综述 …………………………… 饶望京（366）

中国的世界历史学发展方向问题

张顺洪

世界历史学探讨整个人类社会的历史，揭示其发展规律。从一定意义上讲，世界历史学是从过去寻找未来的科学，是面向过去看未来的学问。2011年，世界历史学成为国家一级学科，这意味着我国世界历史学迎来了一个大发展大繁荣时期。但是，我国的世界历史学如何发展，却是需要深入思考的问题。本文认为我国世界历史学的发展方向就是要构建具有中国特色的"大国史学"。

构建"大国史学"不仅要求我们做史学大国，更重要的是做史学强国，要求我国史学在国际学术界占有重要地位。"大国史学"应有以下基本要求：一是有一支较大的史学研究队伍，不仅重视研究本国的历史，而且重视研究世界各国的历史，教学科研机构比较齐全；二是有一批处于国际学术前沿的史学名家；三是能够不断推出具有国际学术水平的科研成果，并能被译成外文，在国际学术界产生影响；四是具有自身特色和国际一流的学术独创能力，能够不断形成新的学术流派，开拓新的研究领域，推出新成果。

构建中国特色的"大国史学"具有重要的学术意义和现实意义。第一，能够提高我国史学在国际学术界的地位，扩大影响力。我国具有悠久的史学传统，但今天我国的世界历史学与西方相比，还有较大差距，缺乏与我国日益增长的国力相对应的国际学术地位和影响力。第二，有利于提高我国哲学社会科学的整体水平。世界历史学在哲学社会科学各学科中属于基础性学科，它的涵盖面非常广，包括世界政治史、经济史、文化史、军事史、外交史、国际关系史、地区史、国别史等各个方面。不管哪个学科的专家,都需要对世界历史有一定的了解,这有利于更加深入全面地考察某个学科的问题;中国史专家也需要了解世界历史,善于把中国史放在世界史背景下来考察。无疑,我国世界历史研究水平的提高将会推动我国哲学社会科学整体水平的提升。反之,世界历史研究落后也会影响我国哲学社会科学的发展。第三,有利于深刻认识人类社会的发展规律。只有加强各国各地区古往今来历史的研究,分析总结历史经验、教训和启示,才能更好地认识整个人类社会发展的规律。第四,有利于为中国特色社会主义建设大局服务。我国是当今世界唯一的社会主义大国,也是最大的发展中国家。我国和广大发展中国家的发展壮大,将不断改变世界格局;而我国的快速发展也必然引起西方发达国家对我国的遏制和围堵。今天,西方一些人往往通过曲解历史和现实来为西方推行霸权主义、干涉广大发展中国家的内政服务。近年来,各种版本的"中国威胁论"正是这种曲解历史与现实的表现,是为打压围堵中国服务的。提高我国世界历史研究水平,将直接提高我国史学界争夺国际学术话语权的能力,抵制各种分化西化中国的舆论思潮。当前,我国的世界历史学离"大国史学"还有较大的差距。笔者认为,构建中国特色的"大国史学",要努力做到以下四点。

一 坚持以马克思主义为指导 运用和发展唯物史观

毫无疑问,历史学是一门科学。但是,学术界不少人却认为历史学不是科学,而是"艺术"。把历史学视为"艺术",为人们随意解释历史提供了一种依据。我国学界曾经有人讲过:"实在是一个很服从的女孩子,他百依百顺的由我们替他涂抹起来,装扮起来。"[①]

[①] 胡适:《实验主义》,季羡林主编《胡适全集》第1卷,安徽教育出版社2003年版,第298页。

坚持历史学是科学的观点，最基本的是要做到论从史出，不歪曲历史，不虚构历史情节，不凭个人想象、愿望、意志和需要去解释历史；在具体研究工作中，就要做到史料可靠、考察全面、论证扎实、概念清楚、表述准确、观点明晰。坚持历史学是科学，就要以科学的理论、方法和态度来开展研究工作。我国的世界历史学作为哲学社会科学的一部分，无疑要坚持以马克思主义为指导，具体就是要坚持唯物史观。

马克思和恩格斯创立的唯物史观，是人类在认识和解释自己历史的进程中所取得的光辉成就。马克思在《〈政治经济学批判〉序言》中讲："人们在自己生活的社会生产中发生一定的、必然的、不以他们的意志为转移的关系，即同他们的物质生产力的一定发展阶段相适合的生产关系。这些生产关系的总和构成社会的经济结构，即有法律的和政治的上层建筑竖立其上并有一定的社会意识形态与之相适应的现实基础。物质生活的生产方式制约着整个社会生活、政治生活和精神生活的过程。不是人们的意识决定人们的存在，相反，是人们的社会存在决定人们的意识。社会的物质生产力发展到一定阶段，便同它们一直在其中运动的现存生产关系或财产关系（这只是生产关系的法律用语）发生矛盾。于是这些关系便由生产力的发展形式变成生产力的桎梏。那时社会革命的时代就到来了。随着经济基础的变更，全部庞大的上层建筑也或慢或快地发生变革。"[①] 在《路易·波拿巴的雾月十八日》中，马克思强调："人们自己创造自己的历史，但是他们并不是随心所欲地创造，并不是在他们自己选定的条件下创造，而是在直接碰到的、既定的、从过去承继下来的条件下创造。"[②] 马克思的这两段文字可以说阐明了唯物史观的核心思想。

关于唯物史观，恩格斯在致约瑟夫·布洛赫的信中也做了精辟

[①] 马克思：《〈政治经济学批判〉序言》，《马克思恩格斯文集》第2卷，人民出版社2009年版，第591—592页。
[②] 马克思：《路易·波拿巴的雾月十八日》，《马克思恩格斯文集》第2卷，第470—471页。

的阐述。他说:"……根据唯物史观,历史过程中的决定性因素归根到底是现实生活的生产和再生产。无论马克思或我都从来没有肯定过比这更多的东西。如果有人在这里加以歪曲,说经济因素是唯一决定性的因素,那么他就是把这个命题变成毫无内容的、抽象的、荒诞无稽的空话。经济状况是基础,但是对历史斗争的进程发生影响并且在许多情况下主要是决定着这一斗争的形式的,还有上层建筑的各种因素:阶级斗争的各种政治形式及其成果——由胜利了的阶级在获胜以后确立的宪法等等,各种法的形式以及所有这些实际斗争在参加者头脑中的反映,政治的、法律的和哲学的理论,宗教的观点以及它们向教义体系的进一步发展。这里表现出这一切因素间的相互作用,而在这种相互作用中归根到底是经济运动作为必然的东西通过无穷无尽的偶然事件(即这样一些事物和事变,它们的内部联系是如此疏远或者如此难于确定,以致我们可以认为这种联系并不存在,忘掉这种联系)向前发展。否则把理论应用于任何历史时期,就会比解一个简单的一次方程式更容易了。"在这封信中,恩格斯还指出,"我们自己创造着我们的历史,但是第一,我们是在十分确定的前提和条件下创造的。其中经济的前提和条件归根到底是决定性的。但是政治等等的前提和条件,甚至那些萦回于人们头脑中的传统,也起着一定的作用,虽然不是决定性的作用"。"但是第二,历史是这样创造的:最终的结果总是从许多单个的意志的相互冲突中产生出来的,而其中每一个意志,又是由于许多特殊的生活条件,才成为它所成为的那样。"①

这里马克思和恩格斯用极其精辟的文字,阐明了唯物史观的核心思想和基本原理。例如,(1)社会的物质存在决定着人们的社会意识;(2)人们是在十分确定的前提和条件下创造历史,而不是凭个人意愿创造历史;(3)人们创造历史的决定性因素是经济的前提和条件,但其他因素也发挥作用;(4)人们创造历史的各种前提和

---

① 恩格斯:《恩格斯致约·布洛赫》(1890年9月21—22日),《马克思恩格斯文集》第10卷,人民出版社2009年版,第591—592页。

条件是相互联系和相互作用的；（5）历史发展的最终结果是各种因素形成合力的产物。

根据唯物史观，马克思说的"物质生活的生产方式"或恩格斯说的"现实生活的生产和再生产"在人类社会的发展进程中发挥着决定性作用。由此，我们可以说人类社会的"生产方式"的发展变化史是世界历史学研究的核心问题。生产方式包括生产力和生产关系。这样，生产力和生产关系的历史就是世界历史工作者应该考察探究的核心问题。而这个核心问题也正是今天我国世界史学者需要充分认识和加强研究的。

同时，唯物史观为我们开展世界历史研究工作提供了一些基本思路。一是要重视研究世界经济史。经济的前提和条件是人们创造历史的决定性因素。只有深入研究这个决定性因素，我们才能比较好地弄清特定历史条件下特定事物的本质，弄清事物发展的因果关系。要深入探究人类社会的发展规律，就必须加强世界经济史的考察。研究政治史、文化史、外交史、军事史、环境史、法制史、宗教史、妇女史等各类专题史的专家，也应该重视和了解人类社会发展进程中特定历史时期、特定地区、特定国度的经济前提和条件。

二是要重视和加强综合性、跨学科性研究工作。在世界历史发展进程中，除经济前提和条件外，其他各种因素都发挥着作用，而且各种因素之间也是相互联系、相互作用的。这就要求我们在研究世界历史时注重全面地多视角地看问题。研究专题史是必要的，是世界史研究的基础性工作。但是，我们也要有意识地开展跨越政治经济文化军事等领域、跨越国家和地区、跨越时代的综合性研究。通过这样的研究工作，可以探讨和认识那些仅仅研究个别领域的专题问题所难以认识到的历史现象、历史事实和历史规律。

三是要培养和加强全球眼光，把世界历史当作整体史来研究。世界历史或者说人类社会发展的历史本来是一个整体，是不可分割的。但是，人们在认识世界历史时，由于各种局限，往往只能从局部来观察和研究有关问题；单个的研究人员更容易长期囿于狭小的研究领域。而且，学术界长期以来形成的学科条块分割和相互隔离状态，在很大程度上制约着人们对整体的世界历史的深入认识和探讨。这就要求我们充分意识到并自觉地突破这种认识上和学科布局上的局限性，有意识地推动世界整体史研究。我们不能局限在国别史、地区史、专题史上，而要把国别史、地区史、专题史放在世界史范围内来考察。根据学术研究的发展状况、发展趋势和客观条件，努力寻找一些体现整体世界史的主题来深入探讨。

四是要培养和加强历史眼光，注意把特定历史时刻的事物放在人类历史发展长河中来考察和分析。根据唯物史观，人们是在十分确定的前提和条件下创造历史的。这样的前提和条件当然不是突然出现的，而是事物不断发展的产物，是一种历史的积淀和延续。从宏观层面讲，研究世界当代史就不能忽视世界近现代史，研究世界近现代史就应了解世界古代中世纪史。当然，不仅仅如此。世界史专家，不管从事哪个方面的专题研究，都应该对整个世界历史有比较好的掌握，有比较扎实的基础知识。研究特定问题，不能割断其历史发展脉络，而要放在历史进程中来考察，这样才能更好地认识事物发展的本质和规律。

历史上的每一个人物和事件都是世界历史中的一个点，它应该属于历史存在中的一条线，这条线又属于历史存在中的一个面，而这个面又属于历史存在的"体"，这个"体"就是世界历史的整体。世界史是立体性的，每个人物和事件都是人类社会发展长河中的一个点，有前因后果，来龙去脉，与其他因素相互联系、相互作用；在时间上和空间上都不是孤立的，都处于人类社会发展长河这个时空立体中的一个位置。世界历史学从一定意义上讲是一种"立体史学"。我们要把每个历史事件和人物都放在世界历史的整体中来考察，这是唯物史观给我们的启示和提出的要求。

二　吸收我国传统史学优长　排除 西方史学不良影响

今天，我国国力日益强大，作为社会主义大国，我们要努力构建具有中国特色的"大国史学",在国际学术界积极争夺解释世界历史的权力。为了构建"大国史学",我们要努力克服当前世界历史研究中存在的问题和不足,同时要努力做好以下两方面工作:一是吸收我国传统史学的优长;二是排除西方史学的不良影响。

(一)努力吸收我国传统史学的优长

我国具有悠久的史学传统,世界史专家理应认真吸取传统史学的精华,并运用到科研实践中去。但目前,世界史专家,尤其是中青年学者,不太注意了解中国传统史学,对其优长借鉴吸收不够。这里不妨以司马迁的《史记》为例,审视传统史学对我们的一些启示。

第一,世界史学者要有广博的知识。司马迁的跨学科知识极其丰富,《礼书》《乐书》《律书》《天官书》《封禅书》等特别体现出司马迁广博的学识。司马迁不仅是当时一流的史学家、文学家,还可以说是一流的科学家。今天的世界史工作者也要关注和重视其他学科的发展,包括自然科学的发展。广博的跨学科知识是写好世界史特别是通史性作品的重要基础。

第二,世界史学者要重视文字表述的准确与优雅。鲁迅称《史记》为"史家之绝唱,无韵之离骚"。《史记》的文采充分体现在对人物事件栩栩如生的刻画上,给人动态感、立体感,如临其境,如闻其声。历史学著述不应是经过艺术加工的文学作品,但应能形象地反映历史的真实场景,展现出历史人物和事件活生生的"原貌"。司马迁的《史记》很耐读,对人物事件的描述具体、深刻、形象,很有吸引力。而我们现在的一些世界史著述,往往缺乏文采,条条框框多,干瘪枯燥的数据罗列多、结论多,不能引人入胜。

第三,世界史著作,即使是通史性著作,也要重视单个活生生的历史人物和事件的考察和描述。要以小见大,运用个别事件的典型情节,揭示宏大的历史真实场景。而我们有的通史性著作存在着把历史事件与人物活动数据化、抽象化的倾向。例如,1997年人民出版社出版的六卷本《世界通史》对抗美援朝战争的记载就存在这个问题,对波澜壮阔、惊心动魄、荡气回肠的战争场面缺乏有分量的描写。[①] 而《史记》对战争的具体场景却有许多精彩的记录。例如,《史记·秦本纪》记载了秦穆公十五年(前645)秦晋之间的一场战争(韩原之战),描述可谓精彩生动。"九月壬戌,与晋惠公夷吾合战于韩地。晋君弃其军,与秦争利,还而马鷙。穆公与麾下驰追之,不能得晋君,反为晋军所围。晋击穆公,穆公伤。于是岐下食善马者三百人驰冒晋军,晋军解围,遂脱穆公而反生得晋君。"[②] 司马迁用很简洁的文字讲明了战争的时间、地点、主要人物、主要战情变化、战争结局,形象地描述了秦晋两军攻守易势、秦军反败为胜的战争场面,给人留下极为深刻的印象。

第四,世界史研究要重视考察和揭示人类社会发展的规律。司马迁著《史记》的目的之一是:"通古今之变。"早在两千多年前,司马迁就认识到社会发展变化是有规律可循的,并且努力揭示规律,体现出了唯物史观的思想。通古今之变是史学的一大功能,而通整个人类社会的"古今之变",则是世界历史工作者责无旁贷的历史使命。

第五,历史学要致力于民族精神的塑造。《史记》在塑造民族精神方面作出了突出贡献。例如,《史记》十分赞扬勇武精神和为国献身的精神。这正是中华民族形成和发展进程中民族精神的宝贵成分。《史记》通过对有关历史人物活动栩栩如生的描写称颂这种精神。《史记·刺客列传》记载了鲁国大将曹沫在鲁庄公与齐桓公会盟之际,不畏强齐视死如归的表现。"曹沫执匕首劫齐桓公,桓公左右莫敢动,而问曰:'子将何欲?'曹沫曰:'齐强鲁弱,而大国侵鲁亦甚矣。今鲁城坏即压齐境,君其图之。'桓公乃许尽归鲁之侵地。"[③]

---

① 详见徐天新、梁志明主编《世界通史·当代卷》,人民出版社1997年版,第71—73页。这里对抗美援朝战争较具体的描述有:"1951年它(指美国,笔者注)先后发动'夏季攻势'和'秋季攻势'。朝中军队在横贯朝鲜250千米的战线上,开展'坑道战',挡住了美军的进攻。1952年10月,取得了上甘岭战役的胜利。"但还是缺乏对"坑道战"或上甘岭战役具体的、代表性场景的描写。
② 《史记》卷5《秦本纪》,中华书局2009年版,第188—189页。
③ 《史记》卷86《刺客列传》,第2515页。

寥寥数语,描述了精彩的历史事件,很有震撼性。《史记·刺客列传》荆轲别易水的场景也极为感人。"太子及宾客知其事者,皆白衣冠以送之。至易水之上,既祖,取道,高渐离击筑,荆轲和而歌,为变徵之声,士皆垂泪涕泣。又前而为歌曰:'风萧萧兮易水寒,壮士一去兮不复还!'复为羽声慷慨,士皆瞋目,发尽上指冠。于是荆轲就车而去,终已不顾。"①司马迁用很精练的文字,展现了荆轲别易水动人心魄的场景;且留下了千古名歌:"风萧萧兮易水寒,壮士一去兮不复还!"千百年来,这样的人物事例潜移默化地塑造着中华民族不屈不挠、视死如归的精神!塑造民族精神也正是今天的历史学家应有的责任。

第六,历史学要体现和讴歌时代精神。司马迁生活的汉武帝时期的时代精神有两个突出方面。一是尊崇儒家学说的精神。汉武帝时期,治国指导思想由崇尚无为而治的黄老学说转变为积极经略天下的儒家学说。二是实现天下大一统的精神。汉武帝重视实现和维护国家大一统。司马迁秉笔直书,在《史记》中,对汉武帝不无批评。他本人与汉武帝也有矛盾,因李陵案受到"政治迫害",在治国思想上与汉武帝并不完全一致,更主张儒道互补。尽管如此,《史记》中的许多方面仍然贯穿着满足时代需要的儒家精神;汉武帝加强中央集权,开疆拓土,努力实现大一统,而《史记》也宣扬大一统思想。《史记·大宛列传》对汉武帝通西域的决策和举措是充分肯定的。司马迁对汉武帝不畏艰难、不惜财力联通西域的决心有充分展现,寓赞赏于史料取材之中。《大宛列传》记载汉武帝命李广利为贰师将军去西域取宝马。结果李广利出师不利,遂"引兵而还。往来二岁。还至敦煌,士不过什一二。使使上书言:'道远多乏食;且士卒不患战,患饥。人少,不足以拔宛。愿且罢兵,益发而复往。'天子闻之,大怒,而使使遮玉门,曰军有敢入者辄斩之!贰师恐,因留敦煌"。②正是因为汉武帝采取了"使使

---

① 《史记》卷86《刺客列传》,第2534页。
② 《史记》卷123《大宛列传》,第3715页。

遮玉门""敢入者辄斩之"的坚决态度,才有后来继续联通西域的一系列行动。汉武帝的决策是非常有气魄的,在中华民族的形成和发展史上发挥了不可磨灭的作用,而《史记》则积极地反映了这种时代精神。

《史记》很好地体现出中国传统史学的优长。当然,毋庸讳言,中国传统史学也有其缺陷和不足。① 我们对待传统史学,要采取吸取精华、去其糟粕的科学态度。

(二)防止西方史学的不良影响

我国的世界历史学在发展进程中从西方史学吸收了丰富的营养,但也受到西方史学的不良影响。西方史学有其成就,有其值得我们学习借鉴的优点,这是不容否定的。笔者在英国学习和访问期间,在学术交往中,对英国史学界的一些好做法深有体会。例如,英国历史学者一般很重视查阅和应用第一手资料,包括公共档案材料、私人资料等;重视学术交流与研讨,学术会议较多,研究生按常规要参加专题研讨会,硕士班课程也类似研讨会;重视开展前沿研究;一般讲,英国历史学者的学风是比较朴实的。西方史学界注重学术创新,注意开拓新的研究领域,形成新的学术流派。在20世纪,西方史学界就产生了年鉴学派,涌现出心理史学、口述史学、计量史学、影视史学、微观史学等;推出各种"史观",如世界史观、全球史观,还有近来颇为引人注目的"大历史观"。② 西方史学的优点都

---

① 例如,杜维运在其《中国史学与世界史学》一书中指出:中国传统史学存在几种缺陷,如"非无曲笔逢迎者",集众官修正史则"每见繁芜、陋劣之作"。杜维运:《中国史学与世界史学》,商务印书馆2010年版,第190—195页。

② "大历史"英文是"Big History",是20世纪末期国际史学界兴起的一个新的研究领域,主张通过跨学科方式考察长时段、大规模的历史,考察从宇宙大爆炸到现代人类和自然界的历史,探讨"我们是谁、我们怎么到达这里、我们如何与周围一切事物发生联系、我们可能走向哪里"等重大问题。维基百科设有"大历史"词条,大历史网站等对大历史研究有比较详细的介绍(http://en.wikipedia.org/wiki/Big_ History; http://bighistoryproject.com)。美国一些大学和中学还设立了"大历史"教学课程,这样的课程对于培养青年人广阔的视野和战略眼光很有益处。

是值得我们认真吸取的。①

但是，西方史学也有其弊端。有的著作尤其是一些"准历史著作"②存在着哗众取宠、标新立异的虚华学风，而西方世界历史学存在的最突出问题则是意识形态的偏见和局限。今天，西方世界史学界占主导地位的是资产阶级史学。关于资产阶级史学，恩格斯早在140年前就做过精辟的论断。恩格斯说："资产阶级把一切都变成商品，对历史学也是如此。资产阶级的本性，它生存的条件，就是要伪造一切商品，因而也要伪造历史。伪造得最符合于资产阶级利益的历史著作，所获得的报酬也最多。"③这一精辟论断放射出强烈的真理光芒。

西方史学主流一般不承认人类历史发展具有规律性。根据马克思主义理论，人类社会的发展是有规律的，规律是可以认识的；资本主义社会终将被社会主义社会取代，这是由人类社会发展规律决定的。承认人类社会发展有规律，就意味着否定资产阶级统治的永恒性。所以，当今西方历史学者往往不愿意承认人类社会发展具有规律性。例如，克劳斯·伯恩德尔、马库斯·哈特斯坦等编著的《图说世界史》的绪论就这样写道："在历史学研究的领域里，不确定性占据主导地位。那些宣称他们发现了确定答案的人是错误的。"他们还更为明确地说："有些自诩学识渊博的好学者还会详细解释道：世界历史是历史学的一门重要学科，它研究的是人类历史自孤立、分散的人群发展成全世界，成为一个密切联系的整体的过程，

---

① 参见张广智主编《西方史学通论》，复旦大学出版社2011年版。本书对西方史学成就进行了系统深入的考察。主编在总序中讲："西方史学，内容宏富，源远流长，在世界史学发展史上占有重要的历史地位，只有具备深厚传统与悠久历史的中国史学可与之媲美。"本文强调防止西方史学的不良影响，决不是否定西方史学的成就。

② 关于"准历史著作"，学术界尚无明确的定义。本文认为，像［美］弗朗西斯·福山：《历史的终结及最后之人》，黄胜强、许铭原译，中国社会科学出版社2003年版；［美］塞缪尔·亨廷顿：《文明的冲突与世界秩序的重建》，周琪等译，新华出版社2002年版；［美］兹比格纽·布热津斯基：《大棋局》，中国国际问题研究所译，上海人民出版社2010年版这类著作应属于准历史著作。

③ 恩格斯：《"爱尔兰史"的片断》，《马克思恩格斯全集》第16卷，人民出版社1964年版，第573页。

并从中揭示历史发展的规律和趋向。这简直是胡说八道。"①

西方世界历史学中存在着根深蒂固的西方中心论,这一问题在殖民主义帝国主义时代达到登峰造极的程度。但是,西方中心论、种族优越论或文明优越论因素可以说早在希罗多德的《历史》中就初露端倪。我国一些学者对希罗多德的《历史》赞赏有加,但往往忽视其存在的明显偏见。例如,希罗多德的《历史》刻意渲染攻打希腊的波斯军队数量,以突显希腊人的英勇善战。《历史》记载波斯国王薛西斯带领5283200人攻打希腊。②《历史》还着意渲染波斯的专制主义。在希罗多德笔下,波斯国王是极端的专制君主,滥杀无辜,胡作非为;东方国家还充满了权力斗争。《历史》一书流露出明显的妖魔化波斯君主的倾向。这部鸿篇巨制的结尾部分记载:波斯国王薛西斯攻打希腊兵败逃回萨尔狄斯后,不是闭门思过,而是纵情狂追其弟玛西斯特的妻子,后来又向自己的儿媳、玛西斯特的女儿求爱;最后,还因此杀害了其弟全家。③希罗多德把这种故事如同信史一样书写,并且放在全书十分重要的位置。希罗多德的《历史》已有了明显的"西方中心论"思想。这部著作浸含着浓厚的西方是正统的、也是正确的观念。在《历史》中,希腊德尔斐神庙的皮西亚女祭司发出的神谕是十分灵验的;偶尔显得"不灵",那也是因为人们对神谕的解读有误。人们面临重大问题时都要求取皮西亚女祭司的神谕。波斯的玛古术士则不然,其预测往往不灵;玛古术士们还卷入了权力斗争。同时,希罗多德极力宣扬在希波战争中,希腊战胜波斯是天意,以此渲染希腊的正统性与波斯的"非正统性"。

今天的一些西方学者在论述古代中世纪历史时,史学偏见还少一些,而讨论世界近现代史,偏见则十分明显,尤其是美化或淡化

---

① [德]克劳斯·伯恩德尔、[德]马库斯·哈特斯坦等:《图说世界史》,黄洋等译,上海锦绣文章出版社2008年版,第13页。
② 希罗多德:《历史》,徐松岩译,上海三联书店2008年版,第406页;希罗多德没有明确讲希波战争中希腊联军的数量,但在一次重大战役中,"希腊全军"约11万人,参见希罗多德《历史》,第479—480页。
③ 希罗多德:《历史》,第506—508页。

殖民主义帝国主义史。笔者在阅读英国学者撰写的英帝国史著述时，感到英国主流的帝国史专家对殖民主义的罪行往往是吞吞吐吐、遮遮掩掩，有时甚至变着法子美化殖民主义和帝国主义。谈到英帝国瓦解的原因时，往往淡化殖民地人民的反抗斗争，而强调英国主动给予殖民地独立；淡化甚至完全忽视苏联在反对殖民主义帝国主义中的作用，而长篇累牍地渲染美国如何迫使英国撤出殖民地，着意给英国的盟友美国披上反殖民主义的光环。

这里不妨对国内较流行的两部西方历史大作的学术倾向进行一番考察。它们是菲利普·费尔南德兹-阿迈斯托的《世界：一部历史》和斯塔夫里阿诺斯的《全球通史：从史前史到21世纪》。其中，《世界：一部历史》更为明显地包含着西方史学界一些常见的史学偏见。下面略举几例。

一是淡化殖民主义帝国主义的罪行，甚至美化殖民主义帝国主义。例如，努力把美洲印第安人的几近灭绝归因于来自旧大陆疾病的传染；着力渲染印第安人的专制、野蛮和残暴，殖民征服受到了欢迎。① 阿迈斯托写道："在人口密集并极易受到疾病侵袭的中美和安第斯山区，印第安人口数量有代表性地下降了90%。""殖民当局的慈善态度也无济于事。没有一个帝国政府像西班牙在新大陆的殖民当局那样，持久而徒劳地立法保护天花感染者。"② "如果我们从另一个角度来看，西班牙的'征服'又显得异常平和。特别在先前臣属于阿兹特克和印加的地区，大多数社群因为迫切希望摆脱他们的美洲土著帝国统治者，对西班牙人几乎没有进行什么抵抗，甚至还表示热烈欢迎。"③ 阿迈斯托还讲道，"殖民主义所到之处，不仅毁坏了当地的文明，也表现出令人诧异的创造性，不仅创造出新的

---

① 当然，我们也不否认美洲地区和亚洲许多国家沦为殖民地有其自身原因，如社会发展落后，内部分裂，甚至出现了与殖民主义者相勾结的因素。
② [美] 菲利普·费尔南德兹—阿迈斯托：《世界：一部历史》（下册），叶建军、庆学先等译，北京大学出版社2010年版，第657页。
③ [美] 菲利普·费尔南德兹—阿迈斯托：《世界：一部历史》（下册），第636页。

语言，而且创造出新的宗教、新的菜肴以及新的思维方式和生活方式。"①

相比之下，斯塔夫里阿诺斯对殖民主义活动有比较多的客观描述，但也存在着淡化、美化殖民主义的倾向，只是更为隐晦巧妙。例如，谈到欧洲殖民扩张时，斯塔夫里阿诺斯认为："当欧洲人开始向海外扩张时，他们采用了一项便利的原则，即他们有权把异教徒的土地占为己有而无须顾及有关的诸土著民族。"② 在斯塔夫里阿诺斯的笔下，殖民主义者赤裸裸的抢劫行径也是遵守"原则"的。谈到欧洲人在印度的殖民扩张时，斯塔夫里阿诺斯写道："中央政权的瓦解给了英国东印度公司和法国东印度公司以可乘之机，使它们得以从纯粹的商业组织转变为地区霸主和贡物收集者。它们修筑堡垒、供养士兵、铸造货币并与周围的印度统治者缔结条约，因为印度已不存在能够阻止英、法扩展影响的中央政府。"③ 在这里，英属东印度公司和法属东印度公司这类西方殖民扩张的积极执行者却成为"非纯粹的商业组织"。它们之所以变成"非纯粹的商业组织"，原因并不在于殖民主义的本质，而是因为印度没有了有力的中央政权！在谈到英国工业革命的根源时，斯塔夫里阿诺斯写下了这样一段文字："英国还拥有更多的、可作工业革命的资金用的流动资本。源源流入英国的商业利润比流入其他任何国家的都多。英国的宫廷支出和军费支出较法国的低，因此，英国征税较少，政府的财政状况较好。此外，银行业在英国发展得更早、更有效，为个人企业和社团企业提供了共同基金。"④ 海外殖民掠夺是英国工业革命的重要前提，这是无可争辩的事实。⑤ 然而，在斯塔夫里阿诺斯的笔下，这一

---

① [美]菲利普·费尔南德兹—阿迈斯托：《世界：一部历史》（下册），第872页。
② [美]斯塔夫里阿诺斯：《全球通史：从史前史到21世纪》，吴象婴、梁赤民等译，北京大学出版社2011年版，第416页。
③ [美]斯塔夫里阿诺斯：《全球通史：从史前史到21世纪》，第437—438页。
④ [美]斯塔夫里阿诺斯：《全球通史：从史前史到21世纪》，第490页。
⑤ 我国著名英国史专家蒋孟引先生主编的《英国史》认为："对殖民地的残酷掠夺是英国资本原始积累的最重要的源泉。"蒋孟引：《英国史》，中国社会科学出版社1988年版，第416页。

点却不明朗了。殖民掠夺包括赤裸裸抢劫的财富在他看来都属于"源源流入英国的商业利润"。西方许多世界史学者就是通过这样的方式来为殖民主义辩护的。

二是忽视、否定或歪曲国际共产主义运动的历史。例如，斯塔夫里阿诺斯谈到战后"殖民地革命的根源"时，就不提苏联的作用，也没有提及战后国际共产主义运动对殖民地民族解放运动的促进作用。① 而且，斯塔夫里阿诺斯还把苏联与西方诸殖民帝国相提并论，把苏联解体后形成的新国家与战后殖民帝国瓦解过程中诞生的新生国家相提并论，列入战后"独立的进程"同一表格中。② 不过，斯氏对社会主义国家的建设成就还是稍有提及的，并对苏联在"二战"中的贡献给予了一定的肯定。相比之下，阿迈斯托则更加淡化社会主义国家包括苏联的建设成就；无视苏联在反法西斯战争中的伟大作用，而强化美、英在战胜德、意、日法西斯中的功劳。对斯大林格勒保卫战乃至整个苏联卫国战争只字不提，却着意渲染苏德互不侵犯条约的危害性。

三是把明清时代的中国称作"帝国"③，与西方同时代的殖民帝国相提并论，极力渲染中国所谓的"殖民主义历史"。阿迈斯托写道："明清时期中国不仅致力于经济扩张和发展对外贸易，还致力于殖民活动，并积极向土著传播汉族习俗。"④ "按大多数标准来说，清是18世纪世界上成长最快的帝国。"⑤ 第二次世界大战后，西方殖民帝国在国际共产主义运动和民族解放运动的巨大冲击下，纷纷解体。这一解体过程，一些西方学者称为"非殖民化"过程。有的学

---

① 参见［美］斯塔夫里阿诺斯《全球通史：从史前史到21世纪》，第735—736页。
② ［美］斯塔夫里阿诺斯：《全球通史：从史前史到21世纪》，第732—735页。
③ 《大分流》的作者彭慕兰在给"经济全球化与历史文化认同"国际学术研讨会（2010年7月，河北师范大学）提交的论文中也将清代中国称作帝国；我国学术界也有人把明清时代的中国称为"帝国"（empire）。这是值得商榷的。我们应该深入思考这个问题，不能随意运用"帝国"一词；显然，帝制时代的"帝国"与"殖民帝国"是不一样的，存在着实质性的区别。解决这一问题，学术界需要构建新的概念体系。
④ ［美］菲利普·费尔南德兹-阿迈斯托：《世界：一部历史》，第627页。
⑤ ［美］菲利普·费尔南德兹-阿迈斯托：《世界：一部历史》，第798页。

者则把苏联的解体也当作这种"非殖民化"过程的一部分。刻意把明清时代的中国说成是"帝国",其潜台词是明确的,即世界所有的殖民帝国都解体了,而中国这个曾经的"帝国"却还没有解体。

美国学者劳拉·霍斯泰特勒直接把其著作命名为《清朝的殖民事业》,副标题是《近代早期中国的人种志和地图学》。在前言中,作者坦陈研究目的之一是:"通过明确揭示清朝的地域勘测和民族调查在许多方面与欧洲殖民列强的做法类似,对仍然太过流行的中国孤立论和中国例外论神话提出异议。"① 英国的帝国史专家约翰·达尔文在其《帖木儿之后:1400—2000 年全球帝国的兴衰》一书中也视清朝为"帝国"。达尔文写道:"也许更令人吃惊的是中国保持了庞大的亚洲内陆帝国:满洲、蒙古、新疆和西藏";今天的中国很大程度上与 1830 年代庞大的清帝国边界相同。② 达尔文认为,世界历史是一部帝国史,而帝国都是要终结的。"历史上一个不言自明的道理是没有任何帝国是永恒的。崩溃的原因是很多的。"③ 该书最后一章的标题是《帖木儿的阴影》,其首页则是五星红旗飘扬的天安门城楼照。照片下方的文字是:"天安门广场:帝国依旧在"。在这里,作者著书的用意再明显不过了,可谓"用心良苦"!

杜维运先生指出,与古代中国不同,西方世界没有产生及时记载天下事的史官记事制度,以致也没有纪实的史学理论。希腊罗马史学家写史,大都运用修辞学方法。利用虚构的演说道出舆论的大势,是修昔底德的一项发明,以致虚构演说词变成一种传统。杜维运还认为,西方中古时代没有历史判断的观念,缺乏历史真实的意识;文献当前,盲目接受;批评文献真伪以远窥历史真相的工作尚未开始,也感觉没有批评的必要,历史的发展归之简单的因素,历

---

① Laura Hostetler, *Qing Colonial Enterprise: Ethnography and Cartography in Early Modern China*, Chicago and London: The University of Chicago Press, 2001, Preface and Acknowledgments, pp. xvii – xvii.

② John Darwin, *After Tamerlane: The Rise and Fall of Global Empires, 1400 – 2000*, London: Penguin Books, 2007, p. 496.

③ John Darwin, *After Tamerlane: The Rise and Fall of Global Empires, 1400 – 2000*, p. 493.

史的作品流于史诗、小说的形式。如此，则今天西方后现代主义者宣称历史与文学的虚构没有什么差别，就不足为怪了。① 也许这种古老的史学传统迄今仍然对西方史学发挥着潜在影响。西方学术界的确不乏出于某种意识形态偏见或为了达到某种政治目的，刻意"虚构"历史的现象。魏特夫为了反对共产主义，精心构造了他的"东方专制主义"。历史学家们已证实，这种"东方专制主义"远不符合历史客观实际。弗朗西斯·福山在东欧剧变、苏联解体之际，抛出了他的"历史终结论"，明显地是在为西方"和平演变"战略推波助澜。进入21世纪，随着中国特色社会主义的不断发展壮大，广大发展中国家力量不断加强，特别是亚洲地区整体实力的提升，"历史终结论"则有所隐退。近些年来，在西方学术界悄然兴起的"中国中心论"，对消除"西方中心论"的影响具有积极意义，但也自觉不自觉地配合了国际上盛行的"中国威胁论"。而且，夸大明清时期中国的经济成就和国际地位，也是不符合客观实际的。

意识形态偏见和局限成了西方史学自身发展的一种障碍，伤害了历史学的科学性，阻碍了人们正确认识历史。我国学术界要防止西方史学中意识形态问题的消极影响，坚持科学态度，警惕史学偏见和错误思潮。

三 加强复合型人才的培养 坚持科学严谨的学风

（一）构建中国特色的"大国史学"亟须培养更多优秀的复合型人才

世界史学科有其特殊性，对人才有特别的要求。我国世界历史学的发展要实现飞跃，实现对西方世界历史学的跨越式发展，亟须培养更多的复合型人才。这种复合型人才应具有以下基本素质。

第一，能够比较熟练地掌握和运用唯物史观。唯物史观是指导历史研究的科学理论和方法，是很朴实的道理，不是难以理解和掌

---

① 杜维运：《中国史学与西方史学之分歧》，《学术月刊》2008年第1期。

握的"玄学"。世界史工作者要舍得花一定精力学习和掌握唯物史观的基本原理，并自觉运用到具体的研究工作中去。学习和运用唯物史观，能够帮助我们识别唯心史观，识别各种历史虚无主义观点。唯物史观要求我们坚持科学严谨的学风，坚持论从史出的原则。当然，坚持唯物史观决不是教条地照抄照搬经典著作的某些语句和单个结论，而是重在坚持基本原理，并在历史研究的实践活动中丰富和发展。

第二，有扎实的专题研究功底。世界历史学要研究宏观的、跨时代跨国别跨专题的大问题，但优秀的世界史工作者首先应该能够在一个或几个专题领域开展深入的学术探讨，达到前沿水平。这在一定意义上要求科研人员有比较稳定的"学术根据地"。有了深入的专题研究经验，开展宏观的、跨学科和通史性研究就具备了扎实的基础，不会流于空泛疏浅之论。世界史专家尤其是青年科研人员不宜频繁转换研究领域；在专题研究中不应浅尝辄止，而要做到："钻坚求通，钩深取极。"①

第三，有较强的应用外语包括古代文字的能力。研究世界史，必须大量使用外文资料。这要求科研人员掌握相关的外文。当前，我国世界史工作者在外文应用方面还很不足。从语种数量上讲，能够熟练运用的不多；在一些科研教学机构，中青年世界史研究人员比老一辈世界史专家掌握的语种还要少。青年学者懂英文者居多；但即使是英文，能够熟练应用、畅通无阻地开展国际学术交流者也不多。而能够熟练运用其他语种的人则更少，尤其是发展中国家的语言和古代文字。例如，懂阿拉伯语、印地语、乌尔都语、波斯语的就很少；懂古希腊文、拉丁文、古代埃及象形文字、古代西亚楔形文字、赫梯文者屈指可数；能够运用多种文字进行比较研究者则更少。如果不能运用某种文字的原始档案材料开展研究工作，就很难在相关的领域推出原创性研究成果，在国际学术界也难以开展平等的学术对话。因此，我国世界史工作者亟须加强外语培训。不仅

---

① 李明高编：《文心雕龙译读》，齐鲁书社 2009 年版，第 183 页。

仅掌握英语等大语种，还要注意掌握小语种和古代文字。只有涌现一大批这样的特殊人才，我国的世界史研究才能更好地上台阶，逐渐走向世界前列。

第四，有比较丰富的跨学科知识。一定意义上讲，世界历史学是关于人类社会过去全部历史的科学，包括经济、科技、政治、文化、军事等各个方面的历史。这就要求世界史专家有比较丰富的跨学科知识。研究通史性问题的学者，尤其需要有丰富的跨学科知识。即使从事专题研究，丰富的跨学科知识也有利于更加深入地进行某个专题学术探讨。[①]

第五，对当今世情、国情有比较深刻的把握。历史与现实是分不开的，历史就是过去的现实，现实就是未来的历史；历史和现实是一个整体，是人类社会发展进程中的不同阶段。了解世界现实有利于认识世界历史，了解世界历史也有利于认识世界现实。了解世情和国情，有利于开阔视野和思路，促进研究工作。立足现实，回望过去，也正是开展世界历史研究的一种重要方法。

此外，优秀的复合型人才还应该具备开展集体科研项目或大规模科研项目的组织协调能力。

世界史复合型人才的培养，除科研人员自身努力外，国家有关部门和科研院校要从体制机制上创造更好的条件和环境。这里简要谈几点思考和建议。

第一，要加大多语种人才培养的力度。例如，对于我国中学、大学和研究生教育，要在制度上为有特殊兴趣和专长的青年学生学习多种语言创造条件，鼓励青年学生学习小语种和古代文字；同时还要积极采取措施扩大小语种和古代文字教师队伍。国家有关部门要加大留学生选派力度，有规划地把更多的青年学生送到国外学习小语种和古代文字，并加强世界史专业理论和知识培训，攻读世界史博士学位。科研院校要积极选派有潜力的青年学者到国外定向研

[①] 关于跨学科研究问题，可参阅张顺洪《跨学科研究是世界史研究的一大趋势》，《社会科学战线》2012 年第 2 期。

修，在提高专业水平的同时，掌握小语种和古代文字，成为具有特殊优长的科研人才。

第二，要加强对外学术交流。世界史学科的主要研究对象是外国史，科研人员需要及时掌握国外有关学术动态，查阅外文资料，经常与国外同行进行学术交流。这是取得优秀科研成果的重要前提。随着改革开放的发展，我国对外学术交流可以说与日俱增。但现阶段，由于经费等客观条件的制约，我国世界史工作者在对外学术交流上还有较大的局限，还不能做到"畅通无阻"。这需要有关部门进一步加大支持世界史专家对外学术交流的力度；科研院校要充分考虑世界史学科的特点，给予适当倾斜，及时提供有利条件，支持世界史专家出国研修，参加学术会议和查阅资料。同时，加强对外学术交流也是世界史专家了解世情的一个很好途径。

第三，完善优秀人才评价和考核机制。世界史"复合型人才"成长周期长。青年科研人员要学好一种外语或几种外语包括古代文字，需要一定的时间，这会影响他们及时推出成果。与其他一些学科的人员相比，在出成果方面往往显得滞后。因此，科研院校在人才招聘、职称评定、课题立项、教学科研评优等方面，要根据学科特点和具体科研人员的特长，采取灵活办法，学科之间横向比较不能搞一刀切，对世界史专业科研人才不能简单地以学术成果数量衡量取人。青年世界史专家打好了扎实的外文基本功，将来更有可能成为出类拔萃的人才。世界史"复合型人才"其他素质的培养也需要较长时间的积累。

第四，提供适当的科研条件和生活保障。要成为优秀的世界史复合型人才，必须多年潜心学习和研究。国家和有关科研院校要为这类人才的成长提供更好的科研条件。随着我国经济的快速发展，这些年来科研条件有较大改善，但与西方发达国家的科研院校还有差距。对我国世界史工作者来说，对外学术交流经费特别需要有较大的提高，国家和科研院校要为世界史科研人才建立通畅的对外学术交流渠道；并为他们利用外文资料数据库开辟便捷途径。西方国家世界史专家之间相互交流非常频繁，查阅资料的渠道也很通畅。

在这方面，我们还有较大差距。与此同时，要为科研人才提供适当的生活保障，使其在生活上后顾无忧，能够做到心无旁骛，专注学习和研究工作。今天许多青年科研人员在生活方面还受到一些困扰，如住房困难。不少博士毕业生参加工作后，没有自己的独立住房，两人或几人合住一套，空间狭小，生活、学习和研究都受到影响。生活中的这类困扰阻缓了优秀科研人才的成长步伐。不仅仅是世界史学科的人才，其他许多学科的人才也是如此。科研人才生活困难的解决不能完全依靠市场，政府部门和科研院校要采取切实措施，提供适当的生活保障。像世界历史学这样的"市场效应"较差的"冷门"专业，优秀科研人才的成长尤其需要国家政策和科研院所给予特别的关爱和支持。

（二）坚持科学严谨的学风

世界历史学是一门科学。作为科学工作者，世界史专家要坚持科学严谨的学风。而坚持科学严谨的学风，应该努力做到以下几点。

第一，要以科学的态度和方法开展研究工作。从事世界历史研究要像从事自然科学研究一样，坚持科学态度。我国航天事业取得了举世瞩目的成就，是与航天科学家们坚持科学严谨的精神分不开的。酒泉发射基地的一幅巨大标语是："一丝不苟，分秒不差。"这也是我们世界史工作者应该坚持的态度和方法。世界史工作者在课题立项上，在史料挖掘、辨析、运用和观点形成过程中，在文字表述等方面，都需要坚守科学原则。

第二，防止粗制滥造，杜绝抄袭剽窃。在科研工作中，要志在推出精品力作。每一篇论文，每一部著作，都是深入研究的结晶，有学术创新点，能把本领域的研究向前推进，哪怕只是微小的一步。在掌握研究资料上，尤其要狠下功夫，努力挖掘第一手资料，尽可能地充分掌握有关资料，避免仅凭几本外文书就写出论文或著作。研究外国历史，当然需要对外国学者的科研成果做一些引进介绍，但不应把外文著作或论文拿来稍加编改就作为自己的"成果"发表。严格意义上讲，这是一种变相抄袭剽窃行为。坚持优良学风，就必须强调科研成果的原创性。

第三，养成优良文风。我们的一些世界史工作者特别是年轻同志，不太注意文字表述上的锤炼，写出的东西不够简洁流畅，有时逻辑上也不严密；在外文材料和观点的引述中，译文不够通顺，洋味浓；有时句子冗长，断句上也较随意。作为科学工作者，这些问题都是要认真克服的。文字表述问题不仅仅是一个有否文采的问题，更重要的是有否科学态度的问题。

第四，培养淡泊名利和献身学术的精神。从事世界历史研究工作，需要有坐冷板凳的精神。今天，世界历史学是发展较快的学科，但它并不是热门学科，也不是一门借此可以发大财的学问。在市场经济条件下，物质诱惑力很强，科研人员容易分散精力，从而妨碍自己取得更大的学术成就。世界史工作者需要有为科研事业献身的精神，淡泊名利，潜心探究，"衣带渐宽终不悔，为伊消得人憔悴"。研究世界史，要做出突出贡献，甚至成为学术大家，没有一种执着的献身精神，是做不到的。

四 努力形成鲜明的中国特色

构建"大国史学"，需要形成鲜明的中国特色，而要构建具有鲜明中国特色的世界历史学，应该努力做到以下三点。

（一）坚持为中国特色社会主义服务，实现史学的科学性和阶级性的统一

历史学是一门科学。毫无疑问，我国的世界历史学必须坚持科学性，坚持论从史出的原则，决不能歪曲和捏造历史。这是唯物史观的基本要求，也是一般科学的基本要求。世界史工作者首先要广泛深入查阅和掌握资料，弄清客观史实；并在此基础上进行分析论证，得出符合客观实际的科学结论。

我国的世界历史学无疑要为中国特色社会主义伟大事业服务。21世纪，我国面临的根本性问题是如何坚持中国特色社会主义道

路，实现中华民族的伟大复兴。只有社会主义才能救中国，只有社会主义才能发展中国，这是我国几代人在艰辛的历史探索过程中所认识到的真理。坚持中国特色社会主义道路，才能实现中华民族的伟大复兴。如果搞资本主义，中华民族就没有前途；或许可能出现短暂的"繁荣"，但由于失去了公有制经济这个主体，民族经济将无法抵抗无比强大的国际垄断资本的侵蚀和操控，国家最终只能沦为二流国家、三流国家，甚至可能解体，四分五裂，完全沦为附庸。今天，西方有人千方百计企图把中国引上资本主义道路，从而分化瓦解中国。反对分化西化图谋，坚持中国特色社会主义道路，是我国面临的严峻课题。我国的世界历史学要为完成好这个大课题服务。我们不能宣扬反社会主义的观点，而要致力于揭示社会主义社会取代资本主义社会的历史发展规律。我国曾经沦为半殖民地，深受帝国主义者和殖民主义者的欺压。今天我国的世界史工作者，应该旗帜鲜明地对殖民主义、帝国主义、霸权主义进行批判，而决不能颂扬。在具体的研究工作中，我们不应忽视、否定和歪曲国际共产主义运动的历史。关于苏联和东欧社会主义国家的历史，不应搞历史虚无主义，否定十月革命和社会主义建设成就；而要以科学的态度考察分析苏东国家社会主义建设的成败得失，总结经验教训，为社会主义事业巩固和发展提供有益借鉴。对各国共产党的历史，要坚持实事求是的态度，不能以偏概全，刻意抹黑，不应谩骂诋毁党的领袖人物。

我国的世界史工作者要体现出我国的民族性特点。例如，在我们的研究工作中，要维护国家利益；要讴歌反抗外来侵略的历史，而决不能赞扬外国侵略者，决不能站在殖民主义侵略者的立场上撰写历史；我国的世界史学者要有意识地捍卫中华民族的整体利益，维护中华民族的团结，反对任何旨在分裂中华民族和损害中华民族利益的史学观点。

我国是社会主义国家，对外实行和平共处五项原则，主张不论大国小国、强国弱国，一律平等，反对霸权主义。政治上，主张各国相互尊重、平等协商，共同推进国际关系民主化；经济上，主张相互合作，普惠共赢；文化上，主张相互借鉴、求同存异，尊重多样性，促进人类文明共同繁荣；安全上，主张加强合作，坚持用和平方式解决国际争端；环保上，主张共同呵护人类生存的家园。社会主义中国的国家利益是与各国人民的利益相一致的；维护中华民族的利益是与维护世界人民的利益相一致的。因此，中国的世界史工作者完全应该而且能够把爱国主义精神和国际主义精神科学地结合起来。

（二）以我国面临的问题和挑战引领世界历史学的研究方向，而不应简单地追随西方学术热点和研究重点

我国的世界历史学要为我国现实服务。世界史工作者重点研究什么，立什么项目，除了个人兴趣和特长外，主要取决于两大因素：学科发展的需要和当前现实社会发展的需要。我国的现实需要，特别是如何应对我国面临的问题和挑战，是我们开展世界史研究的重要出发点，并由此选取研究方向和确定具体课题。这就要求我们对我国面临的问题和挑战有比较准确和清醒的把握，有针对性地开展研究工作，为解决问题和应对挑战提供有益的历史借鉴，探寻应对策略。经世致用是我国史学的传统，以此思路开展世界史研究工作正是这一传统的体现。

我国面临的国内外挑战是多样的。从世界历史发展趋势看，长期挑战在国际上主要来自以美国为首的当今世界最大的并且仍在不断扩大的北约军事集团。我们将长期面对北约对我国发展和世界和平的威胁。在国内，则面临着两大根本性问题：一是近些年来日益明显的居民收入差距拉大的问题；二是近些年来形成的严重腐败问题。这是我国在国内面临的两大最严峻的挑战。短期问题和挑战就比较多了。例如，从国际上讲，金融危机对我国经济稳定发展的冲击，与周边国家存在的领海、领土争端；从国内讲，地区和城乡的发展不平衡，大学生就业难，部分资源枯竭，局部生态恶化，等等。针对我国面临的各种问题和挑战，根据世界历史学的特点和发展需要，笔者在此不揣冒昧，提出一些研究议程。

1. 人类社会发展进程中文明兴衰和国家兴衰规律。在人类社会发展进程中，没有哪个文明哪个国家长盛不衰，而是不断地兴衰交替；许多文明甚至消失了，许多历史上强大的国家解体了或者衰落了；长期被视为例外的美国，人们今天也在谈论其相对衰落。我国历史上也反复出现过王朝兴衰更替的现象。新中国成立60多年来，我国一直处于上升趋势，国力不断增强。但是，如何防止在经历长期繁荣发展之后，又出现历史上反复出现过的衰落，是我们在21世纪面临的大课题。当前党政干部队伍中存在的腐败问题和社会腐败现象的蔓延，也提醒我们不得不思考这样的问题。深入研究世界历史上不同地区、不同文明和不同国家的兴衰成败史，揭示其原因和规律，将有利于我们防止国家由盛转衰。

2. 人类历史进程中各国各地区两极分化问题。两极分化是人类社会进入阶级社会以来长期普遍存在的现象，往往是各国各地区社会动荡不定和改朝换代的重要因素，也是当今世界各国面临的严峻挑战。今天，不仅仅许多国家内部存在着严重的两极分化趋势，在穷国与富国之间也存在着严重的全球性两极分化。随着我国社会主义市场经济的发展，近些年来，我国居民之间收入差距拉大。这一趋势很可能给我国今后的社会稳定带来巨大的压力和冲击。因此，很有必要深入研究人类历史发展进程中各国各地区两极分化趋势发展演变的规律及其对社会的重大影响，总结历史上各国解决两极分化问题的经验教训，为我们防止社会两极分化提供有益的历史启示。

3. 世界公有制经济史。巩固和加强公有制经济的主体地位是我国的国策；保持公有制经济的主体地位是坚持中国特色社会主义道路的底线。公有制经济主体地位也是防止社会两极分化的保障。但是，公有制经济主体地位的重要性并没有得到人们充分的认识和广泛的认同，公有制经济也存在着被相对削弱的趋势。我国世界史工作者应该加强世界各国公有制经济史的研究，揭示公有制经济的历史地位和作用；考察公有制经济发展的规律，总结历史上各国各地区发展公有制经济的经验和教训，为我国巩固和加强公有制经济的主体地位提供理论基础、舆论氛围和历史借鉴。

4. 国际财富流动史。在世界历史上，各国各地区的财富应该说一直处于流动当中。15世纪末叶以来，随着西方殖民主义扩张，财富在世界范围内的流动不断加快。在经济全球化日益加深的今天，财富的全球流动更为通畅。财富的流动与国家之间发展不平衡、世界范围内的贫富分化有着密切的关系。深入研究国际财富流动的渠道和方式，掌握其规律，有利于我们深入认识全球范围内贫富差距的原因，同时也有利于成功应对21世纪将不断上演的国际金融危机。

5. 世界历史进程中新旧格局演变规律。在世界历史发展进程中，存在着国与国之间、地区与地区之间发展不平衡现象，即弱国发展成为强国，落后地区发展成为先进地区；或者说，强国变成了相对的弱国，先进地区变成了相对落后的地区。由于各国各地区发展的不平衡，世界格局也相应地不断发生变化。21世纪，我国和一系列新兴发展中国家国力将不断增强，西方发达资本主义国家则处于相对下降的状态。这种发展趋势必将导致世界格局发生变化。在这一变化过程中，也必然出现这样那样的问题。深入研究人类历史发展进程中不同阶段世界格局发展变化的规律，将有利于我们更好地应对21世纪世界格局变化可能带来的挑战。

6. 国际共产主义运动史。我国是社会主义国家，我国的世界历史学理应特别重视总结国际共产主义运动的经验和教训。国际共产主义运动是人类实现自身解放的伟大历史运动，也是推动世界格局发生变化的重大力量。我国是最大的社会主义国家，是西方发达资本主义国家围堵颠覆的主要对象。东欧剧变、苏联解体后，国际共产主义运动陷入低潮；进入21世纪，国际共产主义运动又有所复苏。在这种历史条件下，我国如何更好地坚持社会主义道路，推进国际共产主义运动的发展，是我们面临的时代大课题。我国世界史学界应该深入研究过去160多年国际共产主义运动走过的艰难曲折的过程，总结经验教训，为国际共产主义运动和我国社会主义事业的顺利发展提供有益的历史启示。

7. 民族解放运动史。民族解放运动也是推动国际格局发生变化的重大力量。我国是世界上最大的发展中国家，与其他广大发展中国家一样，在世界近现代历史上遭受过殖民主义帝国主义的残酷压迫、剥削和奴役。第二次世界大战后，广大殖民地半殖民地摆脱了殖民统治，成为新生的发展中国家，但仍然面临着在世界格局中占优势地位的西方发达资本主义国家的巨大压力。当前的国际关系仍然是一种不平等的国际关系。广大发展中国家深受霸权主义的威胁和欺压，在国际分工中处于低端，承受着巨大的西化分化压力，面临着维持稳定和推进发展的艰巨任务。可以说，广大发展中国家还没有取得民族解放运动的全面胜利。而且，在当前复杂的国际形势下，一些发展中国家二战后取得的民族解放运动胜利成果，还有可能丧失。深入研究民族解放运动史，有利于广大发展中国家构建公正合理的国际秩序，推动国际关系的民主化，实现各国之间的平等相待。

8. 世界历史上的军事集团。当前，北约这个不断扩大的军事集团是对世界和平与稳定的最大威胁，也是我国21世纪在国际上面临的最大挑战。北约如何发展变化直接关系到世界格局的演变。深入研究世界历史上曾经出现过的各种军事集团的形成、发展、演变和消亡规律，有利于我们应对北约构成的挑战，构建公正合理的国际秩序。

9. 广大发展中国家历史。世界历史是各国各地区各民族的共同的历史，是整个人类社会的历史，而不是某些地区或几个大国的历史。过分强调某个地区或几个大国的历史，忽视其他地区和国家的历史，就会陷入某个"地区中心论"或某种"大国中心论"，不能全面客观地反映世界历史。我国世界历史学总体上讲，需要全方位加强。但相对而言，我国学术界对欧美大国历史的研究比较多，对日本的历史研究也比较多，而对许多发展中国家的历史则缺乏研究。要提高我国世界历史研究的整体水平，构建"大国史学"，就需要加强对发展中国家历史的研究。重视发展中国家的历史，也有利于防止和避免世界历史学中的西方中心论和大国中心论。为了加强广大发展中国家历史的研究，我国世界史工作者需要学习和掌握更多的小语种和特殊语种，更好地运用发展中国家的第一手研究资料，加强与广大发展中国家的史学工作者的联系与合作。

除以上问题外，还有许多研究领域也需要加强，如科技史、革命史、战争史、环境史，等等。

（三）把中国史作为世界史的一部分，以中国视角撰写世界史

我国的世界史著作要包含中国史的内容，而不仅仅是写一点中外关系史。在世界通史中，要把中国史放在世界格局中来写，放在人类社会发展进程中来写；写出中国与外部世界的相互联系、相互作用和相互影响，并把中外历史有机地结合起来。中华文明是世界上最古老的文明之一，几千年来延绵发展，从未间断，是人类社会发展进程中宝贵的范例。中国历史进程可以视作人类社会历史进程中的一条特殊主线。中华民族在历史上对东亚地区有着特殊的影响，以中原地区为中心的中国历代王朝，历来就是一个地区性大国；从一定意义上讲，也是一个世界性大国。以中国视角撰写世界史，能够更好地揭示中国史的世界历史意义。但是，以往我国的世界史著作，包括通史性著作，往往没有中国史的内容，或者只是简单地提及。这就导致我国的世界史著作存在一个较大的缺陷，不能反映世界历史全貌。世界是一个整体，中国是世界的一部分；没有中国史的世界史是一部不完整的世界史。

强调以中国视角撰写世界历史，决不是也决不应宣扬"中国中心论"，而是要科学地揭示世界历史全貌，揭示人类社会发展的规律。以往我们的一些世界史著作，由于过多地受到西方学术的影响，自觉不自觉地也陷入一定程度的"西方中心论"。例如，在章节安排上，西方历史占了过大的比例，广大发展中国家历史比例过小。以中国的视角撰写世界史，也有利于我们排除西方中心论的某些不良影响。

我国的世界史专家要比较好地掌握中国史。一是要有比较扎实的中国史基础知识；二是要关注和了解中国史研究成果，并应用到世界史研究中去，纳入相关的世界史著述。这里涉及一个学术问题，就是如何处理好中国史研究与世界史研究的关系。强调要以中国视角撰写世界历史，并不是说我国的世界史工作者要专门研究中国史，而是主张世界史工作者要更好地利用中国史专家队伍的科研成果，把它们有机地运用到世界历史研究中去。在今天学科分类日益细化的情况下，中国史专家和世界史专家要注意加强相互交流合作，相得益彰，相互促进。中国史专家也要注意了解世界史，善于把中国史放在世界历史大背景下来考察。世界史不能没有中国史，中国史属于世界史，并且是世界史中的一条主线。愿我国史学工作者共同为构建中国特色的大国史学做出艰巨的努力！

（原载《历史研究》2013年第3期）

构建世界历史体系的方法和原则

罗文东

与中华民族源远流长的文明历史和史学传统相比，世界历史在中国还算一个年轻的学科。鸦片战争前后，以林则徐、魏源为代表的先进知识分子"睁眼看世界"，编译《四洲志》《海国图志》，揭开了近代中国世界历史研究的序幕。直到新中国成立以前，中国的世界史研究和教学深受欧美的影响，对以西欧为中心编纂世界史的方法习以为常，大学历史系也通行讲授西洋史、断代史和以西方国家为主的国别史、专门史，很少以整体的眼光和方法进行世界史的研究和教学。由于世界历史时间跨度长、空间范围大、研究领域广，如何处理宏观整体研究与微观局部研究的关系，避免出现碎片化倾向，是新中国世界史研究长期探索的重大问题。

一 整体性：世界历史的本质特征和发展趋势

唯物史观昭示人们：世界史不是过去一直存在的，而是民族历史发展的结果。马克思和恩格斯在《德意志意识形态》中指出："各个相互影响的活动范围在这个发展进程中越是扩大，各民族的原始封闭状态由于日益完善的生产方式、交往以及因交往而自然形成的不同民族之间的分工消灭得越是彻底，历史也就越是成为世界历史。"[①] 正是大工业"首次开创了世界历史，因为它使每个文明国家以及这些国家中的每一个人的需要的满足都依赖于整个世界，因为

[①] 《马克思恩格斯文集》第1卷，人民出版社2009年版，第540—541页。

它消灭了各国以往自然形成的闭关自守的状态"。①他们在《共产党宣言》中又强调:"资产阶级,由于开拓了世界市场,使一切国家的生产和消费都成为世界性的了。""过去那种地方的和民族的自给自足和闭关自守状态,被各民族的各方面的相互往来和各方面的相互依赖所代替了。"②

《共产党宣言》发表170多年来,世界各民族、各国家甚至各个人相互联系、相互作用越来越频繁和紧密,全球化和一体化的进程加快,世界成为一个日益开放、相互依存的"地球村"。世界历史不再是各民族、各国家、各个人分散发展的简单相加,而是各民族、各国家、各个人在各种历史和现实关系中构成的有机整体。马克思在《1857—1858年经济学手稿》中提出:社会有机体制"本身作为一个总体有自己的各种前提,而它向总体的发展过程就在于:使社会的一切要素从属于自己,或者把自己还缺乏的器官从社会中创造出来。"③马克思把社会的要素比喻为"器官",以说明要素对总体的从属性,因为机体固然是由器官构成的,但器官离开机体,就失去了生存的条件和应有的功能。列宁在《哲学笔记》中也写道:"世界历史是个整体,而各个民族是它的'器官'。"④各民族、各国家、各个人的发展变化在不同程度上受到世界整体发展的制约,反过来又影响世界历史发展的进程。因此,作为整体的世界历史与作为部分的民族、国家甚至个人的历史的相互关系,或者说世界历史的整体和部分的相互关系,就成为世界史必须解决的基本问题。

正确处理世界历史的整体和部分的相互关系,必须坚持整体研究原则,在世界历史各种因素的普遍联系和变化过程中,揭示历史规律,把握历史趋势。具体说来,在时间序列上,要把世界历史看作一个有内在联系的、发展变化的过程,而不能随意割断历史;在空间范围上,要把世界各民族、各国家、各个人的历史看作一个相

---

① 《马克思恩格斯文集》第1卷,第566页。
② 《马克思恩格斯文集》第2卷,人民出版社2009年版,第35页。
③ 《马克思恩格斯全集》第46卷(上),人民出版社1979年版,第235—236页。
④ 《列宁全集》第55卷,人民出版社1990年版,第273页。

互联系、相互作用的整体,着重研究"世界历史性的事实"和具有世界历史意义的事件,而不能孤立地研究民族、国家和个人的历史;在研究方法上,要唯物辩证地研究生产力和生产关系、经济基础和上层建筑等各种因素的相互关系和矛盾运动,而不能陷入唯心主义和形而上学的困境。恩格斯告诫人们:"经济状况是基础,但是对历史斗争的进程发生影响并且在许多情况下主要是决定着这一斗争的形式的,还有上层建筑的各种因素:阶级斗争的各种政治形式及其成果——由胜利了的阶级在获胜以后确立的宪法等等,各种法的形式以及所有这些实际斗争在参加者头脑中的反映,政治的、法律的和哲学的理论,宗教的观点以及它们向教义体系的进一步发展。这里表现出这一切因素间的相互作用,而在这种相互作用中归根到底是经济运动作为必然的东西通过无穷无尽的偶然事件……向前发展。"如果背离了历史唯物论和历史辩证法的这些基本原理,把世界历史理论应用于任何时期、任何地方、任何人,就会变成像恩格斯讥讽的"比解一个简单的一次方程式更容易"的庸俗史学了。①

早在新中国成立前后,周谷城就坚持整体性原则研究和讲授世界历史,认为:"治历史而不能把握历史之完整性,或完整的统一性,则部分的史实之真相,最不易明白";要注重民族间的斗争所引起的"世界各地之相互关系",主张"注重各民族间的历史接触"为"注重全局"的观点和方法。②他在1949年出版的《世界通史》突破了国别史之和即世界史的框框和"欧洲中心论"的束缚,力求从整体与部分的对立统一中探讨整个人类的历史。他明确提出:"本人不认国别史之总和为世界通史,故叙述时,力避分国叙述的倾向,而特别着重世界各地相互之关联。"③后来他在总结这一时期的思想时强调:"我以为编写《世界通史》时,不能从单一的角度写起,而是须着眼全局或统一整体,从有文化的或文化较高的许多古文化

---

① 《马克思恩格斯文集》第10卷,人民出版社2009年版,第591—592页。
② 周谷城:《世界通史》,商务印书馆1949年版,第235页。
③ 周谷城:《世界通史》,"弁言",第1页。

区同时写起。我所著的《世界通史》第一册，为了反对欧洲中心论，使读者对世界古史有一个全局的了解，便一连举了六个古文化区：曰尼罗河流域文化区、曰西亚文化区、曰爱琴文化区、曰中国文化区、曰印度文化区、曰中美文化区。"① 齐世荣评论说：周谷城强调"世界通史并非国别史之总和"，"主张把世界历史作为一个整体来研究，重视世界各地区之间的相互关系，并反对把欧洲作为世界历史的中心。这些观点对于我国世界史学科的建设，具有开拓性的意义"。②

改革开放以来，我国的世界历史研究和学科建设迅速拓展和深化，整体性研究得到强化。在吴于廑看来，既然历史在不断的纵向和横向发展中已经在越来越大的程度上成为世界历史，那么研究世界历史就必须以世界为一全局，"考察它怎样由相互闭塞发展为密切联系，由分散演变为整体的全部历程，这个全部历程就是世界历史。把分国、分区的历史集成汇编，或者只进行分国、分区的研究，而忽视综合的全局研究，都将不能适应世界历史这门学科发展的需要"。③ 1994年出版的6卷本《世界史》正是按照上述观点、思路编纂的，是对纵横联系的"整体世界史"的探索成果。进入21世纪，如何构建有中国特色的世界史学科体系变成"热门"话题，引起世界史学界对宏观与微观、理论与实证、整体与个案之间关系的重视和争论。越来越多的学者认识到：只有坚持整体性方法和原则，才能构建从分散到整体的世界史体系。

二 碎片化在世界史中的主要表现和危害

与整体性研究相对立的碎片化倾向，在中外世界史学界早已有之，但到20世纪70年代以后凸显出来。法国学者弗朗索瓦·多斯

---

① 周谷城：《着重统一整体反对欧洲中心论》，《中外历史论集》，复旦大学出版社2015年版，第478—479页。
② 齐世荣：《我国世界史学科的发展历史及前景》，《历史研究》1994年第1期。
③ 吴于廑、齐世荣主编：《世界史·古代史编》上卷，高等教育出版社1994年版，"总序"，第31页。

批评第三代年鉴学派背弃先辈注重整体史的传统,将历史上的重大时刻和转折抛在一边,把注意力转向社会边缘和公认价值的负面,从而使历史研究趋向"碎片化",并预言年鉴学派代表的"新史学"将出现危机和瓦解。多斯的批评切中了年鉴学派的要害,很快得到验证。《年鉴》杂志出版的1989年11—12月专号,宣称根本性的转折已经到来,应当对以前的立场进行批判。该刊社论说:"历史学的研究领域加速扩张,有待探索的领域层出不穷,这导致了意想不到的危险,即产生新的相互隔绝。这不再是社会科学各学科之间的隔绝,而是以新专业化的方式在历史学科内部造成的相互隔绝。"① 新中国成立70多年来,特别是改革开放以来,世界史研究取得了巨大进展,但我们要清醒地认识到,我国的世界史也存在"碎片化"等问题,过分纠缠于历史的细节和表象,缺乏对历史的整体和本质的把握。国内外这种碎片化倾向至少表现在以下三个方面。

孤立地研究历史的某些细节从而肢解历史。人类社会是一个有机体,世界历史也是相互联系、相互作用而形成的多样性统一的整体。然而,受解构主义等后现代思潮的影响,战后西方许多历史学者放弃了宏大的政治、经济叙事,退缩到日常的社会、文化领域,把精神病人、儿童、肉体、梦、气候、微生物等纳入研究课题,热衷于多样化的研究对象和方法,不再探求各个研究对象之间的关联和历史的整体性,从而使"我们面临的史学是破碎的和包罗万象的,并受到不可抗拒的好奇心的驱使"②。由于脱离了具体的历史环境和与其他事物的相互联系,上述研究对象就如天马行空、自行其是,成了超时态的事物,即便看到长时段中的变化,也与研究对象存在的基础没有多大关系。多斯认为:"这种历史论说缺乏总体理性化的意愿,而仅限于微观研究","堕入了唯心主义";"随着研究对象的支离破碎和大量增加,历史学将逐渐失去自我。历史学或许和昨天

---

① [法]弗朗索瓦·多斯:《碎片化的历史学——从〈年鉴〉到"新史学"》,马胜利译,北京大学出版社2008年版,"再版序言",第XVIII页。
② [法]弗朗索瓦·多斯:《碎片化的历史学——从〈年鉴〉到"新史学"》,第168页。

的动物学一样,也面临消亡的危险;或许和地理学一样,也将陷入危机和被边缘化。"① 列宁告诫人们:"在社会现象领域,没有哪种方法比胡乱抽出一些个别事实和玩弄实例更普遍、更站不住脚的了。挑选任何例子是毫不费劲的,但这没有任何意义,或者有纯粹消极的意义";"如果不是从整体上、不是从联系中去掌握事实,如果事实是零碎的和随意挑出来的,那么它们就只能是一种儿戏,或者连儿戏也不如"②。那种细微琐碎地探究历史问题,缺乏整体关联性,"只见树木,不见森林",必然阻碍人们对世界历史的总体把握。

静止地研究历史的某些片段从而割断历史。世界历史既有连续性又有阶段性,是在继承前人成果的基础上不断创造和变革的历史过程。但某些学者不顾这种历史的联系,截取某一短暂的时段单独研究历史问题,肆意抬高某一时段的历史而贬低其他时代的历史,主观臆造历史的断裂和对抗。恩格斯以中世纪研究为例,批判了这种忽视历史事实和割断历史脉络的做法,指出:反对中世纪残余的斗争限制了人们的视野。"中世纪被看做是千年普遍野蛮状态造成的历史的简单中断";而中世纪的巨大进步,如欧洲文化领域的扩大,一个挨着一个形成的富有生命力的大民族,以及14世纪和15世纪的巨大技术进步,这一切都没有被人看到。这样一来,"对伟大历史联系的合理看法就不可能产生,而历史至多不过是一部供哲学家使用的例证和图解的汇集罢了"③。由于割断历史使过去、现在、未来之间的辩证关系被否定,历史研究不仅不再有鉴古知今的积极作用,而且会产生干扰社会进步的消极影响。20世纪80年代苏联许多学者以"重新评价"历史为名,否定俄国社会主义革命和建设的历史,进而否定苏联共产党的领导和社会主义制度,从而造成了苏共党内外的思想混乱和组织涣散,为敌对势力搞垮苏共、瓦解苏联提供了可乘之机。"前事不忘,后事之师。"世界历史研究不能因为个人的

---

① [法]弗朗索瓦·多斯:《碎片化的历史学——从〈年鉴〉到"新史学"》,第175、235页。
② 《列宁全集》第28卷,人民出版社1990年版,第364页。
③ 《马克思恩格斯文集》第4卷,人民出版社2009年版,第283页。

好恶而限制视野,忽视历史演进的客观事实和主要线索,必须在整体研究的基础上对历史发展进行全面的深刻的把握。

肤浅地研究历史的某些现象从而歪曲历史。世界历史研究不能停留在庞杂史料的堆砌和各类现象的罗列上,而必须靠理论的指导性和穿透力,深入史料和现象的背后,去伪存真、由表及里,才能把握历史的本质和规律,从而揭示世界整体的历史。但是,某些历史学者专注于婚姻、家庭、妇女、儿童、老人、身体、感觉、记忆、服饰、象征、仪式等问题,不仅研究对象琐碎,研究视野狭窄,而且一味地进行无思想的现象描述,缺乏理论分析和价值判断,迷失了史学研究的目标和宗旨。法国的"新史学"像个在社会边缘寻觅往日幽灵和死者言论的游荡者,其最终目标不再是把握事实的中心,而是探索其周边,将心态、社会心理、情感等纳入"系列史"范畴,由此产生的史学论著的"主要特点是描述性而不是解释性,是实证性和经验性而不是科学性";反映出两方面的无能为力:"一是历史学家丧失了总体观念;二是历史中的人类被其无法掌控的系列分化瓦解。人类对现实不再有任何效力和作用。"[①] 美国学者菲利普·费尔南德兹-阿迈斯托撰写的《世界:一部历史》,试图把世界上从古到今各个地方、各类人群、各种文明找得到的东西都写进书里。这本全球通史类的书,虽然文笔生动,素材丰富,但是一本典型的不要理论体系的书。作者在导读中写道:大多数历史学家,"我也忝在此列——愿意就过去而研究过去,试图发现那些只对过去的人才有意义的、过去的人曾经面对过的问题"。"尽管我本人以为这样的历史果真无用也不见得是什么坏事情。"[②] 由此,历史的现实意义就被否定了,过去、现在、未来的历史联系就被消解了。读完这本洋洋洒洒100多万字的巨著以后,读者脑子里只有一个由大量史料碎片拼接起来的"马赛克",而不知道世界历史为何物。

[①] [法] 弗朗索瓦·多斯:《碎片化的历史学——从〈年鉴〉到"新史学"》,第174—175、236页。

[②] [美] 菲利普·费尔南德兹—阿迈斯托:《世界:一部历史》,叶建军等译,北京大学出版社2010年版,"导读",第38页。

世界史研究之所以出现上述碎片化问题，原因不在于是否需要微观的、局部的、个案的历史研究，而在于缺乏唯物辩证法的指导，不能正确处理整体与局部、普遍与特殊、现象与本质的关系，不能以客观的、联系的、发展的观点考察世界历史。习近平总书记深刻指出："苏联为什么解体？苏共为什么垮台？一个重要原因就是意识形态领域的斗争十分激烈，全面否定苏联历史、苏共历史，否定列宁，否定斯大林，搞历史虚无主义，思想搞乱了，各级党组织几乎没任何作用了，军队都不在党的领导之下了。最后，苏联共产党偌大一个党就作鸟兽散了，苏联偌大一个社会主义国家就分崩离析了。这是前车之鉴啊！"① 如果任由碎片化倾向及其导致的历史虚无主义思潮滋长蔓延，不仅会危及世界史学科的性质和地位，而且会削弱世界史经世致用的功能和作用。正如高翔同志所说："真正成功的史学体系，不可能建筑在东拼西凑的资料碎片上，不可能满足于对历史细节的苛求，更不可能止步于对时代问题浮光掠影的考察。严肃的历史研究，必须从大处着眼，从本质着手，在经世中提升。"②

三 以大历史观统领新时代世界史体系建设

在致中国社会科学院中国历史研究院成立的贺信中，习近平总书记明确提出："坚持历史唯物主义立场、观点、方法，立足中国、放眼世界，立时代之潮头，通古今之变化，发思想之先声，推出一批有思想穿透力的精品力作，培养一批学贯中西的历史学家，充分发挥知古鉴今、资政育人作用，为推动中国历史研究发展、加强中国史学研究国际交流合作作出贡献。"③ 在五四运动一百周年前夕，

---

① 中共中央文献研究室编：《十八大以来重要文献选编》（上），中央文献出版社2014年版，第113页。
② 户华为：《今天，我们需要什么样的历史学——专访中国社会科学院副院长、中国历史研究院院长高翔》，《光明日报》2019年6月17日，第14版。
③ 《习近平致中国社会科学院中国历史研究院成立的贺信》，新华社北京2019年1月3日电，http://www.xinhuanet.com/2019-01/03/c_1210029534.htm。

习近平总书记在中共中央政治局第十四次集体学习时强调："要坚持大历史观，把五四运动放到中华民族 5000 多年文明史、中国人民近代以来 170 多年斗争史、中国共产党 90 多年奋斗史中来认识和把握。"① 这些重要论述不仅对中国历史，而且对世界历史的研究都具有普遍和深远的指导意义，为我们推动新时代世界史的繁荣发展，加快构建中国特色世界史学科体系、学术体系、话语体系指明了奋斗目标、科学方法和基本原则。

第一，坚持以正确的历史观为指导。历史观是人们对社会历史的总的看法和根本观点，决定着人类认识历史的程度和水平及其创造历史的能力和效果。马克思以前的历史学，虽然对历史事实的记载和收集、历史过程的描述和分析等作出了不同程度的贡献，但受各种唯心主义和形而上学历史观的束缚，都不能揭示历史发展的本质和规律。而马克思创立的历史唯物主义，则揭示了人类历史的内在奥秘和发展规律，使过去"在历史观和政治观方面占支配地位的那种混乱和随意性，被一种极其完整严密的科学理论所代替"，② 为历史学真正发展为历史科学奠定了牢不可破的理论基础。党的十八大以来，习近平总书记对历史和历史科学作出了一系列重要论述，强调要树立大视野的历史思维，把握人类历史发展的大趋势，发挥鉴古知今、学史明智的重大作用。他在哲学社会科学工作座谈会上指出："观察当代中国哲学社会科学，需要有一个宽广的视角，需要放到世界和我国发展大历史中去看。"③ 他在主持中共十八届中央政治局第四十三次集体学习时指出：尽管我们所处的时代同马克思所处的时代相比发生了巨大而深刻的变化，但从世界社会主义 500 年的大视野来看，我们依然处在马克思主义所指明的历史时代。这是我们对马克思主义保持坚定信心、对社会主义保持必胜信念的科学

---

① 《加强对五四运动和五四精神的研究 激励广大青年为民族复兴不懈奋斗》，《人民日报》2019 年 4 月 21 日，第 1 版。
② 《列宁专题文集·论马克思主义》，人民出版社 2009 年版，第 68 页。
③ 习近平：《在哲学社会科学工作座谈会上的讲话》，人民出版社 2016 年版，第 3 页。

根据。① 关于历史的作用，他认为："历史研究是一切社会科学的基础，承担着'究天人之际，通古今之变'的使命。世界的今天是从世界的昨天发展而来的。今天世界遇到的很多事情可以在历史上找到影子，历史上发生的很多事情也可以作为今天的镜鉴。重视历史、研究历史、借鉴历史，可以给人类带来很多了解昨天、把握今天、开创明天的智慧。所以说，历史是人类最好的老师。"② 这些重要论述所阐明的"大历史观"将历史唯物主义基本原理与当今时代特征和中国具体实际相结合，赋予马克思主义历史观新的时代内容和民族形式，给包括世界史在内的整个历史科学提出了新的目标任务和方法途径，是新时代中国特色世界史体系建设的科学指南和根本遵循。

第二，注重整体和综合的研究方法。把握世界历史，既要认识人类社会发展的延续性，又要认识人类社会发展的广袤性。从历史唯物主义到"大历史观"，都强调坚持整体性的历史思维和世界眼光，在纵贯古今、横接中外的长时段和大视野中，研究考察影响历史进程的重大事件。习近平总书记在主持中共十八届中央政治局第十一次集体学习时说：学习和运用历史唯物主义，就要掌握社会基本矛盾分析法，"把生产力和生产关系的矛盾运动同经济基础和上层建筑的矛盾运动结合起来观察，把社会基本矛盾作为一个整体来观察，全面把握整个社会的基本面貌和发展方向"③。他在纪念马克思诞辰200周年大会上强调：只有在整个人类发展的历史长河中，才能透视出历史运动的本质和时代发展的方向。今天，人类交往的世界性比过去任何时候都更频繁、更广泛，各国相互联系和彼此依存比过去任何时候都更频繁、更紧密。我们要学习和实践马克思主义

---

① 《深刻认识马克思主义时代意义和现实意义　继续推进马克思主义中国化时代化大众化》，《光明日报》2017年9月30日，第1版。
② 《习近平致第二十二届国际历史科学大会的贺信》，《人民日报》2015年8月24日，第1版。
③ 中共中央宣传部：《习近平新时代中国特色社会主义思想学习纲要》，学习出版社、人民出版社2019年版，第242页。

关于世界历史的思想,"站在世界历史的高度审视当今世界发展趋势和面临的重大问题","同各国人民一道努力构建人类命运共同体,把世界建设得更加美好"。① 历史学,尤其是世界历史,不同于哲学社会科学的其他学科,其研究对象和范围不是人类社会生活的某一方面或某一阶段,而是人类以往社会生活的所有方面和完整过程。因此,世界史研究更需要宽广的视角,在尽可能详尽地收集史料进行具体分析的基础上,进行系统综合的研究,因为历史的真理只有在各种因素的总和中以及在它们的关系和运动中才能达到。

第三,推动世界历史相关学科融合发展。近代以来,随着历史研究日益专业化,世界史学科内部专业划分越来越细,出现了政治史、经济史、社会史、文化史、生态史和古代史、中世纪史、近代史等分支学科,并且与其他学科渗透,出现了历史地理学、历史人类学、心理史学、计量史学等交叉学科。这种分化趋势,一方面扩展了世界史研究的领域和深度,使世界史研究日益细微化和多样化;但另一方面割裂了世界历史的普遍联系和发展过程,给世界史的整体性和统一性造成威胁,从而使世界史研究面临新的学科融合的任务。伯纳德·贝林1981年在美国历史协会第96届年会发表的演说中提出:历史学家未来若干年面对的最大挑战不是如何深化和丰富对过去生活的专门探究,而是如何将以前难以想象的具有复杂情节和分析因素的历史再度综合起来,以及如何将可资利用的信息资料(定量和定性的、统计和文字的、可视和口述的)融会进可读性强的重大事件的叙述中。② 当今中国,世界史已发展为门类齐全、初具规模的一级学科。推动世界史学科建设,不仅要加强世界史学理论与史学史、世界古代中世纪史、世界近现代史、世界地区与国别史、专门史与整体史等二级学科之间的对话和融合,而且要打破世界史与中国史、考古等历史学科,以及与其他人文科学、社会科学乃至

---

① 习近平:《在纪念马克思诞辰200周年大会上的讲话》,《人民日报》2018年5月5日,第2版。
② Bernard Bailyn, "The Challenge of Modern Historiography," *The American Historical Review*, Vol. 87, No. 1, 1982, pp. 23 – 24.

与自然科学之间的学科壁垒，联合各方力量构建世界史学术共同体，开拓世界历史研究的新局面和新境界。

当今世界正在经历百年未有之大变局，当代中国正在经历广泛深刻的大变革。世界多极化、经济全球化、文化多样化、社会信息化深入推进，给世界历史发展和世界史体系建设提供了难得的机遇，也提出了巨大的挑战。习近平总书记殷切希望我国广大历史研究工作者"继承优良传统，整合中国历史、世界历史、考古等方面研究力量，着力提高研究水平和创新能力，推动相关历史学科融合发展，总结历史经验，揭示历史规律，把握历史趋势，加快构建中国特色历史学学科体系、学术体系、话语体系"[①]。具体到世界史，学科体系是基础和依托，学术体系是灵魂和核心，话语体系是原料和载体，三者相互依存、融会贯通，结合为统一的整体。只有坚持以历史唯物主义和习近平大历史观为指导，更加注重整体的、综合的研究方法，才能构建起全面系统、科学完备的世界史体系，谱写无愧于当今时代和人民大众的历史新篇章。

（原载《历史研究》2019 年第 6 期）

[①]《习近平致中国社会科学院中国历史研究院成立的贺信》，新华社北京 2019 年 1 月 3 日电，http://www.xinhuanet.com/2019-01/03/c_1210029534.htm。

构建双主线、多支线的中国世界史编撰线索体系
——全球化时代马克思世界历史理论的应用

董欣洁

今日的中国置身于一个前所未有的、剧变的全球化时代。整个世界如同一个巨大的力场，将各个国家甚至每个人都牵纳其中。在现有的学科分类中，世界史为人们探索自身与世界的关系提供了重要的研究途径。从19世纪中叶中国世界史研究萌生以来，包括周谷城、雷海宗、齐世荣、罗荣渠、刘家和、马克垚、于沛、钱乘旦等人在内的世界史研究者，在构建中国自己的世界史研究体系方面进行了卓越的理论探索与实证研究。[1] 其中，吴于廑关于世界历史"纵向发展和横向发展"的思想成为当今中国世界史学界的主流理论。[2] 2010年，百余位中国世界史学者通力合作完成的8卷39册1500余万字的《世界历史》，由江西人民出版社出版发行。这是中国第一部

---

[1] 周谷城：《世界通史》，商务印书馆2009年版；雷海宗：《世界史上一些论断和概念的商榷》，《历史教学》1954年第5期；齐世荣：《编写一部简明的世界通史是时代的需要》，载刘新成主编《全球史评论》第2辑，中国社会科学出版社2009年版，第143—150页；罗荣渠：《论一元多线历史发展观》，《历史研究》1989年第1期；刘家和、廖学盛主编：《世界古代文明史研究导论》，北京师范大学出版社2010年版；马克垚：《编写世界史的困境》，载刘新成主编《全球史评论》第1辑，商务印书馆2008年版，第5—22页；于沛：《生产力革命和交往革命：历史向世界历史的转变——马克思的世界历史理论与交往理论研究》，《北方论丛》2009年第3期；钱乘旦：《以现代化为主题构建世界近现代史新的学科体系》，《世界历史》2003年第3期。

[2] 吴于廑：《世界历史》，《中国大百科全书·外国历史卷》，中国大百科全书出版社1990年版，第1—15页；周一良、吴于廑主编：《世界通史》，人民出版社1962年版；吴于廑、齐世荣主编：《世界史》，高等教育出版社2011年版。

将专题研究与编年叙事结合起来的大型世界通史著作。以上这些理论与实证研究成果,既是我们在世界一体化加速发展的现实前提下研究世界史的深厚基础,又提供了新的出发点。

笔者在研究西方全球史的过程中,逐渐发现很多西方著名的世界史或全球史著作都受到马克思世界历史理论的不同程度的影响。全球化时代复杂的国际政治现实和学术趋势,促使笔者重新思考马克思世界历史理论在历史学研究和编撰中的学术价值。具体而言,这个设想落实在世界史编撰领域,就是将中国世界史理论体系建设这个目标进一步具体化和细化,考虑构建一种包括双主线、多支线在内的世界史编撰线索体系。双主线是纵向的生产主线与横向的交往主线。多支线是构成或依附于两条主线的不同领域及不同层次的、具体的细节线索,包括跨文化贸易、环境变化、物种传播、疾病传染、移民、战争、殖民主义扩张、帝国主义侵略、宗教传播、文化交流等。世界历史就是在双主线与多支线所体现出的各种动力的交互推动下演进的。双主线与多支线的世界史编撰线索体系,实际上意味着世界历史演变的内在动力体系,这个编撰线索体系本身是历史发展合力的具体反映,需要不断在实证研究中检验和充实,同时也成为进一步的宏观理论构建的根基。另外,对双主线和多支线的探讨,有利于吸收西方世界史学界的积极成果、将其整合到我们自身的学术框架之中。

一

19世纪40年代,马克思和恩格斯在《德意志意识形态》的文稿中,提出"我们仅仅知道一门唯一的科学,即历史科学。历史可以从两方面来考察,可以把它划分为自然史和人类史。但这两方面是不可分割的;只要有人存在,自然史和人类史就彼此相互制约"。[①]《德意志意识形态》是马克思主义的成熟文本。另外,19世纪,包括细胞学说、生物进化论、能量守恒和转化定律在内的自然科学重

---

① 《马克思恩格斯文集》第1卷,人民出版社2009年版,第516页,注2。

大进展已经为世人所知；甚至到19世纪晚期，牛顿经典力学在物理学家看来已经不能充分解释宇宙的运动，量子力学和广义相对论呼之欲出，即将在20世纪初期问世。即使在这种复杂的时代和学术背景下，对于前述"唯一的科学"这个结论，自然科学素养深厚的恩格斯（1820—1895）在晚年也未曾修正。他在1883年《在马克思墓前的讲话》中高度赞颂"马克思发现了人类历史的发展规律"①。此中的深意，体现出马克思"思想的统一性"和"理论的多维性"，"马克思拒绝把不同的学术学科相分离"；由于"物质生产力不可能同与之相适应的社会生产关系（即最宽泛意义上的社会组织）相分开"，所以马克思采取的分析方法是"历史的分析"，进而"揭示各个社会尤其是资产阶级社会的历史发展②。"

这种"历史的分析"，也就是唯物史观所倡导的基本研究方法，即"重新研究全部历史，必须详细研究各种社会形态的存在条件，然后设法从这些条件中找出相应的政治、私法、美学、哲学、宗教等等的观点"③，也就是"对包含着一连串互相衔接的阶段的发展过程的阐明"④。这是唯物史观的精髓所在。所以，恩格斯在1895年指出："马克思的整个世界观不是教义，而是方法。它提供的不是现成的教条，而是进一步研究的出发点和供这种研究使用的方法。"⑤ 同理，列宁（1870—1924）在1906年也指出："我们不否认一般的原则，但是我们要求对具体运用这些一般原则的条件进行具体的分析。"⑥ 在1920年列宁指出："马克思主义的精髓，马克思主义的活的灵魂：对具体情况作具体分析。"⑦ 这种具体的"历史的分析"构成了马克思主义理论体系的方法论基础。

---

① 《马克思恩格斯文集》第3卷，人民出版社2009年版，第601页。
② ［英］埃里克·霍布斯鲍姆：《如何改变世界：马克思和马克思主义的传奇》，吕增奎译，中央编译出版社2014年版，第103—126页。
③ 《马克思恩格斯文集》第10卷，人民出版社2009年版，第587页。
④ 《马克思恩格斯文集》第10卷，第560页。
⑤ 《马克思恩格斯文集》第10卷，第691页。
⑥ 《列宁全集》第12卷，人民出版社1987年版，第273页。
⑦ 《列宁专题文集：论马克思主义》，人民出版社2009年版，第293页。

由上可知，历史研究尤其是世界历史研究对马克思主义理论体系的重要性是显而易见的。经典作家对世界历史的实证研究与理论探讨，在1843年克罗茨纳赫时期萌芽后，历经《〈黑格尔法哲学批判〉导言》《1844年经济学哲学手稿》，在《德意志意识形态》中获得明确清晰的表述，但绝不止步于此，对世界历史的研究已经成为一条基本线索，贯穿在《资本论》、东方社会发展道路、历史学笔记、历史发展"合力"思想等探讨中。尤其是恩格斯晚年对历史发展"合力"思想的研究，进一步扩展了马克思世界历史理论在探索历史发展动力方面的层次和角度。"合力"思想的内容可以概括为：历史过程中的决定性因素归根到底是现实生活的生产和再生产，但是对历史斗争的进程发生影响并且在许多情况下主要是决定着这一斗争的形式的，还有上层建筑的各种因素，即表现出这一切因素间的相互作用，这样就有无数互相交错的力量，有无数个力的平行四边形，由此产生出一个合力，即历史结果，每个意志都对合力有所贡献，因而是包括在这个合力里面的。[①]

在马克思和恩格斯之前，西方学术界在探索世界历史演变的根源时，往往背离实践而从观念出发。马克思则鲜明地提出，"全部社会生活在本质上是实践的。凡是把理论引向神秘主义的神秘东西，都能在人的实践中以及对这种实践的理解中得到合理的解决"[②]。这样，马克思史无前例地把存在者的存在把握在感性活动的过程中，从而不仅与黑格尔、费尔巴哈的本体论立场划清了界限，而且批判地脱离了整个哲学—形而上学，正是在这个意义上，马克思开展出以实践纲领为基础的本体论革命。[③] 相应地，丰富多彩的社会实践在世界历史研究中的重要性得到了承认。对此恩格斯指出，"以前所有的历史观，都以下述观念为基础：一切历史变动的最终原因，应当到人们变动着的思想中去寻求，并且在一切历史变动中，最重要的、

[①] 参见《马克思恩格斯文集》第10卷，第591—593页。
[②] 《马克思恩格斯文集》第1卷，第501页。
[③] 吴晓明、陈立新：《马克思主义本体论研究》，北京师范大学出版社2012年版，第221—222页。

支配全部历史的又是政治变动。可是，人的思想是从哪里来的，政治变动的动因是什么——关于这一点，没有人发问过。……现在马克思则证明，至今的全部历史都是阶级斗争的历史……这些阶级又是由于什么而产生和存在的呢？是由于当时存在的基本的物质条件，即各个时代社会借以生产和交换必要生活资料的那些条件。"① 根据唯物史观的基本原理，首先应当确定一切人类生存的第一个前提，也就是一切历史的第一个前提，这个前提是：人们为了能够"创造历史"，必须能够生活。但是为了生活，首先就需要吃喝住穿以及其他一些东西。因此第一个历史活动就是生产满足这些需要的资料，即生产物质生活本身，这是……一切历史的基本条件。②

经典作家指出：历史不过是追求着自己目的的人的活动而已。③历史向世界历史的转变，是完全物质的、可以通过经验证明的行动，每一个过着实际生活的、需要吃、喝、住、穿的个人都可以证明这种行动。④ 他们指出：一定的生产方式或一定的工业阶段始终是与一定的共同活动方式或一定的社会阶段联系着的，而这种共同活动方式本身就是"生产力"；由此可见，人们所达到的生产力的总和决定着社会状况，因而，始终必须把"人类的历史"同工业和交换的历史联系起来研究和探讨。⑤ 在这个意义上，马克思才会做出如下判断：世界史不是过去一直存在的，作为世界史的历史是结果。

《德意志意识形态》指出：人们是自己的观念、思想等等的生产者，他们受自己的生产力和与之相适应的交往的一定发展——直到交往的最遥远的形态——所制约。⑥ "各种交往形式的联系就在于：已成为桎梏的旧交往形式被适应于比较发达的生产力，因而也适应于进步的个人自主活动方式的新交往形式所代替；新的交往形式又

---

① 《马克思恩格斯文集》第 3 卷，第 457—458 页。
② 《马克思恩格斯文集》第 1 卷，第 531 页。
③ 《马克思恩格斯文集》第 1 卷，第 295 页。
④ 《马克思恩格斯文集》第 1 卷，第 541 页。
⑤ 《马克思恩格斯文集》第 1 卷，第 532—533 页。
⑥ 《马克思恩格斯文集》第 1 卷，第 524—525 页。

会变成桎梏，然后又为另一种交往形式所代替。由于这些条件在历史发展的每一阶段都是与同一时期的生产力的发展相适应的，所以它们的历史同时也是发展着的、由每一个新的一代承受下来的生产力的历史，从而也是个人本身力量发展的历史。"① 所以，"一切历史冲突都根源于生产力和交往形式之间的矛盾。此外，不一定非要等到这种矛盾在某一国家发展到极端尖锐的地步，才导致这个国家内发生冲突。由广泛的国际交往所引起的同工业比较发达的国家的竞争，就足以使工业比较不发达的国家内产生类似的矛盾"。② 这实际上表明，马克思世界历史理论包含着两个核心概念：一个自然就是生产，另一个则是交往。生产的发展促进了交往的扩大，交往的扩大则有利于生产的保持，两者之间存在着辩证的相辅相成。

如前所述，马克思世界历史理论可以简要概括为：世界历史是人类所创造的社会生产力不断发展，和在此基础上人类的交往不断密切的产物，是人类整体的历史。这一论断鲜明地指出了世界历史的实践性与整体性，从本体论与认识论两方面实现了世界历史研究的革命性突破。具体而言，世界历史绝非某种纯粹的抽象行动，而是在生产力发展推动下的客观历史进程，各个相互影响的活动范围在此进程中越是扩大，各民族的原始封闭状态由于日益完善的生产方式、交往以及因交往而形成的不同民族之间的分工消灭得越是彻底，历史也就越是成为世界历史，所以世界历史的形成是人类社会生产和交往发展的必然结果。在马克思和恩格斯看来，历史发展的主体是人本身，人的生产与交往是历史发展的动力，生产力因素对历史发展具有基础性的决定作用。这个创新性的世界历史阐释框架，为唯物史观的发展提供了深厚的历史基础。

二

正如马克思在1858年所言："现代历史著述方面的一切真正进

---

① 《马克思恩格斯文集》第1卷，第575—576页。
② 《马克思恩格斯文集》第1卷，第567—568页。

步,都是当历史学家从政治形式的外表深入到社会生活的深处时才取得的。"① 他实际上强调的是对历史发展动力的研究将推动历史叙事的发展。马克思世界历史理论的突出特点正是对世界历史演化动力的探讨。20 世纪尤其是 20 世纪中期以来,在历史学领域,西方著名的世界史著作几乎都受到其不同程度的影响。

作为"当今世界影响最大的史学流派之一"②的法国年鉴学派,其史学理论和方法的基础是由创始人吕西安·费弗尔(1878—1956)和马克·布洛赫(1886—1944)奠定的,而费弗尔和布洛赫在一定程度上受到马克思主义的影响③,怀有"创建打破不同人文学科界限的全面历史学的抱负"④,主张"唯有总体的历史,才是真历史"。年鉴学派第二代核心人物费尔南·布罗代尔(1902—1985)则将总体史的观念落实在他 1949 年出版的两卷本《地中海与菲利普二世时代的地中海世界》、1963 年出版的《文明史》、1979 年出版的三卷本《15 至 18 世纪的物质文明、经济与资本主义》等作品中。在《地中海与菲利普二世时代的地中海世界》中,布罗代尔"为了阐明地中海 1550 年至 1600 年这短短一瞬间的生活",提出"漫长的 16 世纪"(long 16th century)这样一个时间单位,即"1450 年和 1650 年之间的这些热火朝天的年代",以便对 16 世纪的地中海进行总量分析,"确定其大量的经济活动之间的基本关系"。⑤ 布罗代尔在方法论上的创见,是用地理时间、社会时间和个人时间即长时段、中时段和短时段的划分把复杂的历史现象区分为三个层次,努力以此展现出连续性的历史。他在 1963 年指出:这些阐述在纵的方向从一

---

① 《马克思恩格斯全集》第 12 卷,人民出版社 1962 年版,第 450 页。
② [法]费尔南·布罗代尔:《地中海与菲利普二世时代的地中海世界》第 1 卷,唐家龙等译,吴模信校,商务印书馆 2013 年版,"出版说明",第 1 页。
③ 张芝联:《费尔南·布罗代尔的史学方法》,《历史研究》1986 年第 2 期。
④ [法]费尔南·布罗代尔:《地中海与菲利普二世时代的地中海世界》第 1 卷,"中译本序(布罗代尔夫人作)",第 7 页。
⑤ [法]费尔南·布罗代尔:《地中海与菲利普二世时代的地中海世界》第 1 卷,第 19、607 页;《地中海与菲利普二世时代的地中海世界》第 2 卷,唐家龙等译,吴模信校,商务印书馆 2013 年版,第 404 页。Fernand Braudel, "Qu'est-ce que le XVIe siècle?", *Annales, Histoire, Sciences Sociales*, 8e Année, No. 1, Jan. - Mar., 1953, pp. 69–73.

个时间"台阶"到另一个时间"台阶",在每一级"台阶"上也有横向联系和相互关系。① 显然,他在强调自己对历史发展纵向联系与横向联系的重视。

在西方史学界,堪称誉满全球的最为著名的两位马克思主义史学家是艾瑞克·霍布斯鲍姆和伊曼纽尔·沃勒斯坦。霍布斯鲍姆(1917—2012)撰有著名的"年代(Age)四部曲",被视作"所有英语世界印刷的历史书中,最有力和连贯的"世界史杰作。② 其中,1962 年出版的《革命的年代:1789—1848》、1975 年出版的《资本的年代:1848—1875》、1987 年出版的《帝国的年代:1875—1914》构成了霍布斯鲍姆的"漫长的 19 世纪"(1789—1914)三部曲。第四部则是 1994 年出版的描述"短促的 20 世纪"的《极端的年代:1914—1991》。霍布斯鲍姆的"漫长的 19 世纪"和"短促的 20 世纪",显然受到了布罗代尔"漫长的 16 世纪"的影响,其意在对 19 世纪的世界历史进行总体考察。年代系列的著述目的,就是"要了解和解释 19 世纪及其在历史上的地位,了解和解释一个处于革命性转型过程中的世界,在过去的土壤上追溯我们现代的根源"。③ 霍布斯鲍姆用以组织 19 世纪的主题,"是自由主义资产阶级特有的资本主义的胜利和转型"。④ 他认为,1789 年的世界是一个乡村世界,但是法国大革命和同期发生的(英国)工业革命,即双元革命,使得 1789 年后的世界发生巨大变革;许多非欧洲的国家和文明在 18 世纪后期仍然与欧洲国家保持平等地位,双元革命促使欧洲扩张霸权,同时也为非欧洲国家的反击提供了条件。⑤ 霍布斯鲍姆深谙马克思主

---

① [法]费尔南·布罗代尔:《地中海与菲利普二世时代的地中海世界》第 1 卷,"第二版序言",第 15—16 页。
② [英]C. A. 贝利:《现代世界的诞生:1780—1914》,于展、何美兰译,商务印书馆 2013 年版,第 5—6 页。
③ [英]艾瑞克·霍布斯鲍姆:《帝国的年代:1875—1914》,贾士蘅译,中信出版社 2014 年版,"序言"第Ⅸ页。
④ [英]艾瑞克·霍布斯鲍姆:《帝国的年代:1875—1914》,贾士蘅译,第 10 页。
⑤ [英]艾瑞克·霍布斯鲍姆:《革命的年代:1789—1848》,王章辉等译,中信出版社 2014 年版,第 14、31—32 页,"序言"第Ⅸ页。

义的方法论精髓,他虽然从纵向上把19世纪划分为三个时段,但是始终把历史看作一个整体,而不是国别史、政治史、经济史和文化史等专门领域的集合,始终用理论来统领对同一个研究主题的分章叙述。

沃勒斯坦(1930—2019)于1974年出版了多卷本《现代世界体系》的第一卷《16世纪的资本主义农业与欧洲世界经济体的起源》。该书的核心是讲述现代世界体系即资本主义世界经济体的起源与历史发展。沃勒斯坦认为,世界体系是一种社会体系,具有范围、结构、成员集团、规则与凝聚力,其内部冲突的各种力量构成整个体系的生命力;现代世界体系发端于西欧,并逐渐扩展到世界其他地区,最后覆盖全球;欧洲并不是当时唯一的世界经济体,不过只有欧洲走上资本主义道路并超越其他世界经济体;世界经济体在空间层面可以划分为中心、半边缘与边缘地区。沃勒斯坦也采用了源自布罗代尔的"漫长的16世纪"这一时间单位,说明资本主义世界经济体形成于"延长的16世纪"(使用的是同一个单词long,中译本翻译不同),即1450—1640年,并自那时以来从地域上向世界扩展。[1]《现代世界体系》第四卷出版于2011年,名为《中庸的自由主义的胜利:1789—1914》,从时段上看与霍布斯鲍姆的界定相同,同样要讲述"延长的19世纪"的历史,即中庸的自由主义"驯服"保守主义与激进主义、在19世纪取得胜利的历史。他认为现代性开始于延长的19世纪,并延续到20世纪。[2] 沃勒斯坦还提出了"延长的20世纪"[3]的时间单位,以便从联系和辩证的角度审视19和20世纪的世界史。他指出:"我不采用多学科的方法来研究社会体系,而采用一体化学科的研究方法。"[4]

---

[1] [美]伊曼纽尔·沃勒斯坦:《现代世界体系》第1卷,尤来寅等译,罗荣渠审校,高等教育出版社1998年版,第80页;《现代世界体系》第2卷,吕丹等译,庞卓恒主译兼总审校,高等教育出版社1998年版,第6页。

[2] [美]伊曼纽尔·沃勒斯坦:《现代世界体系》第4卷,吴英译,庞卓恒校,社会科学文献出版社2013年版,第7—8、341页。

[3] [美]伊曼纽尔·沃勒斯坦:《现代世界体系》第4卷,第8页。

[4] [美]伊曼纽尔·沃勒斯坦:《现代世界体系》第1卷,第11页。

实际上,"漫长的 16 世纪"对应的是对近代早期全球状况的分析,正如马克思所说,"资本主义时代是从 16 世纪才开始的"[①],"漫长的 19 世纪"对应的则是欧洲由于工业化而与世界其他地区发生力量对比转变的时期,这两个时段的区分不仅意味着对资本主义不同历史阶段意义的判定,而且也是对近代以来复杂的全球演变的重新评估。这两个时间观念与中心区、半边缘、边缘地区等空间观念,在兴起于 20 世纪中期的西方全球史的研究与编撰中深受重视。很多学者从各自的学术背景出发做出相应的分析。[②] 经典作家和布罗代尔、霍布斯鲍姆、沃勒斯坦等人的观点在其中被作为某种参照系反复讨论。还有学者将布罗代尔、霍布斯鲍姆、沃勒斯坦的作品也归入全球史之列。在西方众多涌现出的全球史著作中,C. A. 贝利 2004 年出版的《现代世界的诞生:1780—1914》和尤尔根·奥斯特哈梅尔 2009 年出版的《世界的转变:19 世纪全球史》,就是两本探讨"漫长的 19 世纪"的单卷本名著。

C. A. 贝利(1945—2015)这本《现代世界的诞生:1780—1914》,开宗明义便提出研究的是"19 世纪在国家、宗教、政治意识形态和经济生活方面全球一致性的起源",认为各个社会之间外在表现的不同在增强,但这些不同越来越趋向于用相同的方式来表达,西方的统治有残酷的一面,但西方的优势只是部分和暂时的。[③] 他认为现代化具有多样性的起源,并非简单地从欧美向其他地区传播。他提出,要把"横向史"(即联系史)与"纵向史"(即特殊制度与意识形态发展史)结合起来,"要说明任何世界史都需要设定政治组织、政治思想与经济活动之间更复杂的互动",甚至提出"从最广的

---

① 《马克思恩格斯文集》第 5 卷,人民出版社 2009 年版,第 823 页。
② Patrick Manning, "The Problem of Interactions in World History", *The American Historical Review*, Vol. 101, No. 3, 1996, pp. 771–782. Jerry H. Bentley, "Cross-Cultural Interaction and Periodization in World History", *The American Historical Review*, Vol. 101, No. 3, 1996, pp. 749–770. Lloyd Kramer and Sarah Maza, eds., *A Companion to Western Historical Thought*, Malden, MA: Blackwell Publishing, 2002. Stefan Berger ed., *A Companion to Nineteenth-Century Europe: 1789–1914*, Malden, MA: Blackwell Publishing, 2006.
③ [英] C. A. 贝利:《现代世界的诞生:1780—1914》,第 1—3 页。

意义上说，历史的发展似乎由经济变化、意识形态构建和国家机制所构成的复杂的四边形的合力来决定"。① 这些论述从方法论的角度来看，是对马克思世界历史理论的直接的借鉴吸收。贝利的创见在于，他"把19世纪的世界作为一个网络重叠的全球复合体来描写，但同时要承认每个网络固有的实力差别"，所以他明确提出，自己"既反对西方例外论，又反对完全相对论"。②

尤尔根·奥斯特哈梅尔（1952—）的《世界的转变：19世纪全球史》（德文版2009年，英文版2014年），书名中没有标注具体年限，正文中列有专章讨论分期和时间结构，内容则视行文需要追溯到1780年之前或延伸到当代，以便使19世纪的意义在更长的时间内显示出来。③ 两书的重点设置也有所差异，贝利特别感兴趣的主题包括民族主义、宗教、生活习惯，奥斯特哈梅尔更加关注迁移、经济、环境、国际政治和科学。④ 他把贝利的叙事方法描述为一种意在去中心的空间发散方法，研究者进入同时性的历史细节之中，寻找类比分析，进行比较，搜寻出史实中隐藏的相互依存，相应地在年代学上会有意表现得开放和模糊；而且，专心于个体现象，并从全球视野中去审视这些现象。⑤ 他认为贝利这种横向的、由空间确定的历史编纂学与霍布斯鲍姆那种更加强调纵向的、时间性的历史编纂学之间的关系似乎显示出一种不可避免的模糊性，将两者融合起来的尝试没有获得完全的和谐，因此他怀疑用历史学家的认知工具能否在单一模式中反映出一个时代的动态。⑥ 奥斯特哈梅尔倾向于贝利

---

① ［英］C. A. 贝利：《现代世界的诞生：1780—1914》，第4、6、8页。
② ［英］C. A. 贝利：《现代世界的诞生：1780—1914》，第527、520页。
③ Jürgen Osterhammel, *The Transformation of the World: A Global History of the Nineteenth Century*, Princeton and Oxford: Princeton University Press, 2014, "Introduction to the First German Edition", p. xviii.
④ Jürgen Osterhammel, *The Transformation of the World: A Global History of the Nineteenth Century*, "Introduction to the First German Edition", p. xvii.
⑤ Jürgen Osterhammel, *The Transformation of the World: A Global History of the Nineteenth Century*, "Introduction to the First German Edition", p. xviii.
⑥ Jürgen Osterhammel, *The Transformation of the World: A Global History of the Nineteenth Century*, "Introduction to the First German Edition", p. xix.

的方法，但他认为自己走得更远，也可能比贝利更多一点以欧洲为中心，更明确地把19世纪看作"欧洲的世纪"。① 对此他解释道：一位欧洲的（德国的）作者为欧洲的（德国的）读者写史这个事实，不可能不在文本中留下印记，尽管蕴含着全球的意图；而且，先验知识和文化假设从来没有立场中立，这种相对性导致了认知的核心不能脱离历史事实中的中心/边缘结构。②

前述这些学者的史学实践与彼此之间的相互影响，共同构成了西方世界史发展的重要成就，同时也标明了西方世界史发展的过程和脉络。例如，霍布斯鲍姆与布罗代尔私交颇笃，称布罗代尔是"一位和蔼可亲、纡尊降贵的师父，而这种角色正是我仰慕他和喜欢他之处"③。作为左派杂志《过去与现在》的主要奠基人，霍布斯鲍姆在创刊号中"开宗明义就感谢《年鉴》所带来的启发"④。他们的作品无疑从广度和深度两方面拓展了西方世界史研究的层次和范围，使人类生活复杂的众多面相获得了更加鲜明的立体呈现。如果说，相对于兰克以降的西方传统世界史而言，第二次世界大战之后的西方世界史研究关于人类历史的一种更加整体化和综合化的编撰视角已经得以确立，那么很显然，其发展本身一方面有赖于多位历史学家的专业努力，另一方面也佐证了马克思世界历史理论这个框架的内在包容性与理论解释能力。

三

如何从整体上把握世界历史的进程，如何恰当地处理人类的时间发展和空间发展两者之间的关系，至今仍然是历史编纂学中的核

---

① Jürgen Osterhammel, *The Transformation of the World: A Global History of the Nineteenth Century*, "Introduction to the First German Edition", p. xvii.

② Jürgen Osterhammel, *The Transformation of the World: A Global History of the Nineteenth Century*, "Introduction to the First German Edition", p. xx.

③ ［英］艾瑞克·霍布斯鲍姆：《趣味横生的时光：我的20世纪人生》，周全译，中信出版社2010年版，第388页。

④ ［英］艾瑞克·霍布斯鲍姆：《趣味横生的时光：我的20世纪人生》，第347页。

心问题。对于西方学者而言,在历史写作中,如何能够不用欧洲中心的方法而更好地考察"现代世界",没有一个简单的答案。① 前述学者实际上都在努力将世界历史的纵向发展与横向发展结合起来考察,只是在史学实践中各自有所侧重。我们也可以看出,出于立场和背景的不同,西方学者的相应观点存在着矛盾、冲突之处。从时间纵向来看,吕西安·费弗尔和马克·布洛赫在第一次世界大战时都曾在军中效力,布洛赫二战时参加法国抵抗运动而罹难;布罗代尔、霍布斯鲍姆二战时也都曾在军中服役,布罗代尔还曾经沦为德军战俘。这些亲身经历与切实感受到的时代形势变化,对历史学家的宏观视野与理论、方法论构建的影响绝不可低估。二战后成长起来的史学研究者,与前辈相比,关注点与着重点显然已经有所不同,尤其是对西方殖民主义、帝国主义给人类社会造成的沉重历史代价再无切肤之痛。例如,奥斯特哈梅尔便认为:霍布斯鲍姆的关于双重革命的似是而非的论点,不再是可持续的。② 他还认为,沃勒斯坦实际上描述了"西方的兴起"。③ 这些情况既表明了时代的转换,也说明了学术研究的复杂性。

在当今的全球化时代,从马克思世界历史理论出发,借鉴吸收前述中西方世界史研究与编撰的理论、方法论成果,笔者以为,在世界史编撰过程中,可以考虑构建双主线、多支线的世界史编撰线索体系,以便更加深入地从历史发展动力的角度来探讨世界历史的纵向发展与横向发展的关系问题。

双主线是指世界历史的纵向发展主线与横向发展主线,也就是"生产"(production)主线和"交往"(communication)主线。在当代的中文语境中,生产一词指的是人们使用工具来创造各种生产资

---

① John Pincince, "Jerry Bentley, World History, and the Decline of the 'West'", *Journal of World History*, Vol. 25, No. 4, 2014, pp. 631 – 643.

② Jürgen Osterhammel, *The Transformation of the World: A Global History of the Nineteenth Century*, pp. 542 – 543.

③ Jürgen Osterhammel and Niels P. Petersson, *Globalization: A Short History*, Princeton and Oxford: Princeton University Press, 2005, p. 31.

料和生活资料；生产方式是指人们取得物质资料的方式，包括生产力和生产关系两个方面；生产力是指人类在生产过程中把自然物改造成适合自己需要的物质资料的力量，包括劳动者、劳动资料和劳动对象；生产关系是指人们在物质资料的生产过程中形成的社会关系，其中起决定作用的是生产资料所有制的形式。① 交往一词在中文里意为"互相来往"。② 在西文里，交往源自拉丁语中的单词"分享"（communis），还具有交流、交通、交换、联络、传播等含义。在马克思世界历史理论的框架中，交往的德文对应词是 Verkehr，包含着一切社会关系，包括单个人、社会团体以及国家之间的物质交往和精神交往。③ 对于世界史编撰而言，生产意味着人类社会生产力不断发展和在此基础上人类社会形态的演进，即历史的纵向发展过程；交往意味着人类社会"怎样由原始的、闭塞的、各个分散的人群集体的历史，发展为彼此密切联系的形成一个全局的世界历史"，即历史的横向发展过程。④ 生产与交往两条主线纵横互相支撑，说明了"整个所谓世界历史不外是人通过人的劳动而诞生的过程"⑤。所谓支线，就是那些构成或依附于主线的具体的、不同层面的、不同领域的细节线索。正如经典作家指出，"一定的生产决定一定的消费、分配、交换和这些不同要素相互间的一定关系。当然，生产就其单方面形式来说也决定于其他要素"，例如，交换范围扩大时生产的规模也就增大，生产的分工会更细化，城乡人口的不同分配会导致生产发生变动，消费的需要也决定着生产，"不同要素之间存在着相互作用。每一个有机整体都是这样"。⑥ 为了认识和把握这些具体的要素，"我们不得不把它们从自然的或历史的联系中抽出来，从它们的特性、它们的特殊的原因和结果等等

---

① 中国社会科学院语言研究所词典编辑室编：《现代汉语词典》第 6 版，商务印书馆 2012 年版，第 1160 页。
② 中国社会科学院语言研究所词典编辑室编：《现代汉语词典》第 6 版，第 647 页。
③ 《马克思恩格斯文集》第 10 卷，第 43—44 页；《马克思恩格斯文集》第 1 卷，第 808 页。
④ 吴于廑：《吴于廑文选》，武汉大学出版社 2007 年版，第 33—35 页。
⑤ 《马克思恩格斯文集》第 1 卷，第 196 页。
⑥ 《马克思恩格斯文集》第 8 卷，人民出版社 2009 年版，第 23 页。

方面来分别加以研究"。① 对各种支线的把握越是准确全面，越是能加深对生产与交往双主线的理解。世界历史的演进就是在生产与交往两条主线，以及包括跨文化贸易、环境变化、物种传播、疾病传染、移民、战争、殖民主义扩张、帝国主义侵略、宗教传播、文化交流等在内的各种支线的交互作用中进行的。双主线与多支线共同构成了世界历史演变的动力体系，是历史发展合力的具体表现。

在生产与交往双主线中，生产，尤其是人类的物质生产，是更加具有决定性的历史发展动力。正如恩格斯在1875年指出：人类社会和动物界的本质区别在于，动物最多是采集，而人则从事生产；1890年恩格斯指出：现实生活的生产和再生产是历史过程中的决定性因素。② 适应自己的物质生产水平而生产出社会关系的人，也生产出各种观念、范畴，即这些社会关系的抽象的、观念的表现，它们是历史的和暂时的产物。③ 从世界范围来看，不仅"阶级的存在仅仅同生产发展的一定历史阶段相联系"④，而且"各民族之间的相互关系取决于每一个民族的生产力、分工和内部交往的发展程度……不仅一个民族与其他民族的关系，而且这个民族本身的整个内部结构也取决于自己的生产以及自己内部和外部的交往的发展程度"⑤。不过，"只有随着生产力的这种普遍发展，人们的普遍交往才能建立起来"⑥，"生产归根到底是决定性的东西"⑦。也就是说，生产和交往虽然互为前提，但是生产具有基础性的作用。

双主线与人类时空演化的对应关系在总体上表现为：生产的发展与时间延续同向，交往的扩大与空间扩展同向。生产在特定时间点上，可能会在某一个或某几个空间位置上表现出超越其他空间位置上的先进性。从古至今，人类历史在每个大时代都表现出领导时

---

① 《马克思恩格斯文集》第3卷，第539页。
② 《马克思恩格斯文集》第10卷，第412、591页。
③ 《马克思恩格斯文集》第10卷，第49—50页。
④ 《马克思恩格斯文集》第10卷，第106页。
⑤ 《马克思恩格斯文集》第1卷，第520页。
⑥ 《马克思恩格斯文集》第1卷，第538页。
⑦ 《马克思恩格斯文集》第10卷，第595页。

代发展潮流的力量中心，这些力量中心的存在揭示出世界历史与人类文明演进的多中心本质。多中心的世界历史本身，说明世界史是人类作为一个物种而言整体的历史。在生产与交往双主线的坐标系中，不同的国家、地区或文明都构成历史发展的支点，这些支点共同构成了人类社会整体性和多样性的辩证统一。所谓的"欧洲独特性"如果存在，那么它是世界历史中的众多独特性之一，正如资本主义是人类社会组织中的晚近阶段之一、状态之一。事实上，每一个生产关系的总和都意味着世界历史演进中的一个特殊阶段。在马克思的世界历史框架中，"关于亚细亚的、古代的、封建的和资产阶级的形态是'递进的'陈述并不意味着任何简单的、线性的历史观，也不意味着那种认为一切历史都是进步的简单观点。它仅仅是说，其中每一种制度在关键的方面进一步摆脱了人类的原始状态"[①]。资本主义是人类的历史成就之一、同时也是造成当今世界整体发展严重失衡的主要根源；但其本身至今还在演变之中，并非历史的终点。只要人类继续存在，人的生产与交往都将继续发展，世界历史作为人的能动的生活过程也将继续演化。从这个角度而言，西方学界的"欧洲中心论"与"历史终结论"自身所暗含的本体论缺陷是清晰可见的。

在人类交往不断扩大的基础上，生产的纵向发展（在时间中的发展）便同横向扩展（在空间中的发展）日益紧密地交织在一起，形成活跃的、时空一体的人类历史画面。这也印证了马克思主义的判断，每一代人都是在前一代人所达到的基础上继续发展生产和交往方式，并根据自身需要的改变而改变社会制度。这一点有利于破解世界通史特别是世界现代史编撰中包括所谓西方与非西方"挑战与应战"、"冲击与反应"在内的各种认识论谜题。正如霍布斯鲍姆所指出："价值和机制的扩散，很少是由突然性的外来压力所造成，除非当地早已存在可以接受这些价值机制或可以接受它们引入的条

---

① ［英］埃里克·霍布斯鲍姆：《如何改变世界：马克思和马克思主义的传奇》，第142页。

件","历史很少有快捷方式"。① 从根本上看,文明的发展具有一定的自我调节能力,源于外部的刺激自然是一种导致文明变革的动力,源于内部的活力与热情也同样不可轻视。如果内部的自我调节不力,文明将面临覆灭;但如果内部的调节能力达到足够的程度,文明将演化至新的阶段,而是否达到足够的程度,可以从生产与交往双主线来定位和判断。这种状况绝非"挑战与应战"或"冲击与反应"可以简单涵盖的,片面强调外部刺激的重要性显然有失偏颇,所以,将内外因素综合起来考量更为妥当。

在生产与交往双主线的研究中,我们可以更好地把握人本身从地域性的封闭条件下的个人向自由发展的个人的转变。正如马克思所指出,具有狭隘本性的资本,为了利益最大化而"力求全面地发展生产力","资本一方面要力求摧毁交往即交换的一切地方限制,征服整个地球作为它的市场,另一方面,它又力求用时间去消灭空间,就是说,把商品从一个地方转移到另一个地方所花费的时间缩减到最低限度。资本越发展,从而资本借以流通的市场,构成资本流通空间道路的市场越扩大,资本同时也就越是力求在空间上更加扩大市场,力求用时间去更多地消灭空间","这种趋势是资本所具有的,但同时又是同资本这种狭隘的生产形式相矛盾的,因而把资本推向解体……同时意味着,资本不过表现为过渡点"。② 所以,资本主义生产"本身已经创造出了新的经济制度的要素,它同时给社会劳动生产力和一切生产者个人的全面发展以极大的推动;实际上已经以一种集体生产方式为基础的资本主义所有制只能转变为社会所有制"。③ 这样,按照马克思主义的理论推演,其内在的逻辑结论就是:世界历史的下一个发展阶段将是共产主义,也就是人的自由、全面的发展实现之时。

对于西方资产阶级主流社会而言,马克思的上述思想意味着巨

---

① [英]艾瑞克·霍布斯鲍姆:《霍布斯鲍姆看21世纪》,吴莉君译,中信出版社2010年版,"序",第12、13页。
② 《马克思恩格斯文集》第8卷,第169—170页。
③ 《马克思恩格斯文集》第3卷,第465页。

大的政治动员力量。所以，一些西方学者在借鉴马克思世界历史理论的同时，有意无意地划定其与这一理论的界限，甚至在某些方面停步不前。这一点即使在以破除"欧洲中心论"、重新书写世界历史为宗旨的全球史中也有所表现。西方全球史在方法论上形成了研究不同人群接触后发生的多种交往即跨文化互动的基本路径，积极挖掘各种物质交往现象的意义，努力展现出历史的传承与变化。但是，西方全球史也基本上止步于对跨文化互动现象的横向归纳与分析，回避纵向的或因果必然性上的探讨。而且，还存在着将全球史的内涵缩小的观点。例如，奥斯特哈梅尔曾经指出，应当区分"世界史"和"全球史"两个概念，将之视作两种不同的思维模式；世界史是各个文明的历史，特别是各个文明的对照及其内部动力的历史；全球史是这些文明之间的联系与互动的历史；可以把全球史视作跨越民族历史的一种"对角线"探究，和从权力政治与经济之外的某些视角去分析民族、国家与文明之间关系的一种尝试。① 这种观点体现出德国全球史学者重视跨地区研究的倾向，但是，倘若把世界史和全球史做如此拆分，明显是一种认识上的收缩或者退化。人作为世界历史演化的主体，对其生产与交往应当而且必须给予辩证、统一的考察。

正如有学者指出：马克思思想的普遍性并非在于传统意义上的跨学科性，而是力图对所有学科进行整合；在马克思之前的哲学家们按照人的总体性思考了人，但他是第一个把世界作为政治、经济、科学和哲学的整体来理解的人。② 马克思世界历史理论正是这种思想普遍性的结晶。时间的长河滚滚而行，置身于其中的史学研究者，努力克服认识上的局限，努力触摸历史的真实，这显然是人类一种执着的本性。全球化时代对世界史具有迫切的需求，在各种探索的可能之中，双主线、多支线的世界史编撰线索体系是一种可以为之努力的方向。

（原载《史学集刊》2016 年第 4 期）

---

① Jürgen Osterhammel and Niels P. Petersson, *Globalization: A Short History*, pp. 19 – 20.
② ［英］埃里克·霍布斯鲍姆：《如何改变世界：马克思和马克思主义的传奇》，第 11 页。

唯物史观：一门真正的实证科学

吴 英

从 21 世纪初开始，哲学界就唯物史观的学科属性展开争论。大体存在三种观点：一种观点认为，因为哲学是研究"存在"的学问，实证科学是研究"存在者"的学问，而唯物史观是以存在尤其是社会存在作为自己研究对象的，因此唯物史观是哲学；[1] 第二种观点认为，鉴于唯物史观是从现实中可以通过经验观察、在一定条件下进行发展的人出发，去描述人们实践活动和实际发展过程的考察方法，因此唯物史观是真正的实证科学；[2] 第三种观点认为，唯物史观既有哲学的内容（即逻辑前提），又有实证科学的内容（即事实前提），所以唯物史观既是哲学、又是实证科学。[3] 此外，还有观点认为马克思的学说有一个从哲学向科学的转化过程，[4] 但这种观点实际可以归类于前述的第二种观点。

纵观这些论争，大体存在两方面问题：一是在概念界定上，这些学者要将唯物史观予以归类，但又大多未能给出清晰的概念界定，而是予以模糊处理。例如，将哲学等同于以黑格尔为代表的思辨哲

---

[1] 参见俞吾金《历史唯物主义是哲学而不是实证科学》，《学术月刊》2009 年第 10 期。
[2] 参见段忠桥《历史唯物主义："哲学"还是"真正的实证科学"》，《学术月刊》2010 年第 2 期。
[3] 参见邓晓芒《"柯尔施问题"的现象学解：兼与徐长福先生商榷》，《哲学研究》2005 年第 2 期；张廷国、梅景辉《历史唯物主义是什么意义上的"实证科学"：由俞吾金教授与段忠桥教授之争所想到的》，《学术月刊》2010 年第 2 期。
[4] 参见徐长福《求解"柯尔施问题"：论马克思学说跟哲学和科学的关系》，《哲学研究》2004 年第 6 期。

学，将实证科学等同于以孔德为代表的运用归纳方法的实证方法。并且绝大多数学者明显地将哲学与实证科学对立起来，尽管有学者认为唯物史观既有逻辑前提、又有事实前提，所以唯物史观既是哲学、又是实证科学；但其中暗含的还是将哲学和实证科学视为截然不同的两种学科。因为，逻辑前提和事实前提是两种无法统一的属性。但是，马克思的唯物史观明显超越了思辨哲学和实证方法，实现了逻辑的与历史的完美统一，由此使唯物史观成为一门真正的科学。二是囿于学科特点，学者们更多是从经典作家的论述出发在概念之间转换，而没有能够从马克思运用唯物史观对一些具体问题的考察来体会唯物史观的方法论特征，并由此来对唯物史观做出学科定位。

厘清唯物史观的学科属性，对坚持唯物史观在历史研究中的指导地位具有重要的意义。一个时期以来，史学界未能在唯物史观的学科属性上进行充分的研讨、并予以厘清，所以绝大多数史学工作者都将唯物史观归属于哲学范畴，而回避对唯物史观的阐释和发展进行细致的研究工作，致使唯物史观变成教条、甚至套语。在明显同经验事实发生矛盾时，不是对唯物史观做重新阐释和发展，而是无视事实，继续教条地坚持。由此我们也就忘记了经典作家的告诫，[①] 将唯物史观由方法变成教条，导致的后果就是一些西方史学理论登堂入室，成为许多史学工作者用来指导历史研究的理论，而唯物史观则被边缘化。由此可见，要重树唯物史观的指导地位，必须首先厘清唯物史观的学科归属，在此基础上根据经验事实对唯物史观的基本原理做出检验和发展，对唯物史观的理论体系做出更全面的阐释，使唯物史观真正成为与时俱进的、发展着的理论，成为对重大历史和现实问题具有解释能力的理论。这样，唯物史观对历史学的指导地位才能实现、而不再是套语。我们认为，唯物史观是实

---

① 恩格斯曾经告诫说："马克思的整个世界观不是教义，而是方法。它提供的不是现成的教条，而是进一步研究的出发点和供这种研究使用的方法。"（《马克思恩格斯文集》第10卷，人民出版社2009年版，第691页）

证科学,它能够根据经验事实的变化做出与时俱进的发展,这也是唯物史观的生命力所在。

一 唯物史观是一门真正的实证科学

以人类社会的实践活动这一经验现象为研究对象,成功地揭示出人类社会实践活动的内在规律,使唯物史观成为一门经验的或实证的科学。正如恩格斯对唯物史观做出的经典概括所揭示的,唯物史观乃是"关于现实的人及其历史发展的科学"①。

回顾马克思创建唯物史观的初衷,既是不满于思辨哲学脱离经验事实、进行纯粹概念推演,并断言意识的变化是人们物质活动变化的终极原因的方法和立论;同时也是受自然科学的影响,立志要创建像自然科学那样的、以经验现象为对象,进而揭示研究对象内在规律的实证科学的抱负。

马克思很早就表达了对以黑格尔为代表的思辨哲学的不满。例如,他在1844年写作的《神圣家族》中指出:"历史活动是群众的活动,随着历史活动的深入,必将是群众队伍的扩大。在批判的历史中,事情当然必定是以另一种方式发生的,批判的历史认为,在历史活动中重要的不是行动着的群众,不是经验的活动,也不是这一活动的经验的利益,相反,'在这些活动中','重要的'仅仅是'一种思想'。"② 在《德意志意识形态》中,马克思继续对这种思辨哲学展开批判。③ 正因为不满于以黑格尔为代表的德国古典哲学所做的这种脱离经验事实的形而上学研究,马克思和恩格斯甚至提出了

---

① 《马克思恩格斯文集》第4卷,人民出版社2009年版,第295页。
② 《马克思恩格斯文集》第1卷,人民出版社2009年版,第253页。
③ 像马克思指出:"在这种情况下,从人的概念、想象中的人、人的本质、人中能引申出人们的一切关系,也就很自然了。思辨哲学就是这样做的。黑格尔本人在《历史哲学》的结尾承认,'他所考察的仅仅是一般概念的前进运动',他在历史方面描述了'真正的神正论'。"(《马克思恩格斯文集》第1卷,第553页)

消灭哲学[①]或哲学成为多余[②]的提法。当然这里哲学是指黑格尔那种思辨的或形而上学的哲学。正是不满于当时流行的这种脱离经验现象、以概念推演为对象的哲学研究，马克思将研究对象转向了活生生的人们的社会生活实践。

马克思生活的时代是自然科学高歌猛进的时代，受自然科学的影响，马克思很早就萌生了要将研究人的学问做成像自然科学那样的学问。早在1843年，他在《莱茵报》上发表的《摩塞尔记者的辩护》一文中就指出，"既然已经证明，一定的现象必然由当时存在的关系所引起，那就不难确定，在何种外在条件下这种现象会真正产生，在何种外在条件下即使需要它，它也不能产生。这几乎同化学家能够确定在何种外在条件下具有亲和力的物质化合成化合物一样，是可以确确实实地确定下来的"[③]。这清晰地表明，马克思要探求像化学现象所具有的必然性那样的社会现象的必然性。在《1844年经济学哲学手稿》中，马克思更清楚地表达了这种思想。[④] 当然，那时由于将人的学问变成像自然科学那样的科学的方法论基础——唯物史观——尚未形成，所以确立一门像自然科学那样科学的关于人的学问还只是一种理想。

随着《德意志意识形态》这部标志着唯物史观诞生的著作问世，马克思充满信心地宣告："我们仅仅知道一门唯一的科学，即历史科学。历史可以从两方面来考察，可以把它划分为自然史和人类史。但这两方面是不可分割的，只要有人存在，自然史和人类史就彼此相互制约。"[⑤] 而且马克思强调有关人的科学是真正的实证科学："在思辨终止的地方，在现实生活面前，正是描述人们实践活动和实际发展过程的真正的实证科学开始的地方。……对现实的描述会使

[①] 参见《马克思恩格斯文集》第1卷，第10页。
[②] 参见《马克思恩格斯文集》第9卷，人民出版社2009年版，第461页。
[③] 《马克思恩格斯全集》第1卷，人民出版社1956年版，第216页。
[④] 像马克思指出："自然科学往后将包括关于人的科学，正像关于人的科学包括自然科学一样：这将是一门科学。"（《马克思恩格斯文集》第1卷，第194页）
[⑤] 《马克思恩格斯文集》第1卷，第516页脚注②。

独立的哲学失去生存的环境,能够取而代之的充其量不过是从对人类历史发展的考察中抽象出的最一般的结果的概括。这些抽象本身离开了现实的历史就没有任何价值。"①

可以说,马克思的毕生思想都贯穿着这种要把关于人的科学建设成像自然科学那样的以人类社会生活实践这一经验事实为研究对象、并揭示其内在规律的科学精神。这表现在马克思在自己各个时期的著作中使用了大量作为形容词的"科学的",其意在于表明要对研究对象做出科学的研究。② 马克思甚至认为,"一种科学只有在成功地运用数学时,才算达到了真正完善的地步"③。

二 唯物史观通过经验实证研究揭示了人类社会发展的规律

像自然科学那样通过对经验事实的研究揭示研究对象的内在规律,这是马克思创建揭示人类社会发展内在规律的实证科学的目标设定。对此,连马克思的批评者都承认,如考夫曼就指出:"在马克思看来,只有一件事情是重要的,那就是发现他所研究的那些现象的规律。而且他认为重要的,不仅是在这些现象具有完成形式和处于一定时期内可见到的联系中的时候支配着它们的那个规律。在他看来,除此而外,最重要的是这些现象变化的规律,这些现象发展的规律。即它们由一种形式过渡到另一种形式,由一种联系秩序过渡到另一种联系秩序的规律。"④ 马克思的确揭示了人类社会的发展

---

① 《马克思恩格斯文集》第1卷,第526页。
② 例如在总结自己研究方法的《〈政治经济学批判〉序言》中,马克思指出:"随着经济基础的变更,全部庞大的上层建筑也或慢或快地发生变革。在考察这些变革时,必须时刻把下面两者区别开来:一种是生产的经济条件方面所发生的物质的、可以用自然科学的精确性指明的变革;一种是人们借以意识到这个冲突并力求把它克服的那些法律的、政治的、宗教的、艺术的或哲学的,简言之,意识形态的形式。"(《马克思恩格斯文集》第2卷,人民出版社2009年出版,第592页)
③ [法]拉法格等:《回忆马克思恩格斯》,马集译,人民出版社1973年版,第7页。
④ 《马克思恩格斯文集》第5卷,人民出版社2009年版,第20页。

规律，正像他最亲密的合作伙伴恩格斯所指出的："正像达尔文发现有机界的发展规律一样，马克思发现了人类历史的发展规律。"①

那么，马克思、恩格斯究竟是怎样通过对经验事实的研究揭示出人类社会的发展规律呢？恩格斯曾予以明确提示，"18世纪综合了过去历史上一直是零散地、偶然地出现的成果，并且揭示了它们的必然性和它们的内在联系。无数杂乱的认识资料经过整理、筛选，彼此有了因果联系；知识变成科学"②。由此可见，这种规律正是在对经验材料进行整理、筛选的基础上，抽象出其中的因果规律。

由此可知，马克思、恩格斯首先要做的工作是确定有关研究对象的经验事实，然后确认这些事实之间的因果联系。确定经验事实的研究是马克思、恩格斯揭示研究对象因果联系的第一步，但却是非常重要的一步，因为如果事实不准确甚至是错误的话，那么整个大厦都将建立在不牢固的基础之上，不可能坚固，也就不可能经得起检验。所以，经典作家为了获得真实有据的事实付出了巨大的艰辛。马克思的女婿、法国革命者拉法格回忆马克思说："他从不满足于间接得来的材料，总要找原著寻根究底，不管这样做有多麻烦……参考原始资料的习惯使他连最不知名的作家都读到了。"③"即令是为了证实一个不太重要的事实，他也要特意到大英博物馆去一趟。"所以，"反对马克思的人从来也不能证明他有一点疏忽，不能指出他的论证是建立在受不住严格考核的事实上的"④。

在充分占有事实的基础上，马克思开始探求事实之间因果联系的艰苦工作。当时，自然科学和社会科学流行的实证研究方法是对经验事实进行单层次的归纳，比如像"天下乌鸦皆黑"这样的命题就是由对乌鸦羽色进行观察的结果。但是很早就有学者、像休谟等人指出了归纳方法的致命缺陷所在，因为其中存在着从"我观察到的乌鸦的羽色是黑色的"的命题向"天下所有乌鸦羽色都是黑色

---

① 《马克思恩格斯文集》第3卷，第601页。
② 《马克思恩格斯文集》第1卷，第87—88页。
③ ［法］拉法格等：《回忆马克思恩格斯》，第11页。
④ ［法］拉法格等：《回忆马克思恩格斯》，第11页。

的"命题的非理性过渡。正是因为很难做到完全归纳，所以归纳得出的结论并不能保证一定为真，而且在现实中往往能够找到反例，对这种结论予以证伪，像人们已经发现羽色是白色的乌鸦，证伪了"天下乌鸦皆黑"这样的命题。

唯物史观超越了这种单层次归纳的方法。它并未停留于事物的表象，而是深入到现象背后探寻其中的因果关系，这是唯物史观深刻之处。马克思强调："研究必须充分地占有材料，分析它的各种发展形式"，然后才能做到"探寻这些形式的内在联系"①。科学的任务就是"把看得见的、只是表面的运动归结为内部的现实的运动"②。

通过对唯物史观一些研究结论的分析，我们可以清楚地认识到，唯物史观是在单层次归纳的基础上对研究对象进行了深层次因果关系的揭示；它的表述方式不是全称判断式的，而是因果条件式的。还以"天下乌鸦皆黑"这一命题为例，这种由单层次归纳所产生的命题很容易被证伪，但如果我们找到决定乌鸦羽色的因果关系，那就会改变这种不利状况。科学家的研究发现，决定乌鸦羽色的是某些染色体的排列，当这些染色体的排列呈某种类型时，乌鸦羽色是黑色的；当染色体的排列呈另一种类型时，乌鸦羽色是白色的；当然还可能发现其他羽色的乌鸦，同样可以由染色体的排列来解释。由此可见，揭示因果关系的深层次归纳具有以下特点：第一，其表述方式不是全称式的判断而是因果条件式的判断，即当染色体呈某种类型的排列时，乌鸦羽色是黑色的；当染色体呈另一种类型的排列时，乌鸦羽色是白色的。第二，这种内含因果关系的归纳不可能被反例证伪，而且一旦发现新的反例时，会使因果关系的内涵更加丰富。第三，对研究对象的深层因果关系的揭示往往是从寻找反例开始的，因为没有反例的发现，就很难通过比较发现其中所蕴含的因果关系。

---

① 《马克思恩格斯文集》第 5 卷，第 21 页。
② 《马克思恩格斯文集》第 7 卷，人民出版社 2009 年版，第 348 页。

下面我们结合一些具体研究来说明唯物史观所揭示的人类社会发展的因果关系。

首先看有关后发国家向社会主义过渡问题的研究。马克思以俄国为例写作了一系列文献。①归纳马克思的相关论述,我们可以清楚地看到,马克思认为,俄国走资本主义道路和社会主义道路的可能性都存在;如果条件具备,俄国就有可能跨越资本主义制度而直接向社会主义制度过渡;如果条件不具备,那它就会走资本主义道路。我们根据马克思的相关论述,将俄国跨越资本主义制度的条件概括为:汲取资本主义制度所创造的一切积极的成果,对农村公社进行民主化改造,有俄国革命来挽救农村公社。②再看有关利润率变化问题的研究。马克思认为,随着科技的不断发展、生产机械化程度的不断提高,不变资本相比可变资本会逐渐增加,由此推断出利润率有不断下降的趋势。但与此同时,马克思又列举一些可能会抵消利润率下降趋势的条件,像劳动剥削程度的增加、不变资本诸要素变得更便宜、相对过剩人口的增加、工资被压低到劳动力价值之下、对外贸易、股份资本的增加,等等。当促使利润率下降的因素的作用力大于促使利润率提高的因素的作用力时,利润率会下降;反之,利润率会提高;当两种作用力相等时,利润率保持不变。

由此可见,唯物史观揭示的是内含因果关系的可以做条件式表述的规律,其结论随着客观条件的变化而变化。而这些客观条件的确定都是在经验实证研究中逐渐完成的。这也是马克思之所以坚持关于人的科学同自然科学一样,两者是同样科学的原因,根据就在于他认为两者都揭示了各自研究对象的因果关系。

唯物史观并未止步于揭示不同条件或原因导致不同的结果。在这一认识的基础上,她进一步对原因本身做出考察,区分出处于不

---

① 这些文献包括:《给〈祖国纪事〉杂志编辑部的信》、《给维·伊·查苏里奇的复信》(包括初稿和复信)和《共产党宣言》1882年俄文版序言等。
② 吴英:《马克思的两种社会主义理论及其现实意义》,《天津师范大学学报》2005年第1期。

同层次的原因，尤其是揭示出基础性的或终极性的条件或原因。马克思所确定的人类社会发展的最基本的或最终极的原因，是人们要生存就必须从事物质生产活动，也就是马克思所说的人类社会存在的现实前提。① 正因为无法否认为了生存就必须吃喝住穿，所以也就无法否认必须进行生产劳动来满足吃喝住穿的需要，由此也就无法否认人类的物质生活、社会生活、精神生活的发展和演变都是以生产劳动为起点和源头发生的，而且是必然要发生的。"个人怎样表现自己的生命，他们自己就是怎样。因此，他们是什么样的，这同他们的生产是一致的——既和他们生产什么一致，又和他们怎样生产一致。"② 由此可见，劳动的发展决定着生产力和与之相应的生产关系和经济基础与上层建筑的发展和演变。所以，恩格斯强调唯物史观是"在劳动发展史中找到了理解全部社会史的锁钥的新派别。"③

在马克思、恩格斯的论著中有大量论述表层现象要到基础存在中寻求原因的论断，像马克思在《〈政治经济学批判〉序言》中对唯物史观的经典总结所表述的："人们在自己生活的社会生产中发生一定的、必然的、不以他们的意志为转移的关系，即同他们的物质生产力的一定发展阶段相适合的生产关系。这些生产关系的总和构成社会的经济结构，即有法律的和政治的上层建筑树立其上并有一定的社会意识形式与之相适应的现实基础。物质生活的生产方式制约着整个社会生活、政治生活和精神生活的过程。不是人们的意识决定人们的存在，相反，是人们的社会存在决定人们的意识"④。而且不仅在理论表述中如此，在对事实分析和对错误认识的反驳中更

---

① 马克思强调："我们首先应当确定一切人类生存的第一个前提，也就是一切历史的第一个前提，这个前提是：人们为了能够'创造历史'，必须能够生活。但是为了生活，首先就需要吃喝住穿以及其他一些东西。因此第一个历史活动就是生产满足这些需要的资料，即生产物质生活本身，而且，这是人们从几千年前直到今天单是为了维持生活就必须每日每时从事的历史活动，是一切历史的基本条件。"（《马克思恩格斯文集》第1卷，第531页。）
② 《马克思恩格斯文集》第1卷，第520页。
③ 《马克思恩格斯文集》第4卷，人民出版社2009年版，第313页。
④ 《马克思恩格斯文集》第2卷，人民出版社2009年版，第591—592页。

是如此。①

正因为不是那种不管条件如何变化、结论总是相同的全称判断式的归纳研究，而是揭示不同条件导致不同结果的条件判断式的因果研究，所以唯物史观必然是一种经验实证研究，它要不断对新的研究对象进行深入研究，然后同之前的研究对象进行比较，找出它们之间的共性和个性所在，并揭示产生这种共性和个性背后的因果关系。

三 唯物史观在不断变化的现实中接受检验并获得发展

唯物史观既然是一门实证科学，就要求它一方面必须不断扩大自己的研究范围，扩大自己从经验研究中抽象出结论的适用范围；另一方面要求它随着经验研究的深入和范围的扩大，不断修正或完善原来的结论。而这正是马克思和恩格斯从理论上予以论述，并从实践中予以践行的。

马克思首先从理论上论证，作为实证科学，唯物史观必须不断接受历史和现实中新获得经验的检验。马克思指出："人的思维是否具有客观的真理性，这不是一个理论的问题，而是一个实践的问题。人应该在实践中证明自己思维的真理性，即自己思维的现实性和力量、自己思维的此岸性。"② 恩格斯同样肯定了理论假说需要实践检验的观点。③

---

① 像马克思指出："要研究精神生产和物质生产之间的联系，首先必须把这种物质生产本身不是当作一般范畴来考察，而是从一定的历史的形式来考察。例如，与资本主义生产方式相适应的精神生产，就与中世纪生产方式相适应的精神生产不同。如果物质生产本身不从它的特殊的历史形式来看，那就不可能理解与它相适应的精神生产的特征以及这两种生产的相互作用。从而也就不能超出庸俗的见解。"（《马克思恩格斯全集》第26卷第1册，人民出版社1972年版，第296页）

② 《马克思恩格斯文集》第1卷，第500页。

③ 例如恩格斯指出："布丁的滋味一尝便知。当我们按照我们所感知的事物的特性来利用这些事物的时候，我们的感性知觉是否正确便受到准确无误的检验。如果这些知觉是错误的，我们关于能否利用这个事物的判断必然也是错误的，要想利用也决不会成功。可是，如果我们达到了我们的目的，发现事物符合我们关于该事物的观念，并产生我们所预期的效果，这就肯定地证明，在这一范围内，我们对事物及其特性的知觉符合存在于我们之外的现实。"（《马克思恩格斯文集》第3卷，人民出版社2009年版，第506—507页）

从实践上看，马克思一生都在不断扩大自己的研究范围，从地域和时段而言都是如此。从地域方面看，由于受自己研究对象和当时科学发展的制约，马克思在19世纪70年代后期之前更多地将研究注意力集中于西欧社会，而对西欧以外的社会缺乏深入系统的研究。从19世纪50年代革命低潮时期马克思转向学术研究，到19世纪70年代，马克思的主要精力集中于政治经济学研究，努力探索资本主义经济运行的内在规律，并用剩余价值理论揭示资本主义的内在矛盾以及资本主义必然向社会主义过渡的规律。这种经验研究的主要对象是西欧资本主义已经获得发展的社会。到19世纪70年代后期，一方面由于俄国国内有关社会发展道路争论的现实问题需要马克思做出回答，另一方面由于这一时期人类学的发展已经产生出一批能够对非西方社会做出深入研究的成果，所以马克思停下了整理《资本论》第2、3卷的工作，在1879年到1881年写作了人类学笔记，① 将研究范围扩大到西欧以外的社会，尤其是东方社会。从时段方面看，同样由于受研究对象和科学发展的制约，马克思主要关注于资本主义社会，对前资本主义社会，尤其是原始社会缺乏深入的研究。为了完整揭示人类社会发展各个阶段的规律，马克思在19世纪70年代末80年代初写作了历史学笔记，② 内容主要是公元前1世纪初到17世纪中叶世界各国，特别是欧洲国家的政治事件。

在从地域和时间上扩大自己研究范围的同时，马克思和恩格斯也在不断修正和补充自己原来得出的结论，由此也验证了恩格斯所强调的"我们的理论是发展着的理论"③ 的论断。例如，马克思和

---

① 人类学笔记又称民族学笔记，是指马克思研读科瓦列夫斯基的《公社土地占有制，其解体的原因、进程和结果》、摩尔根的《古代社会》、梅因的《古代法制史讲演录》、卢伯克的《文明的起源和人的原始状态》、菲尔的《印度和锡兰的雅利安人村社》、佐姆的《法兰克人法和罗马法》、道金斯的《不列颠的原始人》等著作写下的笔记。

② 历史学笔记是马克思研读施洛塞尔的18卷本《世界史》、博塔的《意大利人民史》、科贝特的《英国和爱尔兰的新教改革史》、休谟的《意大利人民史》、马基雅维利的《佛罗伦萨史》、卡拉姆津的《俄罗斯国家史》、塞居尔的《俄国和彼得大帝史》、格林的《英国人民史》等著作写下的笔记。

③ 《马克思恩格斯文集》第10卷，第562页。

恩格斯在写作《共产党宣言》时对原始社会还没有了解，所以他们当时做出的判断"至今一切社会的历史都是阶级斗争的历史"是有缺陷的。后来通过摩尔根的《古代社会》等著作了解到在阶级社会产生之前存在着一个无阶级的社会，他们便根据新的历史事实修正了原来的判断，恩格斯在1888年英文版中加了一个注来限定这一判断的适用范围。①

由此可见，马克思和恩格斯不断以新的经验研究来检验自己已有的学说和观点，或者完善或者修正它们。正是在这种意义上我们坚持认为，唯物史观是一门真正的实证科学。当然，唯物史观并未止步于经验归纳，而是深入探究经验归纳背后的因果关系，从而得出深层次的因果必然性判断。这种判断是条件式的，而且各种原因在不同层次上存在；唯物史观坚持做深层次的因果关系追溯，由此把握住了人类社会发展的终极原因，那就是满足人们物质生存需求的物质生产活动。正是在这种物质生产活动的基础上，人们在生产活动中产生了生产关系（或经济基础）和上层建筑等不同层次的因果关系。这乃是唯物史观作为马克思、恩格斯在19世纪研究他们所处的现实社会得出的成体系的理论在进入21世纪仍然具有其适用性的方法论意义所在。

四 在揭示人类社会演进规律的意义上，唯物史观是到目前为止仍然具有生命力的历史哲学

俞吾金教授肯定唯物史观是哲学的论断是依据两位非马克思主

---

① 注的内容是："这是指有文字记载的全部历史。在1847年，社会的史前史、成文史以前的社会组织，几乎还没有人知道。后来，哈克斯特豪森发现了俄国的土地公有制，毛勒证明了这种公有制是一切条顿族的历史起源的社会基础，而且人们逐渐发现，农村公社是或者曾经是从印度到爱尔兰的各地社会的原始形态。最后，摩尔根发现了氏族的真正本质及其对部落的关系，这一卓绝发现把这种原始共产主义社会的内部组织的典型形式揭示出来了。随着这种原始公社的解体，社会开始分裂为各个独特的、终于彼此对立的阶级。关于这个解体过程，我曾经试图在《家庭、私有制和国家的起源》（1886年斯图加特第2版）中加以探讨。"（《马克思恩格斯文集》第2卷，人民出版社2009年版，第31页。）

义学者的个人标准做出的。这两位学者分别是胡塞尔和海德格尔。前者认为,实证科学不探讨人生的意义,而哲学是探讨人生意义的,而唯物史观肯定是探讨人生意义的,所以是哲学、不是实证科学。后者认为,哲学是关于"存在"的学问,而实证科学是关于"存在者"的学问,而唯物史观明确表明自己是关于"社会存在"的学问,所以是哲学、而不是实证科学。我们同意俞吾金教授有关唯物史观是哲学的论断,但不同意他做出这种判断的依据。根据有三:一是俞吾金教授提出的界定哲学或实证科学的标准是否具有普遍性,胡塞尔或海德格尔的标准是不是学术界普遍接受的标准?我们查阅《辞海》会发现,它对哲学的定义是"人们对于整个世界(自然界、人类社会和思维)的根本观点的体系。自然知识和社会知识的概括和总体"。相比胡塞尔或海德格尔,《辞海》的定义应该是更为人们普遍接受的定义,这应该是确定无疑的。根据《辞海》的定义,谁能否认唯物史观是有关人类社会的总体性知识。很多西方著名学者都承认唯物史观是一种历史哲学。像英国著名历史学家巴勒克拉夫就认为:"今天仍保留着生命力和内在潜力的唯一的'历史哲学',当然是马克思主义。……当代历史学家,甚至包括对马克思主义的分析抱有不同见解的历史学家,无一例外地交口赞誉马克思主义历史哲学对他们所产生的巨大影响,启发了他们的创造力。……马克思主义是唯一的历史哲学,它对历史学家的思想产生了明显的影响。"[1] 二是俞吾金教授提出的哲学研究的"存在"和马克思提出的唯物史观研究的"存在"是两个不同的概念。俞吾金教授所说的"存在"是指人生的意义;而马克思所说的"存在"是指"人们的现实生活过程",[2] 生活过程当然包括人生的意义。从这个标准看,唯物史观当然也是一种哲学。三是唯物史观不仅研究人生的意义,而且提出了研究人生意义的正确路径。人生意义或价值是在人们的

---

[1] [英]杰弗里·巴勒克拉夫:《当代史学主要趋势》,杨豫译,上海译文出版社1987年版,第261页。

[2] 原文为:"人们的存在就是他们的现实生活过程。"《马克思恩格斯文集》第1卷,第524页。

实际生活过程中形成的,从唯物史观有关经济基础决定上层建筑的原理看,研究人生的意义自然需要剖析其所在社会的经济基础。而且,不同时期人们追求人生意义的变化也需从现实生活,尤其是经济基础方面加以剖析。马斯洛的需求层次理论其实讲的就是这个道理,人们对更高层次需求的追求是以满足较低层次需要为基础的,其中生活价值的自我实现是要在依次满足生理需求、安全需求、社会需求、尊重需求的基础上才能实现的。

我们曾经专门论述过哲学是科学的问题,"哲学应该是在世界最高的普遍层次上研究本体论、方法论和认识论,并揭示其普遍规律的一门总体科学"①。也就是说,一种理论既可以因为是对经验事实的概括而成为实证科学,也可以因为它同时揭示了研究对象的普遍规律成为一门哲学。唯物史观正是在这双重意义上既是实证科学、又是哲学!

(原载《史学集刊》2017 年第 6 期)

---

① 庞卓恒、吴英:《什么是哲学?什么是历史哲学?》,《史学理论研究》2000 年第 4 期。

跨文化研究的话语
——关于历史思维的讨论

姜 芃

随着全球化时代的到来，经济全球化和大众传媒全球化的进程已经在世界范围内超越了所有民族和国家的限制，它迫使人们根据这些进程所导致的变化来重新调整自己的工作和生活。在自然科学领域，跨文化的交流从来就没有什么障碍；在人文和社会科学领域，跨文化的交流也以前所未有的程度开展着。历史学领域也不例外，特别是在史学理论的研究领域，跨文化研究越来越成为研究者所关注的热点课题。如：近年有由德国埃森前沿文化研究所的史学理论家约恩·吕森（Jörn Rüsen）主持的"赋予历史意义：对历史意识的结构、逻辑和功能的跨学科研究——跨文化比较"[1]、由芬兰大学史学理论家波·斯特莱斯（Bo Sträth）主持的"欧亚'社会'与'经济'概念的比较研究"和约恩·吕森主持的"全球化时代的人文主义：对文化、人性和价值观念问题的跨文化对话"[2] 等研究项目，这些项目都是由来自世界各大洲几十个国家的学者共同参加的项目。这些项目不但参加的人数多、代表的文化种类齐全，充分体现了全球化时代多元文化之间平等对话的特点；而且持续的时间也比较长，往往是好几年，表现为在不同的国家和地区连续召开一系列的国际

---

[1] 有关这一课题收入 Jörn Rüsen 编 *Western Historical Thinking*: *An Intercultural Debate*，[Berghahn（伯格汉）Books, New York: Oxford Press, 2002] 一书，见第 xii 页。

[2] 如果想了解这一项目的全部内容，请登录其网址：www. Kwi - Humanismus. de。

研讨会。

为了较深入了解全球化形势下跨文化研究的状况，本文拟以上面所提到的第一个项目，即不同文化背景下对历史思维的讨论，来探讨在跨文化研究中学者们所采取的观念立场、理论范式和研究方法。

一 跨文化研究产生的时代和学术背景

冷战结束以后，世界进入和平与发展的历史时期。在政治格局上，东、西方之间的二元对立消失了，取而代之的是世界政治的多极化。在经济方面，随着经济全球化的加速，尽管发达国家与发展中国家在能源、环境和自然资源的开发等问题上存在尖锐的矛盾，但合作已然成为发展的主流。面对这样一种新的国际态势，如何分析变化了的世界格局？以哪个方面为契机去理解和思考世界政治？这首先成为摆在国际关系研究领域的课题。

1993年，美国《外交》季刊发表了哈佛大学教授塞缪尔·亨廷顿那篇30页的著名文章《文明的冲突？》，文章的主要论点是：冷战结束以后，人类生活在一个不同文明关系紧张甚至冲突的局势之中，这种冲突在未来的世界政治中将是最重要的因素。因此，他告诫人们（当然首先是西方人）必须意识到这一具有决定意义的文化因素在塑造全球政治中的作用以及人们界定自己政治认同中的作用，他甚至描述了伊斯兰文化和孔子文化将会结成联盟来共同对抗西方的可怕图景。他的文章刚一出笼，立即在世界各国引起轩然大波，赞同的有之；批评的声音更是不绝于耳。主要的批评是：亨廷顿夸大了文明之间的对抗，并使之上升为世界新的不安定因素，这就更增加了文明之间的冲突发生的可能性。到1996年，亨廷顿在世界许多国家不同领域的学者就其文章举行过多次讨论会并提出尖锐批评的基础上，对自己的观点进行了修正和补充，从而把它扩展为一本书，题为《文明的冲突与世界秩序的重建》，强调他要对该篇文章提出的问题提供一个比较充分、深刻和更详尽的论证和解答。① 在1997年"中文版序言"中，他又申辩其初衷是试图在冷战结束以后给人们思考世界格局和理解世界政治提供一种有效的思维框架。②

世界政治的课题很快对其他领域产生了影响。从20世纪90年代中期以后，在世界范围内人们普遍开始了对文明问题的研究。经济全球化的迅猛发展提出了另一个亟待解决的问题，随着经济全球化的到来，是否也会出现一个文化的全球化？未来世界的文化格局又会如何？对于这些问题，各国有良知的学者努力提升自己的眼界，拓宽自己的胸怀，希望通过各文明和国家之间的对话，以便增进相互了解和维持和谐、多元的世界文化格局。

跨文化研究还有相应的学术背景，有关文化概念的演变和新文化史的背景。彼得·伯克是一位文化史家，他的《什么是文化史》一书中有关什么是文化和文化史的讨论在一定程度上代表了西方对文化的认识。他提出，当今的"文化"概念早已不是与政治、经济等对应的狭义概念，而是与总体的社会史一样，成为无所不包的概念。他说："今天许多人挂在嘴边说的'文化'一词，如果是在20或30年以前，他们可能说的是'社会'。"③ 此外，他在谈及新文化史的时候，注重讨论了历史人类学、微观史学、后殖民主义、女权主义和身体史等这些新的学科和新的观念，把新文化史与后现代主义思潮开辟的一些新领域联系起来，使文化概念不再特指上层社会所享有的"经典文化"，而是向下延伸到大众文化。与此同时，文化的范畴也横向扩展，除了描述艺术和科学，也用来描述民众当中相当于艺术和科学的那些东西，如民间音乐、民间医药、人工制造品以及谈话、读书、游戏等实践活动，所有这些活动都可以冠以文化

---

① [美]塞缪尔·亨廷顿:《文明的冲突与世界秩序的重建》，周琪等译，新华出版社2009年修订版，"前言"，第1页。

② [美]塞缪尔·亨廷顿:《文明的冲突与世界秩序的重建》，周琪等译，"中文版序言"，第1页。

③ [英]彼得·伯克:《什么是文化史》，蔡玉辉译，北京大学出版社2009年版，第3、35页。

字样（如企业文化、饮食文化、茶文化，等等）。彼得·伯克还特别提出了文化中争论的热点问题，即什么是"文化经典"和如何看待"多元文化主义"的争论，他尖锐地指出这些争论的实质所反映的是政治问题。他引用60年前巴西历史学家吉尔贝托·弗雷尔（Gilberto Freyre）的话说："在民族主义语境下所致力的政治史和军事史常常是促使不同的民族彼此分离，而'社会和文化史的研究'就是或可能是一个'将不同民族联系到一起'的方式，并且打开了'不同民族之间相互理解和交流'的渠道。"① 总之，新文化史不但其研究范畴反映了当今时代人文学科的最新发展，其政治功能也符合冷战之后爱好和平的人们追求世界和平和共同发展的美好愿望。

有关跨文化研究的项目，正是在这样的时代和学术背景之下提出来的。

二 历史思维问题的提出

那么，在跨文化的对话中，为什么要选择历史思维问题呢？

上面，我们谈到文化的概念无所不包，显然，要进行跨文化的对话，必须找出一个在世界范围内具有普遍性，然而又涉及具体个人的一个相对微观的问题来开始研究，也就是说，这个问题既要涉及庞大的文化体系，又具体表现在每个人的思维模式和价值观念上。而连接这两个方面的唯一桥梁就是"现代认同"理论。

"现代认同"理论是由加拿大哲学家查尔斯·泰勒（Charles Taylor）提出来的，1989年他发表了《自我的根源：现代认同的形成》②一书。书中，他试图说明人类对其主体性的理解，特别是现代社会的人的思维模式、价值观念与文化的关系问题。他认为，在现代社会要回答"我们是谁？""我们是怎样来的？"这样一些问题，不能

---

① ［英］彼得·伯克：《什么是文化史》，蔡玉辉译，第166页。
② Charles Taylor, *Sources of the self: The Making of the Modern Identity*, 1989（［加］查尔斯·泰勒：《自我的根源：现代认同的形成》，韩震等译，译林出版社2001年版）。

脱离现代性,因为现代性涉及近三个或四个世纪的文化和社会的重大变化,不掌握这一历史,就不能理解我们自己。为了把握自我理解的丰富性和复杂性,他探讨了从奥古斯丁到笛卡儿和蒙田以来西方认同的较早时期的情景,特别是从宗教改革起,经启蒙运动直到当代的具有内部深度的"我们自身的感觉"形式,在这种历史的探讨中,他以自我与道德之间的关系为主线进行了论述。

泰勒的书一经发表,就引起强烈反响,人们首先用这一理论来研究当代人的认同问题,特别是加拿大的历史学家,运用这一理论来研究加拿大这个多种族、多语言、多文化社会的历史,大到对加拿大国家的认同、法裔和英裔两大族裔的认同,小到对其他少数民族的族群认同和各种利益集团的认同,等等,从而把不同层次的认同区分开来也联系起来,从而形成加拿大独特的层级式的认同方式。根据加拿大的种族构成结构,加拿大政府在 20 世纪 70 年代制定了多元文化政策,比较有效地处理了国内不同种族和文化之间的关系。冷战结束以后,世界各国的联系进一步加强,一方面,经济全球化日益把世界连成一个整体;另一方面,各国各地区在文化上的差异也日益突显出来。随着各自文明意识的增强和维护传统文化的努力的提升,在国际交往中,多元文化政策也为越来越多的人所关注,为越来越多的有识之士所接受,并逐渐成为学者们思考和讨论国际问题的准则。

塞缪尔·亨廷顿对文明的研究也涉及认同问题,他强调文明是一个实体,是放大了的文化,说它涉及一个民族全面的生活方式,包括价值观、准则、体制和思维模式;因此,文明是对人的最高的文化归类,是人们文化认同的最广范围,人类以此与其他物种相区别。[①] 社会学家马克斯·韦伯也相信,人是一种被悬挂在他自己所织就的那张意义之网上的动物。文化人类学家克里福德·吉尔兹把文化看作一张网,因此,他不再把文化研究看成要寻求规律的一种实

[①] 参阅［美］塞缪尔·亨廷顿《文明的冲突与世界秩序的重建》,周琪等译,第 19—27 页。

验的科学,而看作是寻求意义的一种解释学,试图通过重建各种文本来解释各种社会所表现的意义。从这个意义上来说,历史意识问题就不仅仅涉及史学家或史学理论工作者的研究范畴,同时,它也在不同程度上涉及社会上每一个人的价值观念和思维模式,不管你是否认识到这一点,因为,每一个人都是社会中之人、历史发展进程中之人,他是无论如何也逃脱不了这张历史文化之网的。

历史是文明形成的基础,也是个人认同形成的基础,要研究文明问题,就要把历史研究放在首位。而认同是由人们一系列的历史记忆逐步形成,记忆的获得又表现为象征着某一文明形成和发展的一系列重要历史事件和典型的发展过程。在这一过程中,必然会产生与社会的物质基础相适应的思想和哲学体系。而哲学或宗教体系一旦形成,就会在长时期内对社会产生影响,它会渗透到每一个人的头脑中,以价值观念和人生观的形式表现出来,而个人的价值观、人生观与其所属的整个哲学体系的统一就是认同。正如吕森所说,"历史是自我了解的手段,是阐释、论述甚至形成自我认同以及形成自己所属群体范围之外的其他认同的手段。它作为一面镜子代表着过去,我们可以在其中看到在时代的范围内我们的世界以及我们自己的面貌。对个人以及群体——国家、性别或文化——的认同来说均是如此"[①]。这样,认同问题就与历史意识紧密地结合在一起,对文明的宏观研究也因此可以从对历史意识的研究做起。

三 有关历史意识的讨论(1994—1995)

历史意识的项目设计者吕森首先请彼得·伯克写一篇文章,谈论西方历史思维的特点,然后,他把这一文章发给来自不同文化背景之下的学者,请他们参照伯克提出的思路来研究不同文化背景下的历史思维情况。

---

① [德]约恩·吕森:《如何在文化交流中进行文化比较》,郭健译,《史学理论研究》2003年第1期。

彼得·伯克的文章题为《全球视角下的西方历史思维》①。在这篇文章中，伯克认为，历史思维受历史进程的影响，由于欧洲经历了各种独特的历史运动，所以欧洲人的历史思维是独特的。他考察了自文艺复兴以来欧洲的历史思维方式，并把它归纳为十个方面的特点。

第一，西方人把他们的历史思维表述为发展的、进步的，或者是线性的历史观。其具体进程是从犹太教和基督教宗教的历史观，发展为世俗的和革命的（从法国大革命时期开始）历史观，到了19世纪末，又变成达尔文"进化"的历史观。与进步观念长期并存的是循环的历史观，早在18世纪，维科和吉本就认为，人类最近几个世纪的文明化是脆弱的，会有一个新的野蛮时代到来。所以，到了20世纪，如斯宾格勒、汤因比等返回并发展了循环论。

第二，与进步观念相联系但又有区别的是西方注重时代的划分，研究每一个时代的特点和历史感。这一点也有其自身的历史，它表现为每一时期的习惯不同和地方特色。

第三，这种历史感可以被看作是西方一系列思想和假说的一部分，常常被表述为"历史主义"，而这个"历史主义"被弗里德里希·梅尼克（Friedrich Meinecke）定义为与个性和发展有关。"发展"在上面已经讨论过了，让我们来讨论"个性"。这里所说的"个性"是指区别于"共性"的某一特殊事物或人。欧洲写传记的传统始于普卢塔克（Plutarch）和索托纽斯（Suetonius），但不仅是传记，文艺复兴时期的肖像画也体现了个性。马基雅维利、霍布士和其他一些思想家开始探讨人的行为法则，浪漫主义时期对个性更加关注，在19世纪末20世纪初，通过狄尔泰、克罗齐和科林武德的历史哲学著作，个性被表述为西方历史思想的特点。

第四，在西方历史学中，集体力量，或至少是集体的动力被给予特别强调。这些集体因素包括人民、国家、家族、城市、教会、

---

① Peter Burke, Western Historical Thinking in a Global Perspective – 10 Theses, in Jörn Rüsen ed., *Western Historical Thinking: An Intercultural Debate*, pp. 15 – 32.

宗教秩序、军队、商业公司、政治团体、政党和社会阶级，这是因为它们给历史造成了某种态势。这一观念始于文艺复兴，到19世纪，不仅是马克思，就连孔德、涂尔干也是如此。这种对集体因素的强调与上述对个性的强调共存。

第五，西方历史学在认识论和历史知识问题上强调预设。从17世纪，欧洲开始怀疑精神，笛卡儿把这一精神理论化，他回应了科学革命的挑战，摧毁了传统的自然观存在的基础。从那时起，西方历史学与自然科学的关系陷入既相关、又困难的时期。剑桥学派的历史学家认为，历史学是一门科学，从维科到科林武德的历史学家却强调历史学与科学之间的区别。在批评的层面，西方历史方法中的"材料""证据""证实""历史法则"等词汇，是从律师那里借用来的，这开始于罗马法或共同法，而西方的法律体系是独特的。穆斯林和中国的法庭在传统上实行另外一套预设方式，或许在那些地方不像西方这样全盘接受一整套法律上的判案方法？

第六，历史解释中的企图是普遍的，但其中所隐含着寻找原因的观念却是西方历史学独有的特色。这一特点开始于古希腊，修昔底德和波里比阿都寻求历史的原因。西方历史学的范型基于自然科学，在修昔底德或马基雅维利有关人的行为法则的个案研究中，经常带有历史法则的思想。但与此同时，历史主义的思想是否认历史学与自然科学的规范有一致性的，相反，却采取了与《圣经》解释学有关的方式，强调了意义，而不是原因。至少在最近的一个世纪，西方历史学是一方面强调寻找原因，另一方面却注重于解释意义。

第七，西方历史学家以其历史研究的客观性而自豪。关于这一点可以分为两个阶段。第一阶段，强调避免个人情绪和个人利益的介入，这主要指对待欧洲历史上的宗教纷争，历史学家应该抛弃教派偏见。第二阶段，在自然科学模式的影响下，传统的抛弃了偏见的公正和自由的理想，以"客观性"的形式进行了重塑，兰克经常宣称历史学家应该摒除他自己而让历史事实说话。

第八，计量方法是西方独特的。在20世纪五六十年代，法国综合的计量方法、法国和英国的历史人口学以及美国的新经济史学都是世界著名的，它们是在19世纪末德语世界流行的价格史的基础上产生；对人口的研究在18世纪就有显著的发展。早在14世纪，乔万尼·维兰尼（Giovanni Villani）在他的编年史中填满了数字。可以想象，当时充满佛罗伦萨街头的银行和商店有助于人们懂得数学统计的重要性。所以，这里强调西方的历史学是与西方的资本主义、法律和科学的发展联系在一起的，这些历史因素在其他历史传统中是不存在的。

第九，西方历史学内容的文学形式是独特的。由于波里比阿与他同时代的一些历史学家所具有的动人的感伤，他们被称为悲剧作家；修昔底德则强调在他的历史写作中有与希腊戏剧中的突变情节的相似性。16世纪和17世纪的历史写作强调艺术性，当今海登·怀特也强调作为文学制品的历史文本与小说的相似性及相互影响。其实，在先前的历史写作中，怀特所说的隐喻和讽喻早已有之。怀特声称他举的例子都来自西方的传统经典历史著作，而小说又是西方在18世纪的发明，因此，这一点是否也是西方独有的？

第十，西方的历史学家有着对时间和空间的独到见解。在欧洲的历史学家中，布罗代尔对地中海、彼埃尔·肖努（Pierre Chaunu）对大西洋以及吉本（Gibbon）对罗马帝国与外界的交通都有足够的关注，在某种意义上，他们是地理—历史学家，或生物分布学家，把人群和土地联系在一起。当然，中国早就有地方史，但这与西方不一样。这里指的是为了开发疆土的垦荒，最典型的是弗里德里克·杰克逊·特纳（Frederick Jackson Turner）对美国历史上的边疆的论著，还有对巴西、澳大利亚等的开发的研究，这些著作表现了一种空间、远离权力和文明中心的世界外围的观念，就像西方的法律、资本主义和科学，我们称作"发现""遭遇"和"帝国主义"的这种殖民化进程，这有助于形成西方历史写作的特点。

以上，是伯克所概括的西方历史学的假设和规则的基本思路。他认为，在这个系统中，尽管有些特点相互矛盾，但它们又相互关联。几个世纪以来，在一些主要问题上，如独特性与历史规律、进步观与循环观、原因与意义，等等，在西方已经不存在一致的意见。

但正是不同意见之间的斗争所形成的新的重心,规定着西方历史思维的特点。①

在伯克写出这样一篇文章之后,项目的负责人吕森把它转发给所有项目参加者,请他们比照这一思路,写出不同地区和文化背景下历史思维的特点。

有关中国与西方历史意识的对比,论文集收入了两篇文章。一篇的作者是余英时(Yü Ying-Shih),另一篇的作者是李弘祺。余英时所做的中西比较是从文化传统开始,或更确切地说是从两种历史学与各自哲学体系的关系来进行探讨。他认为,对于历史悠久和丰富多彩的中国历史学来说,任何要概括其特点并使之与西方的观念截然区别开来的企图都是危险的,假定中国历史学中具有的一些基本特点在西方根本不存在,这一观念也是不对的。但伯克提出的十个论点为反思中国历史学提供了一个起点。就历史意识来说,西方与中国的共同点多于不同点。与西方相比,中国史学的确表现出不同的风格,但这种不同不是在具体观念上,而表现在历史学家所强调的重点不同,或大的文化背景和传统不同。

他认为,东、西方文化传统的差别是根本性的。西方的历史学传统植根于基督教文化,历史的进步观念来源于上帝命定的神学历史观,E. H. 卡尔(E. H. Carr)曾指出,先是犹太教,然后是基督教宣扬了一种历史会朝着一个既定的目标前进的全新的观念,而这一观念极大影响了近代西方的历史学。黑格尔的"精神"显然是这个"上帝计划"的继承者。自18世纪以来,自然法在西方被普遍认同,人们相信普世规律制约着历史的发展和进步。这是一种不可逆转的超人力量,它主宰着人类的发展进程。在20世纪,这一思想又被改装为一种科学的力量,它体现在各种近代科学中,而且对西方以外的国家都产生了影响。如,基于西方自工业革命以来的历史经验,在20世纪五六十年代,美国的现代经济理论也相信一切社会都

---

① 参见 Peter Burck, Western Historical Thinking in a Global Perspective – 10 Theses, in Jörn Rüsen ed., *Western Historical Thinking: An Intercultural Debate*, pp. 15 – 28.

会沿着单一的经济进程发展。

在中国,历史学则深深扎根于儒家传统中。从历史学的起源分析,早在商代,中国就产生了历史学,甲骨文记载了商代国王的祭祀和朝代的历史,而且,从那时起,中国历史的记载始终不曾间断。这也形成了历史学与官方记述不可分离的传统。到了西周,官方史学已经形成制度。汉代,儒家学说成为官方的指导思想。中国的历史学也伴随着儒家经典一起成长,因此有"六经皆史"之说。孔子是第一个建立褒贬原则的历史学家,从那时起,中国的历史学就有道德的教诲功能;为了维护帝王的统治,历史学还具有政治功能,这在《史记》和《资治通鉴》中都表现得非常明显。因此,中国史学的价值评判是与儒家的思想体系分不开的,这也是为什么中国历史学家在社会上代表权威的原因。

从哲学体系上说,司马迁把历史的动力归结为"天"和"人"两极,他在分析具体的事例中在这两个极点之间自由变换。大多数中国学者认为,在朝代的更替上,司马迁更偏重于"天"的力量,中国的"天"虽然没有西方的神的计划,却决定着朝代的更替。在中国的哲学体系中,"天"是一种超人、超自然的历史力量,但它并不直接干预人事,而是消极地等着去评判人的建议,"天"只接受"善"的建议,拒绝"恶"的建议,因此,上帝的观念在中国历史思维中是不存在的。在《史记》中,我们看不到有一点儿历史轨迹会朝着预定的目的发展的痕迹,在中国的民间宗教中可以觉察到某些神定的因素,但在主流史学中却从来没有。直至20世纪,西方的进化论输入后,中国才产生了预定的进步历史观。余英时特别提出,在他看来,西方的目的论是与中国的天命观不同的,目的论的观念不是由外部强加的力量,而是内部精神的自我实现,在这里个人的意志和信念都不重要,个人只是这个最初动力在历史中自我实现的手段。但这两种观念也有相关联之处,这就是它们都是一种非人的力量。

唐代之后,中国史学中这种"非人的力量"变成了"势",柳宗元用"势"来解释历史,这个"势"包括了时代的条件、情况、趋势、潮流等因素。在柳宗元之后"势"成为历史发现的范畴。明末清初的王夫之也使用"势"的观念,他提出,历史条件随着时代而改变,因此,原则也要随之改变,他还提出有可能是原则控制着非人的力量的问题。生活在18世纪的章学诚对"势"做了系统和深入的研究,他是中国唯一可以被称为历史哲学家的人,可以与西方的历史哲学家维科和科林武德相媲美。在他的历史分析中,把历史状况和条件的地位提到从未有过的高度,虽然他没有论述普通人的作用,却把普通人的行为归结为"道",用"势"来说明历史发展中"道"的演进。而"道"是无为的,所以,他宣扬的主旨是"人"使历史演进,特别是圣人,是"人载道",而不是"道载人"。因此,中国的史学传统不是全然不知道"非人的力量",他们知道"历史趋势"和"变化的形式"存在,却从来也不想去建立"普世的规律"。以上事实说明,黑格尔所说的中国历史学只有历史事实的记述,而没有理性和观念的看法是错误的。①

余英时还从具体方法上对中、西史学进行了对比。他说,伯克提出西方史学中的"提出问题"和"调查证据"是与自罗马时代以来的法律体系的存在相关联,由于罗马法是西方独特的,因此,"提出问题"和"调查证据"的方法也是西方与生俱来和独特的。对于此种说法,余英时并不认同,他认为,中国在漫长的历史学实践中发展出一套自己的"科学方法"。他谈到近年来,中国学界试图从20世纪初期那些既受到中国传统文化的熏陶,又了解西方的自然和社会科学的国学大师的文本和哲学观念中去探询中国文化的特色,他们得出的结论是这些国学大师们对于西方的学习主要在于开阔了眼界,而不是学习具体的历史理论和方法,而他们之所以做出成就主要还是继承了中国的文化传统。事实上,在12世纪至18世纪,儒学在历史研究领域获得了一系列方法上的突破,特别是清代的考据学形成了一整套有效的"科学方法"。查尔斯·伽德纳(Charles

---

① 参见 Yü Ying-Shih, "Reflection on Chinese Historical Thinking," in Jörn Rüsen ed., *Western Historical Thinking: An Intercultural Debate*, pp. 158 – 167.

S. Gardner）在 1937 年就曾指出，在 18 世纪后的两百年中，中国出现了一个新的历史学派，他们在历史研究的方法和灵感上是全新的，胡适就是中国史学传统培养出来的典型代表。他认为，虽然 20 世纪初的中国学者自愿学习西方，但他们是通过自己的透镜，即由清代考据学家发展的一套类似于西方的"科学方法"来调查证据，他们实际上始终遵循自己的研究传统，只是有限地把西方的因素加以改造。不仅如此，余英时还指出，在西方人到来之前，中国的历史学发展到其顶峰，不仅是胡适，梁启超、陈垣也都继承了中国的史学传统。在 20 世纪后期，中国的历史学仍然从中国自身的传统中寻找精神源泉，特别是 90 年代中国出版的书籍中越来越多地谈论"中国的人文精神"和"新儒学"等，他们通过对"国学大师"的研究，进而去寻找已成为中国历史传统中那些固定的文化模式。

对于调查和考证，余英时还认为，中国的这一传统其实并非始于近三百年或是 12 世纪，早在孔子写《春秋》时，历史学的这些基本方法就已经在运用，这在《史记》中有清楚的记载。从中国的行政体系来说，以儒家思想武装起来的地方官，经常要对地方事务做出"评判"和寻找"证据"，因此，中国虽然没有罗马法，却也从自己的行政事务中形成了调查、考证的传统，这些都是中国与西方的相通之处。①

李弘祺也是从中国哲学体系方面对中国历史学家的思维方法进行了探讨。他认为，中国史学无所谓发展方向和发展形式，历史只是一系列事件的无休止的变化，中国人是在变化中寻求历史的均势与和谐，这是历史存在的理想方式。与此同时，中国历史学家也关注问题的另一个方面，即斗争。他们在分析均势为什么和如何被打破时，也关注了理性，也就是分析和选择哪一种思想更有理性，或者说更道德，更符合自然和人类的秩序。②

---

① 参见 Yü Ying-Shih, "Reflection on Chinese Historical Thinking", in Jörn Rüsen ed., *Western Historical Thinking: An Intercultural Debate*, pp. 152 – 156.

② Thomas H. C. Lee, "Must History Follow Rational Patterns of Interpretation?" in Jörn Rüsen ed., *Western Historical Thinking: An Intercultural Debate*, pp. 173 – 177.

日本学者佐藤正幸（Masayuki Sato）从日本的经验出发进行了东、西方史学的对比，但其中也有许多篇幅涉及中国。在谈及东亚史学的传统时，他是从司马迁的《史记》和刘知几的《史通》开始的。他说在许多文明中，最初的文化活动是法律，只有在中国却是史学，中国的传统史学是官方史学，历史是整个文化系统的一部分。写史是政府事务，其主旨是宣扬儒家的意识形态和统治阶级的意志，各朝各代都要写史，有时历史比法律评判有更重要的作用，这是历史学的社会功能。由于历史写作的褒贬关系到在现实中重建什么样的未来，因此，有时统治阶级为了自身利益，在写好某一段历史之后，会把原始文献销毁。在日本，明治维新以前情况与中国基本一样，日本在很大程度上受中国影响，写历史用中文，写文学才用日文，① 这也说明日本统治者对写史的重视。这种情况在19世纪后期才有改变，明治维新之后，日本的写史方法开始学习西方，出现了两种史学，即学术性的史学与非学术性史学（即界于公共史学与私人史学之间），教科书的官方性质却没有改变。他认为，在解释经书这方面，东、西方也是一样的，日本在18世纪后期的编年史中也有西方《圣经》解释学的意味。②

印度女学者罗米拉·塔帕（Romila Thapar）从印度宗教哲学体系的大背景挖掘了印度历史思维与西方的不同和相通之处，她特别对印度历史记载与其他文明的不同方式做了分析，挖掘出印度宗教哲学中的历史意识。学界有一种说法，认为印度早期没有历史写作，更没有历史意识，但塔帕认为从公元400年到1200年印度有历史，这些历史文本可以分为四类：一是《往事书》（Puranas），二是佛教僧侣的编年史，三是历史传记，四是王朝和地区的编年史。虽然以现代的标准严格说来它们不应该算作历史，但却与历史意识有关。《往事书》是印度教文本，每一种文本或者讲解印度教的神，或是印

---

① 日本最早使用的文字是中文，日文在10世纪才出现，日本人称中文为"真名"，称日文为"假名"。

② Masayuki Sato, "Cognitive Historiography and Normative Historiography," in Jörn Rüsen ed., *Western Historical Thinking: An Intercultural Debate*, pp. 128 – 141.

度教徒对信仰和实践的态度,其中还有关于大洪水的记载和早期王权的宗谱。佛教僧侣的编年史以公元前5世纪后期佛陀的死为起点,直至公元第一个千年的中期。佛教的到来是斯里兰卡这个小岛的历史转折点,从此国家的权力与僧伽或宗教秩序共存。除了斯里兰卡当时的政治,编年史还记载了印度的王朝历史、僧侣集团的出现以及宗教秩序最终作为一种强大的社会制度在印度出现的变迁史。后两种历史类型是基于宫廷文学,而不是宗教题材。传记记述的不是某个人物的历史,而是每一时代国王的统治、征服和人民起义。第四种编年史不是以宗教制度为基础,是写人和事件,是历史与地理的结合。在公元7世纪以后,是写王朝的编年史。

从这四类历史文本中,塔帕寻找出宗教哲学中的历史观念。她把欧洲后启蒙时代进步的历史观归结为两种因素,一种是时间,另一种是空间,时间观是线性的,空间观有明确的地理位置。而印度早期的历史意识则与这两点都不同,印度有的是基于周期时间的宇宙论,这种时间观在意念上排除了历史,这已成为关于时间的印度的一种神话。《往事书》的宇宙论讲了四个周期,每一个都形成了大周期。拥有倾斜线段的周期结构是代数式的,以便与算术式的等差级数相对照。这个大周期的总长是43.2亿年。有重大意义的是,在这四个周期的最后一个,即称为卡里(Kali)的现在时代,放置着不同的线性时间的计算装置,其中起码有两个完全与历史意识有关。在《毗湿奴往世书》(Visnu Purana)有关宗谱的那一章,以宗谱的形式列出了从起源到大约公元第一个千年中期在印度实行过统治的英雄和国王,这个年代表的顺序开始是依照辈分,后来就变成了朝代,每一个朝代都有国王的名单和国王统治的具体时间。这是重建早期印度年表的重要文献,有模糊的时代划分。

在早期印度有关过去观念的文献中,一些周期性和线性的时间形式共存。塔帕认为,这种多样性的时间观对于伯克所说的"每一个阶段会有某一种固定形式的时间观"的说法是一种挑战。在印度的周期意识中不乏进步的时间观念,因为周期的末尾必然是一个新周期的到来,黄金时代的乌托邦处于周期开始的位置,而新周期的到来又带来乌托邦的回归。但印度的周期理论并不像基督教和伊斯兰教讨论人死后来生的末世论，印度哲学的周期轮回说否认有一个特殊目的，因为这个大周期（mahayuga）①对于实现一个特殊目的来说会显得时间太长。个别人的行为达不到以后王国时期所能达到的光荣，这就期待着一个具有各种完美特征的国家的出现。在这四个时代中，每一个都有法和道德作为组成部分，这些部分的量从第一个到最后一个时代依次递减。在《毗湿奴往世书》的一段文本中，这个周期的第一时代被绘成一头四条腿站立的公牛，到了第四个时代就只剩下一条腿了，这象征着随着时代的变化，道德和秩序不断减少。在第四个时代，当法的运行达到其最低点后又重新开始上扬，就像印度神话中的凤凰涅槃，在火上被燃烧之后会死而复生一样。以上就是塔帕概括的印度传统文化中复杂的时间观念。

她认为，这种末世论的时间观在历史文本中随处可见。在印度北方的佛教传统中，最后一个佛，即未来佛（或称友好的人，Maitreya）的到来，表示一个特殊的时间，它预示着乌托邦的轮回。同样，基于《毗湿奴往世书》的印度教，预言毗湿奴（Vishhnu）的第十个化身，即未来化身（Kalkin，亦即"阿凡达"，Avatara）的到来，会又一次导致大周期的终结和法的恢复。法的衰落表明历史时期从最初的英雄时代转入王国统治，其表现是从子孙名单的连续方式转变为由朝代名称和国王年号分割的朝代实体的更替。有人认为周期性的时间观否认历史事件的唯一性，但从英雄时代向王国时代的演进所体现的时间观并不主张在后继的周期中历史事件重复发生。在公元第一个千年的后期是朝代的统治者构成了历史传记的主体。

塔帕还讨论了印度的空间观念。她说，在印度早期文献中，空间观念没有明确的规定，或许是有意而为之。这些周期所控制的区域可以设想为以南亚次大陆为中心，但其标识却往往是文化符号，没有明确的地理位置。这一点是与地区编年史有区别的，如在昌巴（Chamba）的编年史中，有一些细节可以考察王国区域的变化。总

---

① 即一劫（kalpa），等于43.2亿年。

的来说，在早期印度，历史意识的空间感觉不明确，其差别因文本而异。

此外，塔帕还注意到，佛教和印度教文献中出现的人都是真实存在，即使在特殊情况下有可能描述虚幻世界，却从来不虚构人物。因此，现实中的统治者往往用与历史上统治者的血缘关系来证明自己的正统。对于历史事件，文献也不是正面描述和争论，而是在传记中侧面描述，从中也可以显示出道德评判。这是早期印度时间观和空间观的一些特点，从中既可以看到与西方启蒙的历史观的区别，也可以看到它们之间的相通之处。①

作为阿拉伯世界的代表，大马士革大学教授萨迪克·J. 阿拉姆（Sadik J. Al-Azm）探讨了阿拉伯人的历史思维方式。他首先对伯克的立论方法进行了辨析，认为把历史意识划分为东方和西方是不可取的，原因是从文化渊源上来说，无论是现代欧洲，还是现代伊斯兰文化，都从古希腊接受了文化遗产。大马士革这个中东城市，作为伊斯兰教传播盛期倭马亚王朝的首都，其文化积淀既有希腊文化的遗产，也有拜占庭文化的遗产，所以，伊斯兰文化很难说究竟是属于东方还是西方。

从哲学层面上来说，伊斯兰教传统的观念是历史从一个神启的黄金时刻，即《古兰经》启示的时刻，向其既定的目标发展。按照这一观念，在每一个先前的启示（如，摩西的启示）之后，历史将衰落，直至一个新的启示（如，耶稣的启示）的到来，它将暂时抓住这一进程并缓解人类下降的趋势。但是，由于《古兰经》是最后的启示，所以历史进程将继续其螺旋形的下降趋势直至审判的一日，那时一个特别的超历史事件将会发生。这是在阿拉伯文艺复兴的早期穆斯林的历史观与欧洲进步的观念碰撞而产生的下降的历史观。他说，令人奇怪的是，阿拉伯的学者竟很快就接受了欧洲的进步（上升）史观，并把它运用在人文科学的各个领域。有趣的是，在今

---

① Romila Thapar, "Some Reflections on Early Indian Historical Thinking," in Jörn Rüsen ed., *Western Historical Thinking: An Intercultural Debate*, pp. 178 – 186.

天的欧洲，进步史观却受到激烈批评，似乎有转向阿拉伯传统的下降史观的趋势。

阿拉姆还提到有关阿拉伯史学传统的一场争论，这是关于人事、历史和自然事件因果关系的问题。对此，有两种相互对立的观点，一种由神学大师阿尔－汗扎里（Al-Ghazali）提出，他采取了一种类似于后笛卡儿主义式的机会主义立场，否认原因对于事物发展的功效，主张神无时无处不在干预人事。换句话说，他认为神不仅是世界的创造者，而且通过无时无刻的更新其创造物的行为，也成为世界秩序的维持者。另一种观点的首倡者是阿威罗伊（Averroes），他从亚里士多德的立场出发，主张探求人类历史发展的因果关系，认为如果否认这一点，就是否认全部理性和知识。阿拉姆说，这一争论引出穆斯林古典思想中的一个根本问题，即人是否是他们行为的真正创造者？以后，特别是欧洲的穆斯林学者对这一问题有了新的认识，即认为穆斯林的观念中与生俱来具有原子论、偶因说（机会主义）和无系统等观念，认为人和世界是一系列静止的、具体的和相互分离的实体，并没有自然法则、原因和必然的结果，认为在每一时间的每一个事件，都是神的创造，是他直接的个人行为和结果。① 这样，阿拉姆就不但探讨了阿拉伯人的时间观念，也探讨了历史发展的动因问题。

来自伊斯兰世界的另一位代表塔里夫·卡里迪（Tarif Khalidi）针对伯克的论点，几乎逐一进行了评论。他认为在东、西方的历史意识之间进行泾渭分明的划分是不可取的，历史学在任何地方任何时代都是在不同学科中既借用又提供的学科，它从伦理学和政治学中借用目的，从哲学和自然科学中借用方法，从文学中借用形式，在理性和神启中得到庇护。宗教和意识形态会影响史学，权力、立法会影响史学，官僚精英则规定了史学的应办之事和价值标准。因此，在他看来，这些因素对历史学的影响都超过了文化传统对历史

---

① 参见 Sadik J. Al-Azm, "Western Historical Thinking from an Arabian Perspective," in Jörn Rüsen ed., *Western Historical Thinking: An Intercultural Debate*, pp. 119–127.

学所起的作用。所以，他想从其他方面对伯克的几个论点做些评论。

第一点是关于线性和循环的时间观问题。他认为，不应该针对历史的暂时性和终极目的性这两种方法做简单的对比，如螺旋的历史观念，其实许多历史学家在不同条件下是两者都认同，因此，不应该说是线性还是循环，而应该说是目的论的和非目的论的历史观念。第二点是进步思想。这是与线性的历史观相联系的，但这一观念不是某一地区独有的，而是在全世界普遍存在，有的是在道德方面，有的是在智力方面，有时是说人类在道德层面衰落了，在智力上却进步了。第三点是针对伯克的第二个论点，即由于"调查证据"在西方具有"中心地位"和"持续性"，因而被伯克称为西方的"独特性"。但在卡里迪看来，这一性质并非西方独有，而是普遍存在。与此相关的问题是历史思想是否出于历史学家？有人会主张在任何文化传统中，历史理论更经常的是文学、哲学和政治学的反映，而不是出自实践的历史学家。由于这一通则，就很难说仅在某些个别的历史传统中"调查证据"占有"中心"和"持续"的位置。伊斯兰历史学的经验确实不是完全的"调查证据"，一般是与思想影响这个因素相互发生作用。第四点是针对伯克的第九个论点，即西方历史学具有文学的独特性。关于文学规范如何影响了历史风格，是与上述法律对历史学的影响问题一致的，这也是在世界任何地区任何时代都一样。第五点是历史分期问题，欧洲为什么会有文艺复兴和宗教改革运动？卡里迪认为，从广义上来说，没有哪一种历史传统没有历史分期，宗教改革和文艺复兴这些特殊名称的使用开始于19世纪，是由欧洲的东方学家介绍到欧洲以外。从文化和思想史的角度来看，欧洲以外某些地区的历史也很难摆脱这种划分，所不同的只是在其他地区没有采取像欧洲那样明显的运动方式。从阿拉伯文化的兴起直至18世纪，伊斯兰历史学有两大传统：一是显示出对穆斯林世界以外的历史和文化具有广泛和强烈的兴趣；二是对于写传记的兴趣，这在收集有千百个男男女女传记辞条的《传记词典》中有充分的体现，传记写作赋予伊斯兰历史学以生动、多样和个性化的特征。①

有关非洲历史传统的发言人是高德弗里·莫瑞齐（Godfrey Muriuki），他主要从口述史方面介绍了非洲的历史传统。他说，过去西方人认为非洲没有历史，这种说法是错误的。实际上，在西方人到来之前，非洲的历史是通过口述的方式代代相传，口述史讲述部落集体的故事，统治者也"发明传统"，利用口述史为其统治的合法性找根据。20世纪60年代以后，非洲的史学家从口述史中寻找材料，试图重建非洲历史，这是一项非常艰巨的任务。②

除了讨论自己所属文化的史学传统，也有一些西方学者，或是从西方文化的角度，或是从西方以外（如中国）的角度，对伯克的十个论点进行了评论。

伊格尔斯（G. Iggers）首先就西方的独特性问题发表了不同意见。他认为，西方学者对西方以外的文化缺乏了解。他回顾了20世纪西方出版的几本史学史著作，包括傅埃特（Fueter，1911）、古奇（Gooch，1913）、巴恩斯（Barnes，1938）、汤普森（Thompson，1942）、布莱萨克（Breisach，1983）和他本人（Iggers，1997）的，除了古奇对东欧有所涉及之外，其他书都仅局限于西方。因此，在对西方以外的史学没有确切了解的情况下很难讨论西方史学的独特性，他不认为伯克所说的特点在远东和阿拉伯世界就不存在。另一方面，就西方史学本身来说，也是因宗教和民族的不同而各不相同，现代和后现代也有很多分歧，因此，不能笼统地讨论西方史学的独特性，必须使之置于不同时代西方文化演进的大背景之下。如，古希腊和罗马的历史观起先被说成是循环论，最近又说在医学和技术领域，希腊、希腊化和罗马时期的学者都拥有进步史观。而进步的观念并不排斥悲观主义，进步史观和极度的悲观主义在修昔底德的考古学中早就都有表现。中国和日本的史学家早就知道历史分期所

---

① 参见 Tarif Khalidi, "Search for Common Principles: A Plea and Some Remarks on the Islamic Tradition," in Jörn Rüsen ed., *Western Historical Thinking: An Intercultural Debate*, pp. 53–57.

② 参见 Godfrey Muriuki, "Western Uniqueness? Some Counterarguments from an African Perspective," in Jörn Rüsen ed., *Western Historical Thinking: An Intercultural Debate*, pp. 142–147.

造成的不同时代会有不同特点。中国和西方的文化中都有基本秩序的思想，在西方的世俗和宗教界有自然法的传统，在中国有"天""理""道"等观念。但对这些问题的研究中国学者是从外部领域进行批评，西方则是从事物内部进行探讨。此外，司马迁早就探讨了价格、货币供应及其对政治的影响，欧洲到 19 世纪才考虑这些问题；文本的真实性和文本批评的技术问题，司马迁也讨论过，这个问题在欧洲直到文艺复兴时期才讨论。在史料来源可靠性的探讨方面，中国学者不如西方更有建树。

其次，伊格尔斯讨论了进步史观问题。他认为，西方神学的历史观对世界历史产生了深刻影响。自宗教改革时期始，西方对神学和权威发起挑战并逐渐与之分离，但实际上，并不像宣布的那样是摆脱了迷思和权威，而是建立起一种新的迷思和权威，尽管它采取了世俗的形式。启蒙时代建立起来的大叙述给历史以统一性和方向性，使历史成为一种有方向的发展进程，在许多历史叙述中，把现代西方的历史看成是人类演进的顶点，这恰似基督教的末世论。这种末世论的思想在希腊和罗马的思想中存在，在中世纪的基督教和伊斯兰教的思想中，仅限于来世的范畴，西方 19 世纪的小说也宣扬过这一观念。在东亚的文化传统中，这种思想不存在。在现代西方，它提供了一种方便手段，使历史的多样性具有了一致性。西方历史进程一致性的观念渗入历史观，无论是德罗伊森（Droysen）还是米什莱（Michelet），都建立了民族国家形成的历史。而后现代理论则对这种一致性提出质疑。[①]

安克斯密特（Frank R. Ankersmit）谈论的是"创伤和痛苦，西方历史意识中一种被遗忘的根源"。他首先对伯克提出问题的方法进行了补充，认为比较通常多多少少需要一个中性的背景，这个背景能够描述将要去比较的项目，而不是站在某一方的立场。他强调，

---

① 1494 年，法国国王查理八世入侵意大利，佛罗伦萨爆发了反对美第奇家族统治的起义，重新建立共和统治。马基雅维利被选为佛罗伦萨共和国最高行政机构"十人委员会"中最重要的领导人。1512 年，美第奇家族在西班牙和教皇的支持下扼杀了共和国，恢复统治，马基雅维利遭到报复，被捕入狱。参见杨豫《西方史学史》，江西人民出版社 1993 年版，第 136—137 页。

在海克泰沃斯（Hecataeus）的时代之后，西方的历史意识已经发生了深刻变形，它的某些发展阶段已经接近了非西方历史意识的不同形式，而不是保持其自身早期或后来的形式。这就使西方与非西方之间类型的对比失去意义，使这种不同除了符号本身的不同之外什么也不是。安克斯密特考虑的问题是：究竟是什么使历史意识成为可能？他超越了伯克的思考范畴，引入文化心理方面的因素，认为要理解19世纪的历史意识，不能离开当时的历史小说和文学，特别是自然主义和现实主义的小说，要从这些题材中去了解人们对过去的态度。

安克斯密特提出了创伤与历史意识的关系问题。他认为，西方的历史意识在很大程度上是由某些历史事件给人们造成的创伤经验所引起，他提到15世纪的马基雅维利和奎齐亚迪尼（Guicciardini）以及一些16世纪意大利的史学家就是如此；1789年及其后的一系列革命对于19世纪初法国和德国的历史学家也是如此，而盎格鲁-撒克逊有幸从来也没有这种创伤的经验，这就可以理解为什么如此多的历史意识都是欧洲大陆的发明，但在英国历史思想发展的进程中，最有趣的阶段是紧随1649年——这段英国历史中的创伤经历——之后，这也说明了同样的道理。那么，什么是创伤？它是什么感觉？他说，创伤是抽象了的过去，其感觉是既忘不掉，也记不清。创伤与康德所说的崇高感之间有联系，因为按照康德的定义，崇高感要胜过作为理解范畴的具体条件和发展进程的实际经验，展示给我们一种半不可知状态下的实际，而又始终能保留其所有根本的东西。创伤是崇高，反之亦然，它是把我们对所有确定的事实、信念和期望打得粉碎的实际经验。历史作为凝聚了创伤的结果，与痛苦和对过去的恐惧相联系，对创伤所造成的痛苦的共同分享提供了一种拥有共同基础的凝聚力。而欢乐，在这一观念范围内，对于历史却没有实质性的贡献。

特别需要提出的是，安克斯密特认为，尽管诸如美洲的印第安人和蒙古统治之下的中亚在历史上也有痛苦的经历，但创伤作为历史意识的根源，只有西方人才有，这是辨别西方与非西方之间的一个根本不同。至于原因,他认为在一种文明所经受痛苦的数量和趋于恐怖的创伤经验之间似乎并没有比例关系,尽管经验各式各样,相对来说,在某些情况下,少数集体所受的灾难却比人类在历史进程中所经受的最大灾难能对历史意识产生更强的刺激。如1348年的黑死病,夺去了1/3欧洲人的生命,它灌输给人们无限的恐惧感并使西方人的头脑在几乎两个世纪的时间里都充满了失望和荒凉,但结果证明它仅仅是历史潮流表面的涟漪。而相对小的历史灾难能够作为一种创伤突然被经历,从这里西方的历史意识就产生了。总之,他认为在对比西方与非西方的历史观念时,这个层面的思考是不可缺少的。[1]

海登·怀特对这一讨论提交的文章是"世界历史的西方化"。文章的主旨在于批评伯克所采取的西方立场,认为他应该具有一种全球化的视野。他问道:伯克说的"专业历史学家的全球共同体"指的是什么?在我们的时代,是否世界上真的出现了一个"拥有如果不是同一的也是相似的实践标准的职业历史学家的全球共同体"?或者这个"专业历史学家的全球共同体"可以与"全球物理学家或化学家共同体"相对应?难道它不是来自各种文化背景而接受了西方专业历史学家的"实践标准"的历史学家的团体吗?但是,对于"世界历史的西方化"他不仅看到非西方的历史学家采用了西方的研究理论和方法,而且探讨了为什么会这样。他说,所有的文化都有普遍的历史文化,历史学是社会再生产的文化手段,正如生产方式可能会有许多特殊的形态一样,历史观念也会清晰地表现为不同的形式。在全球化时代,西方的生产方式已经传播到世界各地,在西方以外甚至出现了比西方更先进的生产方式——跨国公司,这样的经济基础就为那里接受西方的历史意识奠定了前提。因此,在这种时代背景下,再采用西方、非西方这样的分野进行比较是不可取的。

---

[1] 参见 Frank R. Ankersmit, "Trauma and Suffering, A Forgotten Source of Western Historical Consciousness," in Jörn Rüsen ed., *Western Historical Thinking: An Intercultural Debate*, pp. 72 – 84.

此外，在文化继承的方式上，怀特强调后者的主动性。他肯定了伯克认为西方文明开始于中世纪，古希腊、罗马不属于西方文明的说法，但却批评他关于西方接受了希腊、罗马文化遗产的说法。他认为，文化继承不是遗传学，不是进化论，而是后者主动回溯过去进行选择的结果，文艺复兴时期的商业资产阶级出于自身利益的需要选择和美化了古代文化。他说伯克把西方的历史思维与西方的历史发展进程相联系造成一种假象，似乎从西方独特的历史发生时候起就有了独特的历史学。其实，西方的历史学起步很晚，中世纪的历史写作只是修辞学的分支，写史是人们的业余爱好。19世纪初，历史学才从修辞学中分离出来，成为大学中的科目，历史杂志和团体也才出现，从此成为政治秩序，特别是民族国家的仆从。直到20世纪50年代，一些历史哲学家才最终转向科学的历史证据问题，表现出对"认识论""方法论"或"概念问题"的兴趣。[1]

针对以上所有这些评论，彼德·伯克做了简单的回应。第一个问题是关于"西方"的概念。他说并不想设定一个包罗万象的西方概念，我所提出的十点看法，只代表了个人——这一代、所处的阶级和一个欧洲男性——的观点。"西方"这个概念太笼统，它是一个"历史构造"，并非永远如此。西方有古代、今天，有欧洲、美洲，有现代、后现代。中东属于亚洲，但其历史学更接近于欧洲，而不是远东。但后现代的确是欧洲的发明，这一运动给我们提供了一个机会，去重新评估非西方的价值，"西方主义"与"东方主义"是平行的。

第二个问题是关于比较的方法。伯克认识到他所设置的比较方法是危险的，如认为西方历史学来源于现代科学，而中国没有；或认为非洲没有发展出封建主义是失败的。他自己反问自道，如果从相反的立场出发，人们是否也可以提出与为什么非洲没有发展出骑士制度相反的质问，即在欧洲为什么没有发展出统一的官僚制度。因此，在历史学领域，这种比较方式贬低了其他文化的历史意识也

---

[1] 参见 Hayden White, "The Westernization of World History," in Jörn Rüsen ed., *Western Historical Thinking: An Intercultural Debate*, pp. 111–118.

是与其社会经验相联系，否认了历史发展的多样性。他表示，他争取放弃他所提出的十个基本问题。

第三个问题是历史革命的建构因素，即其出现的社会背景问题。哈里迪（Khalidi）讨论了伊斯兰历史学的出现和早期帝国痛苦的诞生经历之间的关系，安克斯密特引证了 1494 年法国入侵意大利、1640 年的英国内战以及法国大革命的创伤事件与奎齐亚迪尼、海德（Hyde）和兰克的新历史之间的呼应，伯克说他同意暴力冲突的确刺激了政治思想的发展和历史写作。但却认为萨迪克·阿拉姆（Sadik Al-Azm）提出的有关 1789 年拿破仑占领埃及以及 19 世纪中国和日本所经受的西方的侵略和文化碰撞，与安克斯密特所举例子有些不同，伯克说他个人认为后者还是有一些积极意义的。"二战"的创伤经验不是延迟了，而是推动了历史学的革命，催化了布罗代尔的思想。历史学范型的转变和 18 世纪法国、英国、意大利和德国社会史的兴起是与社会变迁，包括公共阅读分不开的，历史学实践经历了一场平静的、长期的革命。

第四点是关于进步和循环的历史观。伯克说：现在看来这两种历史观在许多文化中都存在。一些批评者以为我设想的进步的，或者说线性的历史观要优于循环的历史观，但这不是我的观点，我认为两种模式都有用，他们中的每一种都可以补偿另一种的缺失。

此外，伯克还对历史观念上的时代错误、西方是否最强调个性、西方以外是否也从科学的角度探讨历史原因以及一些具体概念在欧洲出现的时间，等等，做了简单的回应。[①]

以上是有关跨文化历史思维项目所讨论的主要内容。

四 对跨文化研究话语的思考

综观这一讨论，我们可以得到这样的印象，当今时代，和平与

[①] Prter Burke, "Reply", in Jörn Rüsen ed., *Western Historical Thinking: An Intercultural Debate*, pp. 189 – 198.

发展是主流，参与跨文化讨论的大多数人能够抱一种正确的态度，即认识到世界上的文化是多元的、平等的，就文化本身来说，没有先进与落后之分，它们的产生都是与各自的历史发展进程相关联，都有其存在的合理性。因此，在国际会议上，明目张胆地坚持西方中心主义态度的学者已不多见，大多数学者都能本着平等和相互尊重的态度开展积极的对话。应该指出的是，在这场讨论中，作为非西方的代表，特别是研究中国和印度历史意识问题的代表，一改以往在一些国际会议上的失语状态，表现出具有渊博的历史知识和深厚的理论素养，维护了非西方文化的话语权，使东、西方之间表现出真正平等的对话。这是可喜的进步。

与此同时，我们也应该看到，在国际会议中，无论是在语言上的优势，还是在现代史学理论和方法上的优势，都使西方的学者显得略胜一筹，而且，尽管他们中的许多人从主观上愿意放弃西方中心论，但在实际发言中，由于他们对西方以外历史研究的状况缺乏了解，仍然会留有西方中心论的残余。如，安克斯密特提出的创伤有助于形成历史意识的观点，这本无可厚非，但他为什么会以为西方以外的历史创伤就不会引起那里的学者产生强烈的历史意识呢？这显然是西方人的偏见。2007年11月，当他到北京出席中国社会科学院世界历史研究所主办的"今日历史科学——个人的思考"的研讨会时，他的态度稍有改变，他在陈述了自己的上述观点之后，试问中国学者，是否在中国也有创伤助长了历史意识形成的经验，中国学者当即做了肯定的答复。又如，伯克在回应所有发言人的质询时也谈到创伤问题，他不同意埃及、中国、日本在面临法国和西方侵略时具有同西方人一样的创伤经验，反而强调西方的入侵对被入侵的民族有积极意义，这又是为什么呢？失败、痛苦是挑战，一定会使人沉思、反省、激奋，这在有人的地方到处都一样。看来，伯克之所以产生这样的想法，恐怕首先还是他对埃及、中国和日本的那段历史缺乏了解，此外，也不排除他仍抱有西方殖民者的偏见。

那么，通过对这一跨文化研究项目的考察，在史学理论和方法论方面，我们可以得到什么启发呢？

第一,有关历史意识的讨论提供了一种类型学的研究方法。这个讨论是多元文化的比较研究。但这种比较不同于以往的二元比较,不能以任何一种文化模式为标准,只能用类型学的方法来进行。采用类型学的方法就要涉及一种元概念(meta-concept),即抽象的概念,抽象的概念是要抓住具有普遍性的事物的本质,换句话说,它与每一种具体事物不同,却又包含在每一种具体事物之中。元,Meta 的英文解释有 1. 变化、变位;2. 继……之后、位于……之后;3. 超越、超出(后面往往接学科名,如 meta-psychology,meta-mathemat-ics);4. 在……两者之间,等等。[①] 其中,与我们所讨论的最贴切的解释是"超越""超出"。"形而上学"一词的英文就是 meta-physics,是在"物理学"(physics)的前面加上前缀 meta,其意是指哲学中探究宇宙根本原理的部分,也就是形而上的学问。如今,在西方学术界以 meta 开头,后面加以学科名称或名词的词汇越来越多,如,海登·怀特的"元史学"(metahistory),其宗旨是要探讨语言在历史写作过程中的作用,这是涉及历史研究客观性的具有普遍性的问题,其意义并非只限于西方 19 世纪,而涉及古今中外一切历史写作。又如,在上述波·斯特莱斯所主持的欧亚"社会"与"经济"概念的比较研究中,为了彻底摆脱西方中心论的阴影,有人提出应建立一个"元社会"的概念,也就是既非欧洲,亦非亚洲,却又可以反映那一时代世界潮流的"社会"概念,用作比较不同地区"社会"概念的基础。同样的例子我们还可以联想到"现代化"(modernization)与"现代性"(modernity)的关系,前者指某一地区走向现代社会的具体道路和过程,后者指现代社会所应具有的主要特征,即共性。

用元概念的方法来考察历史意识的讨论,可以清楚看到,尽管来自不同文化背景的学者叙述了不同的历史意识,但归根结底都集中到历史学学科的基本特征,如怀特说:"所有的文化都有普遍的历史文化";伊格尔斯和卡里迪谈到几乎所有文化同时存在线性和循环

[①] 陆谷孙主编:《英汉大词典》,上海译文出版社 1991 年版,第 2069 页。

的历史观、进步观念、秩序的思想、重视对证据的调查、历史写作受政治影响以及文学与史学的密不可分，等等；安克斯密特则提出了在欧亚比较中应该找到一种"中性"的背景，所有这些，其实都是元概念，是各种文化的历史学所具有的共性。应该说这个项目的完成实现了这一目标，通过来自不同文化背景的学者的叙述和相互倾听，使与会者切实感受到欧洲和亚洲的史学尽管有区别，但这种区别却只是程度上的不同，作为历史学，无论是观念，还是方法，共性是主流。通过对其共性的认同和对彼此史学发展特殊性的了解，增进了理解和相互尊重，批判了西方中心论。

第二，作为一种类型学的比较，这个讨论在确立了元概念之后，还进行了量化比较。穆渠勒在《司马迁与他的西方同行》一文中，把中国、古希腊和罗马的历史思维进行对比，他发现，一些因素，如，历史学的社会地位、历史学与道德评判的关系、"认识历史学"（通过实例寻找自然规律）与"规范历史学"（通过样本寻找道德评判标准）的关系等，在中国、古希腊和罗马的历史学中不同组合和不同程度的都存在，有的因素是在中国和罗马并存，有的因素是在希腊和罗马并存，这就说明尽管希腊和罗马都属于西方，但它们是有区别的。[1] 他还关注了这些因素在相同组合中搭配的不同比例，并探讨了为什么在这三个地区会有不同的组合和不同比例，这就使类型学式的比较研究在程度上进一步精细化了。

第三，这个项目提供了微观研究与宏观研究相结合的典型。有关历史文化的研究属于新文化史的范畴，前面，我们讨论了伯克有关新文化史的论述，他不仅指出新文化史的研究有助于在全球化时代把不同文化背景的人团结在一起，而且指出新文化史极大地扩充了研究范围，把社会不同阶层、行业和技艺的活动都归结为文化的范畴。在这个项目中，吕森提出了"历史文化"的概念，[2] 它可以

---

[1] F. H. Mutschler, "Sima Qian and His Western Colleagues: On Possible Categories Description," in *History and Theory*, 46 (May 2007), pp. 194–200.

[2] Jörn Rüsen, "Introduction, Historical Thinking as Intercultural Discourse," in Jörn Rüsen ed., *Western Historical Thinking*, p. 3.

与伯克所说的"企业文化""饮食文化"等新的文化概念相匹配，也可以作为一种新的切入点进行跨文化研究的操作。从上面综述的内容看，这个切入点属于相对"微观"之列，却又是与各种文化的政治结构和哲学体系紧密联系在一起的。佐藤正幸研究了在中国文明起源阶段，"巫"和"史"最初是怎样作为官僚体系的重要组成部分而产生，为什么中国的史学是官方史学以及对东亚国家的影响；[①] 余英时的文章从中国哲学体系的宏观视角对中国史学的特点做了定位；黄俊杰则从经史不分的角度强调儒家思想是如何规定和制约着中国传统史学的写作。[②] 他们的共同特点是把历史思维放在深层次和长时段的中国文化中进行考察，从而把看似微观的历史思维问题与宏观的政治结构和哲学体系结合起来。因此，这个项目在提供类型学比较的经验的同时，也提供了微观研究与宏观研究相结合的经验，这也是新文化史研究的特点和必要之功。

第四，如何看待当前世界文化的某些趋同现象？海登·怀特的文章提出了一个新问题：怎样看待当今世界史学理论和方法的趋同问题，是否非西方国家采用了西方首先提出的一些历史理论就意味着这些国家的历史学西方化了？海登·怀特的观点是：非西方采用西方的理论和方法，并不意味着非西方的历史学西方化，他认为，这些理论和方法之所以在非西方得到应用，是因为这些地区的生产方式发生了变化，有的变得与西方一样，有的甚至变得比西方还先进，因此这些方法在非西方也适用。他强调，归根结底，历史文化是经济基础的反映，每一种文化的历史意识都是与其经济基础相适应，都是其自身发展的结果，西方人不能用传统的眼光看待非西方，无视这些国家和地区本身的进步和变化。

怀特之所以能够提出这样的观点，有一个对待文化传播的基本立场问题，这就看你是站在传播者的立场，强调他的主动作用？还

---

① 参见 Masayuki Sato, "The Archetype of History in the Confucian Ecumene", in *History and Theory* 46 (May 2007), pp. 218–232.

② Chun-Chieh Huang, "Defining Character of Chinese Historical Thinking", in *History and Theory*, 46 (May 2007), pp. 180–188.

是站在被传播者的立场,强调他的主动作用?在这个问题上,怀特强调文化继承不是遗传学,不是进化论,而是后者根据自己的需要回顾性地加以选择、取舍。他认为欧洲文艺复兴时期的商业资产阶级对待古典文化是这样,当代非西方地区采用西方的一些实践标准也是这样。我们不能无视当代非西方国家(包括我国)大量搬运和吸收西方文化的事实,问题是对待这种搬运采取什么立场和以谁为中心?应该说,采取前一种立场和态度,在文化传播中强调西方的主体和主动作用,就是西方中心论;而采取后一种立场,强调吸取者主动学习西方,并根据自己的需要决定取舍,把他者的文化与自己的文化加以融合、改造,从而创造出一种既具西方色彩,又使传统文化焕发生机的新文化,就不是西方中心论。这一观点提升的眼界是全人类,无论何时,尤其在全球化时代,不同文化的融合有利于人类文化的进步。

以上,是笔者通过历史思维这一项目,对跨文化研究的几点思考。

(原载《山东社会科学》2011年第3期)

信息史学建构的跨学科探索

王旭东

处于信息时代的今天，遍布世界各地和社会各个领域运行着的电脑和各式各样单片机里的芯片，每分每秒都在根据数学的某些算法始终以 0 和 1 的 N 种排列组合，循环往复地高速计算着，从而令 0 和 1 转换为可以被人类解读的各式各样的信息。正是这样的"计算→信息"，构成当下信息社会生活的基石，并且从某些侧面表明，信息始终同人类的生存密不可分，是人类社会历史发展的重要组成部分。现实启迪我们，将全新的信息阐释理论及与之相关的数据（data）和计算科技引入古老历史学并以此推动其跨学科变革，不失为一个值得尝试的新探索。我们意识到，据此构建一套新型的信息史学的基本理论、方法论乃至研究及应用范式，有助于开辟一条符合信息时代要求的历史学学科建设的新路径。

一 信息史学的定义和概念区分

那么，何谓信息史学？为能较全面地回答这一问题，笔者将在给出定义的同时，从其"是什么"和"不是什么"两个方面予以相应的阐述。

（一）信息史学是什么

所谓"信息史学"（亦称信息历史学，英文 Historiography of Information，或 Historiography of Informatization，抑或 Informatizational

Historiography)是指,将历史和历史认知及诠释,抽象或解构到信息层面,系统地综合运用信息、信息科学、信息化应用之相关理念、方法和技术支持及实现手段,来探讨并深入研究历史学领域里的诸种问题(包括诸如历史是什么,历史的主客体,历史的定性、定量、关系和作用,历史表述的过程和结论的呈现等)的一门新兴学问,或正在形成中的历史学门下的交叉/分支学科。[①]

从体系建构角度来加以规约和阐释,信息史学的基本范畴应包括三个层次。其一是"核心部分",属于信息史学基本理论方面的研究,即以信息的视角,审视或探讨历史哲学和历史认识论中的所有命题,诸如历史是什么、历史和历史学的主客体、主客体之间的交流互动等。其二是"中间环节",属于信息史学方法论方面的研究,即以信息与历史学相结合的视角,探讨信息化应用技术同历史研究的融合,纯粹的历史思辨向历史研究的可操作转化,进而从中抽象出可以指导历史研究具体应用的方法论原则。其三是"外延拓展",属于史学实际应用的研究,即信息史学之实践理论的探讨,直接涉及具体的各类史学实践。

因此,在21世纪信息时代的今天,信息史学首先是一项跨学科的综合性理论研究及方法论研究;其次则是依赖于历史学领域具体问题探讨的信息化史学的应用研究。再有,信息史学的提出,并非要用它否认或替代历史长期积累形成的最基本的传统学术规范和文献学考据及实物考古之实证研究法则——"历史是一门依赖于证据(史料)的学科"和"孤证不立"、"言之有据、论之成理"等,而

[①] 参见王旭东《信息史学的研究概要:定义、学术史脉络和理论建构的主要内容》,陈启能主编《国际史学研究论丛》第1辑,社会科学文献出版社2015年版,第277页。信息史学的研究,目前已依次走过三个阶段:其一,史学领域引入信息化应用技术的跨学科实践摸索阶段;其二,历史学方法论信息化的理论概括/提升阶段(历史研究信息化应用模型和数字世界史的提出);其三,历史哲学和历史认识论范畴的"历史本原即信息"命题的提出、阐释和更为深入的理论研究阶段。为此,目标和任务已经明确的信息史学,有了特定的问题域和专门的跨学科研究领域及对象,有了基本的方法论架构,更有了初步的、尚待不断完善中的系统化/全方位的信息史学理论体系(学科建构层面)架构雏形。由此可见,信息史学的研究探讨,已经超越方法论而向历史学分支/交叉学科之建设迈进。当然,能否最终建成一门学科,有待于信息史学研究的不断深化和史学界同人的共同努力。

是要在继承和发扬传统学术规范及实证方法的基础上推进历史学的科学化。

由上述信息史学的定义可见，其重点在于用"信息"变革"史学"。两者当中，"信息"是实现变革的视角或切入点、手段和途径；"史学"则是变革的作用对象或达到革新目的之主体。

（二）信息史学不是什么

信息史学首先肯定不是"信息史"（或"信息历史"，information history）。其次，信息史学也不是"历史信息学"（historical informatics 或 histo-informatics / histoinformatics），或"历史信息科学"（historical information science）。再次，信息史学并不等同于"数字人文"。最后，信息史学和数字人文，也都不能与当下国内外流行的所谓"数字史学"混为一谈。

具体而言，关于"信息史"，如若仅以这个中文词汇讲，产生歧义的可能性极小。因为人们显然都会理解这个概念是指有关"信息"的历史。但是倘若把它看成一个外来译词而回溯到与之对应的英文词汇，这个原本不会发生歧义的中文词汇便具有了多义指向。在英语语境或文本中，可以译作中文词汇"信息史"的英文词汇，至少有"information history""informational history"和"history of information"。当然，这三组英文词汇，还可以有各自不同的译法，即依次可译为"信息历史/信息史"、"信息的历史/信息历史/信息史"和"信息的历史/信息历史/信息史"。尽管根据中文表达构词的通常习惯，这些貌似大同小异的英文词组都可以粗略地译成"信息历史"或简称"信息史"，但实际上却有着相当的区别。因为，"of"结构的描述性词组"history of information"，精确译法应为"信息的历史"（"关于或属于信息的历史"），根据这一译法的词组含义，可以简化译为"信息史"；而用形容词来修饰名词的词组"informational history"，按其准确译法同样可以译为"信息的历史"（含义为"只是/仅限于以信息存在/表达的历史"），却不应简化译为"信息史"。至于以名词并列方式组合构成的专有名词"information history"，为了反映出英文原文构词形式上有别于前两组词汇或短语（在内涵及外延上当然也一定有所区别），则应以正式的表达法译为"信息历史"。如此一来，"information history"的涵盖最大，其中囊括了"informational history"和"history of information"的涵盖；而"informational history"的涵盖次之，其中囊括了"history of information"的涵盖；"history of information"的涵盖则再次之，仅囊括了自身的内涵及外延。

有意思的是，貌似"文字游戏"的这三组英文词语，在研究"信息历史"的英国学者托妮·韦勒（Toni Weller）的学术实践中，都被她使用过。并且她的使用，并非无区别地混用。例如：韦勒2005年首度发表的有关信息历史的文章认为："informational history"（此时韦勒所使用的是"信息的历史"用词）"把信息作为中心议题，审视它对现存的历史命题和当代社会、文化或政治基础设施的影响"。[①] 2007年，韦勒再度发表关于信息历史的论文，此时"informational history"用词已改为"information history"，并将其明确定义为："Information History（信息历史）本身就是一种独特的历史研究形式，其着眼于信息在过去社会中的作用。""信息历史就是研究人类与不同知识形式之间的关系——记录、显示、传播、保存、收集、使用和理解信息"，以及"这些问题是如何产生影响并受到社会、经济和政治发展的影响的。"[②] 在2008年的著述中，韦勒进一步指出："Information History（信息历史）是对过去社会信息的研究，即探讨其是如何被理解、使用、组织、管理、收集、审查、恐惧、敬畏、出版、传播、展示等"，所强调的是信息在"社会中的作用"。[③] 2010年，韦勒依然明确表示："Information History（信息历史）是对

[①] Toni Weller, "A New Approach: The Arrival of Informational History," Proceedings of the XVI International Conference of the Association for History and Computing, Royal Netherlands Academy of Arts and Sciences, 14 – 17 September, 2005, pp. 273 – 278.

[②] Toni Weller, "Information History: Its Importance, Relevance, and Future," *Aslib Proceedings*, Vol. 59, no. 4/5, (July 2007), pp. 437 – 448.

[③] Toni Weller, *Information History An Introduction: Exploring an Emergent Field*, Oxford: Chandos Publishing Limitid, 2008, p. 4.

过去信息的研究",其"试图将信息传播、审查、保存、访问、隐私等主题放在更广泛的历史话语中",着重探讨信息在社会中的作用及其对社会历史发展的影响。[①] 这样对概念用词的调整使用,不仅表明韦勒充分意识到上述三组英文词汇之间存在内涵及外延的差别,更提示我们,身为国际学术界中信息历史的主要倡导者和推动者,她所论述的"information history"概念理应译为"信息历史"。关于这一点,在稍后韦勒主编的论文集《近现代世界信息史:信息时代的历史》(*Information History in the Modern World*:*Histories of the Information Age*)撰写的《绪言》中,得到更加明晰系统的印证,即:"information history"概念用词,其实指的正是"信息"(information)"历史"(history)——探讨/揭示/描述/重现历史上的信息的作用,而绝非"信息""史学"(historiography)。[②] 有评论指出,该论文集所涉及的探讨方向和范围,反映出信息历史"是一个很有前途的新研究领域",就此展开进一步研究将丰富我们对国家的信息如何发展及其背景的理解。[③] 至此,将以上界定与信息史学的定义相比较可以看出,信息史学显然不同于"information history"(信息历史/信息史)。

关于"历史信息学",有必要先来弄清楚与之密切相关的"信息学"这个概念。所谓"信息学"(informatics),起先同计算机科学直接相关,通常被定义为基于计算机系统的信息处理研究。[④] 21世纪初,信息学被进一步确立为关于信息的科学,专门研究天然和人工系统中信息的表达、处理和通讯等。既然如此,历史信息学当然也

[①] Toni Weller, "An Information History Decade: A Review of the Literature and Concepts, 2000 – 2009," *Library & Information History*, Vol. 26, No. 1, 2010, pp. 83 – 97.

[②] Toni Weller, ed., *Information History in the Modern World*: *Histories of the Information Age*, New York and Basingstoke: Palgrave Macmillan, 2011.

[③] Archie L. Dick, "Book Reviews, *Information History in the Modern World*: *Histories of the Information Age* (London: Palgrave Macmillan, 2011. 2. 08, bibl., index. ISBN: 9780230237377)," *New Contree*, No. 64 (July 2012), pp. 173 – 176.

[④] 信息学成为独立学科的时间最早可以追溯至1960年,之后在计算机应用向各个科学领域渗透的过程中,逐渐发展成为诸多学科的辅助学科或分支学科。

就应该是信息学在历史学科里的具体应用。只不过历史信息学的涵盖，要远小于信息学。一种最为基本的狭义观点认为，历史信息学仅是关于历史知识组织和历史信息系统中的信息搜寻、检索及基本方法或手段的学问。另一种较为广义的观点则认为：（1）鉴于数字化（digital）和开放的数字化历史（digital history）之来源的日渐增多，历史学领域可以极大地从信息科学中获益，在组织和决策中建立起数据（data）和信息（information）的意识，并通过计算机或个人计算机（PC，俗称电脑）获得由其加工的丰富历史资源；（2）新的计算机科学技术可以应用于帮助历史学研究对象——史料或资料的验证和确认，进而实现基于文本的分析、图像的解析或多角度地比较及构建某种历史假设，故而，历史信息学应当是类似于生物信息学或化学信息学的学问，有助于推动历史学的计算机运用以实现更广泛的科学计算之进步。[1] 与历史信息学相关的还有一个概念，即"历史信息科学"，这一概念由 L. J. 麦克瑞恩（Lawrence J. McCrank）在 2001 年发表的《历史信息科学：一个新兴的学科》（*Historical Information Science: An Emerging Unidiscipline*）中提出。他首次把历史信息科学的概念规定为：整合了历史的调查或考证方法，量化的社会科学和语言学的研究方法，计算机科学与技术，以及信息科学等，并且着眼于历史的信息的来源、结构和通信。[2] 2004 年，O. 布恩斯特拉（Onno Boonstra）、L. 布鲁尔（Leen Breure）和 P. 托伦（Peter Doorn）

---

[1] Onno Boonstra, Leen Breure & Peter Doorn, *Past, Present and Future of Historical Information Science*, 2nd ed., Amsterdam: NIWI-KNAW, DANS, 2006, p. 11; Michael Fourman, Informatics, entry for "informatics" to appear in *International Encyclopedia of Information and Library Science* (2nd ed.,) (0415259010), John Feather and Paul Sturges eds., Routledge 2002, http://www.inf.ed.ac.uk/publications/online/0139.pdf, 2016 年 6 月 5 日; Birger Hjorland, Historical Informatics, Core Concepts in Library and Information Science (LIS), 2005, Last edited: 19 - 10 - 2006, http://www.iva.dk/bh/Core%20Concepts%20in%20LIS/articles%20a-z/historical_informatics.htm, 2016 年 6 月 6 日; Histoinformatics 2014: The 2nd International Workshop on Computational History and the 6th International Conference on Social Informatics (SocInfo 2014), http://www.dl.kuis.kyoto-u.ac.jp/histoinformatics2014/, 2016 年 6 月 6 日。

[2] 参见 L. J. McCrank, *Historical Information Science: An Emerging Unidiscipline*, Medford, N. J.: Information Today, Inc., 2001.

对历史信息科学这一概念作了发展,正式将其界定为处理历史研究特定信息问题的学科;并且规定该学科的主要任务是,在计算工具的帮助下,以一种通用的方式尝试解决历史研究中同史料有关的信息问题。[①] 他们还指出,这一定义不仅排除了历史研究领域之外的特定信息问题,同时也排除了非特定用于历史研究的一般信息问题。[②]

信息史学不同于历史信息学或历史信息科学,除定义有别外同时还因为:信息史学与历史信息学或历史信息科学的侧重点不同,且前者的涵盖大于后者。前者引入信息科学的理论和方法研究历史学的所有问题,而后者只是探究服务于历史学科的信息学问题。在涵盖上,信息史学的理论建构,较之后者更加强调全方位。从这点上讲,历史信息学或历史信息科学其实应当从属于信息史学的方法论之技术应用层面。

至于信息史学与"数字人文"的关系,首先需要了解何谓"数字人文"。"数字人文"的英文词为"Digital Humanities",缩略词为"DH",而不断增添的试图定义"数字人文"学科的一些文献,则为我们提供一个可以洞悉其形成的重要视角。[③]

1. "Digital Humanities"发端于英语世界,是从"Humanities Computing"(缩略词 HC,意即人文计算)这一概念转换过来的。从某种意义上讲,无视或不甚了解人文计算之概念定义,也就无法或很难准确把握数字人文的内涵基础及方法论内核。[④]

[①] Onno Boonstra, Leen Breure & Peter Doorn, *Past, Present and Future of Historical Information Science*, p. 18.

[②] Onno Boonstra, Leen Breure & Peter Doorn, *Past, Present and Future of Historical Information Science*, p. 20.

[③] Julianne Nyban, Melissa Terras, Edward Vanhoutte, "Introduction," in Melissa Terras, Julianne Nyhan & Edward Vanhoutte, eds., *Defining Digital Humanities: A Reader*, Burlington: Ashgate 2013, p. 1.

[④] 约翰·昂斯沃斯(John Unsworth)在 2002 年指出,人文计算不是通用学术计算(general-purpose academic computing)——不是文字处理、E-mail 和网页浏览,而是一种表现/表达形式上的,基于有效计算和人类交往需求而形成的,某种建模/模拟形式(form of modeling or mimicry)、推理/演绎方式(way of reasoning)、一套本体论约定/承诺(a set of ontological commitments),以及它们的代表性实践行为。参见 John Unsworth, "What is Humanities Computing and What is Not?" in Melissa Terras, Julianne Nyhan and Edward Vanhoutte, eds., *Defining Digital Humanities: A Reader*, p. 38.

2. 作为一个概念,"数字人文"起初只是一小群研究人员在2001年达成共识的一个术语[①],之后随着时间的推移,被越来越多的人认知并使用。及至2007年,已经有学者表述道:"数字人文本质上是一个交叉的领域,其跨越了学科界限,也突破了理论与实践、技术实施与学术反思之间的传统屏障。"并认为,这一领域随着时间的推移已经发展出"自己的正统学说","其内部的联系和合作路线已经成为阻力最小的学术道路"[②]。尽管如此,2005年之前仍有许多其他术语被用于指代现今称为"数字人文"的这一领域。甚至到2012年,指代"数字人文"领域的一些术语同样也在并行使用,这些术语包括,"人文计算"(humanities computing)、"人文信息学"(humanist informatics)、"文学和语言计算"(literary and linguistic computing)、"人文数字化资源"(digital resources in the humanities),以及偶尔会出现在源于欧洲大陆的著述中使用的"e-人文"(e-Humanities),等等。不过,有一个意义在今天看来是很明显的,即"数字人文"一词的兴起带来的一个重要影响是,使得有志于此的学者们能够自我认同为"数字人文学者"(digital humanities scholars)。[③]

3. "数字人文"既是传统人文与计算方法(computational methods)相遇的产物,也是传统人文与计算方法的结合体。随着文化材料向网络环境的迁移,这些材料的生产、可用性、有效性和管理等诸问题给人文学科带来了新的挑战和机遇。数字方法(digital approaches,亦称数字化方法)与大多数传统的学术形式相比,尽管仍然根植于人文研究的传统,但明显具有极强的协作性和生成性。它

[①] Matthevw G. Kirschenbaum, "What Is Digital Humanities and What's It Doing in English Departments?" in Melissa Terras, Julianne Nyhan and Edward Vanhoutte, eds., *Defining Digital Humanities: A Reader*, pp. 198, 202.

[②] Julia Flanders, Wendell Piez and Melissa Terras, "Welcome to Digital Humanities Quarterly," *Digital Humanities Quarterly*, Vol. 1, No. 1, 2007. 转引自 Julie Thompson Klein, *Interdisciplining Digital Humanities: Boundary Work in an Emerging Field*, Michigan: University of Michigan Press, Digital Culture Books, 2015, p. 42.

[③] Julianne Nyban, Melissa Terras and Edward Vanboutte, "Introduction," in Melissa Terras, Julianne Nyhan and Edward Vanhoutte, eds., *Defining Digital Humanities: A Reader*, p. 2.

的出现，不仅改变了人类劳动文化，也改变了构成人文语料库的物质和客体的问题。① 有学者指出，从本质上讲，数字人文既包括学术生活，也包括社会生活，这一事实使得对其的讨论必然远远超出技术的范畴。② 更有不少学者认为，"文化材料（cultural materials）向数字媒体（digital media）的迁移，是一个类似于文艺复兴和后文艺复兴印刷文化（post-Renaissance print culture）开花的过程"，③ 其历史重要性及对未来之意义和影响可想而知。与意味着一种计算形式的"人文计算"相比，使用"数字人文"这一术语则被认为意味着宣扬一种人文主义形式，而概念用词中强调或突出人文学科则会更容易让人文社会或文化圈所接受。④

4. 有三种被认为颇为极端的观点和两个被共同关注的主题，反映了近年来世界范围的数字人文学者自身对这一新兴领域的认知及评判状况。均于 2011 年发表的这三种观点分别是：其一，斯蒂芬·拉姆齐（Stephen Ramsay）认为，如果你不进行具体的任何操作或制作实践（应是指数字化实践），你就不是一个数字人文主义者（digital humanist）；其二，Marc Sample 认为，数字人文不是一个关于搭建或构筑（building）的学问或学科，而是一个关于共享（sharing）的学问或学科；其三，Alvarado 则认为，数字人文是一个社会范畴，而不是一个本体论范畴。共同的主题之一是，一个人是否必须掌握或运用编程技术，才能成为或算是数字人文主义者。另一个重要的共同主题，则是对"数字人文的理论缺失"的探讨。⑤

5. 关于规范性定义问题，截至目前，被英语世界的学术著述认为有关"数字人文"概念界定还不错的范本，采自互联网上开放式

---

① Anne Burdick, et al., *Digital Humanities*, MA：MIT Press, 2012, p. 3.
② Anne Burdick, et al., *Digital Humanities*, p. 77.
③ Anne Burdick, et al., *Digital Humanities*, p. 6.
④ Matthevw G. Kirschenbaum, "What Is Digital Humanities and What's It Doing in English Departments?" in Melissa Terras, Julianne Nyhan and Edward Vanhoutte, eds., *Defining Digital Humanities：A Reader*, p. 199.
⑤ Julianne Nyban, Melissa Terras and Edward Vanboutte, "Introduction," in Melissa Terras, Julianne Nyhan and Edward Vanhoutte, eds., *Defining Digital Humanities：A Reader*, p. 5.

编辑百科全书——《维基百科》（Wikipedia）。据此给出的定义为：数字人文，也被称为人文计算，是一个计算和人文学科交叉，并对其予以研究、探讨和发明或创新，以及将成果运用于教学实践的领域。它的性质是方法论的；范围是跨学科的，涉及调查、分析、综合和以电子形式呈现信息。它研究数字媒介如何影响它们被使用的学科，以及这些学科对我们的计算知识有什么贡献。[①]

至此，将以上介绍的有关数字人文的阐释片段予以概括，数字人文应属于人文学科领域计算机应用方法论及其实践过程中的技术操作理论。与信息史学之定义进行比对，同样不难看出两者的差别。当然，从人文学科这个意义上讲，历史学自当从属于该学科，并且信息史学与数字人文在方法论和实践运用操作上也有交集或交叉。但是，就目前情况看，在理论探讨（哲学意义）的深度上，前者即信息史学显然已超越后者即数字人文。为此，两者并非等同，亦不能互为替代。何以有此差别？究其根本，关键在于前者的着眼点为"信息"（information），后者仅为"数字（化）"（digital）而已。

最后，谈到数字人文自然会联想到近几年同样很热的"Digital History"这个词组，即"数字历史"，抑或国内时下普遍译成的"数字史学"（对于这一译法笔者持不同意见，但下文仍依国内当下流行的习惯，权且使用后者）。那么，"数字史学"（数字历史）与数字人文、信息史学之间又是怎样的关系呢？择要而言：其一，"数字史学"与数字人文的关系——前者实际上可以纳入后者的范畴。20世纪90年代数字人文学科发展阶段之特点，是大量关键性信息的提取及批判性编辑（上网）和存储库（数据库）建设。[②]"数字史学"正是在这样的背景下，由数字人文探索中生发出来的。从这个意义上

[①] Matthevw G. Kirschenbaum, "What Is Digital Humanities and What's It Doing in English Departments?" in Melissa Terras, Julianne Nyhan and Edward Vanhoutte, eds., *Defining Digital Humanities: A Reader*, p. 197.

[②] Johanna Drucker, "Humanistic Theory and Digital Scholarship," in Matthew K. Gold, ed., *Debates in the Digital Humanities*, Minneapolis, MN: University of Minnesota Press, 2012, p. 87.

讲,"数字史学"完全可以视作是,数字人文的理念和方法导入历史学科之后而在史学领域的应用。其二,"数字史学"与信息史学的关系——前者处于后者体系建构之理论框架中的方法论及应用实践技术理论(实践理论)的位置,从这个意义上讲,前者同样也从属于后者即信息史学。[1]

既然信息史学并非等同于近40年先后出现的那些分别冠以"digital"或"information"/"of information"/"informatics"的"humanities"(人文学科)及"history"(历史或历史学)新兴跨学科交叉领域,那么,我们当然就完全有必要专门对信息史学的立论展开更为深入的阐释。

二 信息史学的立论和建构依据

从历史学角度看,发生在20世纪并延续至今的当代社会信息化历史进程,存在着互为表里的两条重要发展轨迹。其一是外在的和物质或物理的,即从计算机到互联网,再到移动互联网的发展;其二则是内在的和思想认知或理论的,即从C. E. 申农(Claude Elwood Shannon)信息理论的提出,到信息科学的确立,再到21世纪头10年科学研究第四范式的形成。[2] 不论就第一条发展轨迹,还是第二条发展轨迹而言,申农信息理论的问世,都具有开辟新时代的里程碑意义。因为,他的信息理论开启了20世纪人类社会思维和表达的转换。这样的重大转换,不仅确立了信息和数之间的科学关系,更引发了人类对信息本质的科学思考和理论探索。正因为经历了这样的

---

[1] 关于"digital history"(数字历史/数字史学)与信息史学关系的讨论,参见王旭东《信息史学的研究概要:定义、学术史脉络和理论建构的主要内容》,陈启能主编《国际史学研究论丛》第1辑,第275—295页。

[2] 科学研究第四范式(the fourth paradigm)由计算机科学图灵奖获得者、美国计算机科学家吉姆·格雷(Jim Gray)于2007年1月11日提出,属基于e-Science的数据密集型在线+可视化+全球跨学科协同的大科学研究范式。参见Tony Hey, Stewart Tansley, and Kristin Tolle, eds., "Jim Gray on eScience: A Transformed Scientific Method," *The Fourth Paradigm: Data-Intensive Scientific Discovery*, Redmond, Washington: Microsoft Research, 2009, pp. xvii – xxxi.

思考和探索,才最终得以揭示信息的性质及其不可替代之存在价值。与此同时,亦为信息史学的立论及理论建构,奠定了客观历史演进所提供的物质基础。

(一) 20 世纪两次思维和表达的转换

以申农信息论为标志的这一次人类社会思维与表达的转换,由于建立在对信息和数之关系确立基础上的"信息计算思维",从而引发人类社会历史上迄今最为重大、意义深远的一次革命——信息革命。

信息革命促成的社会进步带来的一系列变化是惊人的,以数字来表达,留给人们的印象一定极为深刻。国际信息哲学领域的开拓者、哲学家 L. 弗洛里迪(Luciano Floridi)指出,"信息革命正在深刻地改变着世界,而且这种改变是不可逆的"。他引用一份研究报告的数据显示,2002 年度"印刷、电影、磁带和光学存储介质"共产生"约 5 艾字节(Exabyte, EB)新信息"(其中 92% 存储于以硬盘形式为主的磁介质上),"相当于 3.7 万座""美国国会图书馆的藏书量";人类的整个历史则仅需 12 艾字节便可存储起来。在弗洛里迪看来,以此为代表的普遍可见且定量化的海量数据,亦同样证实一个"数据库化的社会"(databased society)的广泛存在。故而他认为,信息社会"打造了全然一新的新实在",为今天的人们"提供了极为强大的工具和方法论手段,不可避免地会影响哲学家从事研究和思考问题的角度、路径、方式和方法",以及"观点的形成甚至所采用的词汇"。[1] 为此,正是第一次思维和表达的转换所引发的一系列历史变革,让我们这个社会的信息与数之间的关系发生了巨大

---

[1] [意]卢西亚诺·弗洛里迪主编:《计算与信息哲学导论》,刘钢主译,商务印书馆 2010 年版,第 6—8 页。1 艾字节(Exabyte, EB)约等于 10^{18} 比特(Bit),具体为 9, 223, 372, 036, 854, 780, 000 位(比特, Bit),如果用 1T 硬盘来存储,则约需 100 多万块硬盘。2011 年,《科学》杂志发布的最新研究结果显示,根据对全球总的科技能力及其增长率计算,人类社会在 2007 年已经获得 295 艾字节的信息存储容量。参见 Martin Hilbert and Priscila López, "The World's Technological Capacity to Store, Communicate, and Compute Information," *Science*, Vol. 332 (April 2011), pp. 60–65.

改变，使得人类历史的发展有了今日之走向。世界已处在一个信息时代，发达国家和大多数发展中国家的人们已完全置身于一个真实的信息社会。被卷入时代潮流中的历史学深处逐渐发生着的改变，已从学者个人的习惯和行为上悄然启始。

当代社会信息化进程中，自然科学界探讨自身与信息化的结合问题，被视为"信息转向"。根据弗洛里迪的引申表述，所谓"信息转向"之定义，是指"由信息与计算机科学和数字信息与通信技术引起的实践与概念的转换"。这种转换"正导致一场大变革"，这场变革不仅发生在自然科学领域，而且也发生在哲学等人文社会科学领域。① 从这个意义上讲，"信息转向"实际上可看作当今社会人们思维和表达的第二次转换。

国际科学界在前沿理论探索上做出的重大"信息转向"，大体发生在20世纪下半叶。20世纪50年代起至21世纪头10年，自然科学界先后涌现不少缀以"信息"词汇的交叉或分支学科，其中的突出代表是生物信息学（bioinformatics；亦称信息生物学，information biology）。② 作为新兴学科，其首要贡献是在20世纪80年代中后期触发科学家大规模的基因组研究，从而使生命科学领域于21世纪初取得人类基因组测序图谱等重大突破性成果。③

置身于社会信息化浪潮中的哲学社会科学界，也在发生历史性变化。国际哲学界早在20世纪70年代就对信息及相关问题展开思考，90年代全面提出"信息哲学研究纲领"，21世纪头5年将"信息哲学"（philosophy of information）正式确立为哲学领域的一个独立学科。④ 弗洛里迪借用哲学家埃文斯（G. Evans）的话指出，"有一个比知识更天然和更基础的概念……这个概念便是信息"。由此他认为，信息被提升为一个基本概念，它"与诸如'存在''知识''生

---

① ［意］卢西亚诺·弗洛里迪主编：《计算与信息哲学导论》，第20页。
② 生物信息学（bioinformatics）被界定为生物学与计算机科学以及应用数学等学科相互交叉所形成的一门新兴学科。
③ 孙啸、陆祖宏、谢建明：《生物信息学基础》，清华大学出版社2005年版，第7—8页。
④ 刘钢：《信息哲学的发展脉络》，《科研信息化技术与应用》2012年第4期。

命''智能''意义'或'善与恶'同等重要",具有对其展开独立研究的价值和意义。在弗洛里迪看来,信息哲学大有希望成为"我们这个时代最具激动和最富有成果的哲学研究领域","它将影响到我们处理新老哲学问题的整个方式,引起哲学体系的实质性创新"。这标志着哲学发生了"信息转向"。[①] 类似这样的转向,无疑也在其他人文社会科学领域出现。

(二) 历史学的思维和表达的转换

统观历史学在20世纪下半叶的历程,不难发现它也在发生着突破传统束缚而实现自身思维和表达的转换。总体上看,这种转换是同历史学界关注且参与社会信息化进程、不断尝试凭借信息化应用技术的发展来努力追寻自身现代化的行为联系在一起的。

在中国,历史学从业者自20世纪80年代起开始尝试解决书写工具的现代化问题,由此形成当代历史学发展的"换笔阶段",即以计算机替换书写效率低下的传统用笔。当然西方仅是用计算机键盘替换掉传统打字机,还称不上"换笔革命",但计算机的信息综合处理能力和效率是传统打字机无法比拟的。所以,同样有着"换笔效应(工具进化)"。为此这个阶段中历史学家个体普遍发生的"换笔革命",完全可以视作历史学的"计算机化转向"(computerized turn,亦有人简译为"计算机转向")。如此转向的直接结果,便是让历史学家不仅达到"手的延伸"之目的,更要实现"大脑(脑力)的拓展"。进入90年代,历史学界又与图书馆界联手合作,共同尝试将历史研究资料数字化,建成便于使用的数据库。这种变化可以看作历史学"数字化转向"(digital turn,亦有人简译为"数字转向")的起始阶段。也是在90年代,美国历史学界还率先出现通过互联网发表或网络出版历史研究资料及研究成果的现象,专门服务于历史学的网络学术期刊和网络资料库等陆续问世。对于这样的变化和之后21世纪头10年里的发展,我们将其表述为"网络化/自

---

① [意]卢西亚诺·弗洛里迪主编:《计算与信息哲学导论》,第42—44页。

媒体化转向"（internetize / wemedia turn）。21世纪初，历史学领域从"计算机化转向"到"数字化转向"，再到"网络化/自媒体化转向"的探索和实践，已引发历史学界新的理论思考。这样的思考建立在哲学及其他学科领域已有变化的基础上，是对当今信息时代所发生重大社会变革做出的积极响应。

严格意义上讲，历史学的"计算机化转向"，探讨和解决的仅是工具或手段的现代化问题。而历史学的"数字化转向"，却将探讨和解决问题的重点从工具转到内容，并涵盖两个方面：其一是内容存在形式的现代化；其二是内容承载方式的现代化。内容存在形式的现代化，指的是历史学研究对象和成果，由传统的纸质文本转向以"0"和"1"数码编排组合构成的数字化文本。内容承载方式的现代化，指的是以"0"和"1"再外加计算机网络所构成的载体——存储载体和流通载体。究其本质，就是用数——0和1这样的二进制组合，替代天然物质形成的介质。这是人类真正意义上最了不起的创新革命之一！这种改变及改变所成就的客观现实的存在，自然要引发对历史学本身做出突破原有局限的进一步理论思考。思考究竟是什么在历史学背后对其内容起着支撑作用。换个角度提问，0和1之间以编码方式——"排列组合"之数学计算，所表达的是些什么？答案用一个词便可表述，即"信息"（information）。从信息的角度来重新认知历史；以信息化应用技术和手段提供的表达方式或方法用于历史内容的表述，据此建构一个全新的历史学阐释学体系，也就形成"历史学的信息转向"。信息转向，为古老的历史学和先进的信息科学之间的融合，提供了理论贴合面和可供实际操作的通道。

将"信息"的科学概念和信息科学的理论及技术手段引入历史学，显然需要通过如下四个方面的转换来加以实现：第一，视角的转换，即用信息的视角来看待历史；第二，观念的转换，即用信息的观念来标识历史；第三，认知的转换，即用信息的认知来理解历史；第四，理论的转换，即用信息理论和方法论来诠释或表达历史。须在此强调的是，并非要用这四个转换来替代历史记载或书写的内容，而是要从史学理论层面重新审视或探究"历史到底是什么"这样似曾解决的命题。从"信息"的角度重新解答这一命题，有助于让古老的历史学同最先进的信息科学相结合，从而在历史学"数字化转向"的基础上实现历史学的"信息转向"，使之真正实现与时代发展同步的自身现代化。

从上述四个方面的转换着手，以"信息"这一概念为基本出发点重新审视历史学，我们会发现如图1所示的一个全新的历史学理论体系架构和阐释系统。

首先，把"历史实在""历史文本"和"历史学家"三者联系在一起的唯一纽带，显然只能是"信息"。因为，历史学家只能通过历史文本（不论文献还是遗物或考古遗迹）来感知或领悟历史实在。图1右下方的三角结构，表达的正是三者之间的这种信息关系。

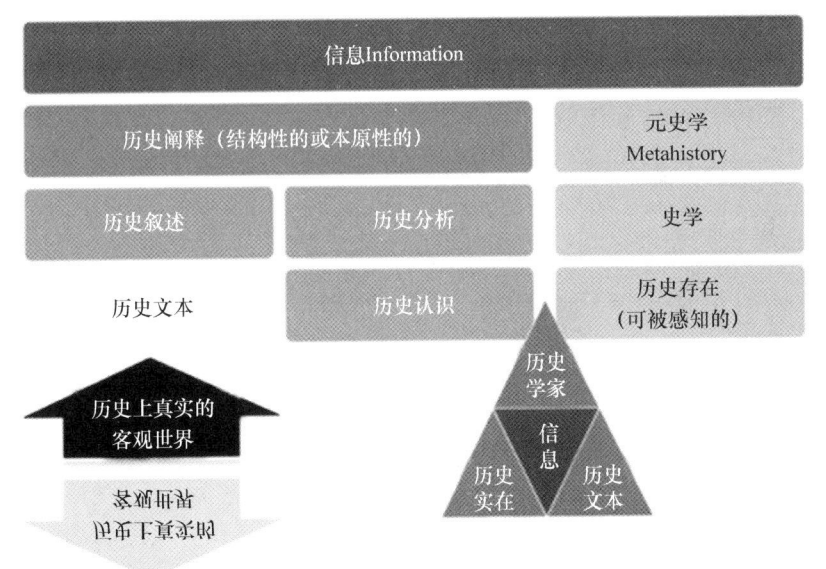

图1 引发历史学新变革的第二次思维和表达的转换

其次，历史上真实的客观世界对于后人而言，如同一个黑箱，里面究竟发生过什么、有怎样的过程，都无法直接知晓，唯有凭借或是通过留存下来的信息（历史文献、遗物、考古遗迹），才能间接地有所了解。历史学家是如何了解的？换言之，历史学的认知结构或体系框架会是怎样的？在图1的方块结构图里，起自左下角而向右上方的逐级抽象的关系中，我们能够看出层级架构相互之间存在着如下关联：

1. "历史文本"是历史学或历史研究的基本出发点，性质属于历史学家与"历史上真实的客观世界"之间的边界贴合面。"历史上真实的客观世界"可以视之为黑色的，因为我们无法直接从中获取信息。但"历史文本"较之前者则可以视其为灰色的，能够从中采集到直接来自于前者的一定数量的信息。对于历史学家而言，"历史上真实的客观世界"是他想要探知或了解的终极对象，而"历史文本"则是他可以直接接触到的研究对象。

2. 为了解读"历史文本"的信息并将其表达出来，历史学形成"历史叙述""历史分析"和"历史认识"。"历史叙述""历史认识"与"历史文本"有直接联系，而"历史分析"则是附着于叙述和认识之间的信息处理过程，同"历史文本"发生关系属间接关系。该层级或环节的要素、内容，构成历史学的主体，亦是常人所理解的历史学，同时亦是千百年来传统历史学的基本架构。在传统历史学中，"历史分析"这一部分即分析过程基本上仅存在于史家的脑海里，而付诸文字的主要是"历史叙述"和"历史认识"两个部分。例如，司马迁撰《史记》，正文主体为"历史叙述"，而他的"历史认识"以"太史公曰"的方式列于篇尾。修昔底德著《伯罗奔尼撒战争史》，他的"历史认识"则以夹叙夹议的方式列于"历史叙述"的行文中。"历史分析"的过程由大脑中走出来落在纸上而成为历史著述的主体内容，则是20世纪以来的事情。正因为有这样的变化，"叙述的历史学"才得以转变为现在我们常可以见到的"分析的历史学"。

3. 接下来的情况（结构层级或关系）变得复杂起来。其一，让我们先看一下图1列出的第一个纵向层级关系，即"历史文本"→"历史叙述"→"历史阐释"。这种最为基本也是最为传统的历史学思维或表达方式，目的是上升到阐释学意义上的境界，期待以此实现对历史真实的所谓"真切"诠释。在这一传统历史学模式中，"历史文本"直接处于逻辑结构的起点，拥有基础性或根本性的最重要的地位。其二，再看图 1 列出的第二个纵向层级关系，即"历史认识"→"历史分析"→"历史阐释"。这是完全不同于传统历史学的新模式。在这一模式中，"历史认识"成为逻辑结构的起点，而传统史学强调的"历史文本"在这里并不是最重要的（当然并不是将其排斥于历史学之外，而是以关联方式存在着），由此我们不禁想起柯林伍德那句"一切历史都是思想史"的著名论断。[1] 不错，这就是以柯林伍德为代表的 20 世纪的分析历史哲学模式，同时也是"分析性的历史学"的模式。其三，将视线转到横向关系并自下往上："历史文本"通过"历史认识"，可以成为能被感知的"历史存在"，这就是历史文献和历史遗迹被认知的一个过程；"历史叙述"加上"历史分析"，也就构成最基本的"史学"；而结构性的和本原性的"历史阐释"，则构成"元史学"，这里的元史学并非局限于海登·怀特编纂学意义上的概念，而是史学理论意义上的概念。纵向层级关系中的"历史存在"→"史学"→"元史学"，可以清楚地揭示出"元史学"的含义及位置。其四，图 1 所示左下角至右上角的对角线关系，即"历史文本"→"历史分析"→"元史学"，同样揭示了"元史学"的含义和位置。这样一种逻辑关系，倒是体现了海登·怀特的本意。其五，我们将历史学诸要素及层级逻辑关系作逐级抽象，一直抽象到历史或历史学最本原的地方，那会是什么呢？很显然，正如图 1 的结构模型所标示的那样——位于层级最上端的唯有"信息"。前面我们说过，离开了信息，也就无所谓历史和历史学。历史之所以是历史，是因为信息的作用；历史学之所以是历史学，也是因为信息的作用。历史研究倘若除掉同"历史"二字个性化相关的所有形容词和限定词，余下的也就是信息处理过程了。

---

[1] ［英］柯林伍德：《历史的观念》，何兆武、张文杰译，商务印书馆 1997 年版，第 303 页。

所以，厘清和正确认识历史学与信息之间的关系，应当是历史学的第二次思维和表达的转换。这种转换，有助于建立历史学同信息科学及信息化应用技术科学之间的沟通和跨学科融合。如此的沟通和融合，对 21 世纪信息时代推动历史学的"信息转向"，并通过"信息转向"达到该学科进一步现代化的目的，无疑具有重要意义。

（三）基于"信息"的史学新认知依据

提出和建构 21 世纪的新史学——信息史学，并非只是基于以上关于历史学要素层级之间逻辑结构的分析，同时还具有源自现实的科学探索实践所构成的新认知依据。

依据之一：现实世界是由信息构成的。既然自然科学通过长期深入研究已经确定，信息是物质的；[1] 或进一步表述，信息是物质的第三（或曰"X"——因为极有可能随未来进一步发现而改变）属性，信息就是物质的某种存在形式或方式；[2] 或者按照另一种更为彻底的观点，宇宙就是由物质、能量和信息构成的。[3] 那么，我们就完全能够由此导出这样一个结论，即：信息不仅是维系现实世界的纽带，更是现实世界的基本构成要素。如果我们跳出传统观念或知识体系的框框，重新以"信息"理念认知来审视整个地球变迁的沿革历程，便会发现生物界的演进离不开信息的存在与传递。这样的结论也是被自然科学的研究进展所证实了的。生物系统不论简单还是复杂，个体内部以及个体之间存在的相互作用，表明其具有信息处

---

[1] César Hidalgo, *Why Information Grows: The Evolution of Order, from Atoms to Economies*, New York: Basic Books, 2015, p. 14.

[2] 自然科学领域多数学者所持的观点认为，信息依附于物质而存在。参见 Paul Davies and Niels Henrik Gregersen, *Information and the Nature of Reality: From Physics to Metaphysics*, Cambridge: Cambridge University Press, 2010, p. 6.

[3] César Hidalgo, *Why Information Grows: The Evolution of Order, from Atoms to Economies*, p. IX. 还有观点认为，信息是独立于物质之外且又不同于精神、能量、场而存在的宇宙另一种要素，参见徐光宪《关于化学信息学的探索与思考》，《中国科学 B 辑：化学》2007 年第 1 期。对于这类观点笔者并不完全同意，因为，信息唯有同生命体发生作用，被生命体所感知，或是存在/记录于生命体之中，才能称之为信息，否则，其仅是物质客观具有的某一种未被人类冠名的态或属性而已。

理功能，正是这种功能，让生物系统得以不断产生并维系。① 自然界生物系统的这一属性同样延伸至人类社会。事实上，对于人类社会的存在和发展，信息的这样一种不可替代的作用更为突出。信息在人类社会延续上发挥着两方面的作用，其一是生物学意义上的，即人体内的 DNA——遗传基因编码，保持着人类这一物种的群体和个体的繁衍，并决定着人的血缘族氏家宗的特性承袭；其二是社会学意义上的，从口头语言到形体语言，再到书面语言、通讯语言、计算机语言……不论是自然语言还是人工语言，承载和传递的信息既维系着人际交往又维系着社会秩序和社会运转。

依据之二：历史学的本原是信息。具体到历史学，信息的作用更是一种无以替代的客观存在。在历史学中，信息可以区分为"主动记载"和"被动遗存"两大类。所谓"主动记载"类是指，人们出于某种目的而有意识地，以符号（如文字等）或声音（口耳相传、录音等）、图像（绘画、雕塑、摄影、录像等）等方式记录下来的信息。对于历史学而言，则是历史学家出于记录、陈述、描写、还原、再现某个历史之目的而有意识地书写的历史或历史学著作，或通过近现代工业化及信息化手段制作的其他类型历史作品（如历史影片、数字化多媒体历史作品等）。所谓"被动遗存"类则是指，历史上的人们留存下的生活遗迹，或生活物品（从日常生活必需品到精神消费品）、非用于历史书写目的之档案文献资料等。遗迹多数通过考古发掘来获得。生活物品则亦有通过一代代收藏或保管而存留给后世的。不论"主动记载"还是"被动遗存"，一个显而易见的事实是，如果没有信息的作用，历史便失去了赖以存在的根本，历史也就无所谓历史而灰飞烟灭。

依据之三：用信息科学视角看，历史认知或研究过程本身就是一个完整的信息处理过程。前面已经就历史与信息的关系作了明确分析或阐释，如果再从信息科学的角度具体审视历史认知过程和研

---

① ［美］T. F. 马隆、J. G. 罗德尔主编：《全球变化》，曹可珍等译，地震出版社 1990 年版，第 4 页。

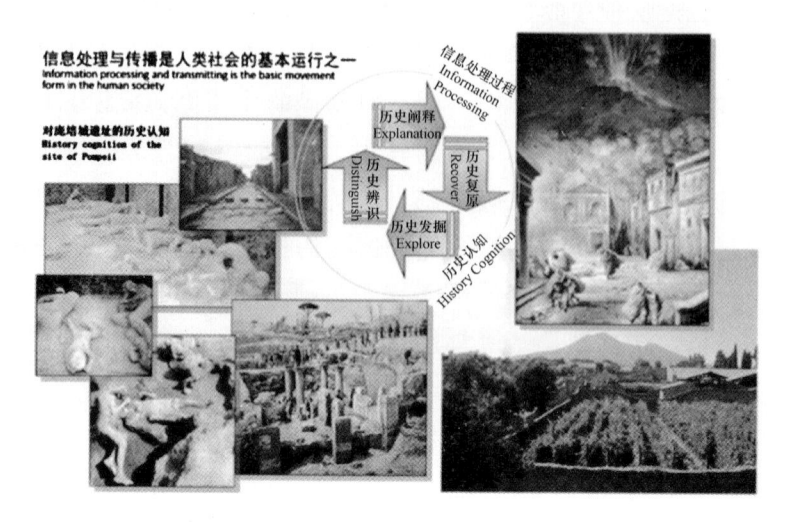

图2 历史认知/研究的过程是一个完整的信息处理过程

究过程,则能进一步发现这样的过程本质上恰是一个完整的信息处理过程。如图2所示,以庞培遗址的考古发现为例:(1)考古发现的过程基本可概括为四个阶段:"考古发掘"→"考古辨识"→"考古阐释"→"考古复原"。(2)对这一过程予以抽象,即将其中的"考古"二字替换成"历史",便可得出历史认知或研究的过程:"历史发掘"(收集史料)→"历史辨识"(分析史料)→"历史阐释"(解释史料)→"历史复原"(根据对史料的认知著述历史)。(3)再做进一步抽象,即将"历史"一词替换成"信息",使之成为"信息发掘"→"信息辨识"→"信息阐释"→"信息复原",由此会发现历史认知/研究过程的实质,恰恰是信息科学意义上典型的一个完整的信息处理过程。

既然已经揭示了历史的本原就是信息,历史的认知/研究过程本身就是一个完整的信息处理过程,那么,我们也就为历史学与信息科学的"无缝对接"找到了一个至关重要的关键词——"信息"。正是"信息"这个关键词,成为历史学同信息科学或信息化应用技术科学实现原本截然不同的话语体系之间的沟通、交汇或交融的衔接点或贴合面。有了这样的衔接点或贴合面,就为我们将信息化应用技术科学导入历史学领域并据此改造史学认知方式和表达方式，提供了依据。

三 信息史学的实践及有效性验证

信息科学、信息化应用技术科学引入古老的历史学，探讨如何凭借信息化实现其自身现代化，并为此构建信息史学的理论和方法论体系，不仅要解决具体应用或操作环节上的某些技术性问题，更是希望能够达到"整体＋综合＋动态＋可视化"的历史研究新境界。作为信息史学的实践理论之一——"数字世界史"（Digital World History，DWH）的提出，便是具体应用上的实践尝试。

（一）整体、综合的数字世界史理论模型和四维时空表达法

关于数字世界史之理论建构的系统阐释和论证，笔者已有专文刊发，[1] 兹不赘述。这里仅给出如图3所示的"数字世界史系统模型"（Model of Digital World History System，MDWHS）[2]，以便就以往未尽的理论思考作进一步论述。

由图3可以看到，数字世界史系统模型（MDWHS）的主要特点反映在三部分。其一，数据源。通过数据库系统自身具有的全球性质的开放式网络接口，对大数据实施采集，以此实现全球范围内跨学科基础数据资源的调用。其二，系统的主体——数字地球。[3] 所谓"数字地球"（Digital Earth），是"对真实地球及其相关现象统一的

---

[1] Xudong Wang, "A Theoretical Modeling of Digital World History: Premises, Paradigm and Scientific Data Strategy," Data Science Journal, Vol. 6, Supplement (13 October, 2007), pp. S698 - S714. 王旭东:《数字世界史：基于e-Science的历史学整体研究理论及环境建构》，《科研信息化技术与应用》2010年第2期。

[2] Xudong Wang, "A Theoretical Modeling of Digital World History: Premises, Paradigm and Scientific Data Strategy".

[3] 数字地球（Digital Earth）概念及基本内涵最早由美国前副总统艾尔·戈尔于1998年1月31日在加利福尼亚科学中心发表题为《数字地球：展望21世纪我们这颗星球》演讲时提出，参见 Al Gore, The Digital Earth: Understanding Our Planet in the 21st Century, Digital Earth, http://www.digitalearth.gov/，2006年6月23日；再次访问及有效下载网址 http://portal.opengeospatial.org/files/? artifact_id=6210, 2015年11月13日。

图3 引入信息化应用科学的方法论：数字世界史模型

数字化重现和认识"，"核心思想是用数字化的手段来处理整个地球的自然和社会活动诸方面的问题，最大限度地利用"数字化的各种信息"资源"，从而使人们"能够通过一定方式方便地获得他们想要了解的有关地球的信息"，主要特点是"嵌入海量地理数据"，实现对地球的"多分辨率、三维描述"。① 数字地球是本系统运行的主体平台，除了具有对各类基础数据提供选择性叠加或呈现等基本功能外，同时还应能提供数据科学计算（空间计算）、时间轴动态选择和可视化建模（2D+3D）等一系列高级编程或运行的功能。其三，叠加在数字地球之上的"世界历史时空架构（WHTSs）信息处理覆盖层"，且其表达方式为"可视化＋可动态"的。这三个部分组合成为一体，便是用于对人类社会历史发展实现总体、综合研究的"新世界史 e-Science"，即集成了大数据、云计算和可视化技术的

---

① 李德仁等：《地球空间信息学与数字地球》，《地球科学进展》1999年第6期。

"世界历史学科研信息化基础设施的理论体系及应用系统"（英文表述可以考虑有两种写法，e-World History Science，缩写 eWHS；或 e-Science for World History，缩写 eSWH）。

就信息史学而言，专门提出"数字世界史"概念，以此进行理论探索和实践上的操作性检验，主要目的之一，就是要尝试将历史学家研究世界历史的思考过程及结论，由传统的"自然语言"表达方式（单纯的文字书写），转换成为一种"多维动态可视化"新表达（基于信息化应用技术科学的交互功能，在时间和空间两个方向均可自主调节）。这样一种全新表达方式的实现，涉及一个重要环节，即自然语言中的描述性历史要素，与虚拟现实（VR）情境之交互界面的数字化对接。具体地说，也就是对历史文献或历史学家著述中以自然语言表达出来的内容，进行关键性要点的抽取并加以数字化动态时空区位的标引。当然，若想很好地解决这一难题，必须首先在原理层面给出基础理论方面的科学依据，然后由此形成某些切实可行的方法论。对此，笔者采取的做法是引入理论物理学中的相对论。具体运用上，则涉及相对论的"四维时空"理论[1]表述，"事件视界"（Event Horizon）[2] 中过去/现在/未来的表述，[3] 以及四维时空坐标定位的标注/表达方法[4]等，如图4、图5（见下页）所示。

从图4可见，位于该图右上角的光锥（light cone）是相对论对空间、时间和事件点这三者之间某种关系的理论表达。[5] 这样科学性质的表达，应该说已大体直观地（可视化地）描述或揭示出过去、

---

[1] 爱因斯坦：《爱因斯坦文集》（增补本）第1卷，许良英等编译，商务印书馆2009年版，第28—29、43—44、51—52、249、366—378、384、742页。

[2] 事件视界，英文为 Event Horizon，最初由广义相对论阐述提出，后经演绎/提炼/抽象，形成了目前的定义：（1）指一个正好能够观察到某事件的那个时空界面；（2）具体指黑洞的边界。

[3] 史蒂芬·霍金：《时间简史——从大爆炸到黑洞》，许明贤、吴忠超译，湖南科学技术出版社1995年版，第34、86、88、97页。

[4] 爱因斯坦：《相对论的基本思想和问题》，《爱因斯坦文集》（增补本）第1卷，第276页。

[5] 爱因斯坦在1949年曾提出有关"光锥"的基本设问并配画了草图，以及规范了四维时空坐标定位的标注/表达方法。参见爱因斯坦《对批评的回答》，《爱因斯坦文集（增补本）》第1卷，第646页。

现在、未来这三个四维时空，与事件及事件视界之间的关系。以此为凭，我们便可构建出一种能够适用于数字世界史研究的"四维时空坐标体系表达法"，即该图主体区域所呈现的"动态历史时空"（Dynamic Space-Time of History）系统。这样的动态历史时空系统，是以坐标化方式对历史事件的点和过程作出某种表达或描述的。对历史事件时空进行定位，恰恰为更好实现信息化应用技术层面上的可操作性标引，提供了相应的理论支撑和解决方案。

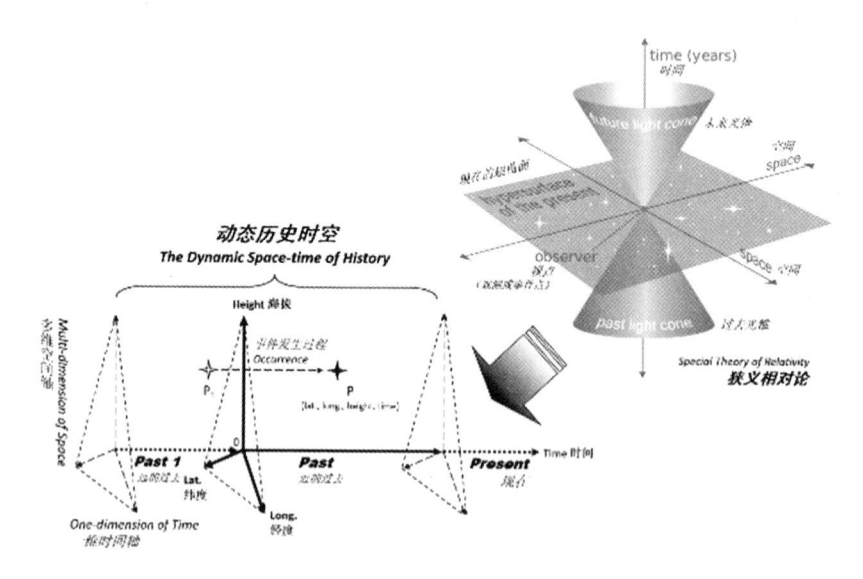

图4　数字世界史系统建构的理论/方法论依据：相对论光锥理论、四维时空的坐标表达法和动态历史时空

图4呈现的坐标体系蕴含的主要内容有：（1）坐标系由"多维空间轴"（muti-dimension of space）和"一维时间轴"（one-dimension of time）构成，其中的多维空间轴对应地球上的实体空间，分别设定成"纬度""经度"和"海拔"；而一维时间轴则根据时间箭头的方向性，自左至右形成一条由"远的过去"（past 1）、"近的过去"（past）和"现在"（present）相连而成的从过去到现在、再延伸至未来的时间轴线。（2）存在于过去（past）的历史事件点"P"，是

由较之更远一些过去（past 1）的某个点"P₁"发端，而后再经历了事件过程（occurrence）的演进才最终形成或抵达的。借用爱因斯坦的表达法，① 这里的历史事件点"P"在多维动态时空坐标系中的定位——坐标值，可以标注为"P（lat., long., height, time）"，即括弧内的四个值分别为纬度、经度、海拔和时间。对于以如此的四个值来标注或表达四维时空中一个点的方法，美国杰出应用数学家、数学哲学家和数学史学家莫里斯·克莱因（Morris Kline）亦曾指出："四维几何的概念，实际上在研究物理现象时非常有用。有一种观点，从这种观点出发，物理世界能够被认为是，而且应该被认为是四维的。任何事件都在一定的地点和一定的时间发生。为了描述这个事件与其他事件的区别，我们就应该给出该事件发生的地点和时间。它在空间中的位置能够由3个数来表示，也就是它在三维坐标系中的坐标，该事件发生的时间则能由第四个数来表示。x、y、z 和 t 4个数，不能再少了，这样才能准确无误地表示事件。这4个数，就是四维时—空世界中的一个点的坐标。""人们把关于事件的世界想象为一个四维世界，而且按照这种方式研究物理事件。""连续变动的位置，也可以描述为是四维世界中的一些点的点集……"②

既然在真实世界里，地球上的人类社会发展进程中所发生、出现或存在过的任何历史事件都有着特定时间和地点，那么，我们就完全可以赋予历史事件以相应的时空坐标值，从而使之实现在具体时空坐标点上的定位标注。以古代雅典卫城这一时空坐标点所发生的历史事实为例，运用图4"动态历史时空"的表达原理，便可转换成图5所示对实际发生过的历史事件做出具体标注。从图5能够看到，雅典卫城的空间三维坐标可以具体标做北纬37度58分、东

---

① 爱因斯坦在《广义相对论的基础》中写道："我们以这样的方式给世界配上四个时间空间变量 x_1, x_2, x_3, x_4，使得每一个点事件都有一组变量 x_1, …, x_4 的值同它对应。""设 x_1, x_2, x_3 是空间坐标；x_4 是用适当的标度量得的所属时间坐标。"[《爱因斯坦文集》（增补本）第2卷，第339—340页]

② 莫里斯·克莱因：《西方文化中的数学》，张祖贵译，商务印书馆2013年版，第229页。

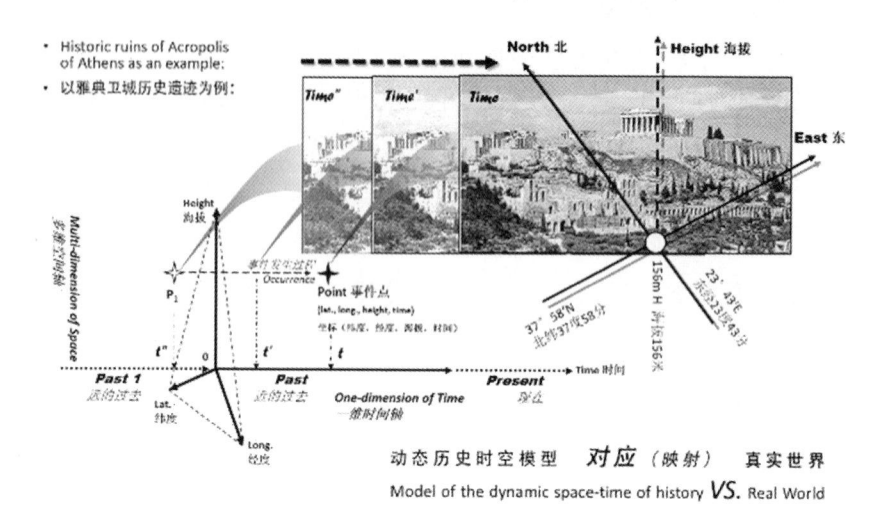

图 5　数字世界史系统建构的理论/方法论依据：以雅典卫城为例的
历史事件过程定位之四维时空坐标表达

经 23 度 43 分、海拔 156 米。而在这一空间位置上发生的历史事件，其事件过程 P1→P 若反映在时间一维上，便会存在着 Time″→Time′→Time 这样的演进。倘若再设：事件起始点 P1 的时间为 t''；事件终结点 P 的时间为 t。据此而对应地标注到四维时空坐标系统上，则：事件起始点和终结点的坐标值便分别为，P1（37°58′N，23°43′E，156m H，t''）和 P（37°58′N，23°43′E，156m H，t）。显然，通过这样的定位标注方法，原本只能用自然语言进行一维表达的历史事件过程，便可以转换成为具有时间轴上多帧"空间横断切片"样式的动态的多维时空表达了。

总之，采取这种基于四维时空坐标系的"动态历史时空定位标注原理"，我们就可以凭借已有的信息化应用技术提供的软硬件工具，将其运用到基于 DE + GIS 软件平台所构建的数字世界史系统中，使之服务于具有"总体 + 综合 + 动态 + 可视化（虚拟现实）"等全新表达范式特点的历史研究。

（二）数字世界史理论的实际应用：GE 平台上的综合性历史研究案例

不论是信息史学的理论认知、体系建构和方法论原则，还是更为具体的数字世界史的研究理论和四维时空表达法，均离不了实践的检验，即通过某些可操作性的实验来获得有效性验证。

1. 可用于历史研究虚拟实验的大数据综合调用及可视化合成的 GE 平台

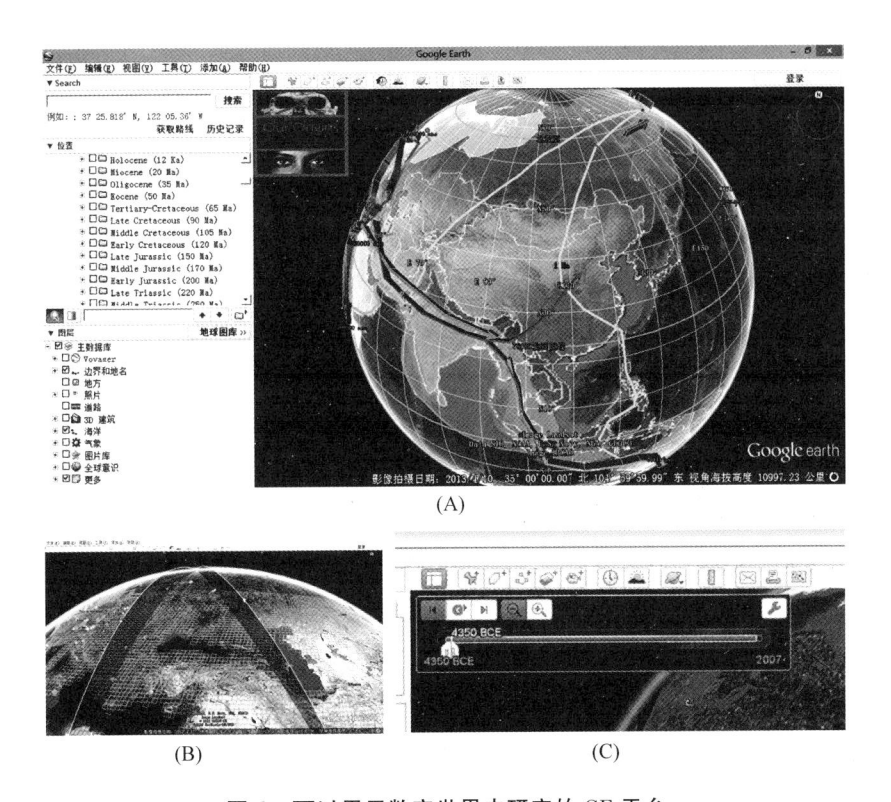

图 6 可以用于数字世界史研究的 GE 平台

主窗口显示的叠加数据层来源：（1）Ludovic DELORME，http：//www.hominides.com；（2）OUR ORIGINS，http：//www.wwnorton.com；（3）Rolf Gross，The Migrations of H. Sapiens，http：//rolfgross.dreamhosters.com/CavePainting/Migrations/Migrations.html.

尽管在严格意义上讲，现实中人类社会的历史过程无法百分之百地还原重演，但由于社会信息化发展到今天的水平，我们还是可以凭借信息化应用技术搭建起一个"虚拟历史实验室",以此虚拟出历史过程来验证我们的某些理论和观点。笔者注意到美国谷歌公司自 2005 年起公开发布的谷歌地球(Google Earth, GE)系统,基本符合数字世界史对数字地球的要求,可以用做我们的虚拟历史实验室。

图 6 是笔者为进行信息史学之"数字世界史"实验选用的 GE 平台的 PC 桌面版客户端的用户界面截图。图 6 (A) 中,右边为主窗口,现在看到的是早期人类起源及迁徙概况的可视化呈现,由不同来源的三组数据层叠加而成;左下是谷歌免费提供的基础信息、数据资源的主数据库内容窗口,选择相应的基础数据层,便可将其覆盖到主窗口中的数字地球上,实现数据的叠加;左上是用户"我的地点"数据库内容,对其实施选择操作,用户自建的数据层同样可以叠加到主窗口中的数字地球上。当前截图显示的内容是,地球演变史即"地球史的全球古地理观察:从前寒武纪晚期到最近时期"(Global Paleogeographic Views of Earth History-Late Precambrian to Recent)的数据层。[①] 图 6 (B),则是 GE 平台提供给用户进行可视化互动操作的大数据化的地球。此外,GE 平台还提供了一个对于历史研究而言很重要的功能——时间轴,如图 6 (C) 所示。通过数据层的编程来实现对时间轴的调用,便能让主窗口中的数字地球可视化地动态展现出不同时间节点上历史空间里的事件过程,以及该过程所处环境的差异性变化。

2. 研究案例:蒙古人西征路线历史数据 + 黑死病暴发流行历史数据 + 地球环境大数据 = 疾病史研究的新视角和新发现

接下来列举的案例,是一个以信息化手段,通过叠加处理三组数据(两组长时段历史文献数据,一组超长时段里形成的地理环境数据)获得的可视化大综合结果,对这一结果进行交互式操作,最

[①] 数据层源于 Ron Blakey, Global Paleogeographic Views of Earth History -Late Precambrian to Recent, Dr. Ron Blakey's Web Site, http://jan.ucc.nau.edu/~rcb7/RCB.html, 2015 年 11 月 15 日。

终形成的则是三组数据之间历史相关性的探讨，如图7所示。

在现代西方历史学领域，中世纪史上的蒙古人西征属于20世纪下半叶全球史兴起后重新热起来的一个传统研究课题；同样，中世纪史上的黑死病也可谓20世纪最后20年因疾病史的兴起而再度热起来的传统研究课题。已有的疾病史研究成果普遍认为，两者之间的相关性，主要或集中表现在因果相关上。具体而言，一种较为普遍或正统的观点认为，蒙古人半个多世纪的西征开通了欧亚大陆北部（北纬45°—55°之间）东西方贸易大通道，并于1346年攻打一个位于克里米亚半岛名叫卡法（Caffa 或 Kaffa，今称费奥多西亚，Feodosiya 或 Theodosia）的重要贸易中转站点城市，这是导致14世纪黑死病暴发并在欧洲大流行的直接甚至根本原因。例如，威廉·麦克尼尔在1976年出版的《瘟疫与人》中就明确提出这种观点。[1] 事实上，早在1893年便有一位名叫弗朗西斯·加斯奎特（Francis A. Gasquet，1846–1929）的黑死病研究者已经这样看问题了。[2] 以美国另一位生态环境史研究见长的历史学家肯尼思·基普尔（Kenneth F. Kiple）为主编，聚集了各国知名专家学者执笔，并由颇具学术声誉的剑桥大学出版社于1993年首版的《剑桥世界人类疾病史》，更是沿用了这样的认知。[3]

如某些研究者指出的，形成这种观点或认知的最主要依据是一份史料，即生活在14世纪的意大利商人加布里埃莱·德·穆西（Gabriele de'Mussi）用拉丁文撰写的一本回忆录。该回忆录中，穆西记述了蒙古人攻打卡法城时散布瘟疫的情景。[4] 然而，仅凭这份

---

[1] William H. McNeill, *Plagues and Peoples*, Garden City, N. Y.: Anchor Books Press 1976, p. 147.

[2] Francis Aidan Gasquet, *The Great Pestilence* (A. D. 1348–9): *Now Commonly Known as the Black Death*, London: S. Marshall, Hamilton, Kent, 1893, p. 4.

[3] Kenneth F. Kiple, ed., *The Cambridge World History of Human Disease*, New York: Cambridge University Press 1993, p. 276.

[4] Francis Aidan Gasquet, *The Great Pestilence* (A. D. 1348–9): *Now Commonly Known as the Black Death*, p. 4; Mark Wheelis, "Biological Warfare at the 1346 Siege of Caffa," *Emerging Infectious Diseases*, vol. 8, no. 9 (September 2002), p. 971.

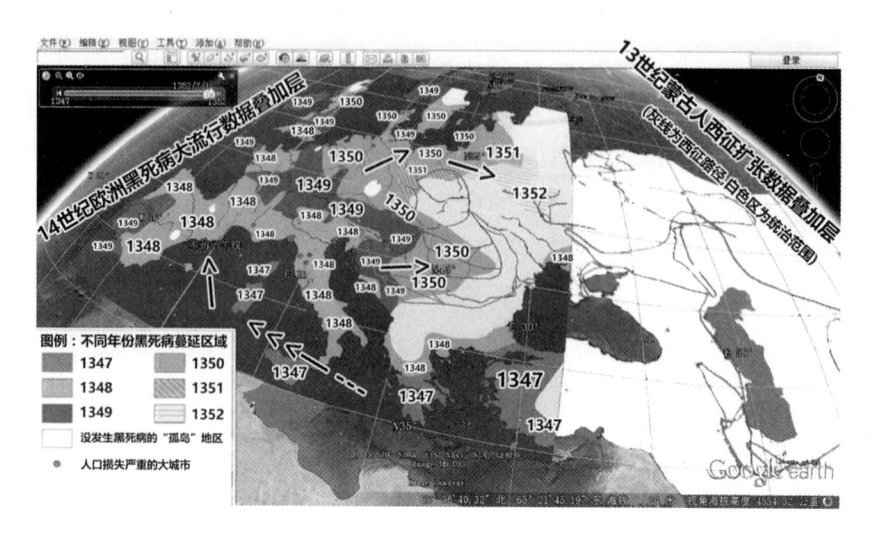

图 7　用于黑死病蔓延与蒙古人西征之相关性研究的数字世界史系统 GE 平台的可视化互动界面

数据层来源：（1）蒙古人西征 http://www.drivehq.com/folder/p9765544/031720963.aspx；（2）黑死病蔓延：历史地图版权：Facts On File. Inc.，2002；KMZ 文件：http://ibdphistory-medieval.wikispaces.com，2014 年 9 月 8 日；（3）数字地球的地理环境基础数据：Google Earth 2015.

个人回忆录性质的史料所载，便将影响巨大且深远的两个重要历史事件予以必然的因果关联，且由此推导或演绎出上述的结论，是否会造成"一叶障目"，由此遮掩了客观事实而阻碍人们去做进一步探究呢？显而易见，仅限于纸质文献或其他物理介质如考古遗址遗物等传统意义上的单一史料（孤证），以及史料的传统运用方式或手段，要想对上述问题有所破解，只能期待着史料方面的新发现了。幸运的是，信息时代的科学研究第四范式的兴起，为破解上述困境展现了完全不同的前景。图 7 所示的依照数字世界史理论和方法建立起来的大数据+可视化之交互性的研究平台，能够就上述问题实现单一史料难以达到的某种跨学科视野上的突破，进而让我们有新发现。

从图 7 可见，第一组数据层，即由 GE 自带的来自卫星观测的全球地理数据，属于基础性质的。运用这组数据，我们可以重构一个可视化的虚拟现实（VR）的数字地球。① 这样的数字地球，为研究的展开提供了历史事件赖以发生或存在的空间舞台即地理环境。这个地理环境有自然的，亦有人文的，既包括了地球表面远及逾千万年、近至数百余年来大自然变迁形成的海洋陆地、山川平原、河渠流壑，又包括了人类社会历史发展的一些人为成就，如人口聚落点——城镇乡村、集市码头，人口流动线——商贸交通、旅行道路和航线；此外，还有用现代科技手段获取或累积的历史气象变化态势和野生动植物分布态势这两方面的资料数据，也使得自然的和人文的地理环境的变迁因素进一步地丰富起来而更呈现动态化。

  第二组是应用性质的，即依据历史文献建立起来的13世纪蒙古人西征路线及统治区域概况数据层，② 位于图7的右半部分。该数据层中的两种颜色不同的曲线，分别表示不同时期的征战线路；色块覆盖区域则表示统治范围。这样的应用数据层，由研究者以用户的身份自行编制叠加而成，可供用户在四维时空的时间轴上操作移动，从而按时间顺序形成若干个历史时空横断面切片（犹如生物学上的生理切片）。该数据层的交互操作，让历史的"瞬间"横断面切片在计算机显示屏上依次呈现，为我们组合出13世纪20—70年代，逾半个世纪时间里蒙古人西征历史的动态发展图景：蒙古人以骁勇善战的骑兵大军为先导，从欧亚大陆东部的干旱地区奔向西方——依此向里海地区、向黑海北岸区域及濒海传统贸易商栈地区、向中亚传统贸易路线区域等挺进，继之而来的则自然是其号令所及区域也在不断地拓展。基于这种宏观态势架构，凭借第一手的文献史料中的细节记载和第二手的史学家阶段性研究成果，不难勾勒甚至想象出进一步的微观历史图景。例如，被纳入蒙古汗国统治范围的那

---

  ① 谷歌地球自带的基础数据"图层"和"地球图库"，提供了由谷歌公司和其他机构共同创建的叠加层信息/数据（如地理数据、气象数据、社会数据、卫星影像数据、世界各国基础数据、国际组织数据，以及个人提交的共享数据包括文字和图片等），运用这些信息和数据，便可构建一个基于全球信息网络的数字地球（Google Earth 2015, http: //maps. google. com, 2015年12月27日）。

  ② "Mongol Empire", http: //www. drivehq. com/folder/p9765544/031720963. aspx, 2015年11月22日。

些地区（黑白图为白色覆盖位区域），应当时常会有遥远东方的人们（不论蒙古巡视官员、信使，还是商旅者）前来光顾。换言之，蒙古人西征及其建立起来的汗国统治带来的直接历史后果之一是，欧亚大陆东西方之间的人员、人口流动，变得更为容易也更加频繁了（尽管汗国以严酷的统治手段强化了对当地原住民的控制）。显而易见，通过可视化交互界面窗口中历史横断面切片的依次呈现，我们便得以从宏观视角了解到某种全局性变化。

第三组数据层位于图 7 的左半部分，同样为应用性质。其基于依据史料记载绘制的"黑死病在欧洲"历史地图[1]来建立，反映 14 世纪欧洲黑死病大流行时期，不同时间段的疫情在空间上的覆盖情况。通过用户的交互操作，可以让时间轴上的黑死病这一历史事件实现横截面切片的逐帧展示。各帧切片分别指代不同时间段瘟疫流行蔓延到的具体地理区位和覆盖范围。据此可以看到，黑死病的蔓延时间段及覆盖范围由南向北再向东，深浅不同的色块所表示的时间段分别为：（1）1347 年 7 月至 1348 年 7 月的覆盖区域；（2）1348 年 7 月至 1349 年 7 月的覆盖区域；（3）1349 年的覆盖区域；（4）1350 年 7 月至 1351 年 7 月的覆盖区域；（5）1351 年的覆盖区域；（6）1352 年的覆盖区域；（7）个别的白色空白点，为没有发生黑死病流行的区域。此外，叠加的数据层中的深色圆点，为人口损失巨大的主要城镇。[2]结合与其对应的地理环境数据，大致可以揭示出黑死病大流行的三个因果关联之要点（进而可视其为大流行基本规律的构成要素），即：（1）沿海港口区域，是黑死病登陆南部欧洲地中海沿岸并暴发首轮疫情的重要起始地理位置；→（2）河运所及的区域，成为沿海港口疫情向内陆传播的主要通道；→（3）以人口居住聚集地为中心，

---

[1] "Black Death in Europe." Ancient and Medieval History Online. Facts On File, Inc. http://www.fofweb.com/activelink2.asp?ItemID=WE49&iPin=CRC02103&SingleRecord=True（accessed December 6, 2012）. 转引自"Black Death", http://christineruybalid.weebly.com/black-plague.html, 2015 年 12 月 30 日。

[2] "The Black Death in Europe 1347 to 1352", http://ibdphistory-medieval.wikispaces.com, 2015 年 12 月 31 日。

相互间人员流动和社会交往频繁的区域，是疫情进一步向欧洲腹地扩大传播和更广范围蔓延的发散地。

采自不同学科和研究领域，且时段长短和所处历史时期各有不同的上述三组数据的叠加，便成就了我们从图7看到的可视化互动窗口界面。这一界面，体现了信息史学意义上的全新历史研究范式。数字地球特有的无级缩放功能（外太空回观地球的宇航员视角和低空飞翔俯瞰大地的鸟类视角，两者视域高度及范围的随意变换），让我们能够在图7界面中进行视角高度从海拔4500千米降至数百米的宏观与微观的切换。而三组数据层之间的关联（相关性）分析，则会令我们在全面综合比较过程中发现新的问题，进而对传统观点提出一连串的质疑。例如：

第一，如果像传统观点所认为的，引发欧洲黑死病大流行的源头在黑海北部港口商栈卡法，那么令人不得不质疑的则是，既然与俄罗斯地区有着较为频繁交往的蒙古金帐汗统治区域内已经出现规模不小的疫情，为何最初的向外传播，不是直接往西经由俄罗斯传入东欧，进而再由中欧向西、向南渐次扩散至欧洲大西洋沿岸和地中海区域，反倒是一场攻城战就让死神去了位于南方的地中海东部地区？

第二，是什么因素，使得引发黑死病的鼠疫杆菌在欧洲大陆的传播竟能走成如图7所示的弧形扇面蔓延状？（叠加的第三组数据层显示，黑死病经地中海东岸地区传播至南欧，再由南向北蔓延开来并转向东方，最后却消弭在今天俄罗斯境内靠近黑海以北偏西的位置）难道可以让黑死病病菌由金帐汗国直接西传的最快捷路径，会是因俄罗斯境内当时的人们已经形成的免疫力才中断的吗？欧洲黑死病大流行在俄罗斯境内的中部地区被终止，也是出于同样原因吗？由此引出进一步有待探讨研究的问题——现今俄罗斯境内欧洲东部的当时居民，是否真的已经具有了相应免疫力？

第三，环境因素对欧洲大陆黑死病传播起着怎样的作用？人类的社会行为与各自所处环境差异性之间的关系及交互作用，又对黑死病流行传播所呈现的区域性差异，发挥着怎样的影响力？

关于上述第三点中的两个疑问，前面提及的第三组数据层与第一组数据层之间的叠加分析所揭示的三个因果关联之要点，已经基本给出了初步答案，即：受那个时代的环境条件制约的贸易交往线路之分布和交往手段，以及不同地区的人们受各自所处环境影响而形成的各自生活和交往习惯，影响甚至直接决定了黑死病在欧洲大陆上的传播/扩散方向或路径。换言之，交往频率越频繁，感染和传播黑死病的概率越大；交往路线越密集且长远，所及地区受黑死病感染的概率也就越大。关于第一点中的疑问，倘若我们将查士丁尼瘟疫以来史籍/文献资料所载的中东、西亚乃至北非地中海沿岸区域瘟疫流行数据编制成第四组数据层，叠加到图 7 所示的 GE 研究平台上，或许也就有了与传统观点完全不同的答案，即：黑死病的暴发貌似偶然实则有其必然性，它极有可能是西亚地区不同规模瘟疫多次暴发流行，而最终在 14 世纪上半叶跨区域贸易日渐发达、人类远途交往愈渐频繁的历史大前提下，由东（西亚内陆）向西（地中海沿岸）传播扩散所引发/导致的恶果。至于第二点中的头一个疑问，基本上可以从第三个问题的阐释中获取答案，而后面两个疑问的破解，则有待于我们在微观层面做进一步更为深入地实证研究。

限于本文篇幅，笔者在此仅提出以上问题。诸如此类的新问题，当思维与表达在信息史学的架构中实现了跨学科突破之后，自然还会不断涌现。

综上所述，21 世纪的历史学，处于信息时代、受益于信息社会的进步，又服务于信息社会的咨询和决策需求。这无疑成为无法回避且唯有诉诸跨学科方法才能自如应对的挑战，而信息史学正是对此主动做出的理论创新探索和方法论实践尝试的积极回应。2015 年，第 22 届国际历史科学大会将"历史学的数字化转向"列为四大主题之一。信息史学的探索已不失时机地融入当今国际史学发展的新潮流中。史学研究的信息化，已然成为 21 世纪历史学变革的一个重要发展方向！

（原载《中国社会科学》2019 年第 7 期）

"庶民研究"与后殖民史学

张旭鹏

一如霍米·巴巴所指出的,我们生活在时代的边界上。这并不是说,人类即将把过去抛诸脑后,从此进入一个新境界,而是表达了一种对传统范式的超越之情,不论它是思想的、文化的、制度的抑或其他形式。[①] 似乎唯有那些时兴的、但又充满争议的被冠以"后"字的种种术语才能概括当前的现实感。如果后现代主义的旨趣仅限于对启蒙理性作出否定的话,那么就它所引发的思想上的激动人心而言,不过是在做一件眼光狭隘的工作。"后"(post)的意义不在于强调时间的连续,如女权主义之后(after);或者暗示时代的断裂,如反(anti)现代主义。相反,这些术语不断体现出一种越界的渴望,显示了它们那用之不竭的修订事物的能量。近年来兴起的后殖民史学体现了这一特征,它试图超越西方与非西方之间的知识边界,对源自西方继而又传播到非西方的现代史学范式作出大胆的修订,力求在批判西方史学和反思非西方史学的基础上构建一种书写非西方历史的新模式。后殖民史学的理念与方法在以"庶民研究"为总题的一系列论著中得到了明确体现。本文将考察"庶民研究"的发展脉络与后期转向,以期揭示后殖民史学的若干特点及其在重新定向历史学上的意义。

一 "庶民研究"的兴起

当代后殖民史学的范例要首推持续二十余年的"庶民研究"

[①] Homi K. Bhabha, *The Location of Culture*, London and New York: Routledge, 1994, p. 1.

(Subaltern Studies)计划,这是一项以印度历史学者为核心,参与者来自英国、美国、澳大利亚的国际性学术工作,旨在探讨南亚社会底层民众的历史、文化、生存状况和反抗斗争。1982 年,拉纳吉特·古哈(Ranajit Guha)编辑出版了《庶民研究》的第 1 本专辑,到 2000 年,该文集已经出版了 11 卷。① 其中,前 10 卷均以《南亚历史与社会文集》(Writings on South Asian History and Society)为副标题,第 11 卷则改为《共同体、性别与暴力》(Community, Gender and Violence),预示着 21 世纪的庶民研究开始关注新的领域和主题。1988 年、1997 年《庶民研究》先后推出了一本选集和读本,集中了不同时期的代表性文章。② 此外,庶民研究小组的成员还分别在一些颇具影响的后现代主义刊物如《社会文本》(Social Text)、《文化批评》(Cultural Critique)、《再现》(Representations)以及主流学术期刊《社会与历史比较研究》(Comparative Study of Society and History)、《美国历史评论》(American Historical Review)、《历史与理论》(History and Theory)上撰文阐述自己的观点,引起了更为广泛的回响与争论。如今,庶民作为一种研究视角[3]已经不再仅限于印度和南亚的历史经验,关注不同社会的庶民及庶民意识越来越具有某种普遍性。[4]

---

① 《庶民研究》的第 1—6 卷由拉纳吉特·古哈主编,从第 7 卷开始,改由帕沙·查特吉(Partha Chatterjee)、萨义德·阿明(Shahid Amin)、迪皮什·查克拉巴蒂(Dipesh Chakrabarty)、吉安·普拉卡什(Gyan Prakash)等人轮流主编。

② 参见 Ranajit Guha and Gayatri Chakravorty Spivak, eds., *Selected Subaltern Studies*, Delhi: Oxford University Press, 1988; Ranajit Guha, ed., *Subaltern Studies Reader, 1986 - 1995*, Minneapolis: University of Minnesota Press, 1997。

③ 有关庶民视角在史学编纂中的特点及作用,参见 Veena Das, "Subaltern as Perspective", in Ranajit Guha, ed., *Subaltern Studies* Ⅵ, Delhi: Oxford University Press, 1989, pp. 310 - 324。

④ 例如,1994 年冬季号的《美国历史评论》就以"庶民研究"为题召集了一场参加者来自南亚、非洲和拉美的讨论会。庶民问题在拉美也备受瞩目,相关著作可参见 Latin America Subaltern Studies Group, "Founding Statement", *Boundary* 2, 20 (Fall, 1993), pp. 110—121; Florencia E. Mallon, "The Promise and Dilemma of Subaltern Studies: Perspectives from Latin American History", *American Historical Review*, Vol. 99, No. 5 (Dec., 1994), pp. 1491 - 1515; Ileana Rodríguez, eds., *The Latin American Subaltern Studies Reader*, Durham: Duke University Press, 2001。《庶民研究》系列的各种文选也被译成西班牙语、法语、孟加拉语、印地语、泰米尔语和日语出版,中文选译本也于 2005 年问世,可参见刘健芝、许兆麟选编《庶民研究》,林德山等译,中央编译出版社 2005 年版。

庶民研究的理论和实践价值显然也超出了历史学的疆界，正在参与着对当代全球文化空间内的新殖民主义、文化帝国主义和社会科学知识中的东方主义、欧洲中心主义的批判。

"庶民"（subaltern）的概念来自意大利马克思主义者安东尼奥·葛兰西。葛兰西在《狱中札记》的《意大利历史随笔》一节中首次使用了这一理论术语，并为人们勾勒出"庶民历史"的方法论标准。葛兰西指出，庶民的历史与市民社会的历史进而与国家和国家集团的历史交织在一起，研究庶民的历史就必须关注以下问题：1. 在经济生产领域的发展和变化的作用下，庶民社会集团的客观形成，它们在数量上的扩散及其与早已存在的社会集团之间的渊源关系，它们在一段时间内保存着这些集团的心态、意识形态和目标；2. 它们积极或消极地加入统治政治阶层，为了坚持自己的要求而试图影响这些阶层的纲领，它们所做的这些努力在分化、改造和新生过程中起着决定作用；3. 旨在保住庶民集团首肯并维持对它们控制的统治集团的新政党的诞生；4. 为了坚持对部分优先地位的要求，庶民集团自身所造就的阶层；5. 那些维护庶民集团自治权（在旧体系内部）的新阶层；6. 那些维护整体自治等等的阶层。①

葛兰西至少在两重意义上使用了"庶民"一词。首先，用作产业无产者的代名词。不过，和正统的马克思主义者不同，葛兰西声称资产阶级在获取权力的过程中，不是简单地通过国家机器强行获得支配地位，而是把市民社会的文化和意识形态制度转化为对整个社会的领导权，② 这种领导权甚至是在庶民认可的过程中得以确立的。其次，葛兰西是在前资本主义社会结构中讨论庶民问题的。他指的是在以阶级分等级的社会里，占支配地位的阶级和从属阶级之

---

① ［意］葛兰西：《狱中札记》，曹雷雨等译，中国社会科学出版社 2000 年版，第 35 页。

② 这里的"领导权"与通常所说的"霸权"在英文里都表述为"hegemony"，有学者认为可以根据不同的语境选择相应的汉语表达方式，如果注重某一文化主体对另一强势文化的主动选择，可以使用"领导权"，如果强调文化主体的被动接受，则用"霸权"。参见孙晶《文化霸权理论研究》，社会科学文献出版社 2004 年版，第 2 页。

间更一般的关系。葛兰西主要在南部意大利这一背景下,谈到了作为从属阶级即庶民的农民。与欧洲某些马克思主义者对农民的文化、信仰、实践活动和政治潜力的轻视相反,葛兰西特别提到了农民的宗教信仰和实践的独特性质、他们的语言和文化产品、他们的日常生活和斗争以及革命的知识分子研究和理解农民的必要性。他同时提醒人们注意,与统治阶级的整体性、独创性和具有活力的历史动力机制相比,破碎的、被动的和依赖性的农民意识往往被统治阶级支配性的意识形态所拘囿,即使在抵抗运动中亦是如此。

葛兰西的这些讨论在庶民研究中得到了富有成效的应用。但是,对庶民研究小组而言,庶民的所指更为广泛。古哈在庶民研究的纲领性文献《论殖民地印度史编纂的若干问题》中给庶民作了如下界定:"作为一种总称,指称南亚社会处于从属地位的下层,不论是以阶级、种姓、年龄、性别和职位的意义表现的,还是以任何其他方式来表现的。"[1] 这样看来,庶民实际上成为人民的同义语,等同于后者范围所及的各种社会群体和成分。将庶民作为一个分析性范畴单独开列出来,不仅仅是为了表述上的方便,更重要的是体现它的特殊性,将之从长期以来被"精英"——外来的殖民统治者和本土的势力集团——的历史所掩盖的状态中拯救出来,以此来纠正印度历史研究中只关注精英,却忽视庶民的现象,重现庶民作为历史主体的重要性。

古哈指出,印度现代历史研究长期被一种精英主义所主导,它包括殖民主义者的精英主义和资产阶级民族主义者的精英主义两种形式。两种史学研究方法都带有一种偏见,即把印度民族的形成与民族主义的发展归结为精英的成就。前者将印度的民族主义解释为一种刺激和反应的作用,认为它是印度的精英对殖民统治产生的制度、机遇和资源等作出的回应和"学习过程";后者则把印度的民族主义描述为理想主义者的冒险行为,本地精英投身其中是为了领导

---

[1] Ranajit Guha, "Preface", in Ranajit Guha, ed., *Subaltern Studies I. Writing on South Asian History and Society*, Delhi: Oxford University Press, 1982, p. vii.

人民从被征服状态走向自由。① 双方都假定民族主义完全是精英行动的产物,在任何一个叙事中都没有庶民进行独立政治行动的位置。②

庶民研究小组试图表明,殖民精英主义的那种认为印度的民族主义不是为了民族的普遍利益而采取行动的说法显然是错误的,另一方面,民族主义历史学家关于庶民的政治意识是在民族主义精英的影响和激发之下才觉醒的说法,也被证明是不正确的。事实上,在很多时候,庶民在民族运动中并没有受到精英的控制,庶民政治的目的、方法和行动与精英不尽相同。1942年,印度北部的比哈尔邦和东部联省地区爆发的让英国殖民者"离开印度"(Quit India)的运动即是一例。这场运动具有双重性质,它既有以国大党为主的民族主义精英寻求印度独立的目标,也包括广大下层人民希望改善经济状况的要求。运动由民族主义精英发起,下层人民只是后来才加入。"离开印度"运动最终还是失败了,原因在于民族主义精英没能将两股力量凝聚起来,制定一个长远的共同目标。③ 这说明,即使在民族主义政治的领域内,精英的民族主义与庶民的民族主义也多有抵牾。

如果庶民政治不同于精英政治,那么它的自主性的来源是什么?这一政治的原则是什么?庶民研究小组提供的答案是:庶民意识的独特结构或所谓的庶民性(subalternity)塑造了庶民政治。在他们看

---

① Ranajit Guha, "On Some Aspects of the Historiography of Colonial India", in Ranajit Guha, ed., *Subaltern Studies I. Writing on South Asian History and Society*, pp. 1 - 2.

② 第一种精英主义史学的代表人物、英国剑桥大学学者安尼尔·希尔认为,印度的民族主义不过是受到英国高等教育并在殖民机构中任职的本地精英为了与殖民统治者分享权力和利益影响的一种行为。参见 Anil Seal, *The Emergence of Indian Nationalism: Competition and Collaboration in the Later Nineteenth Century*, Cambridge: Cambridge University Press, 1968; John Gallagher, Gordon Johnson and Anil Seal, eds., *Locality, Province and Nation: Essays on Indian Politics, 1870 - 1940*, Cambridge: Cambridge University Press, 1973. 而后一种精英主义史学则把本地精英塑造成殖民统治的反抗者和人民解放运动的推动者,却无视他们与殖民政府合作及压迫人民的一面,当然也否定了人民大众在民族主义运动中的贡献。代表性观点可参见 Bipan Chandra, *Nationalism and Colonialism in Modern India*, New Delhi: Orient Longman, 1979。

③ 参见 Stephen Henningham, "Quit India in Bihar and the Eastern United Provinces: The Dual Revolt", in Ranajit Guha, ed., *Subaltern Studies II*, Delhi: Oxford University Press, 1983, pp. 130 - 164。

来，庶民意识是由从属阶级的经验发展而来，从抵抗日常的奴役、剥削和剥夺的斗争中发展而来，这些经历使得庶民政治带有许多它特有的语言、规范和价值，成为一个自主的领域。然而，寻找表现庶民意识的历史证据是困难的。这一方面是由于庶民的历史记述本身就是零碎的，缺乏应有的系统性和完整性。另一方面，有关庶民的历史记录大多是片面的，为支配集团所准备和保存，也因而被后者所置换或挪用，它们存在于诸如法庭上的审判、集市里的谣言或造反者的口号中，历史学家在惯常使用的档案中找不到对庶民的真实描述。即使那些较为客观的并对庶民抱有同情的记载，也试图将庶民政治桀骜不驯的事实塞进理性的框架中来理解，失去了庶民意识中最强有力的、最重要的因素。其结果正如葛兰西所指出的："庶民集团的历史必然是支离破碎的……庶民集团一方所表现出的每一点独立的进取心对于整体的历史学家都具有不可估量的价值。最终，这类历史只能付诸专著的形式，而每一部专著都需要大量的、往往难以收集到的资料。"[①]

为了强调庶民意识的自主性和连贯性，以补偿它在相关题材文献中的缺失，早期的庶民研究更多地关注于南亚不同地区、不同时期农民反叛的历史，力求发现一些新的材料，从中听到庶民自己的声音。古哈确信，庶民意识的"纯粹状态"是在反叛的行动中成功地表现出来的。[②] 一旦确立了反叛在庶民历史中的核心位置，研究者便开始寻求精英主义表述之外的农民反叛的模式，他们不再将反叛纳入谋求独立、建立民族国家的框架内来理解，反对将农民反叛视作精英意志的体现，认为它有着自己独立的价值和目标，以此说明庶民并非在消极地接受统治，而是在与异化的权力相抗争。由此出发，研究者在面对农民反叛的历史材料时，也采取了一种更为审慎和批判的态度。古哈发现，传统的关于农民反叛的历史记录，按照

---

① ［意］葛兰西：《狱中札记》，第36—37页。
② Ranajit Guha, *Elementary Aspects of Peasant Insurgency in Colonial India*, Delhi: Oxford University Press, 1983, p. 13.

它们在时间上出现的顺序及其相互关系，可分为三级话语类型：官方的记录（第一级）；当事人的回忆录和同时代人的历史著作（第二级）；距离事件的发生已有很长时间的不代表官方立场的历史著作（第三级）。① 从内容上看，前两级话语因其官方特性和时代的局限性而不能反映农民反叛的历史，似乎唯有第三级话语才具有某种客观性。事实上，当历史学家在构建第三级话语时，他所依赖的材料依然是经过挪用的前两级话语，即使其努力保持中立的态度，也还是不自觉地成为官方或精英的共谋，因而无法揭示农民反叛的真正原因。古哈对此的评论是："一旦农民抗争被收编于英国殖民统治（the Raj）、国家或民族的事业等主导统领的叙述内，历史学家就很容易放弃他应该探讨并描述该抗争特有的意识之责任，而满足于把它归因于某种超验意识……仅仅把他们再现为某种其他意志的工具。"②

既然发现真正的庶民意识有诸多限制，历史学家能采用的唯一方法就是站在农民的立场上去阅读主流历史，从文本记录中找出体现着对抗性的那些环节并对之予以新的解释。这样做尽管困难重重，但毕竟为深入研究开辟了新的途径，使之能够绕开精英主义的逻辑，达到重写殖民与后殖民时期南亚历史的目的。这种方法论上的变革在古哈对早期庶民研究的构想中得到了应有的体现："史学编纂的任务在于解释过去，为变革世界提供帮助，这种变革涉及一种意识上的激进转变。"③ 庶民研究也因此取得了非同凡响的成功，以一种激进的史学观念确立了它在学术界的地位。④

---

① Ranajit Guha, "The Prose of Counter-Insurgency", in Ranajit Guha, ed., *Subaltern Studies II*, pp. 1 – 40.
② Ranajit Guha, "The Prose of Counter-Insurgency", p. 38.
③ Ranajit Guha, *Elementary Aspects of Peasant Insurgency in Colonial India*, p. 336.
④ 关于庶民研究的激进性，可参见 Henry Schwarz, "Subaltern Studies: Radical History in the Metaphoric Mode", in Henry Schwarz, *Writing Cultural History in Colonial and Postcolonial India*, Philadelphia: University of Pennsylvania Press, 1997, pp. 128 – 161。

二 "庶民研究"的转向

早期的庶民研究由于确信存在一种自主的庶民意识，这就使得对农民反叛历史的真实再现变成了寻找庶民意识的特有结构，似乎有意将作为从属阶级的庶民从复杂的社会结构中分离出来，形成与精英的对立。诚然，通过庶民主体的再建，确立统治/抵抗、殖民者/受殖者以及西方/非西方的对立，有助于在一个简单明了的二元架构中分析权力的运作。但是，这种非此即彼的模式却制约着对权力参与形式、斗争方式及其发生偏离和遭到挪用的理解。一些持不同观点的学者对此提出了异议和批评。加亚特里·斯皮瓦克在《庶民研究：解构历史编纂》中指出，庶民研究小组设想存在一种纯粹的或基本的庶民意识形式，可以不依靠殖民话语和实践达到其真理，这样做实际上已经违背了他们的初衷。因为庶民研究的本意是反对精英主义的历史撰述，即反对将精英视作历史的创造者，也就是说否定了历史上必须有一个统领一切的结构的观念。而将庶民作为一个特定的结构独立于精英，进而将之作为书写历史的主体，又不可避免地坠入他们所反对的本质主义之中。[①]

这种研究趋势同样引起了庶民研究小组内部的注意。在之后出版的《庶民研究》专辑中，研究者在以下两方面有了更多的认识。首先，如同统治和抵抗都不是独立存在，不能排除一方去单独讨论另一方一样，庶民与精英的历史也总是相互纠缠在一起，发现未被精英主义的权力所玷污的纯粹的庶民意识其实是很困难的。吉安恩德拉·潘迪强调，纵然是底层的各种叙述也不能使人们直接听到庶民真实的声音，自动带来历史的真相。聆听来自边缘的声音、发掘记录庶民言行的"断片"（fragment）只是提供了一个了解过去的机会。阅读历史文本的目的在于跨越传统的界线，打破其固定含义，对之作出新的解释，从而获得一种替代性的视野或者至少是另一种

[①] Gayatri Chakravorty Spivak, "Subaltern Studies: Deconstructing Historiography", in Ranajit Guha, ed., *Subaltern Studies IV*, Delhi: Oxford University Press, 1985, pp. 330–363.

视野的可能性。① 这样一来，发现庶民历史的目的就不是为了取代精英的历史，而是追踪精英历史实行删改、压抑、排斥的痕迹，以便提供不同的叙述。

其次，就庶民本身而言，它所涵盖的多种社会成分，因其各自生存环境的不同，无法在经济、政治、宗教、文化等方面形成统一的意识，更不用说庶民内部就存在着不平等的权力关系。马隆认为，庶民群体中可能存在的与精英的同谋关系、等级制度和监督体制清楚地表明，没有所谓纯粹的和透明的庶民认同，大多数庶民既是被统治的对象也是统治者。② 斯皮瓦克站在女性主义的立场强调，即使具有主体意识的庶民阶层得到再现，仍然无法揭示男权支配下的性别差异。庶民中的女性群体消失在男权话语的喧嚣中，她们不能发声，没有自己的历史。③ 古哈在后期的著作中也意识到了这一问题，他承认，那些有关农民反叛的历史记录的确没有考虑过妇女的感受和要求，以及她们在运动中的能动作用。古哈同时还呼吁人们注意处于殖民者的权力尚未确立的地区的人民，他们由于研究者过多关注于庶民与精英的对立关系而被忽视。④ 这些都说明庶民内部也有着不同的声音和意愿，不能简单地加以概括。

对庶民历史破碎性、不连贯性和不完整性的认识，使学者们逐渐肯定了庶民意识内部的分裂性，以及庶民意识是由来自支配和从属阶级双方的经验共同建构而成的事实。问题的焦点也因而从"什么是纯粹的庶民意识？"转向"庶民意识是怎样被表述的？"，庶民研究的方法和主题也随之发生了变化。在研究方法上，庶民研究接

---

① Gyanendra Pandey, "Voices from the Edge: The Struggle to Write Subaltern Histories", in Vinayak Chaturvedi, ed., *Mapping Subaltern Studies and the Postcolonial*, London and New York: Verso, 2000, pp. 284–285, 296.

② Florencia E. Mallon, "The Promise and Dilemma of Subaltern Studies: Perspectives from Latin American History", p. 1511.

③ Gayatri Chakravorty Spivak, "Can the Subaltern Speak?", in Cary Nelson and Lawrence Grossberg, eds., *Marxism & The Interpretation of Culture*, London: Macmillan, 1988, pp. 271–313.

④ Ranajit Guha, "The Small Voice of History", in Shahid Amin and Dipesh Chakrabarty, eds., *Subaltern Studies IX*, Delhi: Oxford University Press, 1996, pp. 1–12.

受了文化研究和人类学的影响①,不再将视野局限于农民反叛的历史,开始关注庶民的日常经验和历史记忆。这使得研究者更加注重对文本的分析和解读,以一种"逆其纹理"(against their grain)的阅读方式从中获得一些鲜为人知的事实。②萨义德·阿明的《事件、隐喻、记忆:1922—1992年的曹里曹拉》一书表明:在书写"替代性历史"的过程中,即使不能找到关于曹里曹拉的真正替代性叙事,仍会有许多新发现。③1922年,一群忠于甘地领导的非暴力民族主义运动的人,攻击了曹里曹拉镇的一个警察局,打死烧死了22名警察。这次事件震惊了整个印度,甘地因为没能制止群众的暴力行为而承认这是自己"最惨痛的耻辱","曹里曹拉事件"也因而在有关民族主义运动的叙事中成为不光彩的污点。阿明梳理了地方档案馆和英国官方记录中所有能找到的文献,以便重构历史事件本身以及全国和地方对这一事件的记忆方式。此外,他还花费了数周时间从事他称为"历史田野调查"(historical fieldwork)的工作,与历史事件的当事人在事件的发生地交谈。借助这些"断片"性的史料,阿明质疑了既存历史文献的真实性,揭示了它们被制造出来的过程:英国殖民地法庭用于判定事件的大部分证据从法律上看是真实的,但在它背后,却是对同案检举者(那些提供证词以换取豁免的事件参与者)复杂的审判过程,以从中诱导出满足法律真实性的叙述。④

---

① K. Sivaramakrishnan, "Situating the Subaltern: History and Anthropology in the Subaltern Studies Project", in David Ludden, ed., *Reading Subaltern Studies. Critical History, Contested Meaning and the Globalization of South Asia*, London: Anthem Press, 2002, p. 216.

② Vinay Bahl, "Relevance (or Irrelevance) of Subaltern Studies", in David Ludden, ed., *Reading Subaltern Studies. Critical History, Contested Meaning and the Globalization of South Asia*, p. 361.

③ Shahid Amin, *Event, Metaphor, Memory: Chauri Chaura, 1922 – 1992*, Delhi and New York: Oxford University Press, 1996.

④ 阿明对庭审材料的文本分析显然受到人类学倡导的"深描"(thick description)理论的影响,即深入到文本的表面之下去寻找积累的推论和暗示的层次。在此之前,新文化史的主将娜塔莉·戴维斯在其名著《档案中的虚构——16世纪法国的赦罪故事及故事的叙述者》中也采用了类似的文本分析方法。她认为,罪犯的求赦书并不像它表现出来的那样是一种对真实情况的叙述,而是采取了一种欺骗性的策略,以求感动国王,获得特赦。只不过阿明侧重于法庭想达到的目的,而戴维斯强调了罪犯的要求。参见 Natalie Zemon Davis, *Fiction in the Archives: Pardon and Their Tellers in Sixteenth-Century France*, Stanford: Stanford University Press, 1987。

据此，阿明一方面通过探讨经济、文化的空间与活动，唤起曹里曹拉事件在 1922 年所具有的各种意义和可能性；另一方面又通过"历史田野调查"拓展了这一事件的当下意义。无论是讨论刑法的程序还是对事件的当前回忆，阿明对于事件意义在时空中的散布都异常敏感。即使他不会创造出"替代性的历史"，但多层次的调查还是引出了许多不同的故事。①

一旦庶民意识的表述问题被推上前台，在殖民地印度传播的现代知识的整个领域就向庶民历史敞开了。很多以前研究过的主题，如殖民统治的扩张、英语教育、宗教和社会改革运动、民族主义的兴起等，都被庶民研究学者赋予新的探究方向。更多的研究重点则集中在现代国家和公共制度方面，正是通过它们，理性和科学的现代观念以及现代权力体系才得以在殖民和后殖民地印度传布开来。学院和大学、报纸和出版社、医院和医疗体系、人口普查、登记注册机构、科学制度等，所有这一切都成了庶民研究的新主题。1999年出版的《庶民研究》第 10 卷进一步强调了这一转变，编者在《前言》中声称："我们已经扩展了批评的焦点，以便将精英的文本和实践包括进来，我们的兴趣范围也超越了历史学科，并且去解决当代政治和知识政治学的问题……不论是精英的实践、国家政策、专业学科、文学文本、档案资料还是语言都将包含在庶民性的效用之内。本着这一思想，近来出版的几卷《庶民研究》试图扩大我们的探询，探索新的方向和解决新的问题。"②

庶民研究的这一转变表明，在重写殖民地时期印度的历史时，更为可行的办法或许不是在精英话语之外确立一种对立的模式，而是"从占支配地位的结构的内部缝隙中来寻找其基础"③，也就是说

---

① 相关评论亦可参见 Gyan Prakash, "Subaltern Studies as Postcolonial Criticism", *American Historical Review*, Vol. 99, No. 5 (Dec., 1994), pp. 1488 – 1489。

② Gautam Bhandra, Gyan Prakash and Susie Tharu, "Preface", in Gautam Bhandra, Gyan Prakash and Susie Tharu, eds., *Subaltern Studies X*, Delhi: Oxford University Press, 1999, p. V.

③ Gyan Prakash, "Postcolonial Criticism and Indian Historiography", *Social Text*, No. 31/32, Third World and Post-Colonial Issues (1992), p. 11.

从精英话语内部着手,清除其中的普遍性论断,尽可能地展现那些被掩盖了的、体现着差异的事实。拉塔·曼尼在对殖民地时期有关印度妇女殉夫自焚现象的争论的考察中,为我们提供了一个可资借鉴的范例。她指出,不管是反对还是支持殉夫风俗,传统的观点都建立在某种预设的普遍话语之上,即将这一习俗置于传统与现代、奴役妇女与解放妇女、野蛮的印度教言行与英国的教化使命等二元对立的框架内来分析,都带有19世纪早期殖民统治和本土男权话语的痕迹。这种做法不仅掩盖了妇女真实的心声,也为利用性别观念来强制实施新形式的统治创造了条件。① 曼尼试图以此说明,对庶民历史的还原与重构,首先应当将"历史"从精英主义的主导叙事中解放出来,把那些遭到挪用的、代表着本土历史的破碎的证据和失落的环节重新整合起来,写出另一种体现着多样性的和更为丰富的历史。

三 后殖民史学与历史学的重新定向

总的说来,庶民研究在对现代西方历史观念乃至整个现代西方知识体系的批判中取得了一定成功。伊格尔斯在为新版的《二十世纪的历史学:从科学的客观性到后现代的挑战》(2005年)一书所写的后记"21世纪初的回顾"里,将庶民研究作为非西方抵制单向流动的西方社会科学的一个"例外",认为它"在后现代主义对于西方现代性的批判中,参与了西方的对话"②。尽管庶民研究的主题和内容大多与印度或南亚的历史相关,但就其方法论而言,庶民研究所采取的后殖民主义立场,对非西方或第三世界的历史编纂具有某种借鉴意义。

什么是后殖民主义?对它的界定因其在不同领域的多重表现而

---

① Lata Mani, "Contentious Traditions: The Debate of Sati in Colonial India", *Cultural Critique*, No. 7 (Autumn, 1987), pp. 119–156.
② [美] 伊格尔斯:《二十世纪的历史学:从科学的客观性到后现代的挑战》,何兆武译,山东大学出版社2006年版,第208页。

显得既困难又复杂。[1] 简言之，后殖民主义可以看作是这样一种视角[2]：通过对殖民主义之后全球范围内的欧洲或西方强势意识形态的批评与反思，为非西方的文化建设与发展提供一种选择。从历史编纂学的角度来说，后殖民主义是对作为纯粹客观研究范式的启蒙主义历史传统的批判和质疑，这一传统的核心是理性主义和进步观念，它相信人类的历史会沿着一条不断向前发展的直线持续下去，最终进入更为理想的状态。在黑格尔那里，这一线性的历史观得到了极大的发展，形成所谓的历史主义，它不但强调了西方历史发展的普遍性，也把非西方的历史作为"个别的"和"特殊的"形态纳入自己的表述体系内。[3] 历史主义尽管有着浓厚的欧洲中心主义和西方优越论色彩，但在欧洲殖民主义扩张和现代性传播的过程中，它和那些看上去更加客观和中立的科学、民主等观念一起，被非西方欣然接受。从19世纪晚期开始，非西方的历史学者逐步意识到线性的、进步的历史与现代民族国家相生相成的密切关系，在他们眼中，"历史"不再是一种中性模式或认知过去的科学，而是非民族国家向民族国家转变的主要政治工具，非民族国家必须自我建构为历史性的民族国家才能求得生存，进而获得机遇，通过竞争步入"现代"。[4]

一旦某种目的论（如获得现代性）成为非西方追求的终极目标，重建自我的历史就显得十分必要，那些对西方兴起予以肯定描述的

---

[1] 阿里夫·德里克从全球化的语境对后殖民主义的界定较有代表性和普遍性，参见 Arif Dirlik, "The Postcolonial Aura: Third World Criticism in the Age of Global Capitalism", *Critical Inquiry*, Vol. 20, No. 2 (Winter, 1994), pp. 328 – 356。近期对后殖民主义的全面探讨，可参见 Vijay Mishra and Bob Hodge, "What Was Postcolonialism?", *New Literary History*, Vol. 36, 2005, pp. 375 – 402。

[2] 通常并不把后殖民主义当作一种"理论"，因为它构不成系统的理论来取代它所批判的东西。后殖民主义更多地被认为是一种非常有效的洞察力或视角，能够提出挑战传统观念的新观点。参见［美］杜赞奇《后殖民史学》，金富军译，载刘东主编《中国学术》第3卷第1辑，商务印书馆2002年版，第94页。

[3] 有关后殖民主义对历史研究的影响可参见张旭鹏《后殖民主义与历史研究》，《世界历史》2006年第4期。

[4] 对这种历史观的研究和批评可参见 Partha Chatterjee, *Nationalist Thought and the Colonial World. A Derivative Discourse*, London: Zed Books, 1986; Prasenjit Duara, *Rescuing History from the Nation. Questioning Narratives of Modern China*, Chicago: University of Chicago Press, 1995。

话语被非西方有意识地接受下来,以此作为重塑过去和将自身从历史的边陲拯救出来的修辞。这样一来,非西方的历史学逐渐脱离了与其文化传统密切相关的写作实践,它的叙事方法和编纂模式也被一种普遍意义上的"历史科学"所代替。佐藤正幸在谈到东亚历史学界对西方史学范式的接纳和适应时指出:"令人吃惊的是,中国这个有着 2000 年历史编纂传统的国家竟然也转向了西方的撰史传统……对东亚来说,现代西方历史研究的介入宣告了东亚史学编纂风格的结束,这一风格曾力图对整个世界作出全面的描述。"[①] 与此同时,凭借着强大的学术生产能力,西方能够把各种历史话语和理论进一步输出到非西方,引导后者的学术取向,使这些话语和理论成为全球性现象。[②] 迪皮什·查克拉巴蒂把这种国际学术体系中的不平等关系形象地称作"无知的不对称性"(asymmetry of ignorance),也就是说西方可以对非西方的知识和经验保持无知或漠视的态度,非西方却不能这样。这种不对称的结果无疑会加速西方历史观念的普遍化,有可能使"其他的历史在一种特定的方式里都成为'欧洲历史'这一主导叙事的变体"[③]。

后殖民史学反对这种带有强烈欧洲中心主义色彩的历史主义话语,也反对将这一历史观念不加分析地应用于非西方或第三世界的历史编纂中。尽管人类历史的发展遵循某些共同的规律,但必须看到不同社会历史演进的独特性,如果一味地将全体社会纳入同一的框架内分析,无疑会忽视历史的差异性和多样性。正是在这一意义上,查克拉巴蒂主张将代表了普遍价值的欧洲历史"地方化"(pro-

---

[①] Masayuki Sato, "Cognitive Historiography and Normative Historiography", in Jörn Rüsen, ed., *Western Historical Thinking: An Intercultural Debate*, New York and London: Berghahn Books, 2002, pp. 129, 134.

[②] 仅以国内世界史学界为例,从前些时候盛行一时的现代化研究,到不久前颇受争议的后现代史学,再到现今方兴未艾的全球史,我们的学术热点和学术兴趣一直是在追随和回应西方。当然,其中也不乏站在中国立场上对西方理论的反思,比如,于沛先生最近提出从民族历史记忆的角度重构全球史即是一例。参见于沛《全球史:民族历史记忆中的全球史》,《史学理论研究》2006 年第 1 期。

[③] Dipesh Chakrabarty, "Postcoloniality and the Artifice of History: Who Speaks for 'Indian' Past?", *Representations*, No. 37 (Winter, 1992), p. 1.

vincialize),[①] 认识到它在解释不同社会历史发展时的局限性，从而揭示出掩盖在普遍历史之下的多种可能。一般而言，人类总是根据自己在历史中的位置来想象它的未来，这就使得对过去的叙述变得十分重要。叙述过去的方式是多种多样的，当西方以所谓的"大写历史"（History）确立了叙述过去的模式后，非西方所要做的并不是去追随这一模式以"发现"自我的历史（这曾经是一种行之有效的方式），[②] 而是去自主地建构关乎自我的多种历史（histories），将之从被普遍历史否定或边缘化的境地中显现出来。后殖民视角的引入，有助于认识到非西方历史的能动性，进而对它的未来发展作出新的定向。

当然，正如庶民研究后期转向所显示的，重新定向非西方历史学的关键不是要否定西方的各种理论范畴，而是与这些范畴建立一种新的和独立自主的关系。这首先需要我们意识到前者所代表的普遍价值的种种局限与不足，看到它的问题与危机以及西方在应对这些危机时所采用的办法。只有这样，我们才有可能保存西方理论中的精华，同时克服其消极影响，不再重蹈覆辙。其次，尽管批判或解构线性的进步的历史模式，但重建自我的历史并不是一种虚无的颠覆行为，它仍然需要把重新阐释西方作为回归自己历史性的有效途径。以现代性为例，由于后殖民批评的首要任务是摒弃所有欧洲中心主义的主导叙述，现代性叙事便率先成为被清算的对象。但是越来越多的学者认为，不只存在一种现代性，而是有着各种各样的现代性。后殖民主义还应当关注西方现代性在进入世界其他地方时

---

① Dipesh Chakrabarty, "Postcoloniality and the Artifice of History: Who Speaks for 'Indian' Past?", pp. 20–23.
② 比如，20世纪中叶的一些中国历史学家宣称，从12世纪开始的周期性蓬勃发展的商业活动应该被理解成一种初发的，或者"萌芽"中的资本主义。甚至，它本身就具备发展成"真正"资本主义的潜力，而且如果不是西方帝国主义抑制它的话，它早就已经是这个样子了。这种观点显然建立在阅读欧洲历史后所产生的憧憬之上，而且形诸于一种中国原本没有但日后从西方移用过来的论述之中。参见［加］卜正民、［英］格力高利·布鲁主编《中国与历史资本主义——汉学知识的系谱学》，古伟瀛等译，新星出版社2005年版，第三章"资本主义与中国的近（现）代历史书写"，第132—194页。

发生的变化,以及新的不同形态的现代性的出现。① 再次,那种认为反理论一定要回归传统,从自我社会和文化内部寻找分析和描述历史动力机制的观念也是不可取的。由于在我们的当下和传统之间隔着一个现代西方,无论从现实生活的角度还是从学术生产的意义来说,西方曾经设定或正在设定的框架已经成为我们所处世界的一个部分。我们无法摆脱它,只能应对挑战,更为积极地寻求解决之道。执意回归传统,不能说是一厢情愿的虚妄,也是一种为现存文化和社会秩序辩护的保守行为,更会以非西方与西方的对立代替对自身历史和社会现实的批判和反思。退一步说,即使能够回到传统,用之来疗救西方的种种弊病,但考虑到传统被附加的太多现代含义,它已经失去了其真正内涵。② 最后,重新定向非西方历史学的有效办法可以采取一种比较的视野。比较的价值在于从比较的行动中找到两者之间的差异,进而寻找双方的交汇点和共同接受的原则,而不必去陈述具体的历史事件或抹杀任何一方的特点。因而合乎规范的比较标准十分重要,这就需要历史学家在关注宏观历史理论的同时,加强对具有个案性的区域历史的研究,尤其关注那些被忽视和被曲解的历史,倾听来自不同地方的各种细微的声音。唯有吸纳尽可能多的事实,才能确立客观切实的比较原则。

如此看来,后殖民史学的目的是要穿越横亘在西方/非西方、中心/边缘之间的边界,创造出一种第三类的书写历史的形式。霍米·巴巴在对文化混杂性的研究中,提出了一种颇有新意的"第三空间"理论,借助这一理论,我们可以更好地看清后殖民史学的意图。巴巴指出:"文化的所有形式都不断处在混杂的过程之中……混杂性的重要之处不在于能够追溯产生第三种东西的两种本原,混杂性不如说就是

---

① 参见 Couze Venn, *The Postcolonial Challenge. Towards Alternative Worlds*, London: Sage Publications, 2006. 尤见第二章 "Modernity, Modernization and the Postcolonial Present", pp. 41 – 76.

② 关于这一点,可参考德里克对新儒学的批评。参见 [美] 阿里夫·德里克《边界上的孔子:全球资本主义与儒学的重新发明》,郝田虎译,载 [美] 阿里夫·德里克《后革命氛围》,中国社会科学出版社 1999 年版,第 227—272 页。

那个令其他各种立场得以出现的'第三空间'。这个'第三空间'置换了建构它的历史，树立起新的权威结构和政治动因，而这些都是现有的知识未能充分了解的……文化混杂的过程引发了一种不同的东西，一种崭新的以前未被认识的东西，引发了一个意义和表征的谈判的新时代。"[1] 同样，后殖民史学的这种策略上的混杂亦非对西方的妥协，或者将本土多元的表达置于高等的价值地位，它所努力建构的书写历史的新模式是为了消解居于霸权地位的历史话语，使非西方被压抑的历史或文化形式能够参与到一种平等交流的语境中来。

然而实际上，正如查克拉巴蒂所述："将'欧洲'地方化的计划指向一种尚未存在的历史。"[2] 这一方面是说，后殖民史学至今无法在主流的历史研究领域占有一席之地，当然，这也并非后殖民史学的目标，因为一旦进入主流，也就失去了它的批判力量。另一方面，它也暗示了一种矛盾，因为后殖民史学所追求的平等与社会正义正是它所批判的启蒙理性的一个内在准则。这一矛盾决定了后殖民史学在对历史学重新定向的努力中，不会仅仅满足于对启蒙叙事的否定。"后殖民"的"后"在这里的意义不只是颠覆性的，相反，它必须承担更多的建设性义务。约恩·吕森在对历史思考新途径的展望中建议走一条中间路线，既不放弃现代主义的成就，也要给予后现代主义同等观照，只有这样，才能拓宽和深化对历史的思考，理解历史的整体复杂性、它的美学和认知特征、它脱离实践的方法上的独立性以及它在社会文化生活中的功能联系。[3] 后殖民史学的意义或许正在于此。

（原载《史学理论研究》2006 年第 4 期）

---

[1] Homi Bhabha, "The Third Space: Interview with Homi Bhabha", in J. Rutherford, ed., *Identity, Community, Culture, Difference*, London: Lawrence and Wishart, 1990, p. 211.

[2] Dipesh Chakrabarty, "Postcoloniality and the Artifice of History: Who Speaks for 'Indian' Past?", p. 20.

[3] ［德］约恩·吕森：《历史思考的新途径》，綦甲福、来炯译，上海人民出版社 2005 年版，第 5 页。

黑格尔与兰克历史认识论之辩

景德祥

一

黑格尔（Georg Wilhelm Friedrich Hegel，1770—1831）是19世纪德国影响最大的哲学大师，兰克（Leopold von Ranke，1795—1886）则是同世纪德国最著名的史学巨匠。就历史研究方法论而言，前者代表着从理论或概念出发研究历史的哲学学派（或称"史观派"），后者则代表着从史实或史料出发的实证主义或历史主义学派（或称"史料派"）。这两个学派之间的争论，从19世纪延续到20世纪，从德国传播到世界各国，在不同的文化、政治、社会条件下以各种方式不断地重演，至今难分伯仲。但鲜为人知的是，两大学派之间的较量不仅是抽象原则的众多追随者之间的争议，而且就黑格尔与兰克本人之间也曾经有过一段尖锐的思想交锋。两人所发表的观点具有经典意义，即便在21世纪的今天也没有过时，值得我们仔细回味。

黑格尔与兰克虽然早已成为著名学派与思潮的代表符号，但他们不是虚无缥缈的"思想幽灵"，而是具体的历史人物。他们的人生轨迹有所交集，尽管时间不长，但影响深远。这种交集是如何发生的？

黑格尔比兰克年长25岁，完全可以算是兰克的父辈。1789年法国大革命爆发时，兰克还没有出生，而黑格尔已经是19岁的热血青年了，他欢呼这场大革命是"壮丽的日出"（ein herrlicher Sonnenaufgang），是新时代的到来。1806年10月，拿破仑军队与普鲁士军队鏖战于耶拿与奥尔斯泰德，生活在离战场近 30 千米的维俄、年仅 11 岁的兰克曾在家乡眺望远方的战火硝烟。而时任耶拿大学教授的黑格尔则在街头亲眼看到了骑在高头大马上进驻耶拿的拿破仑（称他为"马背上的世界灵魂"，Weltseele auf Pferde）。1818 年，毕业于莱比锡大学的兰克受聘于偏僻的奥德河畔法兰克福的一所中学，在那里担任历史教师。同年，已经名满德意志学术界的黑格尔由海德堡大学北上，应聘于柏林大学，继任费希特的哲学讲席。1824 年，中学老师兰克出版了处女作《罗曼与日耳曼诸民族史 1494—1514》及其附本《近代史家批判》，在学术界声名鹊起，于次年被聘为柏林大学历史学副教授。由此，兰克与黑格尔工作在同一所大学，从 1825 年 4 月到 1831 年 11 月黑格尔去世，两人"同事"的时间有 6 年多。但两人的学术与社会地位却有着天壤之别：一个是如日中天的哲学大师、1829—1830 年的大学校长，一个还是地位卑微且不稳定的副教授。

虽然年龄与进入学术界的时间相差整整一代，黑格尔与兰克涉足历史领域的时间却是很相近的。如前所述，兰克是 1818 年开始担任中学历史教师的。而黑格尔明确涉及历史的论述，即其"世界历史哲学"的思想最早出现在 1817 年出版的《哲学全书纲要》，并在 1821 年的《法哲学纲要》中得到了拓展。[①] 自 1822—1823 年冬季学期起（具体时间是 10 月 31 日），黑格尔开始在柏林大学讲授"世界历史哲学"的课程，以后每隔一年重讲一次，到 1831 年初共讲了 5 次。因此，黑格尔与兰克开始涉足历史领域的时间在 1817—1818 年前后，而两人的历史著述都是在 19 世纪 20 年代开始闻名于学术界，他们的史学理念也是从此发生冲突。

本文试从黑格尔的"世界历史哲学"讲义入手，分析他与兰克在历史认识论上的分歧与争辩。因此对该讲义文本的考察十分重要。这里首先需要强调的是，黑格尔自 1822 年 10 月底起在柏林大学讲

[①] 参见［德］黑格尔《世界史哲学讲演录 1822—1823》，刘立群等译，商务印书馆 2015 年版，"中文版前言"第 1 页。

授的是"世界历史哲学"（Philosophie der Weltgeschichte）或"哲学的世界历史"（Philosophische Weltgeschichte），而非一般意义上的"历史哲学"（Philosophie der Geschichte 或 Geschichtsphilosophie）。长期以来，尤其在国内学术界，人们把黑格尔在历史领域的著述称为"历史哲学"。例如，王造时的相关译著就以"历史哲学"为名。[1] 2015 年，商务印书馆又推出了黑格尔的《世界史哲学讲演录1822—1823》的中译本，[2] 给人黑格尔在历史领域有两部著作（一部为《历史哲学》，一部为《世界史哲学》）的模糊印象。这种模糊印象在德国学术界也因不同名称著作的流行而存在着。但是比较一下这些带有不同名称的著作，就会发现，它们的主题与内容都是相同的，都是"世界历史哲学"。尤其在著作开头，黑格尔都是开门见山地指出，他讲的课程的内容是"世界历史哲学"。也就是说，黑格尔从来就没有讲过一门名称为"历史哲学"的课程，而只讲过"世界历史哲学"这门课。

"历史哲学"的名称是在黑格尔身后才出现的。黑格尔于1831年11月去世后，其生前的学生（以"友人"的名义）整理出版其全集，其中包括还未成书的约10门课程的内容。在编辑出版其关于世界历史哲学的讲义时，可能是为了与其他学科（如自然哲学、宗教哲学等）的讲义整齐划一，黑格尔学生爱德华·冈斯（Eduard Gans，或译"干斯""甘斯"）就于1837年以"历史哲学"的名称首次出版了"世界历史哲学"的讲义卷（作为第9卷）。[3] 1840年黑格尔的儿子卡尔（Karl Hegel）也以"历史哲学"的名称修订与再版了此书。[4] 该版本及其书名也被弗里茨·布伦斯泰德（Fritz

---

[1] ［德］黑格尔：《历史哲学》，王造时译，该译本目前有三个版本：商务印书馆1936年版；生活·读书·新知三联书店1957年版；上海书店出版社2001年版，2006年重版。

[2] ［德］黑格尔：《世界史哲学讲演录1822—1823》，刘立群等译，商务印书馆2015年版。

[3] Georg Wilhelm Friedrich Hegel's Vorlesungen über die Philosophie der Geschichte, Herausgegeben von Dr. Eduard Gans, Neunter Band, Berlin, 1937.

[4] Georg Wilhelm Friedrich Hegel's Vorlesungen über die Philosophie der Geschichte, herausgegeben von Dr. Eduard Gans, zweite Auflage, besorgt von Dr. Karl Hegel, Neunter Band, Berlin 1840；1848年又重印。

Brunstäd）1907 年的再版本所沿袭。① 直到 1917 年，格奥格·拉松（Georg Lasson）才正式以"世界历史哲学讲义"的书名出版了该讲义。② 1955 年，约翰内斯·霍夫麦斯特（Johannes Hoffmeister）又修订与再版了拉松版的《世界历史哲学讲义》。③ 但此后仍然存在着《历史哲学讲义》与《世界历史哲学讲义》两个不同版本并行的状况。例如，自 1969 起，苏尔康普（Suhrkamp）出版社在再版黑格尔全集时，仍然使用"历史哲学"的名称出版了其世界历史哲学讲义。④ 而莱茵—威斯特法伦科学院在整理出版黑格尔全集（即所谓的"科学院版"）时，则直接使用"世界历史哲学讲义"的原名，并且把黑格尔本人的备课手稿与学生课堂笔记分别出版在手稿与笔记两个大类里。⑤ 另外，承担"科学院版"黑格尔全集出版业务的德国麦内尔出版社又于 1996 年自行组织出版了黑格尔的讲义系列，而关于世界历史哲学的讲义也使用了其原名。⑥

---

① Georg Wilhelm Friedrich Hegel, *Vorlesungen über die Philosophie der Geschichte*, mit einer Einleitung von Theodor Litt, herausgegeben von Fritz Brunstäd, Stuttgart 1907, Nachdruck 1961, 2016.

② Georg Wilhelm Friedrich Hegel, *Vorlesungen über die Philosophie der Weltgeschichte*, herausgegeben von Georg Lasson, *Hegels Sämtliche Werke*, Band Ⅷ：*Philosophie der Weltgeschichte*, Erster Halbband：1. Einleitung des Herausgebers：*Hegel als Geschichtsphilosoph*；2. *Die Vernunft in der Geschichte*. Verlag von Felix Meiner in Leipzig, 1. Auflage 1917, 2. Auflage 1920；Zweiter Halbband：1. *Die orientalische Welt*. 2. *Die griechische und die römische Welt*. 3. *Die germanische Welt*, Verlag von Felix Meiner in Leipzig, 1. Auflage 1919；2. Auflage, 1923；neuster Nachdruck 1988 mit Literaturhinweisen.

③ Georg Wilhelm Friedrich Hegel, *Vorlesungen über die Philosophie der Weltgeschichte*, Band Ⅰ. *Die Vernunft in der Geschichte*, herausgegeben von Johannes Hoffmeister, fünfte abermals verbesserte Auflage, Hamburg 1955.

④ Georg Wilhelm Friedrich Hegel, *Vorlesungen über die Philosophie der Geschichte. Werke Band* 12, auf Grundlage der Werke von 1832 – 45 neu edierte Ausgabe. Redaktion Moldenhauer und Karl Markus Michel, Frankfurt/M. 1970.

⑤ 该科学院 2015 年最新出版的依据学生笔记整理的"世界历史哲学"讲义见：Georg Wilhelm Friedrich Hegel, *Vorlesungen über die Philosophie der Weltgeschichte*, *Gesammelte Werke* Band 27. 1. Nachschriften zu dem Kolleg des Wintersemesters 1822/23. Herausgegeben von Bernadette Collenberg-Plotnikov, Hamburg, 2015。

⑥ Georg Wilhelm Friedrich Hegel, *Vorlesungen über die Philosophie der Weltgeschichte*（Berlin 1822 – 1823）Vorlesungen. Ausgewählte Nachschriften und Manuskripte Band 12, herausgegeben von Karl-Heinz Ilting, Karl Brehmer und Hoo Nam Seelmann, Hamburg 1996.

德国出版界在出版黑格尔历史著作方面的复杂情况也影响到了中国学界对黑格尔著作的翻译与介绍。如1936年王造时的《历史哲学》中译本是以英国学者约翰·西贝利（John Sibree）1857年的英译本为依据，而后者又是以卡尔·黑格尔1840年的版本为基础的。2015年商务印书馆出版的《世界史哲学讲演录1822—1823》则是以麦内尔出版社1996年出版的版本为基础的。① 也就是说，黑格尔的世界历史哲学讲义，在1837年、1840年被以《历史哲学》的名称在德国整理出版后，首先是通过英译本于1936年由王造时译介给中国学术界。② 而以"世界历史哲学"命名的版本则到2015年才正式出现在中国学术界。不过，就内容而言，我们还很难说，《世界史哲学讲演录1822—1823》的版本比《历史哲学》的版本更好。因为旧版本的《历史哲学》整合了1822—1831年黑格尔五次讲课的备课手稿与学生笔记，其内容是比较完备的，尽管其中手稿、笔记与出版者润笔之间的界限不是很清楚。而《世界史哲学讲演录1822—1823》则只是黑格尔第一次授课时三位学生的笔记，不包括黑格尔本人的手稿以及后几次授课中讲述的新内容。到目前为止，1996年以前的，具体地说是1917年拉松版，尤其是1955年霍夫麦斯特版的《世界历史哲学讲义》还没有受到国内学术界的足够关注。除了其他变动以外，拉松版与霍夫麦斯特版都将黑格尔本人的手稿与学生笔记通过不同的字体区别开来，手稿部分在拉松版中为大字号，在霍夫麦斯特版中为斜体，但霍夫麦斯特版还为黑格尔手稿标出了具体的年代。而就在更为仔细的霍夫麦斯特版本中，我们可以发现黑格尔与兰克之间思想交锋的蛛丝马迹。

---

① 不过，该版本译者认为，此书会在未来正式编入"科学院版"的黑格尔全集，见[德] 黑格尔《世界史哲学讲演录1822—1823》，刘立群等译，商务印书馆2015年版，第9页。但莱茵—威斯特法伦科学院2015年推出了自己的版本，且其编辑人员与麦内尔出版社的完全不同，可见这两个版本应该是相互独立的。

② 这一点也可以通过布伦斯泰德1907年版的最新重印本（2016）与王造时译《历史哲学》2001年修订版内容上的对照得到验证。虽然其隔着两道语言屏障，但还是可以看出它们是属于同一版本。

二

现在我们试以霍夫麦斯特的版本为依据，来分析黑格尔"世界历史哲学讲义"的内容及其与兰克的关系。在讲授其"世界历史哲学"核心内容之前，黑格尔首先以"历史书写的种类"为标题，对西方史学史上各种不同历史书写方法进行了评论，然后又在"世界历史哲学"的导论部分的开头详细阐述与论证了他自己的所谓"哲学的"历史研究与书写方法。[①] 黑格尔主要区分三种历史研究与书写法：原始的、反思的与哲学的历史研究与书写。所谓"原始的历史写作"，其实也就是我们今天所说的"当代史"。其特征在于历史书写者的境界与他所书写的对象是属于同一个时代，历史书写者只是把他看到与听到的人物与事件转述为文字。而在所谓的"反思的历史写作"中，历史书写的对象已经超过了历史书写者所在的时代，他必须回望远离本时代的过去。反思的历史书写又分四种。1. 通史写作，即关于一个民族的或全世界的全部历史的汇编式的写作。2. 实用性的历史书写，即对历史事实联系现实进行反思的写作，目的是以史为鉴。黑格尔认为这种历史书写是徒劳的，因为各个时代的情况差异太大，人们永远不会从历史中学到什么。3. 批判性的历史书写。这种历史书写的主要内容不是历史本身，而是对以往历史写作的批评。4. 局部史或专门史的写作，主要指带有普遍性视角的艺术史、法律史与宗教史。

在介绍前两种历史书写形式的过程中，黑格尔已经对它们的不足之处进行了诸多批判。在讲到反思的历史写作的第一类，即概述或汇编式的通史历史写作时，黑格尔批评这种历史书写法或多或少地放弃了历史现实的个体化叙述，代之以抽象的概括，使历史叙述

[①] Die Arten der Geschichtsschreibung, in: G. W. F. Hegel, *Vorlesungen über die Philosophie der Weltgeschichte*, Band Ⅰ, *Die Vernunft in der Geschichte*, herausgegeben von Johannes Hoffmeister, Felix Meiner Verlag, Hamburg, 1955, Nachdruck, 1994, S. 2 – 22.

变得枯燥无味，缺乏鲜活性。而作为这种概括性的历史写作的反面，黑格尔提到了另外一些历史学家，他们力图生动而如实地叙述所有细节，不是通过自己的加工再现旧时代，而是通过细心的、对历史细节的"忠实"呈现而提供历史时代的一幅图像。"他们到处收集它们。这些丰富多彩的细节、细小的利益、士兵的行动、私人物件，它们对政治利益没有影响——不能认识整体、一个普遍的目的。"在霍夫麦斯特的版本中，在"他们到处收集它们"句子之后的括弧里写着"Ranke"的名字，并附以注释"g"。在该注释里，霍夫麦斯特指出，这是黑格尔著作中唯一提到兰克姓名的地方，并认为，拉松在其1920年的第二版中，把黑格尔手稿中的Ranke误读为Ränken（阴谋）。① 霍夫麦斯特版在手稿开头有两个日期：[Begonnen] 31. X. 1822；[wiederholt] 30. X. 1828。这表明该手稿内容是在1822年10月31日开讲，并于1828年10月30日重讲。②

笔者认为，既然霍夫麦斯特确定黑格尔在该手稿内容中提到了兰克的名字，那么手稿的相关内容就不可能是1822—1823年冬季学期的，而只能是1828—1829年冬季学期的备课手稿，因为兰克最早的两本著作《罗曼与日耳曼诸民族史1494—1514》《近代史家批判》是在1824年出版的。黑格尔在1822—1823年之交不可能得知兰克

---

① 原文是"[Sie] lesen diese allenthalben her zusammen (Ranke g). Die bunte Menge von Detail, kleinlichen Interessen, Handlungen der Soldaten, Privatsachen, die auf politischen Interessen keinen Einfluss haben, —unfähig, ein Ganzes, einen allgemeinen Zweck [zu erkennen]."方括号里文字是霍夫麦斯特整理手稿时附加的，Georg Wilhelm Friedrich Hegel, *Vorlesungen über die Philosophie der Weltgeschichte*, Band Ⅰ, *Die Vernunft in der Geschichte*, herausgegeben von Johannes Hoffmeister, Felix Meiner Verlag, Hamburg, 1955, Nachdruck, 1994, S. 15. 比较一下拉松1920年版（1917年初版的第2版）对黑格尔手稿同段文字的整理（S. 256 – 257），确实可以发现一些不同之处："Sie lesen diese allenthalben her zusammen, die bunte Menge von Details. Von kleinlichen Interessen, Ränken, Handlungen der Soldaten, Privatsachen, die auf die politischen Interessen keinen Einfluss haben, unfähig, ein Ganzes, Allgemeines, Zweck [aufzufassen], eine Reihe von Zügen wie in einem Walter Scottschen Roman überall —dergleichen Züge kommen in der Geschichtsschreibung vor ——fleissig und mühselig zusammenzulesen."

② Georg Wilhelm Friedrich Hegel, *Vorlesungen über die Philosophie der Weltgeschichte*. Band Ⅰ, *Die Vernunft in der Geschichte*, herausgegeben von Johannes Hoffmeister, Felix Meiner Verlag Hamburg 1955, Nachdruck 1994, S. 3.

的姓名，即便得知也没有理由把他当作某种历史研究与书写方法的代表人物。而到1828年底，兰克已经因前两本书在柏林大学被聘任为历史学副教授，在学术圈内小有名气，又在1827年出版了《16与17世纪南欧的君主与民族》，黑格尔对兰克的著作应该有所听闻或涉猎。① 但黑格尔对兰克所代表的历史学家显然并不欣赏，正如前文所述，黑格尔认为他们呈现的都是一堆各色各样的细节，细小的利益、行为、个人事件，这些细节对政治利益没有影响，不能使人认识到整体以及普遍性目标。用今天的话来说，黑格尔把兰克看成一个"碎片化"历史研究的代表人物。

黑格尔对兰克本人整体上也不看好，认为兰克"不行"（Nein, mit dem Ranke ist es nichts），是一个"平庸的历史学家"（ein gewöhnlicher Historiker）。② 依据恩斯特·西蒙（Ernst Simon）的研究，黑格尔对兰克的这一负面评价是在有人建议让兰克参与其主编的《柏林学术批判年鉴》（Berliner Jahrbücher für Wissenschaftliche Kritik）的相关工作时作出的。西蒙于1928年出版的博士论文《兰克与黑格尔》不仅对黑格尔与兰克的学术理念进行了系统的比较，而且详细描述了19世纪20—30年代柏林大学的学术生态。在当时的柏林大学，存在着以黑格尔为首的哲学学派与以神学家施莱尔马赫（Friedrich Schleiermacher）、罗马史学家尼布尔（Barthold Georg Niebuhr）为首的历史学派的尖锐对立。兰克虽然属于历史学派，但因资历浅，并不处于两派斗争的第一线。因此，黑格尔对兰克的负面评价应该更多的是依据对其学术著作的印象而作出的。

---

① 兰克于1827年9月离开柏林，开始了一场长达三年多的广泛收集历史资料的南欧旅行。黑格尔是否对此有所耳闻并因此在写到那些到处收集历史细节的历史学家时想起兰克的名字，则不得而知。

② 参见 Ernst Simon, *Ranke und Hegel*, München und Berlin 1928, S. 82。兰克与黑格尔于1931年夏有过一面之缘，兰克在次年4月给弟弟海因里希的信中谈到对黑格尔的个人印象，称他"挺好，很有思想"（doch gut und geistreich），参见 Wolfgang Hardtwig und Philipp Müller（Hg.）, *Die Vergangenheit der Weltgeschichte. Universalhistorisches Denken in Berlin 1800 - 1933*, Göttingen 2010, darin: Ulrich Muhlack, Das Problem der Weltgeschichte bei Leopold Ranke, S. S. 143 - 171, S. 161。

仔细阅读一下兰克 1824 年出版的《罗曼与日耳曼诸民族史 1494—1514》的前言，我们或许可以更好地理解黑格尔对兰克的反感。虽然是年仅 29 岁的中学历史老师，兰克在其前言里阐述的观点与立场，完全可以被视为一篇后来被称为"历史主义学派"的学术宣言。① 与以后的各种烦琐的诠释不同，在这里，"历史主义"是可以在字面上得到理解的。"历史主义"就是一种别无他顾，只追求历史本来面目的研究态度。兰克首先解释了他为什么选择"罗曼与日耳曼"的概念，而没有使用"普遍的基督教世界"（eine allgemeine Christenheit）、"欧洲统一体"（Einheit Europa's）以及"拉丁基督教世界"（lateinische Christenheit）这三种含义相近的概念中的一个：因为这些概念都不适合他的研究对象。"普遍的基督教世界"必须包括亚美尼亚人；"欧洲统一体"牵涉到土耳其与俄罗斯，要透彻地理解它们的历史就必须涉及全亚洲的历史；"拉丁基督教世界"又包括斯拉夫、拉脱维亚、马札尔部落，它们有着该书不涉及的独特性。因此，兰克决定只选择讲述部落起源上接近的民族（stammverwandte Nationen）的历史，即起源于纯日耳曼或日耳曼—罗曼部落的民族的历史。他同时认为，这些民族的历史是近代历史的核心。另外，兰克强调，他提供的只是"一些历史，而不是那个历史"（nur Geschichten, nicht die Geschichte）。可见，兰克对概念是十分挑剔的，他不愿意使用过于笼统、庞大，超越史实范围的大概念，也谦逊地说自己只是提供了部分历史，不是历史的主体。② 但他也不经意地透露出认为罗曼与日耳曼民族的历史是近代史核心的观点。其次，兰克在前言中表达的，就是后来众所周知的对历史书写的道德评判与教育功能的拒绝：以往人们赋予了历史学评判过去、为了未来教育同代人的职责，但他的这次尝试不敢承担如此崇高的责任，它只想

---

① 参见 Leopold von Ranke, *Geschichten der romanischen und germanischen Völker von 1494 bis 1514*, Zur Kritik neuerer Geschichtsschreiber, Dritte Auflage, Leipzig 1885, Vorrede, S. V – Ⅷ.

② 德语单词"Geschichte"既有"历史"，也有"故事"的含义，特别是作为复数"Geschichten"时，更可以理解为"几个故事"。19 世纪初期被普遍认为是欧洲历史观念从复数的"历史"向单数的"历史"过渡的时期，但兰克却在这里逆流而上，选择了复数"历史"观念。

显示历史的本来面目（er will blos zeigen, wie es eigentlich gewesen）。① 再次，兰克交代了该书研究的资料基础：首先是那个历史时代的回忆录、日记、信件、使馆报告以及见证人的原始叙述，也就是黑格尔所说的那些"到处收集起来的细节"。然后是引自上述原始材料或因某一独特的认识可以被视为同等可信的材料。该书的每一页都要展示所引用的材料。并且，如前所述，兰克同时出版了一本名为《近代史家批判》的附本，对前人在该领域的成果作出了细致的评价，尤其是对圭恰尔迪尼文学创作式的历史写作进行了尖锐的批判。② 最后，与这种对演义式的历史写作的批判相一致，兰克也拒绝读者对史学著作的文学艺术性的期待："对事实的严谨的叙述，不管它有多么局限与丑陋，无疑是最高的准则。"他也拒绝在开篇概述欧洲各民族的总况，而只是在每个民族、国家、个人真正介入历史进程时才详细论述到它们。总之，兰克的写史原则是只求真，不求全，不求美，只追求他所呈现的历史是真实的，哪怕它只是片段、局部。兰克知道他这种做法的缺陷，估计人们可能会认为他的叙述太"生硬、不连贯、无色彩、令人疲倦"。但他坚信自己的路子是正确的，并为失败做好了心理准备。

兰克在当时虽然是个"小人物"，但是其史学理念代表着当时德国兴起中的历史主义思潮，代表着历史学对启蒙哲学的进步理念的质疑与抵抗。而黑格尔在其世界历史哲学讲义的导论中对西方史学史上常见的历史研究书写方法进行的系统批判，目的就在于论证其

---

① 兰克名言"er will blos zeigen, wie es eigentlich gewesen"中的 blos 是兰克本人的独特写法，一般应该写成 bloss。

② 耐人寻味的是，黑格尔在批判以兰克为代表的那些收集与呈现琐碎的历史细节的历史学家时，曾把他们的著作与当时在欧洲十分流行的苏格兰历史小说家沃尔特·司各特（Walter Scott）的书籍相提并论。但兰克自己并不这么认为，他在 1886 年去世前几周内与其处女作的英译本译者见面时，明确与司各特划清了界限。当然，黑格尔所指的兰克与司各特著作的共同点是其琐碎性，而兰克嫌弃的是司各特著作的虚假性。参见［德］利奥波德·冯·兰克著《拉丁与日耳曼民族史 1494—1514》，付欣、刘佳婷、陈洁译，马庆林校，广西师范大学出版社 2015 年版，英文版译者序，第 2 页。有趣的是，该书英译本的书名［History of the Latin and Teutonic Nations（1494—1514）］中还是出现了兰克在考虑原著书名时刻意回避的"拉丁"概念。

"哲学的历史研究与书写"（philosophische Geschichte）的合理性。对于历史学家直接或间接表达的对历史学的特殊性与独立性的坚持以及对哲学家"侵犯"历史学的质疑，黑格尔显然是十分恼怒的，其导论也可以说是对这种质疑的总清算。在黑格尔的论述中，我们能够看到这位哲学大师的敏锐与犀利，但也可以看他的霸气以及学理上的窘迫。他首先要面对的质疑是：哲学家把"先验的"、非历史的概念带入了历史研究。对此质疑，黑格尔并没有作出令人信服的回答，只是霸气十足地认为，哲学带入历史学的唯一思想：是理性的思想，即关于理性主导着世界，也主导着世界历史的进程的思想。这一思想是观察历史的先提条件，但不是哲学的先提条件，哲学不需要它，因为它已经被思辨哲学所证明了。[1] 对于听课的学生，他可以说进行了一种"信仰的胁迫"，先是要求他们对理性抱有信仰，但又觉得这是不妥的，与学术规范相违背的，就说他的关于理性主导着世界历史进程的思想，不是他从外部带来的理念，而是他研究世界历史所得出的结论，只不过为了方便学生的理解作为概论先放在前面讲了。[2] 最后他又退缩到（一般无人质疑的）对上帝的信仰的保护壳里，认为，既然上帝的意志可以显现在自然界的万事万物里，那么它也应该出现在世界历史之中。理性就是上帝意志的体现。哲学虽然不依靠宗教信仰的真理，但也没有必要回避它。既然人们在宗教上信仰上帝，也就应该在知识领域相信上帝无所不在的威力。黑格尔甚至认为，其世界历史哲学的目的，就在于论证一个万能且公正的上帝的存在（Theodizee），坚定人们关于世界历史的进程是一个有意义的、善良压过邪恶的过程的信念。[3]

---

[1] Georg Wilhelm Friedrich Hegel, *Vorlesungen über die Philosophie der Weltgeschichte*, Band I, *Die Vernunft in der Geschichte*, herausgegeben von Johannes Hoffmeister, Felix Meiner Verlag, Hamburg 1955, Nachdruck 1994, S. 28.

[2] Georg Wilhelm Friedrich Hegel, *Vorlesungen über die Philosophie der Weltgeschichte*, Band I, *Die Vernunft in der Geschichte*, herausgegeben von Johannes Hoffmeister, Felix Meiner Verlag, Hamburg 1955, Nachdruck 1994, S. 30.

[3] Georg Wilhelm Friedrich Hegel, *Vorlesungen über die Philosophie der Weltgeschichte*. Band I, *Die Vernunft in der Geschichte*, herausgegeben von Johannes Hoffmeister, Felix Meiner Verlag, Hamburg 1955, Nachdruck 1994, S. 47–48.

在黑格尔的这些论述中，我们也可以看到其与兰克的思想交锋，乃至语句上的"接茬"。如前所述，兰克曾表示，他的著作只是试图显示历史的本来面目（er will blos zeigen, wie es eigentlich gewesen）。而黑格尔则在其世界历史哲学的导论里这样叙述时人关于历史学与哲学的对立的印象：哲学家是带着哲学的思想来研究历史，把它当作材料，不是把它按原样处理（lassen sie nicht, wie es ist），而是按照思想来组织它，正如人们所说的那样，先验地构建它。历史学只是去理解现在与过去所存在的事件与行动（Die Geschichte hat nur das rein aufzufassen, was ist, was gewesen ist, die Begebenheiten und Taten），[①] 而且越是贴近事实，就越真实，那么哲学的任务与这种研究法之间就存在着矛盾，而这一矛盾以及从中产生的对思辨的指责应该在这里得到解释，并被驳斥。在布伦斯泰德1907年的，也就是卡尔·黑格尔1840年版本中，黑格尔的相关语句与兰克的说法更为相近。[②]

黑格尔与兰克关于历史学任务的语句上的相似性，是否是笔者的过度解读呢？应该不是，因为恩斯特·西蒙也觉察到了这一点。但他认为，这是偶然的，黑格尔的这些话在1822年第一次讲课时就说了，是在兰克处女作《罗曼与日耳曼诸民族史1494—1514》出版之前，因此不可能是受了兰克的影响，而兰克也不是受了黑格尔的影响才那么说的。[③] 西蒙的依据是拉松1920年版的黑格尔手稿内容。[④] 而该版本并没有标出该手稿的年份，我们在2015年商务印书馆出版的《世界史哲学讲演

[①] Georg Wilhelm Friedrich Hegel, *Vorlesungen über die Philosophie der Weltgeschichte*. Band I, *Die Vernunft in der Geschichte*, herausgegeben von Johannes Hoffmeister, Felix Meiner Verlag, Hamburg 1955, Nachdruck 1994, S. 27.

[②] 参见 Georg Wilhelm Friedrich Hegel, *Vorlesungen über die Philosophie der Geschichte*, mit einer Einleitung von Theodor Litt, herausgegeben von Fritz Brunstäd, Stuttgart 1907, Nachdruck 2016, S. 48：Da die Geschichte nun aber bloss aufzufassen hat, was ist und gewesen ist, die Begebenheiten und Taten. . . 。

[③] Ernst Simon, *Ranke und Hegel*, München und Berlin 1928, S. 126.

[④] 西蒙所指的黑格尔语句可见于 Georg Wilhelm Friedrich Hegel, *Vorlesungen über die Philosophie der Weltgeschichte*, herausgegeben von Georg Lasson, *Hegels Sämtliche Werke*, Band Ⅷ：*Philosophie der Weltgeschichte*, Erster Halbband, 2. *Die Vernunft in der Geschichte*. Verlag von Felix Meiner in Leipzig, 2. Auflage 1920, S. 3。

录1822—1823》中也看不到类似的话。但我们可以在霍夫麦斯特1955年版本及其重印本中看到,黑格尔的语句(Die Geschichte hat nur das rein aufzufassen, was ist, was gewesen ist, die Begebenheiten und Taten)是出于1830年的手稿,而此时兰克的处女作早已出版。因此,我们虽然不能肯定黑格尔的相关语句是受了兰克的影响,但也不能排除这种可能性。

在强调自己关于理性主导了世界历史进程的观点不是先验的,而是在研究世界历史后得出的结论之后,黑格尔又作了战略收缩,说出了又一句与兰克名言相似的话:"而历史,我们必须如实地接受它,必须历史地、依据史实来开展研究"(Die Geschichte aber haben wir zu nehmen, wie sie ist; wir haben historisch, empirisch zu verfahren)。然后他反戈一击,开始攻击德国历史学家。他呼吁学生们不要受专业历史学家的蒙蔽,因为他们,尤其是那些权威的德国历史学家自己还在做着他们指责哲学家的事情,即在历史中进行先验的捏造(apriorische Erdichtungen)。他指出了罗马史方面的不实传说,矛头直指当时的罗马史权威尼布尔。对于兰克,黑格尔也有进一步的间接的批判。可以说,其犀利程度不亚于后现代史学对兰克史学的批判。黑格尔认为,像"如实""理解"这些概念也存在着许多猫腻。哪怕一个"平庸的历史学家"(ein gewöhnlicher und mittelmässiger Historiker)也会说,他只是在接受历史,只是投入客观的历史之中,但他的思想也不是被动的,他也是带着他的范畴来观察历史的,并透过它们来观察所存在的历史事实的。[1]

黑格尔主张明确地把世界历史当作上帝意志实现的过程、上帝的杰作进行阐述与肯定,并且将其发展阶段具体落实到各民族的历史之上。对于那些声称信仰上帝及其无所不在的作用力,但不愿意以一种具体的历史理论来论证上帝的作用的历史学家,黑格尔揭示

---

[1] Georg Wilhelm Friedrich Hegel, *Vorlesungen über die Philosophie der Weltgeschichte*, Band I, *Die Vernunft in der Geschichte*, herausgegeben von Johannes Hoffmeister, Felix Meiner Verlag, Hamburg 1955, Nachdruck 1994, S. 30 – 31.

了他们内心深处可能存在的私念：他们拒绝以明确的历史理论来论证上帝的存在，目的无非给自己主观的历史解释留下更大的空间，以满足自己的虚荣心。①

黑格尔这样说，无疑是把对上帝的信仰与他个人的世界历史哲学捆绑在一起。但无论如何，兰克确实反对"历史哲学"及其进步史观，不管是否带有宗教的外衣。早在19世纪30年代，兰克就对此发表了个人的意见。② 他认为，历史哲学是一种"不成熟的哲学"，其关于人类历史是逐步实现自我完美的进步史观是不可信的。首先，哲学家们对此并没有达成一致意见；其次，这种进步史观只是以几个民族的历史为基础，其他民族的历史则被视为不存在或是无关紧要的附属品。但只要关注一下世界各民族的历史梗概，就可以发现，它们自始至终一直处于极其不同的状态之中。世界历史的书写，不能依靠这种历史哲学，而是要依靠专注于个体，但同时注意普遍性问题的专业历史研究。

在上述对进步史观的批判中，兰克还是以费希特的理性概念为例的，没有点到黑格尔的大名。到1854年，在其给巴伐利亚国王所作的关于近代史的演讲中，兰克对进步史学以及黑格尔的"主导精神"（leitender Geist）则有了更为明确与深刻的批判。③ 其思路的清晰与思想的深刻程度足以给兰克带来一位理论家的声誉。首先，他

---

① 参见 Georg Wilhelm Friedrich Hegel, *Vorlesungen über die Philosophie der Weltgeschichte*. Band I, *Die Vernunft in der Geschichte*, herausgegeben von Johannes Hoffmeister, Felix Meiner Verlag, Hamburg 1955, Nachdruck 1994, S. 41。在布伦斯泰德的版本里，相关言辞更为激烈：und die fromme Demut, indem sie sich die Erkenntnis Gottes vom Leibe hält, weiss sehr wohl, was sie für ihr Willkür und eitles Treiben damit gewinnt, 参见 Georg Wilhelm Friedrich Hegel, *Vorlesungen über die Philosophie der Geschichte*, mit einer Einleitung von Theodor Litt, herausgegeben von Fritz Brunstäd, Stuttgart 1907, Nachdruck 2016, S. 55。

② 参见 Fritz Stern und Jürgen Osterhammel (Hg.), *Moderne Historiker. Klassische Texte von Voltaire bis zur Gegenwart*, München, 2011, S. 95 – 98。德国学者吕森与约尔丹把兰克这篇文章的撰写时间定在1831年，参见［德］利奥波德·冯·兰克《近代史家批判》，孙立新译，北京大学出版社2016年版，"编者导言"第10页。因黑格尔于该年11月14日去世，我们大致可以推定，兰克撰写此文时黑格尔还在世。

③ Leopold von Ranke, *Über die Epochen der neueren Geschichte. Historisch-kritische Ausgabe*, hg. von Th. Schieder und H. Berding, München und Wien, 1971, S. 53 – 67.

质疑其"进步"概念。他认为，如果说整个人类是从一个原始状态向一个积极的目标发展的话，那么可以用两种方式来想象这一过程：要么，有一个普遍的主导意志在推进人类从一个点向另一个点发展；要么，在人类中有着一种精神特征，它带着必然性将事物推向一个确定的目标。兰克认为，这两种观点在哲学上站不住脚，在历史上也得不到证实。因为，在哲学上，它在第一种情况下等于取消了人的自由，把人当成了无意志的工具，而在另一种情况下，人要么是上帝，要么什么都不是。从历史的角度看，这些观点也得不到证实。虽然兰克认为，日耳曼民族那里有着持续的精神上的发展，但在其他民族那里就很难说了。他以亚洲为例（实指中国），认为在古代，亚洲的文化很繁荣，但在蒙古人入侵后，亚洲的文化"就完全灭绝了"。另外，他还举例欧洲艺术史：15 至 16 世纪上半叶是欧洲的艺术最为繁华的时期，但在 17 世纪末与 18 世纪的前四分之三世纪，欧洲的艺术最为没落，因此就单个领域而言，也不存在一个持续几百年的发展与进步时期。兰克认为，人类历史上确实存在着某种持续向前的内在运动。这种内在运动是一种宏大的具体的精神趋势，在它占主导地位时，别的趋势就退居后位，它的出现又会引发另一种主导趋势。但兰克反对关于人类一代接一代向前发展的进步史观，认为这等于就把最后一代视为最佳，把中间世代只是视为下一代的阶梯，它们本身是没有价值的。兰克坚持认为，每个时代都是直达上帝的，其价值不在于它的结果是什么，而是其存在本身。在上帝面前，人类的所有世代都是平等的，而历史学家也必须这么看。

　　就黑格尔所谓的历史上的"主导观念"（leitende Idee），兰克也提出了异议。如果兰克不是还在强调上帝的观念的话，我们可以说，他的批判已经达到了唯物主义的边缘。他认为，按照黑格尔学派的观点，只有观念才拥有独立的生命，所有人都只是成了被赋予精神的影子。那种认为世界精神几乎可以通过欺骗而创造事物，利用人们的激情以实现其目的的观点，其基础是一种使得上帝与人类毫无尊严的想象。它最终也只能导致泛神论。在那种想象中，人类犹如一个形成中的上帝，他通过一个其本质中拥有的精神的过程，产生了自我。兰克最多同意将所谓的"主导观念"称为"主导趋势"（leitende Tendenzen）。但他认为，这些趋势只能被描写，而不能彻底地总结于一个概念。人类历史就是多种趋势的综合体。"从上帝观念的角度出发，我只能这样想象，人类包含着无限的发展的多样性，它们逐步地并且按照我们还不认识的规律显现出来，比我们的想象更神秘、更伟大。"

显然，与黑格尔不同，兰克虽也认为，历史是上帝的杰作，但上帝的意志隐藏在历史的表象后面，只是偶然露面，历史学家不可预先知晓与指定，只能在与历史材料接触的时刻发现上帝的足迹，揣摩上帝的意志。就文学、历史与哲学三大近邻学科的关系而言，兰克作为现代历史学的代表，十分坚决地与文学以及哲学"分了家"，为历史学独立了门户，将文学与哲学（但不是宗教）驱逐出了历史学，尽管他本身的历史写作还存在不可摆脱的"隐文学"或"隐哲学"元素。当然，黑格尔可以恶意地说，这只不过是把对上帝的诠释权留给历史学家自己，是虚荣与专横的表现。

三

黑格尔世界历史哲学是一种用宏观的历史理论解释世界历史进程的空前尝试。但从本质上来说，这种历史理论是以哲学的真理（理性主导着世界）为后盾的，而哲学的真理又是以宗教的真理（上帝的意志主导着世界）为后盾的。这一点恰恰在黑格尔进行自我辩护时暴露无遗。一种其可信度必须由哲学的真理以及宗教的信仰来支撑的历史理论，终归不是一种接地气的历史理论。这不仅在唯物主义者看来是行不通的，即便在信仰上帝的兰克看来也是不可信的。而兰克与黑格尔在历史认识论上的根本分歧，不是宗教信仰上的分歧，而是学理上的宏观理论与具体史实之间的矛盾的体现。在兰克看来，黑格尔的进步史观是千疮百孔、不堪一击的，随意就可以举出几个击垮其理论大厦的历史反例。上帝的意志虽然无处不在、无时不在，可以作为世界历史的最终解释钥匙，但不可明确为一种研究前就形成,然后在研究中强加给历史事实的宏观理论。应该说,不预先提出宏观理论,这在研究与书写策略上也不失为一种"智慧的"选择,可以避免理论与史实无法融合之尴尬。不过,历史学者其间可能存在的,以上帝的名义任意解释历史事实的私念,并没有逃过黑格尔的法眼。

如果真如黑格尔有时说的那样,其世界历史哲学不是先验的,而是其对世界历史进程进行具体研究所作出的结论,只不过是出于教学的目的先交代给学生,那么像兰克那样不事先亮出宏观结论的历史学家的行为就不一定是对上帝虔诚的表现,反而有些学术懦弱的嫌疑了。因为,不管历史学者是否可以使用先验的理论来研究历史事实,在成书后把结论放在书前事先告知读者总是可以做到的。但作为一部《世界历史》的作者,纯粹在具体的史实研究的基础上得出宏观的结论,又是何等的艰难。黑格尔的世界历史哲学,其实是一种宏观理论与具体史实的混合体,但其结合是不成功的。黑格尔1822年开讲世界历史哲学时,还谈不上对世界历史的具体研究,却抱着"理性主导了世界历史进程"的坚定信念,企图以此融会贯通整个世界历史进程。但在涉及具体的各民族的文化与历史时,黑格尔又十分重视他能得到的历史资料与细节。[①] 如果只是看其关于具体历史事实的描述,我们也可以把他视为尊重史实的历史主义者。问题在于,其宏观理论与具体史实之间结合不是有机的,在具有内在逻辑的宏观理论与基本尊重材料的史实陈述之间,只存在着一条脆弱的纽带。

恩斯特·西蒙有一句十分耐人寻味的论断:黑格尔思想虽然有许多空想成分,但他仍然是德国唯心主义哲学家中与材料以及事实接触最密切(der stoffreichste und empirischste)的哲学家,而兰克则

[①] 恩斯特·西蒙认为,黑格尔在其世界历史哲学中是一位很不错的历史学家,以至于许多人认为其著作的历史叙述部分与哲学思考部分风格迥异,未能构成一个有机的关联,参见 Ernst Simon, *Ranke und Hegel*, München und Berlin, 1928, S. 156。笔者认为,对于黑格尔在世界历史哲学中关于古代中国文化的叙述,虽然有着许多合理的批评,但我们还是不能说它完全不符合历史事实。不管是在历史细节上还是在理论见解上,今天的中国读者都可以从中有所受益。

是德国客观主义历史学家中最执着地寻找他的那些事实似乎在暗示的思想的一个。[①] 黑格尔与兰克在历史认识论上的分歧,集中代表了人类在理论与史实关系问题上必然存在的矛盾。这种矛盾存在于每一位学者的内心。哪怕是一位某一极端立场的坚持者,在遇到具体问题时,只要其理性思维还没有完全泯灭,另一极端思路的成分又会不自觉地显现出来。黑格尔是如此,兰克也是如此。在黑格尔那里,是对世界各民族历史文化的具体研究与阐述,扰乱了其世界历史哲学的预设思路。在兰克那里,当他不顾耄耋高龄投入多卷本的《世界史》写作的时候,他也不得不与黑格尔一样,以一种宏观的历史哲学来规划与论证自己的世界史写作。兰克心目中的世界历史是一部人类各民族的交往与关联的历史,但因知识结构的局限与根深蒂固的欧洲中心主义,这部《世界史》呈现的只是与欧洲以外的世界(主要是中东地区)沾点边的世界历史。早已闻名于世的古代中华文明被视作停滞不前、与其他文明无重要交往而被完全忽视。因此,兰克的世界史写作与黑格尔的世界历史哲学一样,也存在着"理论先行"所带来的缺陷。

那么理论与史实之间的关系的问题,究竟应该如何处理?应该说,从理论的角度出发来研究历史,既是不可避免的,也是可行的。说不可避免,是因为人们总是试图利用已经获得的知识来理解未知的事物,以免一无所依或一切都从头做起,产生重复劳动。而这种已经获得的、被认为大致适合下一个认识对象的知识,就可以被视为理论。这种理论的来源与种类又不能过于局限化,即便是宗教、哲学乃至数学与自然科学领域的理论都应该有入选历史研究方法的资格。因为一方面,所有现象本质上是属于同一个世界,历史领域的问题也是其他学科研究的问题。而另一方面,就如黑格尔所说的那样,即便一个平庸的、宣称只接受与投入历史事实的历史学家也会带着自己的范畴去观察与研究历史。理论的使用,不管表明或不表明,都在进行着,因此最好在阳光下公开进行。但关键在于,理

[①] Ernst Simon, *Ranke und Hegel*, München und Berlin, 1928, S. 68.

论的使用不应该是以理论强制史实，而应该是一个以历史事实检验理论的过程。各种理论都应该有被检验的资格，但最终的"否决权"（das Vetorecht）应该掌握在史实手中。研究的过程应该是否定错误理论，完善有缺陷的理论，形成更符合历史事实的新理论的过程，当然也是正确的理论得到论证的过程，因此它可以坦然接受史实的检验。如此，理论与史实可以各得其所，发挥各自应有的功能，而以黑格尔为代表的哲学学派与以兰克为代表的历史主义学派之间的对立也可以得到化解。

（原载《江海学刊》2018 年第 4 期）

论阿克顿的历史哲学

张文涛

阿克顿（1834—1902）勋爵是英国历史学家、钦定剑桥近代史讲座教授。对于这样一位重要学者，学界的认识始终存在较大分歧。乔治·古奇说阿克顿是"当时英国人中间最有学问的人"，[①] 在《十九世纪历史学与历史学家》这本有广泛影响的著作中，专门以一章的篇幅论述阿克顿与梅特兰。该书单独成章的有尼布尔、兰克和蒙森，并列成章的有麦考莱、弗劳德等。由此可见古奇对阿克顿的重视。古奇的论述涉及了阿克顿学术活动和思想的许多方面，突出阿克顿对道德问题的讨论，而对阿克顿本人极为看重的自由史观未作深入分析。美国学者 J. W. 汤普森的《历史著作史》称其为"剑桥学派的真正创建人"，[②] 不过除了说他学识渊博和道德问题的判断力很强之外，根本没有提及他的自由史观。

在 20 世纪比较重要的几本英国史学理论著作中，阿克顿遭到了集体性忽视。继阿克顿勋爵之后担任钦定剑桥近代史讲座教授一职的约翰·伯里，在《进步的观念》中没有提到阿克顿一次。在柯林武德的名著《历史的观念》中，阿克顿的名字仍然没有出现。柯林武德论述"19 世纪晚期的历史编纂学"时，称这个时期从事历史研究的那些人，对于所做研究的理论很少有什么兴趣。在简单评点巴

[①] [英]乔治·古奇：《十九世纪历史学与历史学家》，耿淡如译，商务印书馆 1989 年版，第 603 页。

[②] [英] J. W. 汤普森：《历史著作史》，谢德风等译，商务印书馆 1996 年版，第三分册第 455 页。

克尔、麦肯齐等之后,匆匆得出结论,说这是斯塔布斯和梅特兰的时代。[1] 在沃尔什的《历史哲学导论》一书中,阿克顿终于出场了,但这一次只是作为一句论述的注脚。[2]

已故哈佛大学教授布林顿(Crane Brinton)的论文《阿克顿勋爵的历史哲学》,[3] 是少数专门讨论阿克顿历史哲学思想中比较深入系统的一篇。该文突出了阿克顿要从历史中揭示普遍适用性的思想,也对其自由观做了较多分析。但作者的论证逻辑是自由服从于道德,因而得出这样的结论:"每个人都有权遵从自己的良知,不变的道德法有永恒的力量统治他的良知。这就是他的历史哲学。"作者进一步批评说,阿克顿的历史哲学倾向于一个既定的完成系统,没有为成长留下余地。的确,阿克顿对于道德问题的过分强调,有时容易给人造成这种错觉。但如果是这样,阿克顿所谓"自由的进步史"就是一句空话。不能忘了,阿克顿说过,道德并不是固定的东西,"我们没有通用的法典;我们的道德观总在变动"。[4] 同样,良知也有一个不断发展的过程,"对良知的发展、改善和捍卫是人类历史进程中最伟大的成就"。[5]

人们对阿克顿历史思想的认识之所以出现如此大的差异,与阿克顿本人有很大关系。作为一名历史学家,他生前并没有完成任何系统性的历史著述。我们今天所知阿克顿主要论著,都是由他人在他死后整理出版的。《近代史讲稿》(Lectures on Modern History)成书于 1906 年,《自由史论》(The History of Freedom and Other Essays)成书于 1907 年,《法国大革命讲稿》(Lectures on the French Revolu-

---

[1] 参见〔英〕柯林武德《历史的观念》,何兆武、张文杰译,商务印书馆 1997 年版,第 214 页。

[2] 沃尔什写道:"有时候据说是历史学指明了某种教训,而这些教训一定是采取了普遍真理的形式,阿克顿勋爵有名的格言'一切权力都使人腐化,绝对权力则使人绝对腐化',就是一个例子"。参见〔英〕沃尔什《历史哲学导论》,何兆武、张文杰译,北京大学出版社 2008 年版,第 30 页。

[3] 参见 Crane Brinton,"Lord Acton's Philosophy of History", *The Harvard Theological Review*, Vol. 12, No. 1 (Jan., 1919), pp. 84 – 112.

[4] 〔英〕阿克顿:《自由与权力》,侯健、范亚峰译,译林出版社 2011 年版,第 23 页。

[5] 〔英〕阿克顿:《自由与权力》,第 281 页。

tion）成书于1910年，《自由与权力》（*Essays on Freedom and Power*）成书于1948年。阿克顿的大量通信和评论性文章仍然有待整理。曾写过阿克顿传的学者希梅尔法伯称阿克顿是个"不解之谜"，也是"自相矛盾之谜"。① 某种程度上可以说，阿克顿从理论上整合历史过程的伟大抱负并没有得以实现。我们可以从枝蔓丛生的论述中，大致勾勒出阿克顿历史哲学的基本内容。

一 自由是历史的主线

在主编《剑桥近代史》时，阿克顿曾给各位作者写过一封信，表达了他对普遍史的理解："我所理解的普遍历史，有别于所有国家的历史的联合，它不是一盘散沙，而是一个连续的发展；它不是记忆的负担，而是对心灵的启发。它在连续中前进，对这个连续性而言国家是次要的。我们也将讲述国家的历史，但不是为了它们自己的目的，而是因为涉及并附属于更高的序列，即关于他们为人类的共同命运所作贡献的时间和程度加以处理。"② 这段话包含了三个基本内容：一，历史不是国家史的联合，而是人类的共同命运；二，历史在不断进步；三，国家的历史要根据对人类共同命运的贡献加以衡量。阿克顿的思想在《剑桥近代史》这部被誉为"20世纪前四十年英语世界纪念碑式的历史著作"③ 中得到了贯彻。

在此前1895年就任钦定剑桥近代史讲座讲授的就职演说中，阿克顿曾对此有过更为详细的阐述。如在论及民族与文明的关系时，他说："如果我们所要说明的是思想而非事件，是观念而非武力，是赋予历史学以尊严、典雅和知识价值的精神财富，以及它对于提升

---

① 参见［英］格特鲁德·希梅尔法伯《阿克顿：生平与学说》，载阿克顿《自由与权力》，第13—14页。
② ［英］阿克顿：《近代史讲稿》，朱爱青译，上海人民出版社2007年版，第263页。这段话也被收入《剑桥近代史》序言中。
③ Josef L. Altholz, "Lord Acton and the Plan of the Cambridge Modern History", *The Historical Journal*, No. 3, 1996, p. 723.

人类生活的作用，那么我们就不会用民族现象来解释普遍现象，用风俗来解释文明。"在将近代史解释为一种"进步运动"时，他高度赞扬了哥伦布、马基雅维利、伊拉斯谟、路德与哥白尼等人的成就，并说"类似的结果随处可见，一代人见证了所有这一切。它是新生活的觉醒：世界在新的轨道上旋转着，为一种前所未有的力量推动着。过去的许多年代为一种信念所支配，认为世风日下，社会不久就要毁灭；为陋习和坟墓中的主子的意志所左右。但16世纪出现了，它准备尝试未曾尝试的经验，满怀信心地展望着充满无穷变化的未来"。共同命运是无数新观念共同造就的结果，"这些观念充满生机和活力，展翅越过海洋和疆界，使得在一个孤立国度的封闭状态中寻求事物的原有秩序成为徒劳。它们强迫我们涉足于比我们更为广大的社会，熟悉遥远的异域风情，攀登更高的山峰，沿着主要方向，与不可能是一个国家所造就的各路豪杰、圣者和天才生活在一起"①。

以上三个方面，不仅是阿克顿个人的认识，也是启蒙时代历史哲学的共同特点。孔多塞在《人类精神进步史纲要》中就表达了同样的思想，认为所有人类理解力的活动，都汇成人类理性的进步，并据此将人类社会划分为十个时代。② 黑格尔在《精神现象学》中从认识的发展角度将人类精神发展划分为五个阶段：意识、自我意识、主观精神、客观精神和绝对精神。在《历史哲学》中，黑格尔更是根据精神自由的程度对历史进行分期，将东方世界称为世界历史的少年时期，将希腊世界称为世界历史的青年时期，将罗马世界称为世界历史的壮年时期，将日耳曼世界称为世界历史的老年时期。③ 据此，世界历史因而呈现出一幅不断进步的图景。

阿克顿曾用更为简练的术语对这种思想加以概括，即自由史，并称之为"一条历史哲学的原则"。他说："自由是古代历史和现代

---

① [英]阿克顿：《自由与权力》，第5—6页。
② [法]孔多塞：《人类精神进步史表纲要》，何兆武等译，生活·读书·新知三联书店1998年版，第171页。
③ [德]黑格尔：《历史哲学》，王造时译，上海书店出版社1995年版，第105—117页。

历史的一个共同主题：无论是哪一个民族、哪一个时代、哪一个宗教、哪一种哲学、哪一种科学，都离不开这个主题。"① 这一看法，可以说抓住了启蒙精神的核心，即康德所谓人类摆脱自身的不成熟状态。孔多塞用"精神进步"诠释的是这个主题，黑格尔用"精神自由"诠释的是这个主题，马克思用"人的解放"诠释的也同样是这个主题。

按照阿克顿自己的说法，起码有二百种以上的自由定义。可见，人们对这个问题的理解差异很大。阿克顿本人对于自由的论述也比较驳杂，但可以看出有如下主张。

1. 自由是最高的政治目的。阿克顿说："自由并不是达到更高政治目的的手段，它本身即是最高的政治目的。"他承认，自由可能助长偏见，甚至可能妨碍有益的立法。不过，他坚持认为："一个高尚的灵魂宁愿自己的祖国贫弱、微不足道但自由，也不愿她强大富足却遭受奴役，宁可做阿尔卑斯山间一个疆域狭小、对外界毫无影响的卑微共和国的公民，也不愿做一个雄霸半个亚欧的强大独裁国家的臣民。"② 他心中的自由，主要是个体的自由，而不是群体的自由。因而在诸如民族主义、社会主义这类主题上，他是持批判态度的。

2. 自由与特定的语境相联系。阿克顿认为自由不可以脱离时代和环境，而是要与历史结合在一起讨论。他说："自由蕴含着许多表面上人们看不出来的内容——它们的存在依附于众多的条件。当我们说自由是进步的目标以及本质时，我们的意思是指自由是众多事物相互作用的结果。自由无法同它得以产生和存在的事物割裂开来，否则，就会成为无源之水、无本之木。这些事物就是独立性、文化素养、繁荣、文学、宗教、健康的公共舆论——强有力的——高质量的道德水准，一种长期的历史过程的训练等等。这也就是为什么

---

① ［英］阿克顿：《自由与权力》，第273页。
② ［英］阿克顿：《自由与权力》，第44页。

说是上述这么多因素为自由作出了自己各自的贡献。"① 显而易见，他不赞成抽象的自由原则，而是强调多种历史条件互相作用下的自由。

3. 自由不仅仅意味着保障权利，同时也意味着承担义务。阿克顿在各种论著中更多强调人们对于自由权利的追求，称"我所谓的自由意指这样一种自信，每个人在做他认为是自己的分内事时都将受到保护而不受权力、多数派、习俗和舆论的影响"。② 但他同时也指出个人自由不能与集体义务相脱离，"自由不是人生应当追求的全部事物的总和或替代物；它的含义确实应当加以限定，其界限则变动不居；文明的发展增加了国家的权利和责任，并把越来越多的负担和限制加之于国民"。③ 他还说，"只有当人们学会遵守和服从某些法则之后，自由才开始真正出现"。④ 这里，阿克顿触及现代政治学的核心思想，即需要在群己权界内讨论自由问题。

4. 自由是一个进步的过程。作为维多利亚时代的历史学家，阿克顿与那个时代的许多人一样，抱有进步信念，视历史为自由不断进步的过程，他说："自由不是天赋的而是后天习得的；它不是处于静止的僵化状态。而是处于不断努力和不断生长的状态；它不是一个起点而是一个运行的结果。"⑤ 这也是他毕生想做的事，著述一部不断生长的自由史。

5. 自由是对权力的批判和反抗。由于广博的历史知识，他敏锐地看到，在所有使人类败坏的因素中，权力是最重要的因素之一。他说出了那句著名的格言，即"权力导致腐败，绝对权力导致绝对腐败"。因而，约束权力正是他自由史思想的一个核心内容。他告诉我们，围绕着集权还是限权和分权所展开的斗争是人类历史发展的动力。历史上的各种斗争，诸如宗教之间、种族之间、政治形式之

---

① ［英］阿克顿：《自由与权力》，第318页。
② ［英］阿克顿：《自由史论》，胡传胜等译，译林出版社2001年版，第5页。
③ ［英］阿克顿：《自由史论》，第21页。
④ ［英］阿克顿：《自由与权力》，第274页。
⑤ 参见［英］阿克顿《自由与权力》，第273页。

间的斗争，实际上都是权力的较量。①

阿克顿的自由史观念深受洛克、埃德蒙·柏克和麦考莱等的影响，但也与他们有很大不同。阿克顿的自由史观更大程度上是强调人类不断追求自由的精神，而不仅仅是确立权力分立原则，或者用制度保障各种权利。他承认不同时期权力制衡和权利保障的重要性，但同时也看到其走向异化的可能。用他自己的话说，"每一条统治原则单独实行起来，都容易走向极端，引起反抗。君主制僵化为专制，贵族制蜕化为寡头制，民主制政体膨胀为人数至上"。② 对于民主政体引起的极端后果，他特别以古代雅典为例进行说明。他写道："在一个值得纪念的时刻，公民大会上的雅典人宣布，他们痛恨阻止他们为所欲为的主张。既有的力量无一能够约束他们；他们决意不受任何义务的束缚，除了他们自己制定的法律外，他们不受制于任何法律。获得解放的雅典人民，就是以这种方式成了一个暴君……就像法兰西共和国一样，他们把失败的将领处死。他们不公正地对待附属国，使他们失去了自己的海上帝国。他们掠夺富人的财产，直到迫使富人与国民公敌串通一气。他们的罪恶在苏格拉底的殉难中达到了顶峰。"③ 因而在他看来，制度的历史常常是一种欺骗和幻觉的历史。他举例说，法国1789年在凡尔赛召开三级会议之时，有着比《大宪章》更悠久历史的西班牙国会也举行了会议，但是他们主动放弃了权力，听任国王自主行事。④ 换言之，制度的进步从长期来看并不可靠。既然如此，他必须为自由精神寻找更为坚实的基础。在阿克顿看来，这个基础就是宗教。

二 宗教是"自由之母"

阿克顿是生于那不勒斯的英国人。其祖父曾担任那不勒斯王国

---

① ［英］阿克顿：《自由与权力》，第295页。
② ［英］阿克顿：《自由与权力》，第42页。
③ ［英］阿克顿：《自由与权力》，第35页。
④ 参见［英］阿克顿《自由与权力》，第27—28页。

首相，故阿克顿家族在那里有着显赫的地位。阿克顿的母亲来自神圣罗马帝国贵族达尔伯格家族，她对天主教有着坚定的信仰。阿克顿三岁时，父亲病逝，母亲嫁入英国辉格党自由派体制下的名门望族。在继父格兰维尔勋爵和母亲安排下，阿克顿八岁时进入奥斯科特圣母学院接受天主教教育。十六岁那年，他被送到慕尼黑大学，师从德国著名天主教学者多林格学习。在多林格影响下，阿克顿试图将英国自由主义与天主教信仰结合起来，构建一种以自由进步史为线索的历史哲学。

在分析古代各种法律和政治制度的局限性时，阿克顿说，人类社会应当遵循的法则不能从世俗中得到，必须要有超越性的来源。他称当斯多噶学派提出真正的自由在于服从神意时，已经离基督教的精神只有一步之遥，"是斯多葛学派将人类从专制统治的奴役中解放出来，他们开明而崇高的生命观，在古代与基督教国家之间的断裂处架起了一座桥梁，指明了通向自由之路"[①]。但直到基督教的出现，这条路才真正有了具体方向。阿克顿视宗教为"自由之母"，认为基督教在自由思想发展史上，有如下价值。

1. 否定专制思想。在阿克顿看来，基督教所说"恺撒的归给恺撒，上帝的归给上帝"，具有特别的历史意义，因为"他是以保护良知的名义，赋予世俗权力它从未有过的神圣，也给它加上了它从未承认过的束缚；这是对专制的否定，是自由的新纪元的开始"[②]。专制，无论来自教会还是世俗政府，来自集体还是个人，都是阿克顿一直批判和否定的对象。

2. 倡导主权在民思想。王权与教权的斗争是中世纪欧洲长达数百年的历史现象。阿克顿指出，双方都愿意承认主权在民，把它视为权力的直接来源。如托马斯·阿奎那说："不信守义务的国王，即丧失了让人服从的权利……在人民规定的范围之外，任何政府皆无权征税。一切政治权力皆源于民众的选举。"当然吉伯林派马西利乌

---

① ［英］阿克顿：《自由与权力》，第45页。
② ［英］阿克顿：《自由与权力》，第49页。

斯持有同样认识，认为法律的权威来自人民；没有人民的同意，它就没有效力。阿克顿认为，他们已经想到了今日统治世界的那些原则。①

3. 宗教自由是世俗自由的源泉。阿克顿说，对于宗教自由的追求，不仅是早期基督徒和修士们的理想，也是宗教改革时期伊拉斯谟、托马斯·莫尔爵士等人的理想。② 教徒们保护自由，是出于对正义和仁慈事业的热爱。即使处在不利条件之下，宗教对于自由事业的贡献，也要比某一种明确的政治思想多。③ 阿克顿认为，正是在宗教自由精神影响下，世俗自由逐步得到发展。

4. 宗教平等是人权思想的来源。阿克顿将近代欧洲的人权思想也归为宗教改革的间接产物。宗教改革虽然历经曲折，甚至在某些时候成为世俗专制帮手，但最终"结束于一种平等的要求，即每个人在履行天职时都不应当受到其他任何人的约束——这是个带着风暴和破坏力的信条，是人权的内在实质和革命颠扑不破的专题"。④

当然，仅有自由精神和思想，自由并不能得到实现。阿克顿主张为信教自由而抗争世俗权力的压制，是重要一环。但这并不是件容易的事情。即便如改革者路德，也不免走向与世俗权力的合流。至于加尔文，则在迫害塞尔维特事件中令人诟病。所以反抗的能力并不意味着建设的能力。对于胡格诺战争之后的《南特敕令》，他评价说，它是一个比满足前一代德意志人要求的《奥格斯堡宗教和约》更自由的计划。但敕令不是会产生持续影响、一代接一代发展下去并越来越多地改变未来的哲学指导原则之一。⑤ 阿克顿认为当宗教改革转变为政治改革时，这是一个进步。在这一方面，尼德兰革命走在了英国、美国和法国政治革命的前面。阿克顿从宗教方面而不是从资产阶级的兴起方面诠释了导致这些政治革命的深层因素。

---

① 参见［英］阿克顿《自由与权力》，第55—56页。
② 参见［英］阿克顿《自由与权力》，第72页。
③ 参见［英］阿克顿《自由与权力》，第68页。
④ 参见［英］阿克顿《自由与权力》，第11页。
⑤ 参见［英］阿克顿《近代史讲稿》，第132—133页。

在他看来，1566 年开始的尼德兰革命，根源在于宗教。他专门引用了西班牙国王菲利普二世的一段话，即："关于宗教裁判所，我的愿望是它能像以前那样并按所有法律——人的法律和神的法律——的要求由裁判官加以执行。这件事是我所深切关心的，我要求你们执行我的命令。将所有犯人处死，折磨他们让他们不能因为法官的忽视、软弱和不诚实而逃脱。"然后加以评论说，通过暴力计划，菲利普二世将宗教改革变为革命；菲利普二世试图以他的意志取代自治，不仅激起天主教徒和贵族的反对，更是引发难对付的民主派和新教徒的运动。①

关于英国革命，阿克顿也在宗教中找到根源。他称独立派不是为他们的宗教而战，而是为信教自由而战。在他们的信条里，没有给英国人凌驾于其他民族之上的特权留有位置，也没有给独立派高居其他教会之上留有余地。所有这些是体系的严格逻辑产物，是他们关于教会组织的信条的直接结果，这也给了他们的自由主义以无价的宗教基础。②1688 年的光荣革命，虽然不具有共和色彩，因为"权力没有从社会中的贵族分子转到民主人士手中。自由政府的各个要素，宗教自由、全民教育、解放奴隶、贸易自由、救济穷人、出版自由、责任内阁及辩论公开等都没有在代表议会的决议或《权利法案》中提及"，但光荣革命仍有其重要意义，它确立了契约政府的原则。③

关于美国革命，正如赫尔曼·芬纳所言，阿克顿"高度赞扬了美国的人权学说"。④不过，阿克顿认为美国革命同样有着宗教思想的基础。在他看来，殖民地人民抛弃了宪章和宪法的论点，而是根据自然法，更准确地说是根据神圣权利而行动的。这种革命精神从 17 世纪的教派那里传承下来。一个康涅狄格州的传教士早在 1638 年

---

① 参见［英］阿克顿《近代史讲稿》，第 109—110 页。
② 参见［英］阿克顿《近代史讲稿》，第 159 页。
③ 参见［英］阿克顿《近代史讲稿》，第 186 页。
④ Herman Finer, "Acton as Historian and Political Scientist", *The Journal of Politics*, No. 4, 1948, p. 620.

就说过:"根据上帝自己的应允,人民有权选择地方长官。那些有权任命政府官员和地方长官的人,也有权为权利设定范围和限制,并凌驾于其上。"① 埃德蒙·柏克对于殖民地发表的著名演讲,同样强调的是这项原则,阿克顿说,人民绝不能把命运交付给他们无法控制的权力,这项原则在美国革命中得到了确立。②

总而言之,他认为近代欧美的种种政治革命,大致皆有宗教自由观念的影响。这种说法虽有一定道理,基督教世界的人民,借上帝之名进行反抗自然是最方便也有号召力的手段,但若将视野投向非基督教世界,人们马上就会发现,这种解释力其实是很弱的。借助某种神秘的方式来鼓动人心,是反抗者常用的手段。中国两千多年前的陈胜、吴广就已经运用得十分熟练。我们并不能因此就得出人们对上天有虔诚的信念,并且为着信念而战斗的结论。现实生存的压力,作为贵族的阿克顿勋爵终究是不容易感受到的。身处工业革命时代,他始终看不到生产方式的改变需要社会提供相应的管理法则,不能不说是一种遗憾。

三 良知是宗教的真正品质

尽管从基督教中看到自由精神,从政治革命中看到了宗教思想的影响,但阿克顿绝不是教会的辩护士。他的人生经历与学术研究,让他深深感受到教会对自由事业带来的伤害。

阿克顿25岁时就担任了英国天主教杂志《漫谈者》(Rambler)的主编,强调信仰与知识、宗教与科学应当和睦相处是其办刊宗旨。1862年,杂志更名为《国内外评论》(The Home and Foreign Review),但仍坚持一贯的主张。这引起英国越山主义者枢机主教威斯曼、主教曼宁等人的不满,他们将之视为对教会权威和教义的威胁。1863年在比利时梅赫伦召开的天主教大会上,自由派蒙塔朗贝公爵

---

① [英]阿克顿:《近代史讲稿》,第257页。
② 参见[英]阿克顿《自由与权力》,第70页。

敦促天主教会与民主制度和解。他说为了让真理能自由表达，教会最好宽容错误，而不要动用迫害和宗教裁判所去力图压制。同在这一年，多林格在慕尼黑召集天主教学者会议，试图说服主教们支持自由探索精神。[①] 这些事件让罗马感受到了某种不安，教会通过种种方式施加压力。在压力之下，阿克顿宣布杂志停刊。[②] 但情况向着更为不利的方向发展。在曼宁等越山主义者的怂恿下，教皇庇护九世于 1864 年 12 月发布通谕《何等关心》（Quanta Cura），并附上一份所谓的《邪说目录》（Syllabus of Errors）。这份目录谴责了 80 个命题，其中最后一条是"罗马教宗可以而且应该与进步、自由主义和新文明和解"，正是杂志试图达成的目标。此举引起轩然大波。后世学者认为，这是"烧毁教廷通向现代世界的桥梁"。[③]

1867 年圣彼得和圣保罗节，是两位使徒殉道 1800 周年纪念日，庇护九世宣布要于 1869 年召开一次梵蒂冈大公会议，目的是要解决 19 世纪的不信教与理性主义问题。他认为两种思潮正在破坏基督教。此外，他也想强化教会的立场，以对抗充满敌意的社会与政府。曼宁和其他主要的越山派主教宣示要在会议上将"教皇无误论"定为信条。一直以调和自由精神与宗教信仰为己任的阿克顿感到有责任阻止这样的事情发生。在 1869 年 10 月份的《北英评论》（The North British Review）上，阿克顿公开表明了自己的立场，"用以支持永无谬误说的整个传统结构、法律和教义，以及教皇们的实际专制制度，都是建立在欺骗的基础上"。[④] 1869 年 12 月，梵蒂冈大公会

---

① 参见［英］埃蒙·达菲《圣徒与罪人：一部教宗史》，龙秀清译，商务印书馆 2018 年版，第 198 页。

② 在 1864 年 4 月份《评论》中的《与罗马的冲突》一文中，阿克顿宣布了停刊决定。他表明了杂志的办刊宗旨，"《评论》的目标是阐明宗教和世俗知识的既定结论之间存在着和谐关系，表现科学方法与教会运用的方法之间真正的和解及友善"。同时也表明了不得不停刊的原因。"不对这个教令的合理性和正当性进行审查，就让理智和良心作出让步，或因为权威被滥用便抛弃权威，这两种做法同样都是罪过。一方是背叛了道德，另一方是背叛了信仰。"参见［英］阿克顿《自由与权力》，第 184—208 页。

③ ［英］埃蒙·达菲：《圣徒与罪人：一部教宗史》，第 372 页。

④ ［美］格特鲁德·希梅尔法伯：《阿克顿：生平与学说》，载阿克顿《自由与权力》，第 6 页。

议开始。阿克顿提前来到罗马，充分利用与英国时任首相格拉斯顿的友谊以及与欧洲宗教和政治界的关系，展开活动，时间长达半年之久。不过他的努力未获成功。1870年7月18日，"教皇无误论"获投票通过。之后不久的9月22日，意大利军队进入罗马。教皇沦为"梵蒂冈之囚"。这是一个历史性的事件，标志着教皇在罗马长达一千五百年的世俗统治自此结束。

尽管阿克顿尽量淡化"教皇无误论"对他带来的影响，但我们依旧能在他此后的著述中看到由此带来的精神和情感伤害。在后来的剑桥《近代史讲稿》中，阿克顿专门用一章的篇幅"反宗教改革运动"来论述教会在路德宗教改革后的种种举措。其中特别提到三点。一是1542年在罗马设立的"最高宗教法庭"（the Holy Office）。阿克顿指出，现在它成了罗马及其一部分和中央集权的一个因素，"违法者受到作为教会统治者的教皇的审判，并由教皇作为国家的统治者将他烧死"[1]。二是支持耶稣会的成立，以维护教皇的绝对权威。三是召开特兰托宗教会议并颁布禁书目录。阿克顿说，"通过这种办法，他们作出了控制民众读物的努力，承担起销毁新教学者和像马基雅维利之类的作品的义务，并纠正特别是历史学家的犯禁文章"[2]。之所以要特别提到禁书目录，大概与"教皇无误论"之后，他的一封公开信被罗马列入禁书目录不无关系。[3]

在宗教自由精神与教会压制的紧张关系中，阿克顿需要为自由继续寻找新的合法性依据。阿克顿认为，这个依据就是良知。1882—1887年，英格兰教会曼德尔·克莱顿主教出版《宗教改革时期教皇制度史》，邀请阿克顿撰写评论。阿克顿作出了著名的答复，"我不能接受你这样的标准：我们不应像评价他人一样评价教皇和国王，而应当采取一个有力的假定，即他们是不会犯错误的……权力导致腐败，绝对的权力导致绝对的腐败。大人物往往是坏人物，即

---

[1]　[英]阿克顿：《近代史讲稿》，第84—85页。
[2]　[英]阿克顿：《近代史讲稿》，第91页。
[3]　参见［英］罗兰·希尔《阿克顿勋爵》，冯克利、苗晓枫译，中国方正出版社2017年版，第320页。

使在他们运用影响而非权威之时。当你再补充上权威造成的腐败趋势或确定性时,就更是如此。最为有害的异端邪说,莫过于那种认为职权使人神圣的观点。"阿克顿还将他与克莱顿历史观念的差异进行界定,"这就是问题的症结所在,是辩护史学和良知史学的区别所在"。①

阿克顿所谓的良知,主要有四方面特点。其一,良知是属于个人性的东西,没有固定僵化的标准。每个人都按照自己的标准去判断事物。② 其二,良知的核心是内心深处的灵光,必定会坚定地为追求自由而战斗。③ 其三,良知来自天启。善恶观念不是国家、民族、绝对多数人才能拥有的崇高特权。当人们将它界定为人类本性中的某种神圣东西的时候,就是要让这种至高无上的内心声音能够打破世俗的陈规,来限制权力。它来自天启,关注的是永恒问题,与政府的世俗利益无关。④ 其四,良知本身也有一个进步的过程。对良知的发展、改善和捍卫是人类历史进程中最伟大的成就,是任何生活领域都必须遵循的原则,是使宗教成为真正宗教的内在品质。⑤

问题在于良知到底是什么?良知的进步如何衡量?"真正宗教"在哪里?这既是一个理论问题,也是一个现实问题。正如阿瑟·柴尔德所说,"真正的困难在于,道德的理论是含糊不明的"。⑥ 我们在阿克顿这里找不到答案。他自己也一定感觉到了麻烦。阿克顿的好友、首相格拉斯顿的女儿玛丽·格拉斯顿曾对他抱怨道:"您总是在否定——根本没有人确切知道您的真实观点——您不断推翻,撕碎稿纸,而不是挺立起来有所建树。"⑦ 大概这绝不是个别人的感受,在《自由史论》前言中,费尔斯说:"那些最仰慕他的人也能感受到有一种失败感在主宰着阿克顿。在一个笔记中他对自己说他的一

---

① [英] 阿克顿:《自由与权力》,第 256—257 页。
② [英] 阿克顿:《自由与权力》,第 280 页。
③ [英] 阿克顿:《自由与权力》,第 284 页。
④ [英] 阿克顿:《近代史讲稿》,第 14 页。
⑤ [英] 阿克顿:《自由与权力》,第 281 页。
⑥ Arthur Child, "Moral Judgment in History", *Ethics*, No. 2, 1951, p. 307.
⑦ [英] 罗兰·希尔:《阿克顿勋爵》,第 407 页。

生都荒废了。"①

阿克顿为什么不能写就一部"自由史"著作，通过历史进程的展开来贯彻他的历史哲学？这是一个耐人寻味的问题。尽管他曾对自由作出过界定，但这种界定本身存在问题。阿克顿认为自由必须具有永恒性和超越性色彩。也正是出于这种认识，尽管他承认特定语境下的制度对于自由的促进和保障作用，但他始终对于制度的局限性有着清醒的认知。假如阿克顿将寻找上帝作为历史的目标，那么他就不是在阐述一种历史哲学，而是在阐述历史神学。无论添加多少历史细节，他不能将自己的历史观与奥古斯丁的历史神学真正区分开来。如果将自由理解为一种进步的过程，这或许正是阿克顿想做的事情，那么他需要建立衡量进步的尺度和标准。阿克顿试图用来自天启的个人良知作为判断自由进步的依据。而对于良知，他不仅无法说明其具体内容，更是无法令人信服地找出历史上良知不断进步的序列，尽管他相信存在这个序列。阿克顿的困惑，某种程度上也是启蒙时代哲人们的共同困惑。康德也表达过类似的进步信念，但承认自己不能找到历史前进的规律。康德还特别说过，关于自由，我们唯一可把握的就是其不可把握性。

阿克顿的博学令时人称道，但他的知识结构是有缺陷的。他的博学主要体现在历史、政治与宗教领域。有一件轶事颇能说明这种情况。同时代的银行家、作家约翰·拉伯克爵士曾邀人开列"精选图书一百种"书单，以满足维多利亚时代后期人们的求知欲望。阿克顿曾于1883年和1884年开列出两份书目。玛丽·格拉斯顿对于阿克顿的书目有这种印象，认为包含太多的宗教书目，科学方面的则太少。② 对于哲学领域尤其是德国古典哲学的无视，以及对于经济学、自然科学领域进展的漠然，使得阿克顿以良知为线索构建"自由史"的总体性历史哲学成为难以完成的任务。但这并不意味着书写一部人类的"自由史"缺乏可能性。在更早的时代，黑格尔已经

---

① [英] 阿克顿：《自由史论》前言，胡传胜等译，译林出版社2001年版，第8页。
② [英] 罗兰·希尔：《阿克顿勋爵》，第373—374页。

就精神自由史发表过系统主张。与阿克顿同时代的历史学家巴克尔，已经从科学知识积累与财富增长的角度阐述了文明史的发展进程。另一个更为重要的同时代人物马克思，则从经济基础与上层建筑的关系中分析了人类争取自由和解放的途径。他们与阿克顿一道，代表了19世纪人们对于人类自由发展历程的认识高度。不过，若以今天的眼光来看，如何书写自由进步史，这依旧是一项有待完善的工作，而不是已经完成的工作。

（原载《史学理论研究》2019年第3期）

评麦克尼尔的《西方的兴起》及全球史研究

郭 方

一 麦克尼尔及《西方的兴起》的学术渊源

西方史学在19世纪起逐步形成有着系统研究和教学规范的学科，由于当时的历史条件也造成了其局限和缺陷，即"西方中心论"和狭隘的民族国家立场，将历史学变成了西方发展扩张和宣扬个别民族"优越性"的国别史，而漠视世界其他地区与文明的历史和世界人类整体的历史。还有就是注重于以文件材料为依据的政治史和重要人物事件的历史，而忽视了经济、社会、科学文化发展史和普通民众的历史。此后，由于社会科学和哲学在19、20世纪之交的迅速发展，也由于考古学、人类学在世界各地的新发现和新成果的影响，在20世纪上半期出现了一批从不同于传统史学的角度研讨论述整体世界史的著作。如以独特的历史哲学思考论述人类各文明历史进程的斯宾格勒的《西方的没落》和汤因比的《历史研究》；思想新颖、文笔生动的威尔斯的《世界史纲》、房龙的《人类的故事》、威尔·杜兰的《文明的故事》等。这些著作在西方思想文化界有相当大的影响，但在专业史学界却未被广泛接受。史学家往往认为，它们从史学研究的角度而言失之空泛或肤浅，不符合史学研究的规范，并且其论述多有偏离史实之处。许多人更认为从专业史学研究的角度而言，除了教科书和多人合编的通史而外，撰写"整体世界史"是不切实际的。但麦克尼尔就是西方专业史学家中首先作了这种尝试并取得重大成就者。

麦克尼尔称自己从1936年起就开始构思一部综述世界各文明自古至今相互影响的进程的著作,即于1954年才动笔、1963年出版的这部《西方的兴起》。这期间的27年,世界经历了第二次世界大战,战后两大阵营的"冷战"对峙,亚非众多国家摆脱殖民统治而独立和兴起,经济、科技的迅猛发展,这些使全球各地的联系远比以前密切。在这种巨变形势下,社会科学的重大发展进一步影响了史学研究,如社会科学类型模式与比较方法的应用,马克思主义经济、社会思想在学术界影响的加强,社会学、经济学、人类学、心理学新进展和新理论层出不穷,西方专业历史学界如"年鉴"学派、新马克思主义历史学派等也取得显著成就,处于头号"超级大国"地位的美国也有了对一部新的整体世界史的需求,因而《西方的兴起》的出版就产生了较大的反响和获得了较高的评价。

二 《西方的兴起》的全球史学术源流

麦克尼尔的《西方的兴起》与斯宾格勒的《西方的没落》和汤因比的《历史研究》显然有着某种传承关系。麦克尼尔与汤因比有着密切的学术交往,后来写过汤因比的学术思想评传。[①] 麦克尼尔对汤因比在大多数专业历史学者趋于专精之时,以文明的概念为世界史研究注入新活力所作的贡献给予很高评价,认为汤因比试图将世界所有文化融为一体,表现了从宏观角度探究历史的卓越洞察力。但麦克尼尔也指出汤因比《历史研究》的缺陷,他认为汤因比没有充分认识到各个文明之间的相互影响、不同的文化人群之间的交流接触是促使文明演变的主要动力。并且汤因比过分依赖希腊、罗马古典文明的模式,对其他文明尤其是非西方文明缺乏理解,因而对各文明的选择取舍过于武断,在分析其他文明时有许多明显错误。另外,汤因比的《历史研究》往往是先确定观点,再选择适用的史

---

① W. H. McNeill, *Arnold J. Toynbee, A Life*, New York, 1989.

实，这就难于为专业历史研究接受。① 正如汤因比要以英国的经验主义来弥补斯宾格勒的德国先验主义方法的不足那样，麦克尼尔要以美国历史学和文化人类学的成果来弥补汤因比历史哲学方法的不足。他不但以相当多的各国史学权威著作作为注脚来支持自己的论述，同时也吸收了威尔斯、房龙、杜兰等人著作生动新颖的特点，以大量的插图、地图和图解鲜明形象地体现了自己的世界史构想。因而《西方的兴起》同时引起了专业历史学者、思想文化界和广大读者的兴趣及注意。

曾对此书的写作提供意见的汤因比说："《西方的兴起》是我所知道的叙述形式的世界史中写得最为清晰透彻之作。我确信任何读这本书的人，将会对造就我们今天生活的这个世界漫长而复杂的历史进程，获得更深邃的洞察力。"而对汤因比的《历史研究》持强烈批判态度的英国史学家特雷弗·罗珀（H. R. Trevor-Roper）也认为："这不只是一本最有学识和最有见地的书，它也是曾经出版过的叙述和解释整个人类史的书中最具吸引力的，阅读这本书是一种令人非常满足的体验。"② 《西方的兴起》的发表被西方史学界认为是开创了世界史研究的一个新时期，是专业历史学家写的第一部综合世界史。十几年后，英国史学家巴勒克拉夫在《当代史学主要趋势》一书中说："近年来在用全球观点或包含全球内容重新进行世界史写作的尝试中，恐怕要以 L. S. 斯塔夫里亚诺斯和麦克尼尔的著作最为著名。"③ 而斯塔夫里亚诺斯在其 1970 年出版的《全球通史》中也首先提到了《西方的兴起》这本书的重要意义。30 多年来，《西方的兴起》多次再版，在西方众多的史学著作、史学评论和史学史中常常被论及和引用，有人将麦克尼尔与斯宾格勒、汤因比并称为"20 世纪对历史进行世界性解释的巨人"。

---

① 参见邵东方《汤因比和麦耐尔的"文明概念"》，《二十一世纪》1993 年 12 月号，第 86—87 页。
② 参见 W. H. McNeill, *The Rise of the West*, Chicago, 1963，简装本封底页。
③ [英]杰弗里·巴勒克拉夫：《当代史学主要趋势》，杨豫译，上海译文出版社 1978 年版，第 245—246 页。

《西方的兴起》采用了从古到今的叙事史结构,将全球文明作为一个不断运动变化的整体,并以"比较广泛的唯物主义立场",认为农业、战争以及其他领域内的技术进步显然是人类发展的关键因素。对于各个文明的比较和兴衰的评价与它们之间的相互影响的探讨应以此为出发点。麦克尼尔认为研究世界史必须将各文明及其历史作为一个整体加以观察,文明的演变首先是由于生态、人口变化的促使,接着是同拥有较高阶段生活方式和思想的文化之间的接触交流,只有学习和掌握先进的技术和文化者才能生存和发展。这需要从世界史的高度考察,才能明了推动文明和历史演变的主要因素。只有发展一种世界范围的历史,才能有充分的空间容纳人类全部复杂性造成的多样化事实。

《西方的兴起》全面具体地体现了这些思想。全书对西方读者较熟知的西方史(特别是近现代史)的重要史实只是简单叙述,而对世界其他非西方文明的演变与成就的阐述却较一般西方通史系统详细,这使作者认为《西方的兴起》这个题目也许会造成读者的误解,但他希望这种"误解"会使读者通过思考而掌握这本书的思想和观点,即"西方的兴起"只是人类漫长文明史进程中经历了各文明的交替兴衰之后,在近五百年才出现的一个时段历史现象。[①] 全书分为3篇13章,译为中文有80多万字。第一篇为《中东统治的时代(至公元前500)年》,第二篇为《欧亚文化的均势(公元前500年—公元1500年)》,第三篇为《西方统治的时代(公元1500年至今)》。书的这种布局的中心是"欧亚大陆"(Eruasia)、"生存圈"(ecumene)的观念。书中纵览了这个大生存圈内各个文明相互影响、兴衰演变的宏观全景。

这本书毕竟为整体世界史研究开创了新局面,预示了此后西方史学界及历史社会学界整体世界史著述的繁荣。正如英国史学家巴勒克拉夫所说的:"'宏观历史已如此长时间失去信誉,如今又回复

---

① 参见 W. H. Mchleill, *The Rise of the West*, *A History of the Human Community*, The University of Chicago Press 1991。

了有利地位，但不是我们惯于将其与阿诺德·汤因比相联系的那种。今天它以长篇的、学识高深的著作的形式出现……W. H. 麦克尼尔在多年前称之为《西方的兴起》，但新模式实际上是由沃勒斯坦以'世界体系'分析开创的。"①

在写出《西方的兴起》之后，麦克尼尔将其主要思想，即王国社会群体和文化传播的接触看作改变人类历史的主要力量，转而研究在大范围区域内产生过影响的特殊事件过程。在1976年麦克尼尔出版了《瘟疫与人类》一书，考察了地方病和流行病在世界历史上的影响。不同社会的人群之间接触不仅会推动技能和工艺的传播，也会把外来的疾病传播到对此无抵抗力的人群中。流行疫病会对原有的社会秩序造成巨大破坏。如14世纪开始大流行的黑死病不仅夺去大量生命，并对14—17世纪大部分欧亚地区的贸易、工业、金融和社会形成破坏性的冲击。如欧亚大陆一种不知名的瘟疫破坏了古代丝绸之路的交往和贸易，加速了罗马帝国和汉帝国的灭亡。西方殖民扩张就引发了特殊的情况，从16—19世纪，天花和其他外来疾病毁灭了美洲和大洋洲、太平洋岛屿上的土著居民，彻底毁坏了当地的传统文人政治体制，为欧洲人提供了建立殖民地并在遥远的大陆上建立欧洲式社会的条件。在历史上的许多例子中，人类活动的一个后果是加速了疾病的传播，对原有政治、社会、经济和文化秩序造成沉重以至毁灭性的打击。

麦克尼尔在1982年发表了另一部重要著作《权力竞逐：公元1000年以来的技术、武力和社会》，他研究了人类的组织机构从民众中榨取剩余财富，用以维护和巩固他们掌握的权力。在对内统治和对外扩张中特别重要的是与军事有关技术的传播，这种传播具有改变现存政治和军事秩序的能力。麦克尼尔将几千年文明史中有关权力的技术发展展示出来，先是铜铁金属的传播、战车、先进的骑马技术、黑色火药、大炮、火器、军事组织模式、战争与武器生产

---

① G. Barraclough, "Return of Natives," *The New York Review of Books*, Vol. 2, 1983, pp. 33–35.

的商业化。在每个阶段每一项技术或技能的发明,都增强了统治者控制社会的权力,而在每一个阶段,邻近的人群也相对容易获得这些发明、技术或技能,结果欧亚大陆的大部分地区迅速地获得了这些技术。其中,成吉思汗的军队借用宋朝发明的火药、军事技术及工匠横扫欧亚大陆,将许多军事技术传到欧洲,并在欧洲加以改进,成为后来欧洲向外扩张的军事技术基础。书中着重论述了中国科技文化成就对世界历史进程的影响。这类与军事有关的技能一次次的传播,有助于理解世界政治与军事史上一些重要的发展的来龙去脉。①

通过这一系列著作,麦克尼尔在全球的范围内勾勒了历史发展的景象。在探讨全球史这个主题时,它以较为历史唯物主义的立场,避免了漫无边际的推测和历史哲学家著作中那种受先定知识影响的弊端。在探讨形成现代世界的动力时,它避免过多地陷入社会理论的纷争。麦克尼尔比大多数专业历史学家更多地以全球视野分析了历史进程,对这种进程的分析采用了史学家能够理解和认可的方式及用语。麦克尼尔的写作方法和思路为在一个大的跨地区或全球范围内研究历史进程的影响,或是按照不同学科的观点和方法进行全球性研究,这些为世界史的学术发展指出了新的趋向。近年来许多学者开始研究不同社会和文化区域之间人群的交流和碰撞过程,在跨越国家和文化疆界的研究过程中,显示了很大的独创性。

三 麦克尼尔史学思想与实践近年来的发展

麦克尼尔在研究全球史的过程中,逐步突出了他的主要思想,即对整个人类命运的关怀。他认为影响整个人类历史的因素有疾病(它与人口增长和流动、生态环境等一系列普遍问题有关,并长久深远地影响着各个文明的经济、社会与政治体制的兴衰)、有战争(它

---

① [美]本特利(Bentley):《20世纪的世界史学史》,许平、胡修雷译,《史学理论研究》2004年第3期。

与科学、技术、工艺、财富、商贸、经济社会体制等一系列普遍问题有关）。各个民族与国家在战场和政争中的胜负兴亡的深层根本原因往往取决于其在这一系列因素的竞逐中处于先进还是落后、变革还是停滞。疾病与战争是人类自古至今主要的灾变异数，但它们从来都不是孤立的事件，而往往是人与自然、人与人之间具有的各种普遍共同性关系互动的结果，因而人类在本质上有一部共同的历史。麦克尼尔由此又进一步探讨全球性的生态史问题，在 1980 年写出了《人类状况：一个生态学和历史学的观点》及其他论述，体现了麦克尼尔的价值判断和理想追求，希望在未来的时代人类社会能够吸取历史教训，使文明与科技的发展不要导致无限制的利润追求和恶性竞争，不要用于会导致人类毁灭的生态灾难和战争。麦克尼尔提倡全球史的另一个主要思想是要克服狭隘的民族史观。他在 1985 年作为美国历史学会主席发表的讲演《神话——历史：真理、神话、历史和历史学家》[1] 中写道："所有的人类集团都喜欢受到奉承。历史学家于是永远处于迎合某种期望的诱惑之下，按该民族的愿望来描述他们的历史。结果是真实与虚假相混合，主观意识混杂在历史中。……结果是神话般的虚构，往事像我们希望的样子，被着实简化成好人和坏家伙，'我们'和'他们'之间的争夺。大部分民族史和大部分集团史皆属这一类。"麦克尼尔又说："我们完全应该问一下，我们面前是否有其他道路。在理论上，答案是明确的，全人类具有共同性，历史学家可望深刻地理解它，如同他们理解把较小的集团团结起来的东西一样。一部透彻的世界史可望培养个人与整个人类休戚与共的感情，缩小各集团冲突的毁灭性，而不是如狭隘史学那样不可避免地加剧冲突。这作为我们时代历史专业的道德责任，确实深深地打动着我。我们需要发展一种世界范围的历史，为人类全部复杂性造成的多样化留有充分的余地。"[2]

---

① ［美］威廉·麦克尼尔：《神话——历史：真理、神话、历史和历史学家》，王加丰译，《史学理论》1987 年第 1 期，第 94—95 页。

② ［美］威廉·麦克尼尔：《神话——历史：真理、神话、历史和历史学家》，王加丰译，第 94—95 页。

麦克尼尔对于世界各文明及其相互关系也有进一步的阐述。他认为过去的历史学家往往根据某些"边界"为各种文明传统下定义，而低估了各文明超出"边界"之外的那些贸易与通讯体系的作用。而且，各文明及其发展与它们同原始社会之间的相互影响是不可分割的，是更大范围的贸易和生态体系的组成部分。在各个文明中，人们共同拥有的经典文献发挥着中心作用，上层阶级制定了行为规范，但低层阶级或"边缘群体"也以自己的道德法则和习惯实践与这种行为规范相互适应或抗争，形成了文明规范的实践。整体文明维持要依靠不断的信息相通，而信息内容与方式的不断变化又促进了文明的演变。各个文明间的信息交流和市场交换体制的形成减少了各文明的孤立性和自治性，将众多的民族和文化纳入不断变化的市场活动的世界体系之中，这种世界体系最初兴起时的作用是边缘性的，到今天已演变为具有中心性的性质。在世界整体史研究中必须阐明几个关键问题，即信息交流和市场体制的交换性及相互依存性、文化的多样性、政治的多元性，并且要注意与我们人类共同构成地球生态体系的其他生物的关系。[①]

在麦克尼尔等学者的努力和影响下，美国和世界各地（包括中国）的学者成立了"世界史学会"（Association of World History），在1990年创办了《世界史杂志》（Journal of World History），并有中国历史学家任编委。麦克尼尔以"二十五年后再评《西方的兴起》"一文作为发刊词（在1991年新版的《西方的兴起》中以其作为代序）。在这篇文章中，麦克尼尔全面检讨了《西方的兴起》一书的优缺点和得失，总的来说他还是以满意的心情回顾了自己这部著作在整体世界史发展进程中的里程碑地位，同时认为世界历史学家今天面临着更为巨大的任务，"因为历史的学术成就以前所未有的条件研究全球整体，而历史概念的进化已经达到了一个经验丰富的水平，使得世界历史研究的所有成果，甚至如我这样新近的成果，看来基

---

① 邵东方：《汤因比和麦耐尔的'文明概念'》，《二十一世纪》1993年12月号。

本上也过时了,明显地也需要被取代"①。十几年来,《世界史杂志》的编委中有些人发展了《西方的兴起》中的思想,从新的视野写出了有杰出成就的全球史著作。

柯廷的(Philip D. Curtin)的《种植园经济的兴起和衰落:大西洋历史论文集》,提出了关于大西洋沿岸地区一体化的分析,奴隶交易是随着蔗糖和其他日用品的贸易、交通运输技术的发展而进行的,把大西洋世界的所有人群的生活复杂地缠绕连接起来。柯廷在另一部著作《世界历史中的跨文化贸易》中,分析了散居的犹太人贸易现象,商人、代理商、经纪人和其他为了远距离贸易的利益而跨越文化边界的人的社会,指出远距离贸易的结构和商人的作用是世界历史中最有效的跨文化经纪人。由此从大范围的经济社会特定研究出发,勾画出与此相关的人类发展模式。克罗斯比(Alfred W. Crusby)的著作《哥伦布的交流:1492年的生态和文化结果》,研究了随哥伦布等西欧冒险家而来的毫无限制的生物流通给全球带来的影响。欧洲与美洲的不同农作物和牲畜的大交流,欧洲人带来的疫病对美洲、大洋洲居民造成毁灭性打击,极大地影响了后来全球的经济社会进程。克罗斯比在另一部著作《生态帝国主义:欧洲的生物扩张,900—1900年》中,试图解释为什么欧洲的植物、动物和人类社会能够在世界不同的广大地区立足并发展,欧亚大陆的疾病给美洲和大洋洲居民带来毁灭性的灾难,使欧洲人"发现"的大片土地以及他们带来的庄稼、牲畜及非洲黑奴向他们开放。这些打破了当地的生态平衡,使欧洲物种在当地物种衰败的条件下繁衍起来。1500—1900年这些相互依赖和促进的过程导致"新欧洲"在遍及世界的温和地带建立起来。②《世界史杂志》主编本特利(Jerry H. Bentley)的著作《旧世界的冲突:前现代时期的跨文化接触与交流》《传统的碰撞:从全球视角看历史》,对全球历史进程中各种文化接触、交流与冲突产生的种种历史事件及影响作了全面

---

① [美]本特利:《20世纪的世界史学史》,许平、胡修雷译。
② [美]本特利:《20世纪的世界史学史》,许平、胡修雷译。

深入的考察。从这些史学家的杰出成就可以看到,《西方的兴起》所开辟的全球史研究之路正在不断获得更丰富的成果,向着更为深入的层面发展。《世界史杂志》以鼓励全球史的系统学习和研究为己任,主要刊登从全球观点分析历史的论文和书评,对推动整体世界史的研究起了重要作用。这份杂志在第 2 期就刊登了《中华人民共和国的世界史研究》的文章,对中国近年的世界史研究成果作了较全面的介绍。① 主编本特利教授于 2004 年访问中国,与中国的世界史学者作了广泛的交流。

2003 年,麦克尼尔与他的儿子,史学家约翰·麦克尼尔共同出版了新著《人类之网:世界历史鸟瞰》②,这本书纵览了人类从新石器时代发展原始农业和畜牧业,向自然界夺取营养、能源和财富起,人类就形成了村庄、城市这种密切接触和信息交流的网络。随着人口增长,个人和人类团体之间的接触互动越来越紧密,形成集体性的技艺与共识不断强化的过程,也就是早期文明出现的过程。早期各个文明又在世界范围的人口增长、生态变化的压力和推动下相互结成越来越密、越来越延伸的信息网络,在每个文明的生产、生活实践和精神生活领域中,实际上都有着其他文明逐步渗透的痕迹。近五百年来,这种"人类之网"已以越来越快、越来越有效率的趋势将地球上所有的社会联结起来。这种人类之网的迅速发展远远超过了历史上形成新的和谐共识的进程,因而避免空前规模的生态破坏和毁灭的高技术武器战争,是当今必须形成的人类共识。这部著作在 21 世纪初继续发展了《西方的兴起》的主要思想。③

对于《西方的兴起》,今天我们研读时当然不应限于了解和接受,更需要的是有所启发和深入思考。当然如前所述,这部著作有着明显的不足与不当之处,对中国史的史实与中国文明的了解也有

---

① R. Croizier, "World History in the People's Republic of China," *Journal of World History*, Vol. I. No. 2, 1990, pp. 151 – 169.

② D. Christian, "World History in Context," *Journal of World History*, December 2003, p. 448.

③ D. Christian, "World History in Context," *Journal of World History*, pp. 448 – 450.

欠准确之处，并且这部著作的一些主要论点，如文明的起源和发展的具体史实及脉络，文明诸重要因素起源的一元论与多元论的争论，文化扩散论或传播论在多大程度上符合历史的真实，各文明之间的相互影响和联系与大文明"生存圈"的形成是否具有普遍性的历史现象，西方现代化的"兴起"是否体现了历史发展的必然趋向等，都还是处于探讨之中的重大问题，有待于继续研究和论证。在研读《西方的兴起》这部著作时，更应借鉴和反思的是，在进入21世纪的今天，如何修正世界史研究传统的西方中心论而又避免狭隘的封闭的治史态度，在坚实的学术基础上以全球的宏伟视角全面研究世界史，并能透过各个国家和地区的事件把握影响全球的历史力量和历史运动趋势。而且，当代史的实质就是具有全球性的历史，只有用具有世界性的眼光察古知今，以古为今之鉴，才能理解世界史未来发展的总趋向。

（原载刘新成主编《全球史评论》第1辑，商务印书馆2008年版）

马歇尔·霍奇森的文明研究

李俊妹

作为西方学术界公认的世界历史学家和伊斯兰研究专家，美国学者马歇尔·霍奇森（Marshall G. S. Hodgson，1922—1968）在这两个领域做出了卓越的学术贡献。他的原创性学术思想"可以与其他传奇般的世界历史学家的工作相提并论，如阿诺德·汤因比、费尔南·布罗代尔和威廉·麦克尼尔"。[①] 他的三卷本《伊斯兰世界的历程：一种世界文明的良知和历史》[②] 把伊斯兰文明的历史置于亚欧非"共生圈"语境中，凸显了伊斯兰文明和更宽广地区之间的相互联系和相互依存，这是开创性的学术尝试，"其价值之大不亚于他的前辈伊本·赫勒敦所做出的贡献"[③]。在霍奇森的史学思想和实践中，文明研究是一个重要的组成部分。本文意在分析霍奇森的文明研究，并据此说明他在挑战"西方中心主义"的历史书写方面所做出的学术贡献。

一

霍奇森于1922年4月11日出生在美国印第安纳州里士满的一个

[①] Steve Tamari, "The Venture of Marshall Hodgson: Visionary Historian of Islam and the World," *New Global Studies*, Vol. 9, No. 1, April 2015, p. 73.

[②] Marshall G. S. Hodgson, *The Venture of Islam: Conscience and History in a World Civilization*, 3 Vols, Chicago: The University of Chicago Press, 1974.

[③] Albert Hourani, "The Venture of Islam: Conscience and History in a World Civilization by Marshall G. S. Hodgson", *Journal of Near Eastern Studies*, Vol. 37, No. 1, January 1978, p. 62.

贵格会信徒家庭，曾经就读于宾夕法尼亚州的贵格会寄宿学校，并在家乡的一所贵格会文科院校厄勒姆学院（Earlham College）获得学士学位。贵格会宣扬普世主义，号召"在所有的国家、地区、岛屿、民族、你到过的任何地方，成为模范、成为榜样"①。因此，霍奇森从幼年起逐渐培养起来深厚的贵格会普世主义价值观，这使得他后来努力把自己塑造为"持有道德立场的世界公民，这种追求影响着霍奇森的生活和工作"②。在第二次世界大战期间，霍奇森与其他很多出于道德或宗教信仰原因而拒绝服兵役的人一起被扣押在美国俄勒冈州埃尔克顿营地（Camp Elkton），他在这里写出了第一篇被发表的论文《世界历史和世界观》③，强烈表现出反对种族偏见和种族中心主义、支持世界联邦主义的倾向。在联合国成立之后，霍奇森热诚地支持联合国的工作。1951年，联合国教科文组织响应"世界像需要联合国一样需要一部统一的历史"④的呼吁，开始组织各国的学者编写《人类史：文化和科学的发展》⑤，霍奇森曾经帮助编纂其中第四卷关于1300—1775年伊斯兰文明史的内容，前后历时长达12年。1953年7月联合国教科文组织出版《世界历史杂志》第1期，霍奇森没有选择当时更具学术声望的刊物，而是把论文《研究世界历史的一种方法：半球区际史》⑥提交给这本新杂志，文中提出必须系统地批判西方史学在人们头脑中灌输的基础性"预设"，彻底扭转传统地看待世界的历史和地理观念，在这个必要的准备阶段之后才

---

① John L. Nickalls ed., *The Journal of George Fox*, Philadelphia, PA: Religious Society of Friends, 1997, p. 263.

② Bruce B. Lawrence, "Genius Denied and Reclaimed: A 40 - Year Retrospect on Marshall G. S. Hodgson's The Venture of Islam", November 11, 2014, http://marginalia.lareviewofbooks.org/retrospect-hodgson-venture-islam/［访问日期2016 - 04 - 29］.

③ Marshall G. S. Hodgson, "World History and a World Outlook", *The Social Studies*, Vol. 35, No. 7, November 1944, p. 297.

④ Ernest Barker, "The Historian, Too, Must Stand Trial", *The New York Times*, December 9, 1945, pp. 9, 45.

⑤ 这个浩大的项目被路易·戈特沙尔克称为"第一部全球人类史"，参见 Louis Gottschalk, "Writing World History", *The History Teacher*, Vol. 2, No. 1, November 1968, pp. 17 - 23.

⑥ Marshall G. S. Hodgson, "Hemispheric Inter-regional History as an Approach to World History", *Journal of World History* (UNESCO), Vol. 1, No. 3, 1954, pp. 715 - 723.

可能写出联合国倡导的《人类史》。霍奇森生前最后一部著作《伊斯兰世界的历程》里扉页上的引言"如果不把人类看成兄弟，喜爱本民族却敌视其他民族，相互理解就笼罩着阴霾"更是清晰地表达出他的普世主义信念。

在霍奇森的学术生涯中，除了贵格会普世主义价值观的道德立场外，另一个贯穿始终的显著特点是反西方中心的文明研究理念和方法。1941年芝加哥大学筹建一个培养研究生的项目，主要研究理性、价值观、文化和社会之间的关系。[①] 该项目最初简单地被称为"文明研究"，后来被正式命名为"社会思想委员会"。社会思想委员会的导师们发现"古典时代、中世纪和早期现代的著名作品，几乎都与全人类经验的问题相关……对部分的研究不是在孤立状态中探寻，而是在与其他主要部分之间的关系中研究"[②]。因此，该项目于20世纪40年代中期开始招收博士生时强调，"认真研究任何学术话题、或者任何哲学和文学作品之前的最好准备是博览且深度熟悉所有这些研究中存在的基本问题，学生们应该通过让自己熟悉在跨学科氛围里挑选出来的众多经典的古代和现代文本来研究这些问题，只有到那时才可以关注一个具体的论文主题"[③]，力图通过与人类文明的伟大理念互动培养有智慧的学者。1951年霍奇森凭借博士学位论文《中世纪伊斯兰社会的异端社群：阿拉穆特时期伊斯玛仪派支系尼扎里派的通史》从社会思想委员会获得博士学位。霍奇森入职芝加哥大学的初期，在人类学家罗伯特·雷德菲尔德和密尔顿·辛格共同主持的一个跨文化比较研究项目中担任研究助理。这个项目意在推动"人们朝着共同理解的方向发展……在一定程度上修正西方文明研究所带来的分歧……支持联合国教科文组织和其他地方在

[①] Clifford Wilcox, *Robert Redfield and the Development of American Anthropology*, Lanham, MD: Lexington Books, 2004, p. 159.

[②] John U. Nef, "The University of Chicago and the World, 1929 – 1951", *Review of Politics*, Vol. 13, No. 4, 1951, p. 406.

[③] https: //socialthought.uchicago.edu/page/about-committee ［访问日期：2017 – 01 – 17］

发展一种世界社群观念方面的努力"①，既探索对文明进行比较和分类的一般性方法，也支持对具体的文明历史进行个案研究。霍奇森在此工作的三年期间，深受其文明研究理念的影响。正是这些学术经历促使霍奇森从不同的视角看到了学术研究中普遍隐藏的"西方中心主义"，于是他在20世纪50年代开始有意识地自觉尝试一种超越西方中心的文明研究方法。芝加哥大学在开设"西方文明"课程之外，于1956—1957学年度启动"伊斯兰文明""中华文明"和"南亚文明"课程的教学。霍奇森教授其中的"伊斯兰文明"课程，随后他为这门课程编写了教材《伊斯兰文明概况》和课程大纲，在赢得广泛好评之后，该课程于1959年正式成为芝加哥大学的通史类课程。霍奇森由此成为美国"伊斯兰文明研究"的重要代表之一。

二

霍奇森的文明研究可从以下三个方面加以分析。

第一，霍奇森提出"文明"是"相互联系的各种文化的相对广泛的集合体，以上层文化的形式共享累积的传统"②，其最常见的两个特征是共同的宗教和上层语言。对于精神和心智层面的研究如艺术、宗教、哲学来说，"文明"是普遍使用的分析单元。

在霍奇森看来，"文化"具备一定的完整性，以"文字传统"为最显著的特点。例如历史上作为文化整体的欧洲或者印度，印度人钟爱梵语传统，而欧洲人则珍视希腊语—拉丁语传统。当"主流文字传统，带着伴随的许诺"③ 被普通大众承载时，"任何具体特点的重要性和意义……将取决于其在既定时段对正在持续地互动有什

---

① "A Short Description of the Project", Box 5, Ford Foundation Cultural Studies Papers, Special Collections Research Center, University of Chicago Library.

② Marshall G. S. Hodgson, *The Venture of Islam: Conscience and History in a World Civilization*, Vol. 1, p. 91.

③ Marshall G. S. Hodgson, "Historical Method in Civilization Studies", in Edmund Burke III ed., *Rethinking World History: Essays on Europe, Islam and World History*, p. 84.

么影响。相应地,任何已有的具体传统的重要性和终极意义将取决于其对整体文化背景的影响"①。这些重要的"影响"随着时间的流逝越来越多地触及文化内部的持久特征,逐渐参与塑造了"文化连续性"。正是不同的"文化连续性"把各个文化作为完整的统一体区分开来,如穆斯林群体中最明显的文化连续性体现在宗教层次上。所有的文化传统都倾向于发生相互联系,通常在一个区域之内各文化融合得如此显著,以至于该区域和其他区域之间形成了鲜明对比,这样就出现了清晰易见的"文明"。"文明"内部各文化共享的传统在极大程度上是上层文化经验,包括艺术、哲学、科学、宗教和政治制度等在文化水平较高的人群中所发生的更具有创造力的活动,即"有意识培育的人类遗产"②。从长远来看,上层文化所产生的决定性结果影响到了那些几乎意识不到它存在的最普通的人。

"文明"作为一类历史复合体,其时空界限相对明确。每个"文明"都覆盖了一定的区域,如中东地区的各文化传统可以称为"中东文明",这个"文明"从起源一直到近代在该地区内经历了巨大的变化。"文明"的分期主要依凭其与已有文化语境的核心特征发生相对断裂的时间点,如伊斯兰文明虽然与萨珊王朝存在一些关联性,但在公元8世纪时确实属于新事物。除了上述界定清晰的"文明"现象,也经常存在所属不清的情况,如很难把格鲁吉亚人和亚美尼亚人这些民族明确地放在任何一个大的"文明"里。③ 此外,还存在文化连续性在范围上重合的情况,如"拜占庭文化可以被看作古希腊传统的延续,也可以看作基督教世界的组成部分"④,这两种归类在上层文化的层次上都能展现出真实有效的文化连续性,通常需

---

① Marshall G. S. Hodgson, "Historical Method in Civilization Studies", in Edmund Burke III ed., *Rethinking World History: Essays on Europe, Islam and World History*, p. 83.
② Marshall G. S. Hodgson, *The Venture of Islam: Conscience and History in a World Civilization*, Vol. 1, p. 92.
③ Marshall G. S. Hodgson, "Historical Method in Civilization Studies", in Edmund Burke III ed., *Rethinking World History: Essays on Europe, Islam and World History*, p. 84.
④ Marshall G. S. Hodgson, "Historical Method in Civilization Studies", in Edmund Burke III ed., *Rethinking World History: Essays on Europe, Islam and World History*, pp. 84–85.

要学者根据所关注的问题进行合理组合。

早期的文明研究方法主要依靠"辨别、编辑和阐释书写的文本……通过教师和学生的链条从一代人传递给下一代人"①,其基础预设是"文明"的命运在其诞生时就由内部特质决定了,在精挑细选出来的权威文本里能展现出"文明"永不变化的本质。但是,霍奇森发现:"从长远来看,传统的决定性是有限的,因为客观上要求文明应该与当前的条件保持相关性。"② 文化传统就其本性而言必须保持变化以延续下来,在持续的变化过程中"如某个画派或某个教派可能会结束,被新的派别取代"。③ 也就是说,"文明"一直处于持续的调整和发展进程中,无论是在蓬勃的兴起阶段,还是相对平稳的成熟时期,都是如此。以"文明"为基础单元的话语体系经常把现代西方文明的发展塑造为"继承了理性和积极主义的独特组合"④,相应地常用"传统的死亡之手"⑤ 来解释其他社会由于保守主义而衰落和停滞。在霍奇森看来,理性主义、保守主义是普遍存在的现象,在所有"文明"中都有着不同程度的体现,"要么处于多样的变体和实践传统中,要么存在于极高声誉的文字传统之内。任何一个重要传统内的大部分特点和最常见的经验都能够在其他地区相应的传统中发现"。⑥ 各主要文化传统之间的差异不太在于文化传统内部存在的具体因素,更多在于各具体因素在整体语境内的相对权重和这些因素之间相互作用的体系。霍奇森相信"每一代人做

---

① Albert Hourani, *Islam in European Thought*, Cambridge: Cambridge University Press, 1991, p. 1.

② Marshall G. S. Hodgson, *The Venture of Islam: Conscience and History in a World Civilization*, Vol. 1, p. 34.

③ Marshall G. S. Hodgson, "Historical Method in Civilization Studies", in Edmund Burke Ⅲ ed., *Rethinking World History: Essays on Europe, Islam and World History*, p. 83.

④ Marshall G. S. Hodgson, *The Venture of Islam: Conscience and History in a World Civilization*, Vol. 1, p. 35.

⑤ Marshall G. S. Hodgson, "Historical Method in Civilization Studies", in Edmund Burke Ⅲ ed., *Rethinking World History: Essays on Europe, Islam and World History*, p. 90.

⑥ Marshall G. S. Hodgson, *The Venture of Islam: Conscience and History in a World Civilization*, Vol. 1, pp. 36 – 37.

自己的决定"①,每一个时代和社会都有着自己的理性,都会在环境约束的范围内对自身改变的方向和速度做出适当的判断。

第二,霍奇森认为,文明研究必须以"共生圈"(oikoumene)为语境,只有处于不断扩张和发展状态中的亚欧非复合体才能为回答更加一般性和基础性的历史问题提供充分的背景框架,② 从而重新解读西方文明的兴起和伊斯兰文明的衰落。

在霍奇森看来,"文明"的历史受制于三个因素之间的互动:生态环境、群体利益和创造性的个体。生态环境包括整个自然和文化环境,是由人类资源的连续性投入生产出来的。群体利益是人类群体在环境和社会权力的限度之内共同追求的相对稳定的目标。创造性的个体在"习惯的、常规的思考不再起作用"时能够提供新的选择,这相应地会促使形成新的文化环境和利益追求。③ 研究这些因素的互动,所需要的时空领域是"共生圈",即从约公元前3000年到现代一直在不断扩张的亚欧和北非文明区。④ 在人类历史上,农业社会和草原游牧民族的循环冲突、相互嵌套的城市网络、跨区域的商业体系等共同促进了"共生圈"内各地区各民族之间的联系和互动,同时"共生圈"本身通过不断把边缘地区的民族纳入其紧密互动的网络而不断发展壮大。"共生圈"图景既可以通过适当的比例感展现其内部各单元之间的相互关系,也有助于看到与一些具体发展可能相关的所有因素。从"共生圈"的视野出发,霍奇森指出人类文明社会的历史一定是亚洲及其外围的历史,"欧洲历史在其所有阶段,至少直到近期,基本上是依附于文明的普遍发展"。⑤

---

① Marshall G. S. Hodgson, *The Venture of Islam: Conscience and History in a World Civilization*, Vol. 1, p. 37.

② [美]马歇尔·G. S. 霍奇森:《历史上各社会之间的相互联系》,载夏继果、[美]杰里·H. 本特利《全球史读本》,北京大学出版社2010年版,第22—43页。

③ Marshall G. S. Hodgson, *The Venture of Islam: Conscience and History in a World Civilization*, Vol. 1, p. 26.

④ Marshall G. S. Hodgson, "Conditions of Historical Comparison among Ages and Regions", in Edmund Burke Ⅲ ed., *Rethinking World History: Essays on Europe, Islam and World History*, p. 278.

⑤ Marshall G. S. Hodgson, "World History and a World Outlook", in Edmund Burke Ⅲ ed., *Rethinking World History: Essays on Europe, Islam and World History*, p. 37.

在"共生圈"内,人类历史前进的脚步从来不是始于某个特殊文明的推动,总是与不同文明之间的互动相伴。[1] 在论及西方文明的兴起和发展时,"例外主义有各种各样的变体,但都认为欧美人依靠其独特的价值观念和体制,走上了一条通往权力和财富的阳关大道,正是上述这种史无前例的价值观和体制使欧美社会独立于历史发展的正常途径之外"[2]。在霍奇森看来,西方例外主义夸大了西方文明的独特性。他指出西方之所以最先发生了向现代工业和技术社会的突破,是因为西北欧正好具备有利的地理条件(如相对广袤和开发程度较低的土地),同时可以利用其他地区的新发明和新技术(火药、指南针、印刷术等)以及贸易线路(如由南亚地区穆斯林商人培育和维持的贸易网络)进行社会和经济投资。通过总结各种有利因素,他提出,"我们也许会发现类似的嬗变在其他农业社会独立地发生,或早或晚,根据不同的背景呈现特别的形式",[3] 如中国宋朝时所达到的发展水平就存在实现这种突破的可能性。也就是说,向现代社会的突破原本也可能在欧洲之外的地区发生。但他也指出,事实上西方嬗变一旦开始,"共生圈"内维持了千年的各社会之间的力量平衡就被打破了,西方社会变化更新的速度很快,以至于"共生圈"内原有的地区间缓慢传播的模式不再有效,关闭了在其他地区发生突破的可能性。西方发生的嬗变不仅颠覆了西方文明的历史发展条件,也很快极大地改变了其他文明社会的历史行为语境,最终,"前现代亚欧非历史复合体作为整体立足的共同历史条件"[4] 崩溃。西方和非西方地区都得应对全新的历史条件,引发了诸多结果。对于西方文明来说,其整体实力达到了前所未有的高水平,能够以

---

[1] 刘新成:《"文明与世界译丛"总序》,[美]布鲁斯·马兹利什:《文明及其内涵》,汪辉译,商务印书馆2017年版,第V页。

[2] [美]杰瑞·H. 本特利:《当今的世界史概念》,《全球史评论》第一辑,商务印书馆2008年版,第167页。

[3] Marshall G. S. Hodgson, "The Great Western Transmutation", in Edmund Burke Ⅲ ed., Rethinking World History: Essays on Europe, Islam and World History, p. 70.

[4] Marshall G. S. Hodgson, "the Interrelations of Societies in History", in Edmund Burke Ⅲ ed., Rethinking World History: Essays on Europe, Islam and World History, p. 28.

各种方式干涉其他社会并与他们达成各种关系。对于非西方人则意味着"在先进地区建构起经济和文化的力量打破了他们原有的状态，他们变成只有相对较低发展水平的不发达地区"①。西方和其他地区之间的发展鸿沟形成了。

在论及伊斯兰文明的衰落时，鉴于945年之后阿拔斯王朝分崩离析，1258年蒙古人摧毁阿拔斯王朝的首都巴格达之后彻底结束了这个衰落过程，西方学术界通常认为伊斯兰文明在945年之后进入了衰落时期，②或者"从巴格达陷落……到20世纪……倒退和停滞困扰着伊斯兰世界"③。但是，自从20世纪50年代以来逐渐有学者认识到："我们如此习惯地从有利于欧洲人的角度看待历史，以至于（公元1000—1500年）伊斯兰扩张活动所展现出来的不同寻常的范围和力量……通常被忽视了。"④ 霍奇森率先提出在讨论伊斯兰文明的衰落这个问题时要区分两个不同时期的现象。

首先，公元945年后五个世纪处于衰退中的这个说法是有问题的。事实上正是在此期间，伊斯兰教开始向外扩张到印度和欧洲，尽管不同地区的穆斯林有着当地风格，但每一位掌握严肃的伊斯兰文化的穆斯林都会熟练使用阿拉伯语或波斯语，通过在地区间传播共同的理念和伊斯兰行为模式，穆斯林感觉到自己是"伊斯兰之家"（Dar Al-Islam）的公民，形成了一个由多个独立政府所统治的、持续扩张的、拥有多样语言和文化的国际性伊斯兰社会。霍奇森指出在蒙古征服之后，确实存在短暂的人口锐减、经济和文化破坏的现象，但尚不确定其强度和所产生的文化效果。从历史上看，至少从1500年开始，伊斯兰世界在文化、政治、艺术等方面都得到了复兴，如在伊朗地区对艺术的创造性追求类似于同时期意大利的文艺

---

① Marshall G. S. Hodgson, *The Venture of Islam: Conscience and History in a World Civilization*, Vol. 3, p. 203.

② Edmund Burke Ⅲ, "Islamic History as World History: Marshall Hodgson, 'The Venture of Islam'", *International Journal of Middle East Studies*, Vol. 10, No. 2, May 1979, p. 255.

③ Thomas W. Lippman, *Understanding Islam*, New York: New American Library, 1982, p. 78.

④ William H. McNeill, *The Rise of the West*, Chicago: University of Chicago Press, 1963, p. 485.

复兴。1550年左右伊斯兰社会整合为欧洲的奥斯曼帝国、原伊斯兰核心地区的萨法维帝国和印度地区的莫卧儿帝国，这三个区域性帝国各自在政府、伊斯兰教法的代表和大众穆斯林之间达成的友善关系比以往任何穆斯林帝国的内部关系都更加和谐和完善，[1]"尽管穆斯林可能不到世界人口的五分之一，然而如此广泛地分布……以至于与他们有关的社会确实在某种程度上包含了大部分城市人口……世界的历史和伊斯兰文化历史已经变得难以区分"[2]。在霍奇森看来，该时段内伊斯兰世界尽管没有启动新的文化潮流，如16、17世纪的穆斯林所尊崇的伟大人物和事件与几代人之前的情况差不多，却是在精心雕琢已有的文化传统使之趋向于完美，例如诗歌发展得更加精细微妙以至于外行很难理解，"是一种成熟文化的登峰造极"[3]。

其次，伊斯兰世界从17世纪开始经历了第二个衰落期，此时无论是在文化创造的质量还是农业帝国的实力上都发生了衰退。到了18世纪末，伊斯兰社会的几乎所有地区都已经感觉到了基督教欧洲在经历嬗变后所拥有的政治、经济和文化力量。这时，不再仅仅是一个群体或文化相对于其他地区提升了水平，而是专门化的技术发展彻底改变了人类生产活动的基础条件，农业时代结束了。位于"共生圈"西部边缘的欧洲在现代时期建立起世界霸权，"共生圈"内各地区无法像前现代那样经过一段时期的适应和调整之后重新达到平衡状态，最终在全新的世界历史发展条件下伊斯兰文明的这轮衰落无法逆转。霍奇森认为这次衰落才是比较伊斯兰文明历史上的辉煌与当前困境的合适基础。

最后，术语作为构建学术观点的基本单元，帮助学者以一定的

---

[1] Marshall G. S. Hodgson, *The Venture of Islam: Conscience and History in a World Civilization*, Vol. 3, p. 111.

[2] Marshall G. S. Hodgson, *The Venture of Islam: Conscience and History in a World Civilization*, Vol. 3, p. 11.

[3] Marshall G. S. Hodgson, *The Venture of Islam: Conscience and History in a World Civilization*, Vol. 3, p. 6.

方式思考。霍奇森认为历史学家应该有意识地选择"误导性最小的术语,并对它们进行精确地限定"①。

一个术语经常包括多层含义,霍奇森指出在学术研究中一般可以采用两种方法进行限定。一是提醒的方法,即先承认一个术语的某种用法存在误导性,但为了保持交流的连续性,在依旧采用这个术语的同时附带提醒读者以何种方式去理解该术语。二是修正的方法,即直接使用更加精确的新术语替换模糊的传统术语。这两种方法各有利弊,因为"变化带来的有利之处"不一定大于"连续性断裂"所产生的不便。②

霍奇森为了更加准确地书写文明史,既辨析已有的术语,也采用修正的方法,自创了若干含义精确的新术语。从"共生圈"视角出发,他把人类文明的历史划分为农业时代(公元前7000年到公元1800年)和现代(公元1800年至今),③ 并设计了"农业城市社会"(agrarianate cited society)和"技术化"(technicalization)这两个术语做支撑。"农业的"(agrarianate)含义足够全面,不仅指农耕(agrarian)社会本身,也包括依赖农耕社会的城市商业社会、草原部落社会等其他社会形式。他在指代"城市的(cited)"时没有选择意指城市本身的"urban",是因为该社会里的农民没有被都市化,但农民的生活反映出城市的存在。"农业城市社会"的主要特征是社会达到了城市占主导地位的复杂程度,城市的主导性直接或间接地依赖手工劳动生产出来的农业资源,尤其是重要阶级的收入来自其与土地的关系。相比之下,常用术语如"前现代文明的"(premodern civilized)"或"前现代城市的"(premodern cited)无法传递出该社会秩序本身蕴含的城市农耕特征,术语"传统的"(traditional)

---

① Marshall G. S. Hodgson, *The Venture of Islam: Conscience and History in a World Civilization*, Vol. 1, p. 45.

② Marshall G. S. Hodgson, *The Venture of Islam: Conscience and History in a World Civilization*, Vol. 1, p. 46.

③ Marshall G. S. Hodgson, *The Venture of Islam: Conscience and History in a World Civilization*, Vol. 1, p. 113.

作为所有前现代社会的统称不仅将其特征简化为古代习俗，也无法展现出城市与文字生活出现前后的历史条件对比。从约 1600 年开始，西方文明经历了霍奇森所谓的"西方大嬗变"（Great Western Transmutation），这个过程及其所带来的社会条件被他称为"技术化"，即"一种理性计算的（因此是革新的）技术专门化的条件，在此条件下各种分工在足够大的范围内相互依赖，决定社会主要部门的预期模式"[1]。在霍奇森看来，常用术语"工业化"和"资本主义"只是整个"技术化"进程中的部分方面。如果一个社会的"心智和实践活动中，计算的、理性的和专门化的技术程序形成了相互依赖和占主导地位的模式"[2]，那么"技术化"不仅可以应用于制造业，也可以用来描述农业、行政、科学等方面的技术发展，不论是描述社会整体还是部分，既没有语义上的缺失，也不存在任何的模糊性。"技术化"时代的精神是希望通过技术精确性带来客观效率，于是社会里的"个体在私下相互独立，同时具备高度有修养和合作意识"[3]，人们从崇尚权威习俗转向推崇独立计算，"技术化"造成了农业时代和现代的区别。霍奇森同时也从道德的角度看到"技术化"存在的风险，"有时甚至是一项应用面狭窄的创新……凌驾于所有道德或美学或人类思考之上以最大化技术效率，无论多么成功，都将极有可能被证明是一场不理性的噩梦"[4]。术语"技术化"从文化维度阐明了塑造现代社会的复杂进程。

就伊斯兰文明研究而言，与其密不可分的常用地理术语"中东"的一个重要缺陷是意味着属于"东方"的一部分。根据粗略的"西方和东方"二分法，西方之外的所有文明地区被统称为"东方"，

---

[1] Marshall G. S. Hodgson, "The Great Western Transmutation," in Edmund Burke III ed., *Rethinking World History: Essays on Europe, Islam and World History*, pp. 55–56.

[2] Marshall G. S. Hodgson, *The Venture of Islam: Conscience and History in a World Civilization*, Vol. 1, p. 52.

[3] Marshall G. S. Hodgson, "The Great Western Transmutation," in Edmund Burke III ed., *Rethinking World History: Essays on Europe, Islam and World History*, p. 64.

[4] Marshall G. S. Hodgson, "The Great Western Transmutation," in Edmund Burke III ed., *Rethinking World History: Essays on Europe, Islam and World History*, p. 57.

形成一个与"西方"相对的实体,这样术语"中东"无意中抬高了西方的地位。在霍奇森看来,如果以"共生圈"图景为背景框架,术语"尼罗河—奥克苏斯河"(Nile-to-Oxus)比"中东"更合适。在轴心时代,"共生圈"内从尼罗河到奥克苏斯河的复合体覆盖了尼罗河谷、肥沃的新月地带、伊朗高原和奥克苏斯河谷,使用的语言基本上是伊朗语和闪米特语,形成了相对统一的文化体。与过于宽泛的术语"中东的"(middle eastern)相比,霍奇森使用"伊朗-闪米特的"(Irano-Semitic)指代该地区的文化传统,描述如伊朗语的、闪米特语的和希腊语的等各种文化因素如何发展为相互联系的累积传统。"伊朗-闪米特的"与"尼罗河—奥克苏斯河"在地理范围上只是短暂地重合,因为"伊朗-闪米特的"文化盛行的区域在逐步扩大。阿拉伯征服者进入伊朗—闪米特社会后,伊朗—闪米特文化吸纳了新的阿拉伯统治精英和伊斯兰教,并最终完全接受了阿拉伯语作为上层文化的语言表达形式,出现了伊斯兰文明。随着伊斯兰社会和文化的发展,伊斯兰文明的重心在后期转移到了东部波斯文化区,波斯语也成为表达上层文化的语言。闪米特语和伊朗语的文献逐渐被阿拉伯语和波斯语文本代替了,所以霍奇森认为从这两种承载文化的主要语言的角度来看,可以把伊斯兰文明称为"波斯语-阿拉伯语"(perso-arabic)[①]文明。不过他同时指出由于伊斯兰教和穆斯林在该文明中所发挥的重要作用,一直以来最常见的称呼还是"伊斯兰"文明,在研究中继续使用该术语也非常便利。

术语"Islam"(伊斯兰教)和"Islamic"(伊斯兰的)通常用来指代伊斯兰教以及与伊斯兰教相关的社会和文化整体,在学术研究中具有一定的模糊性。如"中世纪伊斯兰"(Medieval Islam)可以指研究宗教本身,也可以是研究宗教发生的整体文化。[②] 霍奇森在书

[①] Marshall G. S. Hodgson, *The Venture of Islam*: *Conscience and History in a World Civilization*, Vol. 1, p. 95.

[②] 为了厘清这些模糊不清的现象,著名伊斯兰学专家伯纳德·刘易斯曾经建议使用形容词"islamic"指代文化上的意义,使用形容词"muslim"指代宗教上的意义,但该用法并没有沿用下来。

写伊斯兰文明史时规定"Islam"(伊斯兰教)只指代穆斯林的宗教,相应地"Islamic"(伊斯兰教的)只限于与宗教相关的内容,如"伊斯兰教文学"不包括世俗的祝酒歌。与"基督教世界"(Christendom)类似,霍奇森引进新术语"Islamdom"(伊斯兰世界)指代"穆斯林及其信仰被认为是普遍存在且占社会主导地位的社会……在其中,当然非穆斯林总是形成了不可或缺的……次要的部分"①,同时新造了形容词"Islamicate"(伊斯兰文化的)②指代该社会中"穆斯林和充分参与的非穆斯林共享"的以文字传统为基础的文化。这样,霍奇森通过研究与伊斯兰教、穆斯林相关的社会和文化复合体,脱离了宗教本身的束缚,看到了非穆斯林以及非宗教的文学、艺术等社会传统,展现出基督教徒、犹太教徒、印度教徒、索罗亚斯德教徒等为伊斯兰文明的发展所做出的贡献,更好地诠释了伊斯兰文明是世界文明的一部分。

三

对历史上的"文明"进行探讨时,必然要面对的一个议题是"西方中心主义"。英国历史学家阿诺德·汤因比、美国历史学家威廉·麦克尼尔和霍奇森、美国文学理论家爱德华·萨义德都曾力图发展超越西方中心的、更具普世性的文明研究理论和实践。与他们相比,霍奇森凭借思想上的原创性和方法论上的自觉性所提出的文明研究思路和方法在挑战"西方中心主义"的道路上走得更远一些。

霍奇森认为历史研究的分析单元是历史复合体,"文明"属于其

---

① Marshall G. S. Hodgson, *The Venture of Islam: Conscience and History in a World Civilization*, Vol. 1, p. 58.

② 术语"islamicate"经过大约半个世纪的检验,现在已为西方史学界所接受,如2010年开通的学术网站"当代思想和伊斯兰世界协会(*Society for Contemporary Thought and the Islamicate World*)",www.sctiw.org/[访问日期,2016-03-05]、2013年创刊的杂志《伊斯兰世界思想史》(*Intellectual History of the Islamicate World*),http://www.brill.com/cn/publications/journals/intellectual-history-islamicate-world[访问日期2016-03-16]。

中一类历史复合体。从上文的论述可看出他的"文明"内涵有以下几个要点。首先,"文明"以"文字传统的连续性"①为主线,一直处于开放的变动过程中,这挑战了"文明"的命运是由其不受时空限制的本质所决定的说法。其次,"文明"是由相互联系的当地文化生活组成的,其组成方式多种多样,学者必须根据所研究的问题做出合适的选择和组合。对"文化"的研究涉及经济、艺术、社会、政治等多方面,包括统治阶级、村民、城市手工业者、流浪者等都得考虑在内;但研究"文明"时首要关注的是最独特、最有意义的文化方面,即上层文化传统的发展。再次,因为上层文化属于"都市的、文化人的层次,尤其是有教养的圈子"②,所以霍奇森尤其关注精英人物,这来源于汤因比的"创造性少数派"③。尽管霍奇森从汤因比的作品中学习了很多,但霍奇森的研究理念还是与之不同。汤因比认为自己所处理的历史进程以类似的方式在重复发生,而在霍奇森看来"文明""不是每一个有机体必须茁壮成长然后衰亡的生物学规律的实例"④,他从"有着时空标记的事件"⑤出发,指出"文明"的演变更像是"经济原则,一种机制太过于成功地投资某种优势、适应某种机会,以至于在新条件下其他机会出现的时候遭受挫败"⑥,属于独特的、不可逆转的人类历史进程的一部分。汤因比为了破除"西方中心论",指出西方文明和其他文明一样面临着兴起

---

① Marshall G. S. Hodgson, *The Venture of Islam: Conscience and History in a World Civilization*, Vol. 1, p. 92.
② Marshall G. S. Hodgson, *The Venture of Islam: Conscience and History in a World Civilization*, Vol. 1, p. 92.
③ "创造性少数派"组成的精英集团率领并鼓舞大多数人跟随其选择的方向行动,让"文明"得以应对挑战。参见 Arnold J. Toynbee, *A Study of History*, Abridged by D. C. Somervell. Vol. 1, New York and Oxford: Oxford University Press, 1987, p. 189, pp. 214 – 216.
④ Marshall G. S. Hodgson, "the Role of Islam in World History", in Edmund Burke Ⅲ ed., *Rethinking World History: Essays on Europe, Islam and World History*, p. 125.
⑤ Marshall G. S. Hodgson, *The Venture of Islam: Conscience and History in a World Civilization*, Vol. 1, p. 23.
⑥ Marshall G. S. Hodgson, "the Role of Islam in World History", in Edmund Burke Ⅲ ed., *Rethinking World History: Essays on Europe, Islam and World History*, p. 125.

衰落，但根据他的前代文明和后代文明之间的交替关系说（apparentation and affiliation），是把西方从希腊罗马文明到西方文明的过渡当作解读所有文明的通则，比如硬把这种模式套给中国文明和叙利亚文明时，不仅显得勉强，而且表明其出发点还是以西方为中心的。[1]

霍奇森力图发展的超越西方中心的文明研究理论和实践有两个突出特点。第一，霍奇森从"共生圈"图景出发，以"共生圈"内各部分之间的适当比例和相互关系为基础，避免从西方中心的视角看待各个文明单元，这是他最重要的原创性学术贡献。

霍奇森与麦克尼尔在芝加哥大学几乎同时表现出对超越西方中心的史学编纂的兴趣。麦克尼尔1963年出版的《西方的兴起》作为"第一本真正意义上的世界历史著作"[2]，依然带有潜在的"西方中心主义"的痕迹。该书始终贯穿的理念是互动交往和文化扩散主义，"历史的发展应主要应归功于各文明、文化之间的相互交流，相互作用，而高技术、高文明地区向低技术的传播即其表现"[3]。也就是说，麦克尼尔的互动是从人口稠密的地方或者权力中心向外扩散影响，其他地区作为影响的接受者而出现，这是一种单向影响。在从"大都会中心"以不同速度向外扩散影响的过程中，"'文化流（cultural flows）'方向与速度的变化，也就是'文化斜坡（cultural slope）'基准线的变化……又可以作为历史'分期'与断代的准绳"[4]。在麦克尼尔看来，1500年以后西方文明取得优势和主导地位，非西方的各地区成为先进科技、文化、政治和经济体制的被动接受者、甚至受惠者。[5] 这样的历史分期是"将西方对世界的统治作为世界历史发展的一个归宿，明显是西方中心论思想"[6]。

---

[1] 孙隆基：《汤因比没能突破"西方中心论"》，2015年11月30日，https://xw.qq.com/cul/20151130011216/CUL2015113001121600 [访问日期2017-05-17]。

[2] Marshall G. S. Hodgson, "On doing World History," in Edmund Burke Ⅲ ed., *Rethinking World History: Essays on Europe, Islam and World History*, p. 92.

[3] 马克垚：《编写世界史的困境》，《全球史评论》第一辑，第7页。

[4] [美] 威廉·麦克尼尔：《欧洲史新论》，刘景辉译，学生书局1983年版，第37页。

[5] 郭方：《评麦克尼尔的〈西方的兴起〉》，《史学理论研究》2000年第2期。

[6] 刘景华：《世界历史新四分法》，《全球史评论》第一辑，第325页。

霍奇森看到麦克尼尔在其成名作中"没有充分追溯作为具体事件背景的整体世界历史图景的发展",提出文明研究要注重语境,语境主义的方法要比扩散主义的方法更适合,①"如果不强调整体语境,就不能很好地理解文化特性的扩散,整体语境决定了发生在其内部的任何扩散活动的性质"②。世界上的人们确实在 1500 年以后都经历了西方人带来的"无休止的、扰乱性的行为的影响"③,但是不同地区在不同时期经历了这一切。美洲文明的连续性在 16 世纪被打断,对于荷属印度尼西亚的人们来说是 17 世纪,南亚的印度人在 18 世纪感受到断裂,对于中国人和很多非洲人来说是在 19 世纪感到震惊和落后。"地理大发现"是否真正适合作为人类整体历史分期的分界点还有待商榷,这一点在近期的全球史研究中也得到了回应。④ 霍奇森把人类文明置于"共生圈"语境内,以 1800 年为分界点区分农业时代和现代。他的历史分期法主要关注高级文明地区,在考察西半球的情况时显得不太有说服力,可能会受到批判,但毋庸置疑的是充分体现了 1800 年之前农业城市社会的连续性,在研究 1800 年前的时段时最大程度避免了"西方中心主义"和"西方例外主义"。在霍奇森看来,现代时期如果非西方人期望以西方的早期阶段为模式促进本地区的发展,这种想法是极其危险的,因为在亚欧非复合体内"西方……不能逐渐同化落后地区并使之融入自身;而是催化剂,创造新的条件以便于其他力量发挥作用"。⑤

第二,霍奇森不仅系统地批判了西方的文明研究范式中存在的

---

① Marshall G. S. Hodgson, "Interregional Studies as Integrating the Historical Disciplines", in Edmund Burke Ⅲ ed., *Rethinking World History: Essays on Europe, Islam and World History*, p. 296.

② Marshall G. S. Hodgson, "On doing World History", in Edmund Burke Ⅲ ed., *Rethinking World History: Essays on Europe, Islam and World History*, p. 93.

③ William H. Mcneill, *A World History*, 4th edition, Oxford: Oxford University Press, 1998, p. 295.

④ 参见刘新成《"全球史观"与近代早期世界史编纂》,《全球史评论》第一辑,第 33—34 页。

⑤ Marshall G. S. Hodgson, "Interregional Studies as Integrating the Historical Disciplines", in Edmund Burke Ⅲ ed., *Rethinking World History: Essays on Europe, Islam and World History*, p. 290.

"预设",①而且发展出了自己的超越西方中心的文明研究方法论,其代表作《伊斯兰世界的历程》成功地践行了这些研究理念和方法,是一次奠基性的学术尝试。

霍奇森和萨义德"两人都对世界历史上的文明研究范式进行了深刻批判"。②萨义德批判文明研究的"东方学"范式作为一种话语体系,"其在学术机制、词汇、意象、正统信念甚至殖民体制和殖民风格等方面有着深厚的基础"③。他的《东方学》在后殖民语境下通过文本分析和解构揭露了西方学者建构出来的关于伊斯兰社会的虚假预设,成为"人文学科领域在20世纪最后15年出版的最有影响力的英语学术作品之一"④。萨义德的确提供了非常有价值的对西方学术的批判,但没能进一步针对文明研究提出任何具体的方法论,布莱恩·特纳就曾提出:"萨义德的遗产是……研究生们没有必要在研究实际社会的过程中搜集数据……只需要检查文本。结果是怀疑何为适当的方法论和研究问题……我更希望我的学生阅读霍奇森的《伊斯兰世界的历程》。"⑤

与萨义德相比,霍奇森提出批判的出发点有所不同。霍奇森认为如果要发展一种超越西方中心的文明研究,首先必须系统地批判西方史学在人们头脑中灌输的基础性"预设"。他列出了"西方主义""本质论"、宗教等几种常见的"预设"因素。在他看来,这些"预设"每一个都附带有独特的认识论思维及相应的认知模式,不可避免地会导致认识上的偏见。即使没有明确信仰某种宗教或传统,也无法保证一个人看待问题的客观性,因为头脑中零散的想法和信

---

① 李俊姝:《马歇尔·霍奇森的世界历史思想》,《史学理论研究》2015年第1期。
② Edmund Burke Ⅲ, "There is No Orient: Hodgson and Said," 2008-12-10, http://www.escholarship.org/uc/item/8hg7g677, [访问日期 2015-03-29].
③ [美]爱德华·W. 萨义德:《东方学》,王宇根译,生活·读书·新知三联书店2007年版,第2页。
④ Zachary Lockman, *Contending Visions of the Middle East: The History and Politics of Orientalism*, Cambridge: Cambridge University Press, 2004, p. 190.
⑤ Bryan S. Turner, "Re-reading Said: Late Thoughts," *Middle East Institute Viewpoints*, No. 12, September 2009, pp. 20-22.

念有可能未经分析而被掩饰,随后发展成为偏颇的观点。[1] 可以说,霍奇森所谓的"预设"是从更加一般性的层次上提出的,在其框架内可以继续增补其他导致偏颇的因素,包括后来萨义德提出的"文化和政治"取向[2]。其二,霍奇森在《伊斯兰世界的历程》开篇首先介绍了自己的文明研究方法论,对概念、术语、研究对象和研究方法进行了详细阐释,然后在这些研究理念的基础上书写了不一样的伊斯兰文明史。该书"研究伊斯兰社会的语境不仅涵盖中东地区之外的伊斯兰世界,而且包括同时代的其他社会如西欧和中国,他所采用的视角在同一主题的大部分作品中是极度缺乏的"[3],为超越西方中心的文明研究进行了有益的探索。

(原载《史学理论研究》2017 年第 3 期)

---

[1] Marshall G. S. Hodgson, *The Venture of Islam: Conscience and History in a World Civilization*, Vol. 1, pp. 26 - 30.

[2] [美] 爱德华·W. 萨义德:《东方学》,第 17 页。

[3] Marshall G. S. Hodgson, *The Venture of Islam: Conscience and History in a World Civilization*, Vol. 2, back cover.

伯纳德·贝林与美国早期移民史研究

魏 涛

哈佛大学历史系荣休的伯纳德·贝林（Bernard Bailyn，1922年生）是美国移民史研究的重要代表人物之一。在其学术生涯的早期，贝林的主要研究对象是17世纪新英格兰地区的经济社会史和美国革命时期的政治思想史。1986年，他推出了《英属北美人口迁移导论》，奠定了他对英属北美移民史研究的基础。[①] 同年，他出版了《渡海西行的人们：美国革命前夕北美移民化的一段航程》，详细探讨了9364名英国人在美国革命前夕前往北美的动机、海上经历和情感等。[②] 鉴于《渡海西行的人们》对移民史的考察主要局限在美国革命前夕，贝林于2012年出版了《蛮族年代：英属北美的移民化（文明的冲突），1600—1675》，重点讨论了17世纪英国、荷兰、德国、法国、非洲、瑞典和芬兰等国家的移民移居到北美13个殖民地之后的生活状况和经历，进一步推进移民史研究。[③]

我国历史学界不仅关注着贝林的职业史学活动，而且讨论了他的史学思想。早在20世纪80年代初，丁则民就评价了贝林的《美国革

[①] Bernard Bailyn, *The Peopling of British North America: An Introduction*, New York: Alfred A. Knopf, 1986.

[②] Bernard Bailyn, *Voyagers to the West: A Passage in the Peopling of America on the Eve of the Revolution*, New York: Knopf, 1986, pp. 67–70.

[③] Bernard Bailyn, *The Barbarous Years: The Peopling of British North America: The Conflict of Civilizations 1600–1675*, New York: Alfred A. Knopf, 2012, p. xv.

命的思想意识渊源》在美国革命史领域的地位。① 通过出版这本著作，贝林抛弃了进步史学家的经济解释框架。取而代之的是，他强调思想意识在美国革命过程中的重要作用。因此，丁则民认为贝林对美国革命的解释带有唯心主义的色彩，并不能给美国革命提供一个合理的解释。② 1981年，贝林当选为美国历史协会的主席，并发表了《现代史学的挑战》的主席演讲。为了帮助国内读者了解美国史学发展的前沿趋势，中国的美国史研究会于1990年把这篇重要论文翻译成中文。③ 在探讨共和修正派在当代美国政治思想史上的重要地位的时候，满云龙把贝林、约翰·波考克（John Pocock）和戈登·伍德（Gordon S. Wood）视为共和修正派的三位重要代表人物，并分析了他们的史学研究方法以及史学观点的亲和性。④ 到90年代后期，李剑鸣撰文介绍贝林在美国早期史研究领域的史学成果及其学术贡献。⑤ 2007年，中国政法大学出版社翻译并出版了让贝林声誉鹊起的专著《美国革命的思想意识渊源》，在国内史学界掀起了一阵讨论美国革命时期的思想意识起源的热潮。2013年，安徽教育出版社出版了贝林的《教育与美国社会的形成》，并让国内读者有机会接触到贝林对美国教育的思考。⑥ 在翻译并介绍贝林的史学专著及其史学思想的过程中，国内学者已做出重大贡献，却并未详细讨论贝林在移民史领域的重要贡献。

本文重点考察贝林在移民史领域的探索及实践。通过分析贝林的移民史研究，将有助于国内学者在加深对贝林史学思想的认识的同时，进一步了解移民史在美国早期史领域的发展趋势。同时，以贝林的移民史

---

① [美]伯纳德·贝林：《美国革命的思想意识渊源》，涂永前译，中国政法大学出版社2007年版。另见 Bernard Bailyn, *The Ideological Origins of the American Revolution*, Cambridge: Harvard University Press, 1967.
② 丁则民：《关于十八世纪美国革命的史学评介》，《社会科学战线》1981年第2期。
③ Bernard Bailyn, "The Challenge of Modern Historiography," *American Historical Review* 87 (February 1982), pp. 1-24. 中国美国史研究会编：《现代史学的挑战：美国历史协会主席演说集》，王建华等译，上海人民出版社1990年版，第386—423页。
④ 满云龙：《共和修正派与当代美国思想史学》，《历史研究》1990年第4期。
⑤ 李剑鸣：《伯纳德·贝林的史学初论》，《史学理论研究》1999年第1期。
⑥ [美]伯纳德·贝林：《教育与美国社会的形成》，王晨、章欢译，安徽教育出版社2013年版。

研究为例，笔者也希望本文能对国内学者突破以民族国家为中心的历史叙事框架，并采用大西洋视角来研究美国早期史有所助益。

一　贝林与移民史的缘起

在美国移民史领域，奥斯卡·汉德林是这个领域的重要代表人物之一。[①] 1941年，汉德林出版了他的第一本史学专著《1790年至1880年的波士顿移民：一项文化涵化研究》，不仅使用人口统计资料和其他官方文献，而且运用社会学术语来解释移民的同化现象。[②] 继《1790年至1880年的波士顿移民：一项文化涵化研究》之后，汉德林先后出版了多部移民史专著，这包括《迁徙的人们：塑造美利坚民族之大移民的史诗故事》《20世纪的美利坚民族》《新来的人们：大都市变动中的黑人和波多黎各人》和《美国人：新美国人民历史》等。[③] 这些史学专著的顺利出版奠定了汉德林在美国移民史领域的重要地位。

汉德林的移民史研究主要有以下几个特点。第一，在史学方法上，汉德林主张借助社会学和人类学的术语和研究方法来推动移民史研究。[④] 第二，通过从事移民史研究，汉德林试图驳斥了边疆学派代表人物弗雷德里克·特纳所倡导的"边疆假说"。[⑤] 特纳的研究主

[①] 王寅：《执著探索　大胆开拓——奥斯卡·汉德林的美国移民史研究》，《历史教学问题》2005年第9期。

[②] Oscar Handlin, *Boston's Immigrants, 1790 – 1880: A Study in Acculturation*, Cambridge: Harvard University Press, 1941.

[③] Oscar Handlin, *The Uprooted: The Epic Story of the Great Migrations That Made the American People*, New York: Grosset & Dunlap, 1951, *American People in the Twentieth Century*, Cambridge: Harvard University Press, 1954, *The Newcomers: Negroes and Puerto Ricans in a Changing Metropolis*, Cambridge: Harvard University Press, 1959, *The Americans: A New History of the People of the United States*, Boston: Little, Brown and Company, 1963 *Pictorial History of Immigration*, New York: Crown Publishers, 1972.

[④] Oscar Handlin, "A Career at Harvard," *The American Scholar*, Vol. 65, No. 1 (Winter 1996), p. 50.

[⑤] Frederick Jackson Turner, "The Significance of the Frontier in American History," in Frederick Jackson Turner ed., *The Frontier in American History*, New York: Henry Holt and Company, 1921, pp. 1 – 38.

体以盎格鲁－撒克逊白人新教徒血统为中心，且研究区域主要集中在边疆地区。与特纳不同的是，汉德林强调多族裔的移民在美国历史上的重要作用。第三，汉德林的移民史研究主要集中在城市。第四，汉德林呼吁历史学家们走出以政治精英为中心的历史叙事框架，并从普通移民的经历来理解美国历史。①

在哈佛大学历史系攻读博士学位的时候，贝林就开始接触移民史。1945年，在马萨诸塞州的威廉姆斯学院顺利获得学士学位后，他前往哈佛大学历史系求学，师从大名鼎鼎的汉德林。读博期间，贝林的研究兴趣主要集中在17世纪和18世纪新英格兰地区殖民地的经济和社会史。那时候，汉德林在美国历史学界的地位正如日中天，其所从事的移民史研究在美国历史学界也引起重大反响。作为汉德林的得意门徒，贝林有机会接触移民史并向导师细心讨教。

读博期间，贝林曾对法国年鉴学派代表人物费尔南·布罗代尔所倡导的整体史研究方法进行了批评和反思。1949年，通过出版《菲利普二世时代的地中海与地中海世界》，布罗代尔呼吁历史学家从整体视野来研究地中海。② 1951年，贝林在《经济史杂志》上发表论文，强烈批评布罗代尔的整体史。贝林指出，布罗代尔把地理时间、社会时间和个人时间隔离了开来，而不是把它们紧密地结合在一起。③ 另外，贝林认为布罗代尔的整体史在概念上讲是形而上的历史（meta-historical）而不是历史性的（historical）历史。此外，贝林认为布罗代尔的整体史主要是认识论上的而不是历史性的研究方法。④ 因此，贝林主张用动态的而不是静态的视角来研究整体史。⑤

---

① Clyde N. Wilson ed., *Twentieth-Century American Historians*, Gale Research Company, Detroit, 1983, p. 192.

② ［法］费尔南·布罗代尔：《菲利普二世时代的地中海和地中海世界》（上下卷），唐家龙、吴模信等译，商务印书馆1996年版。

③ Bernard Bailyn, "Braudel's Geohistory: A Reconsideration," *The Journal of Economic History* 11, no. 3, part 1 (Summer, 1951), pp. 277–278.

④ Bernard Bailyn, *Concept and Contour*, Cambridge, Mass.: Harvard University Press, 2005, *Atlantic History*, pp. 4–5.

⑤ Bernard Bailyn, "Braudel's Geohistory: A Reconsideration," pp. 279–281.

在批判和反思布罗代尔的史学方法之后，贝林尝试着把大西洋当作一个整体，并从动态的视角来研究区域之间的互动。1953年，贝林在《经济史杂志》上发表了一篇题为《网络与贸易：17世纪的大西洋》的论文。贝林指出，在17世纪上半期，英国、法国和荷兰开始步西班牙和葡萄牙的后尘，并开始在美洲新大陆进行殖民扩张。到17世纪后期，这些国家开始取代伊比利亚国家在大西洋世界的商业贸易。英、法、荷等国家的海外贸易不仅架起了西欧国家与美洲新大陆之间的跨大西洋商业贸易网络，而且促进了新大陆与旧大陆之间的政治、经济、科学和文化交流。以英国为例，它的海外贸易把英国的海外岛屿、西印度群岛、纽芬兰、北美新大陆以及欧洲大陆紧密地结合在一起。① 由于新英格兰地区的商人与大西洋世界范围内其他地区的商人维持着密切的贸易纽带，贝林试图用动态的视角来考察它们之间的贸易纽带和商业交流。②

不过，在20世纪50年代中期，贝林并未从事移民史研究。1955年，在修改博士论文的基础上，他出版了《17世纪的新英格兰商人》。这部著作主要分析了移居英属北美新英格兰地区殖民者的贸易网络、商业活动和社会生活，但它并不是严格意义上的移民史。③ 贝林之所以未下定决心从事移民史研究，是因为他考虑了以下这些因素。第一，其研究兴趣主要集中经济社会史而不是移民史；第二，尚未发现具有独特史料价值的移民档案；第三，鉴于汉德林在移民史领域已取得重大成果，贝林或许不愿与导师正面交锋。

到20世纪60年代和70年代中期，贝林把研究兴趣从17世纪新英格兰地区的经济社会史转向美国革命时期的政治思想史，但他开始关注英国国内前往英属北美定居的殖民者。在编辑《美国革命时

---

① Bernard Bailyn, "Communications and Trade: The Atlantic in the Seventeenth Century," *The Journal of Economic History*, Vol. 13, No. 4 (Autumn, 1953), pp. 378 – 380.

② 在20世纪80年代，贝林呼吁历史学家从大西洋视角来研究美国早期史并在哈佛大学历史系定期主持大西洋史研讨班。见Bernard Bailyn, *Atlantic History: Concept and Contour*, Cambridge, Mass.: Harvard University Press, 2005。

③ Bernard Bailyn, *The New England Merchants in the Seventeenth Century*, Cambridge: Harvard University Press, 1955.

期的小册子》的时候,贝林发现英国内战时期的乡村反对派政治思想在革命前夕的北美 13 个殖民地广泛传播。于是,贝林把研究兴趣转向美国革命时期的政治思想史以及大英帝国中心的政治观念在英属北美殖民地的传播。《美国革命时期的小册子》《美国政治的起源》《美国革命的思想意识渊源》以及《托马斯·哈钦森的苦难》的出版奠定了贝林在美国革命时期政治思想史领域中的重要地位。[①]在研究政治思想观念从旧大陆传播到新大陆的过程中,贝林注意到英国国内人口前往英属北美定居的现象。不过,由于他的研究主题偏向美国革命时期的政治小册子、政治人物和政治思想,他并未从事移民史研究。

到 20 世纪 70 年代中期,贝林把研究重心转向移民史领域,主要受两个因素的影响。首先,在从事学术研究的过程中,贝林发现汉德林的移民史存在局限。为了推进移民史研究,贝林开始探索汉德林在 20 世纪五六十年代所关注的文化传播、移民和殖民地定居等课题。在研究时段上,鉴于汉德林的研究课题主要集中在 19 世纪和 20 世纪的移民史,贝林深知 17—18 世纪的北美移民史还有待挖掘。在研究方法上,鉴于汉德林忽视采用统计和量化分析方法,贝林发现移民史领域的跨学科研究方法依然大有可为。

其次,家庭因素也是贝林从事移民史的一个重要动力。贝林是土生土长的新英格兰人,但他的妻子洛特·拉扎斯菲尔德(Lotte Lazarsfeld)却是个流亡美国的犹太移民。1930 年,洛特出生在维也纳一个犹太人家庭。1937 年,为了躲避德国纳粹的政治迫害,洛特的母亲玛丽亚·霍达(Marie Jahoda)去了英国。但是,洛特陪同她的父亲保罗·拉扎斯菲尔德(Paul Lazarsfeld)前往美国。流亡美国后,保罗在美国哥伦比亚大学建立应用社会学研究中心,与科学社会学的先驱者罗伯特·默顿(Robert K. Merton)共事多年。洛特在

[①] Bernard Bailyn, ed., *Pamphlets of the American Revolution: 1750 – 1765*, Cambridge, MA: Harvard University Press, 1965; *The Ideological Origins of the American Revolution*, Cambridge: Harvard University Press, 1967; *The Origins of American Politics*, New York: Knopf, 1968; *The Ordeal of Thomas Hutchinson*, Cambridge: Harvard University Press, 1974.

斯沃斯莫尔学院（Swarthmore College）学习数学，然后于1951年进入哈佛大学学习社会心理学。次年，她嫁给了才华横溢的贝林。与洛特的这段姻缘让贝林了解到许多欧洲难民移民美国的故事，这促使他最终下定决心从事移民史的专题研究。

二 贝林对移民史研究的初步探索

在20世纪60年代和70年代，美国史学思潮发生重大转变，这直接影响了贝林对史学方法和科研课题的思考。首先，叙述史学的复兴使得贝林深刻认识到叙事在历史研究过程中的重要性。1979年，通过发表"叙述史的复兴"，劳伦斯·斯通呼吁历史学家回归叙事传统。斯通发现历史学家对探索历史研究的客观性并不那么感兴趣。取而代之的是，历史学家们更偏好叙述历史的生动性。[1] 在职业生涯初期，由于研究领域主要集中在17世纪新英格兰地区的经济和社会史，贝林很少关注历史人物的经历。到20世纪60年代和70年代中期，贝林把研究兴趣转向了美国革命时期的政治思想史。贝林所编撰的《美国革命时期的政治小册子》以及他的专著《美国政治的起源》和《美国革命时期的思想意识渊源》分析了美国革命时期的政治文献和政治思想，但缺少历史叙事。《托马斯·哈钦森的苦难》主要讨论的是马萨诸塞殖民地王室总督哈钦森在美国革命时期的思想意识，但贝林开始重视历史叙事手法并试图再现哈钦森复杂的内心世界。[2] 受"叙述史学的复兴"的影响，贝林有意识地采用历史叙事来刻画历史人物的政治心灵。

其次，"新社会史"在美国早期史领域的兴起和发展鼓励着贝林从事以移民和家庭为主题的社会史研究。1970年，美国早期史领域出版了4本专门研究新英格兰地区村镇、人口和家庭的专著，这标

---

[1] Lawrence Stone, "The Revival of Narrative: Reflections on a New Old History," *Past & Present*, No. 85, Nov., 1979, pp. 3–24.

[2] Bernard Bailyn, *The Ordeal of Thomas Hutchinson*, Cambridge, Massachusetts: The Belknap Press of Harvard University Press, 1974.

志着"新社会史"的兴起。作为这种史学思潮的代表人物,肯尼斯·洛克里奇(Kenneth A. Lockridge)、菲利普·格雷文(Philip J. Greven)、约翰·德莫思(John Demos)和迈克尔·朱克曼(Michael Zuckerman)鼓舞着美国早期史学家们抛弃传统的以精英为中心的政治史。取而代之的是,新社会史学家主张历史学家把研究领域从政治史转向社会史,研究底层人民的日常生活、家庭和社区等。[①] 值得一提的是,在 20 世纪 60 年代中期,当朱克曼在哈佛大学求学攻读博士学位的时候,贝林是朱克曼答辩委员会的成员之一。当新社会史在美国早期史领域兴起的时候,贝林也深受启发。于是,在出版《托马斯·哈钦森的苦难》之后,贝林把研究兴趣从政治思想史转向了"新社会史",开始探索英属北美移民的社会史。

此外,计量史学的兴起鼓励着贝林继续采用统计方法来研究美国早期史。在 20 世纪 50 年代后期,在撰写《马萨诸塞海运史》的时候,贝林就试图把史学研究与统计学结合起来。到 20 世纪 70 年代,计量史学家的代表人物主要有罗伯特·富格尔(Robert W. Fogel)和斯坦利·恩格曼(Stanley L. Engerman)等,他们不仅注重历史资料的收集和整理,而且倡导计量方法在历史研究中的应用。[②] 1975 年,美国计量史学家专门成立了"社会科学历史协会",鼓励历史学家运用自然科学中的数学方法对历史资料进行定量分析。另外,家庭电脑的普及也有助于历史学家利用电脑系统对档案资料进行搜集、整理和存储,并对数据资料进行数量分析。通过结合计量方法和电脑数据分析,历史学家更多地把研究群体转向家庭史和人口史。鉴于计量史学在美国历史学界风靡一时,贝林迫切希望使用计量方法来研究 18 世纪英属北美的移民史。

---

① Kenneth A. Lockridge, *A New England Town: The First Hundred Years*, New York: WW. Norton and Company, 1970; John Demos, *A Little Commonwealth: Family Life in Plymouth Colony*, New York: Oxford University Press, 1970; and Philip J. Greven, Jr., *Four Generations: Population, Land, and Family in Colonial Andover, Massachusetts*, Ithaca: Cornell University Press, 1970.

② Robert W. Fogel and Stanley L. Engerman, *Time on the Cross: The Economics of American Negro Slavery*, 2 vols., Boston: Little, Brown and Co., 1974.

受美国史学思潮的启发，贝林对史学方法进行了深刻反思。1981年，贝林当选为美国历史协会的主席。同年12月，在加利福尼亚州洛杉矶举行的美国历史协会年会上，贝林阐述了他对史学方法的反思。① 他呼吁历史学家们重视计量史学方法对历史叙事所带来的挑战。他指出，一个优秀的历史学家不仅要扮演好数据分析员的角色，而且还要扮演好叙述者的身份。② 另外，他希望历史学家们从跨国视野来考察各个地理区域之间在经济、社会和文化模式之间的联系，即它们之间的"存在和衍生系统"。③ 此外，他鼓励历史学家们放宽历史研究的视角，并把美国早期史变成一个跨学科的研究领域。④ 鉴于现代史学在20世纪60年代和70年代已变得"碎片化（shapelessness）并缺乏整体的连贯性"，他主张历史学家们研究宏大的历史主题。⑤

在反思史学方法之后，贝林把研究重心转向美国早期史领域的移民史。1986年，他出版了《英属北美的移民化》，这是贝林所主持的英属北美移民史研究的一个导论，主要由三篇论文构成。早在1985年，贝林就在威斯康星大学的柯廷（Curtin）讲座上宣读过这三篇论文。贝林指出，横跨大西洋的人口迁移运动是人类社会自1500年以来的一个重要事件，"超过五亿人口离家出走和重新安置，它间接影响了成千上万人的生活"⑥。把大西洋世界作为一个整体，贝林力图勾勒英属北美移民化进程的基本框架和主题。

在《英属北美的移民化》里，贝林强调有两个主流人群从英国国内人口移居海外。一个来自大都市，它以英国南部的伦敦和泰晤士河沿线的城镇为主；另一个来自乡村，它主要指的是英国中部和北部地区、苏格兰和爱尔兰。大都市的移民大部分是年轻的单身男

---

① Bailyn, "The Challenge of Modern Historiography," pp. 1 – 24.
② Bailyn, "The Challenge of Modern Historiography," pp. 23 – 24.
③ Bailyn, "The Challenge of Modern Historiography," p. 18.
④ Bailyn, "The Challenge of Modern Historiography," pp. 2 – 3.
⑤ Bailyn, "The Challenge of Modern Historiography," p. 6.
⑥ Bailyn, *The Peopling of British North America*, p. 5.

子，他们并不是来自穷困阶层。相反，他们中的大多数是来自工人阶级的中产家庭。① 相比之下，来自乡村的移民主要是童工，而且很多是年轻少女。移居北美后，这些年轻少女不仅会推动当地经济的发展，而且有助于提高当地的人口增长。② 都市地区的移民主要前往中部殖民地诸如宾夕法尼亚、马里兰和弗吉尼亚。乡村地区的移民主要前往新斯柯舍、纽约和北卡罗莱纳。

贝林认为英国国内人口向英属北美迁移的过程中存在四个特点。第一，英属北美的移民不仅是欧洲国家内部诸如苏格兰、爱尔兰、英格兰、德国和其他国家国内人口移动的扩展，而且也是欧洲人口史的一种新的且富有活力的补充力量。③ 在18世纪中后期，英国国内人口大幅增长，这造成一系列的犯罪、抢劫和盗窃等问题。为了改善他们的生活状况，英国国内移民纷纷前往北美新大陆。从某种意义上说，移居英属北美的移民化进程是英国国内人口的一种外溢（spillover）现象。④

第二，英属北美的移民化进程存在着巨大的差异性，而不是同一性。从苏格兰和英国移居北美新大陆的移民分布在从新斯柯舍到佛罗里达长达2000多英里的海岸线上。在这条宽广的海岸线上，殖民地的村镇和城市彼此之间差异明显，这包括它们的人口数量、性别比例、族裔多样以及经济发展方式等。由于它们的背景多样且族裔多样，这也造成殖民地的发展存在多样性。⑤

第三，移民过程主要由两种大模式所驱动：一种是劳动力需求，另一种是受土地投机。在美国革命前夕，英国国内出现人口过剩，而北美新大陆却需要巨大的劳动力。⑥ 英国人口的外溢现象为北美经济和社会的发展提供了重要的劳动力。另外，由于水稻、靛蓝和烟

---

① Bailyn, *The Peopling of British North America*, p. 13.
② Bailyn, *The Peopling of British North America*, pp. 14 – 15.
③ Bailyn, *The Peopling of British North America*, p. 20.
④ Bailyn, *The Peopling of British North America*, pp. 25, 29.
⑤ Bailyn, *The Peopling of British North America*, pp. 49, 59.
⑥ Bailyn, *The Peopling of British North America*, p. 60.

草等农作物的种植需要更多的劳动力,北美的经济发展也迫切需要进口更多的非洲奴役劳工。此外,北美地广人稀,土地投机成为吸引英国国内人口前往北美拓殖的一个重要因素。

第四,移居到英属北美的欧洲移民在开疆拓土的过程中遭遇各种暴力和野蛮等状况。尽管殖民地的人民继承了欧洲社会的礼仪和文明观念,但是他们在北美的生活主要以暴力、战争和野蛮为特征的。① 在开发英属北美的过程中,北美殖民者与土著印第安人一度和平共处。但是,在后来的殖民开发过程中,白人殖民者逐渐蚕食土著印第安人的土地,并发起了一场又一场的战争。

三 《渡海西行的人们》:贝林对移民史的进一步研究

通过分析1773年至1776年之间的英国移民档案,《渡海西行的人们》试图考察英国和苏格兰人口向北美迁移的历史进程。② 贝林探讨了9364名英国人从苏格兰北部海岸的赫布里底斯(Hebrides)岛和奥克尼(Orkney)岛起航并前往北美殖民地的动机、经历和情感等。③ 在1760—1775年间,大约221500名移民移居英属北美,其中70000名来自英格兰和苏格兰。除此之外,还有84500名非洲奴役劳工,55000名爱尔兰人和12000名德国人。贝林不仅讨论了他们的姓名、年龄、职业、居住地和目的地,而且分析了这些定居者的家庭背景、移民动机、劳动力市场以及他们在殖民地的分布。

在档案研究方面,贝林主要使用了1773—1776年的英国移民登记册。尽管有议员在议会里提议立法限制或禁止移民前往北美新大陆,主管殖民地事务的国务副秘书(undersecretary of state for colonial affairs)约翰·鲍纳尔(John Pownall)却对此不以为然。于是,鲍

---

① Bailyn, *The Peopling of British North America*, p. 112.
② Bailyn, *Voyagers to the West*, p. 545.
③ Bailyn, *Voyagers to the West*, pp. 67-70.

纳尔建议英格兰和苏格兰的海关人员负责搜集从英国移民到英属北美移民的相关信息。在整理相关信息后，海关官员再向伦敦报告，并由主司法书记托马斯·米勒（Thomas Miller）登记在册。后来，这些材料都馆藏在英国财政部。在1773年12月和1776年3月之间，英国政府系统地收集了移民前往英属北美殖民地各个移民的详细信息。正如贝林所指出的："在美国历史上最早的两个世纪里，没有其它的移民数据会比它更详细和全面。"① 在助手芭芭拉·德沃尔夫（Barbara DeWolfe）的帮助下，贝林用计算机对移民登记簿进行分析，并考察英国国内人口迁移到英属北美是如何在登记册上得以体现的。

在史学方法上，贝林主要使用中心—边缘模式（metropolitan-provincial pattern）来解释大英帝国中心和北美13个殖民地之间的政治、经济和社会关系。贝林认为英国国内是大英帝国的中心，而英属北美13个殖民地是大英帝国的边缘。② 移民登记册的登记分为两个阶段。一方面，它根据在英国国内主要港口的代理人所列出的人员和原始数据汇编。另一方面，代理人将这些原始数据传递给米勒和伦敦的政府工作人员，并上报给枢密院和贸易和种植园委员会（Board of Trade and Plantations）。米勒登记并描述从英格兰、苏格兰启程并在北美定居的那些移民所面对的国内危机，这包括工人罢工、农民反抗以及伦敦市内的犯罪和非法活动等。贝林分析了移民们在帝国中心所面对的经济和社会危机以及枢密院（Privy Council）对这些危机的反应。由于技术人员和经济资本外流，英国政府不得不想办法解决这些问题。贝林把英属北美的东部沿海地区当作大英帝国的边缘并指出殖民者开疆拓土并促进了殖民地经济的快速发展。但是，在偏远地方，殖民地人民在新定居区域获取并开发土地的行为加剧了他们与土著印第安人之间的紧张关系。贝林的中心—边缘模式是一种单线性的分析框架，它主要分析了帝国中心的经济、社会

① Bailyn, *Voyagers to the West*, pp. 69–70.
② Bailyn, *The Peopling of British North America*, p. 12.

和人口变化对殖民地的影响。不足的是，他并未详细考察殖民地人民的经济和社会生活对大英帝国中心的影响。

受"新社会史"的影响，贝林把研究主体从政治精英转向底层人民并试图考察他们的日常生活。《渡海西行的人们》分析了移民的基本资料，它们包括移民们的性别、年龄、阶层、职业、契约状况、以个人或集体形式前往北美，以及移民的目的、动机、计划和期待等。那些从苏格兰和英格兰北部，尤其是约克郡，移居北美的人民大部分来自家庭条件较好的家庭。苏格兰人的比例大约占43%，约克郡人大约占13%。这些苏格兰人和约克郡人对他们在新世界的新生活满怀期待，倾向于以集体的形式组团并前往北美。[1] 来自伦敦和英国南部的移民，他们通常是熟练的技工。他们大部分是以个体的形式登船，他们的目的地通常是马里兰、宾夕法尼亚和弗吉尼亚。他们很多是契约劳工，并与其他契约劳工组团搭乘货船前往北美。

另外，受计量史学思潮的影响，《渡海西行的人们》广泛使用了计量和统计方法。到20世纪80年代，随着计算机的普及，贝林再次使用计量和统计方法来分析18世纪的移民数据并分析其背后所暗含的故事。在他看来，移民化的进程不能仅仅从档案来源来推断，也不能仅仅通过逻辑推断或类比来理解。英国国内移民的人数、地理起源、移民路径、性别、年龄、社会和职业特征、家庭状况、法律地位以及移民的动机和目的地等还需要数据来支撑。重要的是，历史学家需要通过这些数据来解释它们背后所暗含的意义。正如贝林指出的："当前计量史学研究著作的新颖之处并不在于数字的引入，也不是因为我们使用了比以前更精确的数字，而是因为数字的引入使得一种新的调查范围成为可能。"[2] 于是，贝林用数据来分析移民背后的各种经历。

受自下而上的"新社会史"的影响，贝林重点研究了契约劳工

---

[1] Bailyn, *Voyagers to the West*, p. 220.
[2] John J. McCusker, "The View from British North America," *The Business History Review*, Vol. 62, No. 4 (Winter, 1988), p. 691.

和强制劳工在英属北美的生活状况。由于英国国内就业形势严峻，这些底层劳工决定前往英属北美。在渡海西行前往北美新大陆的过程中，移民会面对一系列的恶劣天气，这包括飓风和暴雨等。在登陆新大陆后，罪犯和契约劳工会想尽办法逃到其他城镇，并建立他们自己的家园。美洲新大陆的劳动力是如此稀少以至于新来的移民很快就能找到新的职业。相比契约劳工，非洲裔奴役劳工为了摆脱奴隶制的枷锁，纷纷逃离南方种植园，且数量逐年增加。不足的是，贝林把重点放在了契约劳工上面，进而忽视了非洲裔奴役劳工在北美新大陆的生活和调适过程。

四 《蛮族年代》：大西洋视野与移民史研究的进一步深化

自 20 世纪 50 年代以来，受布罗代尔整体史研究方法的启示，欧美历史学家开始尝试着把大西洋世界内部的岛屿、民族国家和区域等当作一个整体来研究。[①] 伴随着欧洲人在 15 世纪末的海外扩展，大西洋世界范围内的南、北美洲、欧洲和非洲构成了一个经济和文化相互交流的场所，而这可以作为一个整体来研究。在 20 世纪 50 年代，研究法国大革命的美国历史学家罗伯特·帕尔默（Robert Palmer）最早开始使用大西洋史这个术语，并广泛使用比较研究方法来讨论大西洋两岸各民族国家在"民主革命的时代"的经历。[②] 到 20 世纪 60 年代后期和 70 年代初期，美国早期史领域的这场"大

[①] [法] 费尔南·布罗代尔：《菲利普二世时代的地中海和地中海世界》（上下卷），唐家龙、吴模信等译，商务印书馆 1996 年版；[法] 弗朗索瓦·多斯：《碎片化的历史学：从〈年鉴〉到"新史学"》，马胜利译，北京大学出版社 2008 年版。有关大西洋史的简介，见 Alison Games, "Atlantic History: Definitions, Challenges, and Opportunities," *The American Historical Review*, Vol. 111, No. 3 (June 2006), pp. 741–757 and David Armitage, "Three Concepts of Atlantic History," in David Armitage and Michael J. Braddick eds., *The British Atlantic World*, 1500–1800, Basingstoke and New York: Palgrave Macmillan, 2002, pp. 11–27.

[②] Robert R. Palmer, *The Age of the Democratic Revolution: A Political History of Europe and America*, 1760–1800, Princeton: Princeton University Press, 1959–1964.

西洋转向"推动了一场史学思潮的变革。自此之后,研究殖民时期的美国历史学家们开始尝试着突破民族国家的历史叙事框架,进而从更广阔的大西洋视角来解释美国早期史。①

作为大西洋史的重要开拓者之一,贝林一直在哈佛大学组织"大西洋世界的历史"的研讨班。②自20世纪80年代中期以来,他的研讨班推动了社会和人口研究,尤其是移居英属北美殖民地的人口史的研究。1995年,在安得烈·梅隆基金会的赞助下,他在哈佛大学创办了"大西洋史国际研讨会",资助世界各地的青年学者从事对大西洋世界范围内人口迁移的研究并推进跨国家层面的历史研究。贝林的《大西洋史:概念与蓝图》讨论了大西洋史这个新兴研究领域的边界和内容。一直以来,在传统的英国帝国史或者以民族国家为中心的美国历史学领域里,历史学家们对大西洋世界范围内的人口、商品和物种等的交流并不怎么感兴趣。于是,贝林强调要从多文化、多族裔且世界性的视角来研究大西洋世界。③在1995年到2010年这段时间里,哈佛大学的"大西洋史国际研讨班"不仅每年都为青年学者举办一次大西洋史学年会,而且为博士生和青年学者提供研究经费以支持他们从事大西洋史研究。到21世纪初,大西洋史已成为欧美史学界的一门显学,这鼓励着贝林使用大西洋视角来探索移民史。④

确切地说,《蛮族年代》的主要特色在于它使用了大西洋视角。

---

① Alison Games, "Atlantic History: Definitions, Challenges and Opportunities," *American Historical Review*, Vol. 111, No. 3, June 2006, pp. 741 – 757.

② 作为大西洋史的先驱代表人物之一,贝林考察了大西洋史的概念和研究主题。见 Bernard Bailyn, "The Idea of Atlantic History," *Itinerario*, 20 (1996), pp. 19 – 44. 皮特·柯卡拉尼斯对贝林的大西洋史进行了批评,见 Peter A. Coclanis, "Drang Nach Osten: Bernard Bailyn, the World-Island, and the Idea of Atlantic History," *Journal of World History*, Vol. 13, No. 1, Spring 2002, pp. 169 – 182.

③ Bernard Bailyn, *Atlantic History: Concepts and Contours*, Cambridge: Harvard University Press, 2005.

④ David Armitage, "Three Concepts of Atlantic History," in David Armitage and Michael J. Braddick eds., *The British Atlantic World, 1500 – 1800*, Basingstoke and New York: Palgrave Macmillan, 2002, pp. 11 – 27.

在研究方法上，贝林不再坚持中心—边缘的大英帝国历史叙事。跟《渡海西行的人们》不一样的是，《蛮族年代》尝试着把 17 世纪的北美历史纳入到一个更宽广的泛大西洋（pan-Atlantic）框架下。① 贝林不仅研究了从英国移居到北美新大陆的契约劳工，而且考察了从非洲被强制贩卖到北美新大陆的非洲裔奴役劳工。此外，移民还来自荷兰、德国、意大利、法国、瑞典、芬兰和其他国家和地区。在贝林看来，北美的移民史是大西洋世界中的移民史，而不仅仅是英国人民在北美的移民史。通过采用大西洋视角，贝林试图把非洲、西欧、加勒比海地区、拉丁美洲和北美洲结合在一起，进而突破以大英帝国为中心的历史叙事框架。②

在研究内容上，贝林主要探讨了欧洲殖民者在北美新大陆的殖民遭遇。③ 自从詹姆斯镇（James town）于 1607 年建立之后，英属北美的拓殖者一直深受人口脆弱性的困扰。白人拓殖者与印第安人之间的摩擦不断升级，最终导致了 1622 年波瓦坦印第安人酋长欧百切卡那夫（Opechancanough）所领导的印第安人对白人殖民者的大屠杀。直到殖民者幸运地发现烟草贸易后，殖民地的人口脆弱性才得以缓解。随着旧世界的白人移民不断来到詹姆斯镇从事大西洋世界中的烟草贸易，白人殖民者认识到：虽然殖民地的人口依旧受高死亡率的困扰，但是新来的移民可以有效地弥补殖民地劳动力的不足。随着旧世界和新世界在大西洋世界中的交流纽带不断拓展，詹姆斯镇逐渐成长壮大。在探讨荷兰人的拓殖地新阿姆斯特丹，也就是今天的纽约的时候，贝林不仅讲述了荷兰殖民者之间的内部争斗及多元文化，而且考察了荷兰人与印第安人之间进行的野蛮战争。由于荷兰商人坚持世俗理性且重视商业贸易，这个地区就变成了商业冒险家的天堂。在荷兰人的开发下，新阿姆斯特丹成为一个多民族、多文化且多宗教的殖民地。④ 除英国和荷兰移民外，贝林还讨论了德

---

① Bailyn, *The Barbarous Years*, p. xv.
② Bailyn, *The Barbarous Years*, p. xiv.
③ Bailyn, *The Barbarous Years*, p. 31.
④ Bailyn, *The Barbarous Years*, p. 274.

国、法国、瑞典和芬兰移民在17世纪北美大陆的拓殖经历。与《渡海西行的人们》相比，《蛮族年代》的研究主体更加多元。

在史学观点上，《蛮族年代》与贝林在20世纪80年代中期的移民史研究有相同之处。《蛮族年代》认为17世纪的北美新大陆是一个充满黑暗、血腥和暴力的世界。① 那时候，北美殖民地既没有浪漫的骑士故事，也没有感恩节的盛宴。在日常生活里，殖民地人民不得不面对严峻的生存和安全问题。他发现殖民地人民的经验存在很多相似性。一方面，殖民地的人民是一个"混合的多样性"（mixed multitude）；另一方面，死亡在北美殖民地无处不在。② 由于殖民地人民与土著印第安人之间一直存在着各种土地纠纷和文化冲突，白人殖民者与土著印第安人之间摩擦不断。于是，殖民地人民对土著印第安人犯下了许多骇人听闻的暴行。

《蛮族年代》过于强调土著印第安人与欧洲白人殖民者之间的文明冲突，却忽视了他们之间相互融合且和平相处的历史。早在1620年，为了帮助普利茅斯殖民地的清教徒渡过难关，土著印第安人斯匡托（Squanto）曾教英国清教徒如何捕捉鳗鱼并种植玉米等农作物。另外，为了帮助白人殖民者克服粮食短缺的困难，瓦姆帕诺格部族印第安人（Wampanoag）酋长马萨索伊特（Massasoit）曾向普利茅斯殖民者捐赠食物。在印第安人的帮助下，清教徒们于次年大获丰收。为了庆祝这次大丰收，普利茅斯殖民地的拓殖者曾邀请印第安人一起庆祝。在普利茅斯殖民地，这段故事被传为印第安人与白人殖民者和平相处的一段佳话。在《论普利茅斯种植园》这本书里，普利茅斯殖民地总督威廉·布雷德福（William Bradford）曾详细记载了印第安人与白人殖民者共度佳节这一盛况。③ 可是，为了强调印第安人与北美移民之间的暴力和冲突，贝林有意识地忽视了移民与土著印第安人之间的和平和友谊。

---

① Bailyn, *The Barbarous Years*, p. xv.
② Bailyn, *The Barbarous Years*, pp. xiv, 52.
③ William Bradford, *Of Plymouth Plantation, 1620 – 1647*, Samuel Eliot Morison ed., New York: Alfred A. Knopf, 1952, p. 90.

《蛮族年代》采用了大西洋视角,但它忽视了非洲裔奴役劳工在大西洋世界中的移民故事。贝林探讨了非洲裔奴役劳工在切萨皮克湾区和新阿姆斯特丹地区的奴役地位,但是他并没有强调非洲黑人奴隶在殖民地的经济和社会发展过程中的重要作用。由于没有讨论非洲裔奴役劳工在大西洋世界中的移民历程,他就忽略了他们的身份状况、他们在大西洋世界中的各种艰辛,以及他们在殖民地社会中追求主体性的探索了。虽然贝林在探索大西洋史,但是他很少提及大西洋世界中的非洲奴役劳工。

结 论

《英属北美的移民化》《渡海西行的人们》和《蛮族年代》是贝林潜心研究移民史的重要成果,它们在研究主题和史学观点上保持着连贯性。《英属北美的移民化》主要对相关概念、研究主题和分析框架等问题进行梳理,并为《渡海西行的人们》和《蛮族年代》的写作奠定了基础。从内在逻辑来看,这三部作品构成了贝林移民史研究的三个阶段,即初步探索、研究展开和继续深化。

《渡海西行的人们》和《蛮族年代》都是贝林的代表性著作,但它们之间的差异相当明显。在时段上,前者主要考察的是美国革命前夕英属北美的移民状况,后者研究的却是17世纪北美移民现象。在研究对象上,前者主要以英属北美13个殖民地为中心,后者则考察了瑞士、荷兰、西班牙、法国和其他国家在北美新大陆的移民现象。在历史叙事上,前者并未忽视大英帝国在英属北美发展过程中所扮演的角色,后者则从多维视角来考察欧洲国家在新大陆的殖民扩张,试图突破以大英帝国为中心的历史叙事。在创作背景上,《渡海西行的人们》主要受叙述史学、"新社会史"和计量史学的启发,《蛮族年代》则主要受大西洋史学思潮的影响,进而采用大西洋视野研究北美移民现象。

在史学方法上,《渡海西行的人们》和《蛮族年代》的差异体现得更加明显。《渡海西行的人们》使用了中心—边缘模式的大英帝国历史叙事，但它存在局限。贝林把英国国内以伦敦和其他大城市为中心的城镇当作中心地区，把北美新大陆当作欧洲大城市在北美的扩展。他认为英国国内出现的社会危机造成了人口外溢现象，这迫使英国国内人民不得不前往北美新大陆。但是，贝林完全忽视北美移民对英国国内在经济、社会、文化和宗教等领域的影响。相比之下，《蛮族年代》强调从大西洋视角来研究北美殖民地与英国国内在经济、社会、人口发展上的联系。在贝林看来，北美的移民史不是大英帝国在北美的扩张史，而是大西洋世界中的移民史。通过采用大西洋视角，《蛮族年代》把北美的移民史课题与非洲、英国、英属北美紧密结合在一起，力图突破以大英帝国为中心的历史叙事。

贝林在移民史领域做出了卓越贡献，但他的史学实践也存在一些局限。贝林尝试着从大西洋视角来研究移民史，但他实际上研究的是以英国为中心的大西洋世界（British Atlantic World）。他的移民史研究主要考察的是英国国内与英属北美殖民地之间的政治、经济和文化交流，完全忽视非洲、南美洲和其他国家和地区在大西洋世界内部所扮演的重要作用。[1] 贝林鼓励历史学家们突破民族国家历史叙事的框架，采用大西洋视野来考察旧大陆和新大陆之间的相互关联。但事实上，他的大西洋史学实践与大英帝国扩张史有许多相似之处，并未完全突破以大英帝国为中心的叙事框架。在贝林的移民史研究课题上，葡萄牙、西班牙、荷兰、法国和欧洲其他国家所扮演的作用显得无足轻重。此外，种族、族裔、性别和妇女在大西洋世界形成过程中所扮演的角色也显得无关紧要。尽管存在不足，贝林在移民史领域的重要成果鼓励着年轻一代的历史学家们做出更有价值且更有挑战性的课题。

（原载《史学理论研究》2019 年第 1 期）

---

[1] Coclanis, "Drang Nach Osten: Bernard Bailyn, the World–Island and the Idea of Atlantic History," p. 176.

法国学者富尔格谈城市史研究

张 丽

应中国社会科学院世界历史研究所邀请，阿妮·富尔格（Anni-Fuorcaut）教授于2006年9月15—19日在世界历史所进行为期4天的学术访问。富尔格教授从2000年起担任法国巴黎一大20世纪社会史研究中心主任，并从事巴黎一大的教学和科研工作。主要研究方向是法国社会史，尤其是法国城市问题、妇女问题。目前重点研究19—20世纪法国城市政治的起源、新城市中多数人的决议及其代表等。发表的主要著作有：《法国的高层建筑》（2004年出版）、《1926—1960年的郊区》（1992年出版）、《两次世界大战之间的工厂女工和福利负责人》（1982年）等。她在世界历史所讲座的题目是"现代法国城市史研究"。

她认为，现代法国城市史研究对于历史学家来讲还是一个新领域，不过20年的历史。使用历史方法从事研究尤为困难。首先是因为查阅当代史资料的困难。法国在行政上具有较强的集中传统，关于档案资料的立法和规定使得研究近30年来的档案资料尤为困难，并且需要特别许可。而查阅私人或者半公共机构收藏的档案则因各机构的规定而异；而历史学家则希望涉猎记载整个城市建筑过程的全部资料。

另外，所有的公共资料都会引导研究者去了解国家作为建设者的作用以及国家所建立的技术和金融机构的活动情况，而忽略私人主体的作用。有时撰写自传或者出版回忆录的决策者们以及居民们是活的资料，他们见证了共同经历的城市化历程。于是就提出了口述资料的使用问题以及这些自述历史的主体与他们所经历的历史之间的关系问题。这是不易搞清楚的问题。

此外，很多历史以外的学科已经占先涉足现代城市史研究：如地理学、城市社会学，建筑学院和城市规划院也已经做了许多研究。各学科因学科不同而经常产生论战。社会学成果及城市规划学和建筑史学的成果比比皆是，难以综合。这些学科的研究成果十分重要，当然必须进行认真推敲，甚至比使用原始资料还要更加谨慎。

她认为，法国的城市随着缓慢的工业化进程而不断扩大和不断增多。这种工业化进程有时与城市化进程不同步，而且地域分布也不均衡。在20世纪最后的三十多年中，工业化使郊区逐步分层，后来波及城市周围，最后是高速公路旁边崛起的新城。新的独立住宅组成的市镇以及大型超市，逐步构成大多数法国人的生活区，形成现代城市。

今天既分散又分割成小块儿的城市已经失去了行政和纯粹的形态界限，历史学家应该怎样将它们分割开来，历史地加以研究呢？法国的历史学界青睐对市镇进行研究、对反映社会价值和社会结构的小区进行研究、对一个区域的行政和政治划分的基础进行研究，并采用不同时段的研究方法进行综合研究。长时段的史学研究涉及19世纪40年代的工业化起步到20世纪末期的后工业化时代。中长时段的研究重点是工业分散和区域规划阶段。这些都是20世纪30年代末期开始考虑的政策，其效果在第四和第五共和国时期显现出来。最后，短时段史学研究包括政治决策等，比如1928年改革的转变和1965年创立新城。

我们只能专注于当代城市史中的几个重点问题，一方面是因为这些问题具有法国城市发展的特性，另一方面是国家史学传统决定的。

关于区域和城市社会问题

富尔格教授认为，民众社会和郊区曾经是工运史学研究的问题。

社会学者先于历史学家进入民众居住的远郊改城区的城镇研究中，并且成为研究城市社会问题的先锋。描写圣德尼斯等城镇的书是这种类型研究的经典著作。当郊区不再仅仅是简单的行政或者地理概念时，民众社会群体便成为研究主体，他们是组成区域活动的群体。这方面研究的代表性著作是《巴黎郊区早期居民》，由阿兰·福尔（Alain Faure）于1992年主编完成。此书记述19世纪和两次大战之间巴黎的住宅空间和独立居住空间的形成，城市增长危机与住宅建设的矛盾对社会的影响，持续两个世纪的宗教建筑的恢复，宗教重新征服非基督教区域的企图。本书从区域角度描述了工人及民众阶层与城市空间的关系。作者认为，研究住宅分区有助于理解民众群体，因为可以通过相应的生活空间的划分来区分他们，如平民区域、矿山城市或者纺织城市、红色郊区、工人城和老板城等等。由此产生着一种独特的城市文化、社交形式和反抗形式，它们是以政治属性的形式出现的。

一篇最近发表的关于19—20世纪移民的文章论述了一个意大利移民家庭在巴黎的生活。这是一篇研究移民和城市空间结合的文章，论述了历次移民潮以及他们遇到并且改变的各种不同的城市社会。同时强调城市和郊区中移民社会和接纳移民社会的矛盾。此文一直谈到三十年繁荣时期，提出了巴黎郊区当地人的民粹主义是否会激化的问题。这是历史问题也是现实问题。

如果对城市的郊区尤其是对巴黎的郊区的研究已经较为详尽的话，那么对现代巴黎的研究仍然方兴未艾。某些综合的研究已经存在，如项目和城市规划、经典的政治历史等都有所涉及。但是，老城廉价住宅（HBM）带和对不卫生的市中心住宅区的整治行动以及1959年的规划的实施、效果及失败原因等都未受到历史学家的重视。这大概是因为文献众多，决策机制错综复杂和难以用合适的尺度对局部问题和国家性问题进行划分的结果。

新近关于20世纪巴黎人的研究主要是：第一，从1936年巴黎18区开始实施的婚姻登记制度入手，对城市人口的聚居区形式、网点、聚集趋势进行研究。这种研究建立在考察夫妇双方的职业、证婚人和家人状况的基础上，论述社会联系的多样性。第二，汽车对城市和市民产生的多种影响。第三，城市和市民如何共同完成了改变街道和城市面貌的城市化。

法国一直游离于20世纪60年代中期开始的新城市化历史研究浪潮之外，美国处于优势地位。他们主要研究城市中的局部社会和民族问题，城市概念的消失。法国认为，新城历史更多的是以一种新形式出现的，而不是以新研究领域的形式出现。

关于城市政策和社会住房问题

维希政府之前法国的城市中是否有国家调控的问题今天被重新提出。1908年创立社会博物馆、乡村卫生科和1931年创办《城市规划》及《今日建筑》等期刊，都表明城市规划已经作为一个学科和一种职业出现。从1953年到1970年修建的郊区大型居住区（新村）改变了法国城市的面貌。但是，我们没有任何有助于理解国家作用的基本资料。关于郊区大型住宅区的研究专著并不很多，因为这些专著的撰写要得到国家数据和地方支持，有时只能分析当地居民的情况。作为建设者，国家在20世纪下半叶所起的作用的研究刚刚起步。应把法国国家的城市重建计划与被毁灭和重建城市的问题相结合，表明战争和维希政府时期是战后城市现代化管理人才和学派成形的时期。

关于城市文化问题

城市文化政策史使我们可以更直接地了解当地社会文化的变迁：波尔多、第戎、鲁昂等市镇都有文化机构和文化活动。但是辨明当地文化的属性特别是其在百姓街区中的属性十分困难。所有的文化、社团、节日庆典、体育活动都与社会归属、民族出身和政治倾向及它们的分布有关。城市是多样性文化的熔炉。

历史学家结合社会现实、城市地理和社会理想来解读大城市产生的神话。

现代城市历史具有国家史学的特点，这并不稀奇，因为现代历史长时间以来是新闻工作者和社会学家的领域，历史学界可以查阅的原始档案只能是20世纪50年代的。社会学家从公共政策入手，认为国家是城市现代化和市民社会变化的动因。民众聚集区的研究处于优先地位，是对工人运动及对今天已经消失的工人文化的兴趣使然。

最后，性别史研究几乎无所不包，如妇女在选择住宅中的作用，城市保洁职业的女性化等。妇女不同年龄段的研究尚待建立。

（原载《世界历史》2007年第1期）

西方财产观念的发展

刘 军

财产在人类历史和现实生活中占有重要地位。财产是政治的中心、纷争的起因、国力的基础、富裕的象征；因此，财产历来是政治学、经济学、法学、社会学、伦理学等学科共同关注的焦点。然而，我国史学界对财产问题的关注一直以来却很不够，比如，我们至今没有一本论述无论东方或西方财产观念发展的历史著作。这是一个严重的缺憾，无论对史学，还是对社会科学整体而言都是如此。不同历史时期，人们的财产观念是怎样的，绝不仅是政治思想史、经济思想史或法律思想史的事，而是关乎不同社会制度乃至各种文明的一种本质特征。本文拟就西方财产观念的发展历程作一次大致的梳理，并归纳其特点，希望通过这一视角增进对西方文明及其社会历史本质的了解。以下分古代包括中世纪、近代和现代三个部分加以阐述。

一 古代和中世纪的财产观念

最迟至古希腊时期，人们对财产已有相当的认识。古典文献中对财产有贬低、认同、区别对待、合理利用等多种态度。柏拉图认为，财产是暴力和纷争、野心和堕落的根源，"金钱和美德不就像一架天平的两臂：一端上升的时候，另一端就会下降"[1]。希腊人对财

---

[1] ［美］理查德·派普斯：《财产论》，蒋琳琦译，经济科学出版社2003年版，第5页。

产诱惑和危害的抵制和禁止没有停留在思想上,梭伦改革的一项重要内容便是取消公民间的债务,废除公民因债为奴的法令,目的在于避免贫富分化削弱雅典的社会基础——公民群体。斯巴达公民不仅没有私有财产,而且没有家庭,妻子和孩子都是城邦或全体公民共有的。斯巴达人相信一个没有私有财产观念的社会可以保持高度的凝聚力和战斗力;他们果然在一场漫长的战争中击败了据称是政治民主和财产私有的雅典,创造了一时的辉煌。斯巴达给了柏拉图深刻的印象,他在《理想国》中想要通过消除财产私有来保持社会秩序。在他看来,私有财产和家庭使人产生自私和贪婪之心,不利于社会和谐。因此,除了从事经济活动的自由民阶层外,理想国的战士和哲学家都不应有私有财产,不应有家庭,实行共妻、共子、共餐。柏拉图晚年或许意识到了私有财产不可避免——实际上斯巴达也没能阻止其公民的贫富分化——他容忍了私有财产的存在,但要将其限制在一定的程度下,比如不准超过最低财产标准的五倍①。他本人对私有财产的态度则是:"如果我照看得过来,那我不会让任何人触动我的财产,或者不经我的同意让我的财产受到最轻微的干扰;如果我是一个理智的人,我必定以同样的方式对待他人的财产。"②

古希腊人眼中的财富不仅包括土地、金钱等物质形态的东西,苏格拉底就提出了财富必须对人有益的观点。柏拉图继承了苏格拉底的传统,将知识、道德、健康归入财富范围,并将财富分为三等:一等是精神财富,如知识、德行;二等是肉体财富,如健康;三等是物质财富。物质虽是财富,但不可违背人生目的而盲目积累,需要明智地使用。下等财富是为上等财富而存在的,德性不是来自财富,相反,财富来自于德行。因此,财产的价值须依据其所有者的德性和是否贤明地使用。这是从伦理的角度来衡量财富的价值。

---

① 颜一编:《亚里士多德选集:政治学卷》,中国人民大学出版社1999年版,第49页。
② [爱尔兰] J. M. 凯利:《西方法律思想简史》,王笑红译,法律出版社2002年版,第35页。

亚里士多德不同意柏拉图将一切罪恶都归于私有财产制度的观点，他认为，个人财产不仅是不可消灭的，而且会成为社会中的积极因素。他在《政治学》第二卷中比较了财产公有和私有的几点区别：（1）私有财产比公有更有效率，因为公有财产更少受到人们的关心；（2）财产公有并不一定导致社会秩序的稳定，多劳少得、少劳多得都容易引起"极大的麻烦"；（3）私有财产使人得到满足，更符合人性特点，喜爱金钱并不错，但超过限度的喜爱就成了贪婪；（4）最关键的是，私有财产是无法废除的，没有私有财产或财产平均的社会是不可能存在的，"一个一味企求齐一性的城邦将不再是一个城邦，或者虽然还是城邦，却差不多是不算城邦的劣等城邦，就像有人把和声弄成同音或把节奏弄成单拍一样"。将平均财产作为解决公民争端的方法，并不能从根本上解决问题，而且还会产生新的问题。如平均财产并不能平均欲望，而欲望比财产更需要平均，这只能依赖教育；另外，平均财产必然引起那些才能卓越或多劳少得群体的不满[①]。亚里士多德认为，不要只看到财产的罪恶，还要看到它给人们带来的好处。他特别指出，斯巴达限制私有财产、禁欲并没有达到目的，公民两极分化、私下纵欲（尤其是妇女）、官员腐败，很大程度上与其财产制度失当有关。[②]

古罗马人在法律上确立了私人财产权利，这被公认为是他们对西方文明发展所做的最大贡献，影响尤其深远的是他们提出了绝对所有权的概念（dominium）。这是希腊人所没有的概念，罗马法称之为"在法律许可的范围内使用和耗费某人的物品的权利"[③]。以致后来有学者认为，罗马人"几乎无限度地支持私有财产的权利，保障签订契约的作用，超过了当时条件所认为适当的程度"[④]。这显然有些夸张的成分，因为罗马从共和国到帝国始终是一个社会或公共利益超过个人利益的国家，在这种情况下，留给私人财产的空间毕竟

---

① 颜一编：《亚里士多德选集：政治学卷》，第38—41、50、52页。
② 颜一编：《亚里士多德选集：政治学卷》，第57—63页。
③ ［美］理查德·派普斯：《财产论》，蒋琳琦译，第11页。
④ ［英］埃里克·罗尔：《经济思想史》，陆元诚译，商务印书馆1981年版，第37页。

是有限的。如最初罗马法并不支持获取利息，利息在罗马早期完全被禁止，后来利息由法律规定，再后来利息逐渐被容忍，但高利贷仍被反对。在西塞罗看来，国家是"人民的财产"，公有和私有财产可以和谐共处，他举例说，"尽管剧院是公有之物，我们仍然可以说每一个人就坐的是'他的'座位；国家和世界也是这样，尽管它们也是公有财产，但毫无疑问，没有什么正当的理由可以用以反对如下观念，每个人的物品是他自己所有的"①。罗马人对财产的态度是实际的，没有了希腊时期的理想成分；但这时私人财产还没有被看作是人的自然权利，还要服从于国家和社会的利益。

中世纪被看作是一个崇尚宗教信仰的时代，人们有理由认为，既然基督教的注意力在天堂，必然轻视尘世，包括尘世中的财产；然而，随着中世纪研究的深入，这种关于中世纪是黑暗世纪的传统观点正受到全面质疑。中世纪人毕竟生活在地面上，同样必须面对包括财富在内的各种现实问题。实际上，中世纪人的财富观念不是固定不变的，而且基督教教义和不同时期教会的思想是有区别的，这种区别突出表现为中世纪后期教会对财产的矛盾态度，一方面在理论上宣扬安贫乐道，一方面在实际中聚敛财富。基督教始终提倡财产的共同使用和分享，但基本没有主张或反对私有制，财产的共同使用和财产公有是不同的，这也是基督教与早期共产主义思想的一个区别。

早期的基督教会虽然主张财富分享，却并没有一般地反对财产，由于它能动员社会力量散财济贫，尤其受到下层民众的广泛欢迎。虽然有些早期教会人士反对私有财产，财产也受到社会的普遍轻视，并留下很多蔑视财产和嘲讽富人的谚语和故事。但教会和普通基督徒一般认为，财富本身没有问题，问题在于如何使用财富。圣·奥古斯丁说："谁不知道占有财产并不是什么罪恶，只是爱财，指望占有财物，要财富胜过真理或正义才是罪恶呢。"②

---

① [爱尔兰] J. M. 凯利：《西方法律思想简史》，王笑红译，第74页。
② 巫宝三主编：《欧洲中世纪经济思想资料选辑》，傅举晋、吴奎罡等译，商务印书馆1998年版，第2—17页。

到了13世纪，阿奎那在《神学大全》中几乎以一种世俗的态度回答了商业交易中令信徒感到困惑的一些问题。在他看来，人们以超过物品所值的价格卖东西、出售有缺点的甚至分量不够的物品、贷款收取利息甚至高利贷等都是允许的。[①] 虽然有人指出："自从君士坦丁皈依基督教以来，早期基督教关于财产问题的教导，已在权宜行事的动机指导下逐渐变质，而到写《神学大全》时，教会关于财产问题的学说已和使徒们的教导毫无共同之处。"[②] 但阿奎那毕竟还不是洛克，他与古典学者和基督教基本思想有着更多的继承关系。他既没有像一些早期神甫那样谴责私有财产，要求平分财产，也没有像后来人那样将其看作神圣不可侵犯的。他从两方面阐述私有财产的合理性，一方面，重申了上述亚里士多德关于私有财产更有效率的观点；另一方面，人们占有财产不是作为自己所有，而是作为共同所有，在别人需要时贡献出来。他说："上帝给予人们的一切世俗财物就所有权来说是属于我们的，至于这些财物的使用权则不仅属于我们，也属于那些我们能用超过我们所需的东西去救济的那些人。"他还认为，私有财产的最公正的理由在于，它是使公共利益获得物质财富的最好方法。财产所有者对其财富有绝对权利，但这权利主要建立在正确使用这些财富使社会受益的基础上。[③] 不同于近代学者将财产看作是人的自然权利，阿奎那认为，私有财产依据的是人为法；按照自然法，财产应该公有，但私有财产并不违反自然法，而是在人的理性基础上对自然法的补充，甚至是为了更好地实现自然法。

阿奎那的思想不是孤立的，还有很多经院学者甚至认为，如果财产所有者在面临公共或邻人需要时无动于衷，社会可以强迫他将财产用于正当目的。这既可用社会对财产拥有最高权利的原则来说明，当然应予一定的补偿；也可用扶危济困、责无旁贷的原则来解

---

① 巫宝三主编：《欧洲中世纪经济思想资料选辑》，第2—17页。
② 巫宝三主编：《欧洲中世纪经济思想资料选辑》，第323页。
③ 巫宝三主编：《欧洲中世纪经济思想资料选辑》，第336—340、347页。

释①。阿奎那甚至说："如果一个人面临着迫在眉睫的物质匮乏的危险，而又没有其他办法满足他的需要——那么，他就可以公开地或者用偷窃的办法从另一个人的财产中取得所需要的东西。严格地说来，这也不算是欺骗或盗窃。"② 这些私有财产要服从社会正义或公共利益的观念对后来的社会主义思潮和现代福利社会观念都有影响。

中世纪中期的一些经院作家还认为，必须对世俗财富予以正确的评价，而轻视财富的社会价值本身就是一种罪过。财富可以是罪恶的诱因，但贫穷也是。阿奎那说，"贫困是一种邪恶的诱因，因为偷窃、发伪誓、谄媚往往因贫困而生。因此更应避免贫困，所以穷人不应自甘淡泊"。甚至还有人说，"毫无疑问，在贫困状态中保持美德比在富裕的状态中保持美德要困难得多"。

在中世纪后期如文艺复兴时代一些学者的论述中，财富不仅有社会价值，还意味着个人美德，因为财富与基督教提倡的美德，如禁欲、节俭、诚实、勤劳是有关联的。③④ 由此，私有财产的正当性得到确认——财产是个人勤俭、勤劳致富的结果。这时的财富观念已有逐渐摆脱宗教伦理影响、进一步世俗化的趋势。后来，美国建国时期的思想家富兰克林和现代的马克斯·韦伯对此都有充分的论述，新教伦理的某些特征与资本主义初期新兴资产阶级的进取精神确有许多联系。宗教改革运动继承了早期基督教的财富观念，抨击教会对财富的贪婪和滥用，甚至以出售赎罪券的方式姑息各种罪恶。德国农民在一系列的斗争中也理直气壮地提出减轻经济负担、取消教会的什一税的要求，摆脱了教会关于安贫乐道的思想束缚。

古代思想家和中世纪经院作家对财产的论述，总的来说是模棱两可甚至相互矛盾的，尽管某个人的财产观念可能相对是清晰的。

---

① 巫宝三主编：《欧洲中世纪经济思想资料选辑》，第340页。
② ［意］托马斯·阿奎那：《阿奎那政治著作选》，马清槐译，商务印书馆1997年版，第143页。
③ 有关文艺复兴时期的财富观念，可参阅张椿年《意大利文艺复兴时期财富观念的变化》，《世界历史》1987年第3期。
④ 巫宝三主编：《欧洲中世纪经济思想资料选辑》，第344—345页。

其中既有对公有财产和平均财产的理想和实践,也有对私有财产的现实主义态度;既有对财产的宗教伦理评价,也有出于社会秩序和经济需要的实际考虑。从这些论述中,既可以引申出下层民众对平均财产的要求,也可以被新兴的资产阶级用来为私有财产权辩护。实际上,近现代的社会主义、自由主义、保守主义等思潮都从中世纪的财产观念中汲取了各自的营养。

二　近代的财产观念

近代对财富观念阐述最充分的两个人也许是洛克和哈林顿,至少他们对美国革命的影响是无人企及的。不同于中世纪思想家,他们对财富的论述少了宗教和道德的色彩。哈林顿认为,人依靠财富,不像其他东西那样是出于选择,而是生活必需。"一个人如果需要面包,那么他就会成为面包施予者的仆人。如果一个人用这种方式来供养全体人民,那么人民就在他的统治之下。"他认为,国家和统治就是建立在财产所有权之上的,一个国家的性质、政府形式都是由财产即土地占有情况决定的。如果一个国家的大部分土地(比如说四分之三)被一个人占有,那一定是君主制;如果大部分土地被一个贵族包括僧侣阶级占有,那将是贵族政体;如果全体人民都是地主,则是民主共和政体。国家失去了财产——土地所有权,就像失去了根基的空中楼阁。[①]

洛克将财产提到空前的政治高度,"人们联合起来成为国家和置身于政府之下的重大的和主要的目的,是保护他们的财产"[②]。因此,国家或政府的首要任务就是保护财产,一个不保护私人财产的政府根本就不是政府,而一个侵犯财产的政府更是一个应该被推翻的政府。英国和美国革命都是因捍卫财产权利而引发的,美国的建国者

[①] [英]詹姆士·哈林顿:《大洋国》,何新译,商务印书馆1996年版,第9—12页。
[②] [英]洛克:《政府论》(下册),瞿菊农、叶启芳译,商务印书馆1997年版,第77页。

们干脆被称作洛克派。但洛克的财产权也不是绝对的和无限的，一方面是劳动确立了财产权；另一方面，财产的占有要以个人所用为限，超过这个限度就应归他人。洛克财产观反对不劳而获和过量占有的浪费，承认个人财产和他人需求之间的联系。只是他的财产限度以占有物的腐烂浪费为界，如果人们占有的是金钱、土地等不易腐坏之物，那么，这种占有也是合理的。① 洛克观点的矛盾之处能同时为资产者和无产者所利用。将洛克财产权观念绝对化、法律化的是英国法学家威廉·布莱克斯通，他的四卷本《英国法释义》（W. Blackstone, *Commentaries on the Laws of England*, 1765 – 1769）很大程度上决定着18世纪末至19世纪英美的财产权利。

温斯坦莱是17世纪英国掘地派的代言人，他认为，掘地派开垦荒地、公地没有侵犯私人财产，因为按照自然法，土地就是为所有人使用的，而现在却为少数人霸占，穷人有权获得一份可以自食其力的土地。温斯坦莱与洛克固然有很多不同，但他们在认为财产权是生活需要、自然需要，因而是人的自然权利这一点上是一致的。这与中世纪将财产看作与自然法相对的人为法的产物有很大不同。近代人将财产权视为自然权利，根据自然法高于人为法的原则，人为法要依据自然法保护财产权利。可以说，近代初期思想家依据自然法保护财产权利的要求，既有利于新兴资产阶级，也可作为下层民众争取生存权利的思想武器。

孟德斯鸠也是一位对美国和法国革命有重要影响的思想家，他从税收和政治的角度谈到财产问题，他认为，"国家的收入是每个公民付出的自己财产的一部分，以确保他所余财产的安全或快乐地享用这些财产"。国家税收必须兼顾国家和国民两方面的需要，在他看来，"没有任何东西比规定臣民应缴纳若干财产，应保留若干财产更需要智慧与谨慎了"②。的确，历史经验表明，税收与政治和社会稳定有着密切的关系。

---

① ［英］洛克：《政府论》（下册），瞿菊农、叶启芳译，第21—26、32页。
② ［法］孟德斯鸠：《论法的精神》（上册），张雁深译，商务印书馆1995年版，第213页。

世界上所有专制王权的一个共同特征就是政治统治权和财产所有权的合一，西方专制王权也不例外。英国国王詹姆斯一世和其子查理一世都认为，人民的财产就是他们的财产。法国国王路易十四这样教育皇太子："你首先必须深信国王是绝对的统治者，生来就有随意处分僧侣和平信徒所拥有的一切财产的权利。国王在任何时候都可以采用谨慎的管家所使用的方式，也就是说，根据国家的总体需要，去使用这些财产。"① 这种专制性的财产观念与洛克、潘恩等人的思想格格不入，革命自然也就在所难免了。

　　在17—18世纪的英语世界，在法律术语中，"财产"并不一定指物体本身，而是对这种物体的一种权利、利益或法律占有形式。它可以是一种资格，不完全的和完全的，合法的或公平的，物质的或非物质的，有形的或无形的，可见的和不可见的，地产的或动产的，等等。在宪法术语中，财产一般指一种相对无形的、法律抽象的物体。在更普遍的意义上，"财产"可以指各种权利，"根据这种定义，谈论一个人的财产在他的生命、自由和宗教中才有意义"。财产问题一定是一个法律问题，因为它涉及的是所有权。"财产权与人们的政治权利不可分割地联在一起。"② 当代美国史学家方纳认为，美国"到革命时期结束时，财产的概念已经扩展到了将权利、自由以及有形物质的占有等包括在内的程度"③。财产既是一种生计条件，又是一种参政资格，还是对政府权力的一种限制。应该强调的是，18世纪的财产权利主要是限制和规范政府，保护而不是保障个人尤其是普通民众的生活，对生活的保障还要等到20世纪。

　　当时财产被普遍认为是个人的，以至人们在谈论财产权利时不必再加上"私人的"作为限定词。J. 迪金森说："人们没有自由就不会幸福，没有财产安全就不会自由，不自己掌握保障安全的权力

---

① ［美］理查德·派普斯：《财产论》，蒋琳琦译，第136页。
② J. P. Reid, *Constitutional History of the American Revolution: the Authority of Rights*, Wisconsin: the University of Wisconsin Press, 1986, pp. 97 - 98.
③ ［美］埃里克·方纳：《美国自由的故事》，王希译，商务印书馆2002年版，第43页。

就不会安全。"① 财产安全关乎文明的基础,一位殖民地人说,没有"私人财产和个人安全,人们将沦为野蛮状态,或至多是忍受屈辱和奴役,而绝不会在文学和实用艺术上有所进步"②。财产是自由之母,财产权的丧失对于其他权利,就如同一位孕妇之死对于其未出生的婴儿一样是致命的③。

近代思想家还认识到,对财产权的保护并非只对富人有利,穷人的财产虽少但同样需要保护,甚至更需要保护。这不仅因为穷人是弱者容易受到侵害,更因为他们的财产是维持基本生活需要的,一旦被剥夺就会危及生存而引起社会动乱。另外,只有保护财产权利才能促进整个社会形成勤劳致富的风气。英国人及其殖民地人无论社会地位高低,捍卫财产权时的态度是一样的。一个英国牧师说,国王和普通人的财产权是一样的,"如果他(国王)侵犯了我的2便士,同时也毁掉了他的10便士,因为他毁掉的是保护所有人权利的法律的篱笆"④。在导致美国独立战争的印花税法公布八天后,一位费城人写道:"问题不在这种税的负担,而在于我们认识到,它向我们征收是违背宪法的,对它屈从就意味着我们放弃生来就有的权利,并把奴役制传给我们的后代。"⑤ 当时的伦敦市长约翰·威尔克斯也说,"财产的概念就是排除其他人未经我同意可以拿走它的权利,否则的话,我不能说它是自己的。如果其他人可以任意地拿走,那还是我的财产吗?如果我们不经殖民地人允许而向他们征税,他们就没有财产,没有什么可以称作是自己的东西"⑥。

哈林顿和洛克将财产的社会和政治作用提到一个空前的高度,从中引申出近代西方的政治原则,可以加深我们对西方近现代史的理解。财产是同法律联系在一起的,西方法学家在这方面有许多论

---

① J. P. Reid, *Constitutional History of the American Revolution: the Authority of Rights*, p. 36.
② J. P. Reid, *Constitutional History of the American Revolution: the Authority of Rights*, p. 37.
③ J. P. Reid, *Constitutional History of the American Revolution: the Authority of Rights*, p. 38.
④ J. P. Reid, *Constitutional History of the American Revolution: the Authority of Rights*, p. 70.
⑤ J. P. Reid, *Constitutional History of the American Revolution: the Authority of Rights*, p. 111.
⑥ J. P. Reid, *Constitutional History of the American Revolution: the Authority of Rights*, p. 45.

述，尽管其中有一些夸张的成分，但法律与财产的密切关系是可以肯定的。17—18世纪的英国人和殖民地人很难想象不保护财产的法律。财产不仅从属于法律，还参与制定法律。纽约殖民地议会认为，"当财产从属于法律，而财产的所有者没有参与法律制定时，就不存在真正的财产了"。这就是英国革命和美国独立战争时提出的"无代表不纳税"原则的原因。

由于财产决定着人们的生存，决定着人们的政治和社会秩序，财产与自由有直接的关系。当时普遍认为，一个没有财产的、无法负担自己生活的人，没有参与政治的资格。约翰·亚当斯曾说，财产，唯有财产，才能意味着独立；没有财产的人不会有"他们独立的判断力，他们的言论和选票都将为某个有产者所操纵"[1]。这是对英、美、法三国革命后相当长一段时期内，选举权都由财产限制的一种普遍的解释。由于在农业社会中，土地是财富的主要来源，财产最初主要是指土地。不用说17、18世纪，就是在19世纪的大多数时期，工资劳动也被轻视，经常与受奴役和丧失自由相联系；大致在工业革命完成后，这种观念才逐渐转变，各种动产包括有价证券在财产中的地位方得到认可。在此以前，如果一个人没有地产，尽管他很富有，仍会被视为暴发户或投机取巧者，因为只有土地收入被认为是正当的。也正是在这种观念的影响下，杰斐逊将自耕农、农牧场主视为美国的理想公民，认为只有"耕种土地的人是最道德高尚、最独立自主的公民"，"小地主是一个国家中最宝贵的一部分"[2]，而工商业者、政府官员经常被认为是败坏社会风气的人。

在18世纪和19世纪的大部分时期，私有财产取得了有史以来最高的社会地位和名誉：财产不仅包括土地和金钱等物质状态的财富，它还是生命、自由、幸福甚至权利本身的同义语，一切于人的社会生活有价值的东西都可以被视为个人的财产或权利。私人财产

---

[1] ［美］埃里克·方纳：《美国自由的故事》，王希译，第44页。
[2] ［美］托马斯·杰斐逊：《杰斐逊选集》，朱曾汶译，商务印书馆1999年版，第274、369页。

权神圣不可侵犯的观念甚至达到了夸张和扭曲的程度。

美国废奴运动和内战中的一个很大的观念阻力,是当时普遍将奴隶视为财产,解放奴隶无异于剥夺财产。在南方,奴隶是最重要的财产形式,19世纪50年代,一个奴隶的通常售价是1000美元,相当于现代美国家庭一所普通住宅的价值。按照当时的标准,能拥有20—30名奴隶就是百万富翁了。[①] 奴隶劳动成果占南部外贸的三分之二,而且蓄奴州是北方工业品的巨大市场。1857年最高法院对D. 司各特案件的判决典型地捍卫了这种观点,即"奴隶系主人的财产,这一财产权在宪法中得到明确的肯定。……宪法中找不到一个词,它能让国会对奴隶财产拥有更大的权利,或给予这种财产较其他任何财产更少的保护"[②]。因此,捍卫奴隶制就与捍卫财产、捍卫自由具有了同样的意义。有现代学者分析,在当时,"从根本上说,奴隶制是一种产权,是一个人要求、支配、购买、出售、租借雇佣或交换另一个人将来的劳动服务的合法权利",这种产权得到了南方社会大众的普遍认可。[③] 实际上南方人就是以当年殖民地人面对英国侵犯其财产权的心态参战的,至少捍卫财产与自由被拿来作为南方的政治宣传或开战的借口。否则,内战也不会打得如此惨烈。

林肯后曾多次提出由政府赔偿解放奴隶的建议和提案,但都被国会否决了。不用说1861年和1862年联邦国会两次颁布的《没收敌产法》将奴隶视为财产,奴隶是作为南方叛乱分子的财产被没收而得到解放的。就是1863年的《解放宣言》也是为了削弱南方的战争资源而惠及奴隶的。林肯在奴隶制问题上的谨慎、顾忌或保守,引起后来许多史学家从政治或道德角度的评论,但当时联邦宪法对奴隶制的暧昧倾向,以及未经正当法律程序不得剥夺私有财产的社会压力,都是林肯不能不面对的现实问题,只有在保卫联邦统一、

---

① [美]杰拉尔德·冈德森:《美国经济史新编》,杨宇光等译,商务印书馆1994年版,第337页。

② [美]J. 艾捷尔编:《美国赖以立国的文本》,赵一凡、郭国良译,海南出版社2003年版,第151页。

③ [美]杰拉尔德·冈德森:《美国经济史新编》,杨宇光等译,第333—334页。

在战争状态下必须剥夺敌产的特殊前提下,才能暂时绕过"解放奴隶是剥夺财产"这一难题。

内战后至19世纪末是美国社会变化最剧烈的时期,被马克·吐温称为"镀金时代",是从农业社会向工业社会的转变时期。在这个工业化的早期阶段中,人成为经济人,自由被理解为发财的自由,平等被视为自由竞争下平等的获利机会,进步的标尺是资本的积累。这是一个发财光荣、发财英雄、贫困可耻的年代。这种财富观的基础既有马克斯·韦伯所指出的新教伦理,也有经济上市场自由和政治上的国家不干预主义、个人主义。这些理论观念构成了社会达尔文主义的思想基础。斯宾塞对美国的影响很难被高估,霍夫斯塔德认为,考察内战后三十年的政治观念,离开斯宾塞的学说几乎是不可能的。这一时期,"杰斐逊主义和法国启蒙运动的遗产被轻率地放弃了。没有社会良知,没有对文明的关心,没有对未来民主的展望,镀金时代的人们竭尽全力挣钱"。"这是一个由强人、能人、自私者、无知之辈和不讲道理的人组成的无政府社会。它提供了有关人的本性在无任何约束的自由状态下能够作出何种反应的一个绝妙例证。"[1]

虽然我们对19世纪末的社会贫困现象很难作出精确的统计,但各方面的资料显示,绝对贫困和贫富分化问题都很严重。1888年,美国总统克利夫兰在国情咨文中承认,"我们的制造业赚到的财富不再完全来自勤奋耐劳和远见卓识,而是得助于政府的优惠照顾,并且在很大程度上依赖于对我国人民大众的非法的勒索。雇主与雇员之间的鸿沟正在不断扩大,两个阶级正在迅速形成,一个阶级由财势极大者组成,另一个阶级则由辛勤劳作的穷人组成……我们发现,存在着各种托拉斯、联合企业和垄断集团,人民则被远远地抛在后面,拼命挣扎,或遭到铁蹄的践踏,性命不保"[2]。但他仍旧固守无为政府的传统,在阶级冲突中扮演财产保卫者的角色,说什么"普

---

[1] [美] V.L. 帕灵顿:《美国思想史》,陈永国译,吉林人民出版社2002年版,第781页。

[2] [美] 理查德·霍夫斯塔特:《美国政治传统及其缔造者》,崔永禄、王忠和译,商务印书馆1994年版,第181页。

通政府的权利和责任不应该扩展到对个人遭受到的、与公共服务或公共利益没有适当联系的不幸提供援助……应该坚持不懈地强调这样一个经验,那就是,尽管人民供养了政府,但是政府不应该供养人民"①。

19世纪中期以来,在各种社会矛盾和压力下,公共利益开始与财产权利相抗衡。如英国思想家霍布豪斯指出,"英国的岁入靠的是税收,到头来只能为了穷人的利益而对富人征税,人们会说这既不是正义,也不是慈善,而是赤裸裸的掠夺。对此我要回答:公共资财枯竭是严重经济失调的征兆。我要说,财富既有个人基础,也有社会基础"。财产的社会基础有两层意义,一是财产价值中有社会因素,如社会要组织力量保护财产所有者利益;二是财产来源的生产过程中也有社会因素。他举例说,"伦敦一块地皮的价值主要应归于伦敦而不归功于地主。说得准确点,价值一部分归于伦敦,一部分归于英帝国,再有一部分归功于西方文明"②。

美国的亨利·乔治就像经济领域的潘恩,他的著作《进步与贫困》(1880年)可以看作使政治经济学人性化、民主化的一种努力,是经济学领域的《人的权利》。乔治在此书中关注和要解决的是美国物质进步与贫困并存的"时代之谜",他认为,"使以前每一种文明归于毁灭的原因,无一不是财富和权力分配不均的趋势"。在他看来,这种趋势正在销蚀美国社会自由和民主的根基。如果人们依靠土地才能生存,"我们必须使土地成为公有财产"。他断言,"在消灭土地私有之前,《独立宣言》和《解放法案》都不起作用"。人们一旦失去土地,也就失去了他们那些"不言而喻"的权利。一个被忽视的真理是:"我们不能继续又是让人们得到选举权,又是迫使他们到处流浪……空谈不可剥夺的人权的同时又不给不可剥夺的享受天赋的权利。"③ 尽管乔治为消除物质繁荣下的贫困所提供的社会改

---

① [美]理查德·派普斯:《财产论》,蒋琳琦译,第266页。
② [英]霍布豪斯:《自由主义》,朱曾汶译,商务印书馆1996年版,第94—97页。
③ [美]亨利·乔治:《进步与贫困》,吴良健、王翼龙译,商务印书馆1995年版,第278、301、340、463页。

革方案缺乏可操作性，但他对美国社会中的不平等现象所作的系统性分析和批判，产生了很大影响，《进步与贫困》被翻译成欧洲各主要国家的文字，至20世纪初，其各种版本已发行了几百万册。

H. D. 劳埃德受英国费边主义和社会主义劳工运动的影响，在其著作《财富反对共和国》（1894年）一书中指出美国社会的一个根本性的悖论，即"自由产生财富，财富毁灭自由"。他认为，社会达尔文主义和亚当·斯密的自我利益学说违反了人的基本天性，忽视了世界首先是社会性的，作为公民的个人不是孤立存在的，他是由各种各样的家庭、社会关系和责任构成的：邻居、同事、朋友、儿子、父亲等，如果大家只考虑个人利益将导致社会走向毁灭。在他看来，个人和社会利益并非绝对冲突，而是彼此认同的，文明实际就是在这两者的对立与和谐中发展的。劳埃德强调的"公共权力或公共财产不能被私人使用"，并不是要取消个人权益，而是对传统的原子化个人主义的超越。[①]

19世纪中后期严峻的贫富分化和对立现实，社会主义运动的蓬勃开展，开明思想家对不择手段追求财富的抨击和警告，逐渐扭转了西方社会的财产观念，使20世纪成为一个规范财产权的时代。

三　现代财产观念

1910年，老罗斯福（Theodore Roosevelt）发表他的"新国家主义"[②]见解，主题是民主的目的只能以加强政府权力的方式实现。民主不应局限在政治方面，也必须表现在经济方面。他说："假如一个人的财富代表他自己的能力和智慧，而使用时又能完全照顾到别人的福利，我们是不会有任何不平的。但是财富必须来得正当，并且很好地加以运用。即令财富的取得没有损害社会，那也是不够的。

[①] J. P. Young, *Reconsidering American Liberalism*, Oxford: Westview Press, 1996, pp. 141 – 143.

[②] 关于"新国家主义"更为详尽的背景，可参阅李剑鸣《西奥多·罗斯福的新国家主义》，《美国研究》1992年第2期。

只有当财富的取得对社会有利,我们才能准许取得。我知道这意味着政府要实施一种政策,空前积极地干预我国的社会和经济情况,但是我认为我们必须面对这个事实:现在已经有必要这样加强政府的管理了。"他还说:"我们正面临着关于财产对人类福利的关系的新看法……有人错误地认为人权同利润相比都是次要的。现在这种人必须给那些维护人类福利的人们让路了。这些人正确地认为,每个人拥有的财产都要服从社会的全面权利,按公共福利的需要来规定使用到什么程度。"① 1912 年,T. 罗斯福更明确地说:"我们主张财产权,但我们更主张人权。我们将保护富人的权利,但我们强调他要在遵从社会普遍权利的条件下,按照公共福利要求的那样,运用其财产于生意经营。"②

至于财产权利的变化,最突出的是累进个人所得税,这一税种的制度化是 20 世纪的产物。类似的还有第一次世界大战期间正式开征的联邦遗产税。可以想象,在美国这样一个信奉财产权神圣不可侵犯、个人主义的国家中,提出征收个人所得税会引起怎样的震撼。当时一项研究报告——《美国人民的财富和收入》总结了赞成所得税的各种观点,成为税收改革者的"圣经",该报告的作者指出,这种税之必要,是由于收入日益集中到少数人手中。1890 年,1.6% 的美国最富有的家庭收入占国民收入的 10.8%,而到 1910 年,这些家庭的收入占到了国民收入的 19%。同时,88% 的美国人收入,在 1890 年占国民收入的 65%,1910 年则下降到 62%。一位经济学家还评论说,1917 年的《税入法》是以"财政史上迄今没有实现的民主原则"为基础的。③ 这些财产税经过不断完善,成为政府推行福利政策、调节贫富差异的重要手段。

----

① [美] D. L. 杜蒙德:《现代美国:1896—1946》,宋岳亭译,商务印书馆 1984 年版,第 166—167、171 页。

② H. S. Commager, ed. *Documents of American History*, Vol. 2, New York: F. S. Croft & Co. 1943, pp. 246-247.

③ [美] 丹尼尔·J. 布尔斯廷:《美国人:南北战争以来的经历》,谢延光译,上海译文出版社 1988 年版,第 306 页。

当然，在美国要求通过税收来调节社会贫富的呼声并不是工业社会以后才有的。潘恩有一本小册子《农业平均主义的正义》(A-grarian Justice)，直到20世纪30年代都没有引起注意，其中谈到私有财产权时说，"个人财产是社会结果；没有社会的帮助，个人是不可能像他开荒造地那样获得个人财产的"。不仅如此，潘恩还发现，"个人财产的积累在许多情况下都是由于给生产财产的劳动支付太少的结果"。因此，潘恩提出征收10%的遗产税作为公共基金，解决扶小养老等社会贫困问题。而且，他认为，仅仅在人们遭受贫穷苦难时才采取措施的做法是不能称之为文明的，应采取预防措施，"我所呼吁的不是仁慈，而是权利，不是慷慨，而是正义"①。帕林顿很奇怪潘恩在那个伸张财产权利的时代，竟提出了个人财产的社会价值问题和福利社会的构想，而这是属于20世纪的理论和实践。

其实，杰斐逊也考虑过如何解决贫富分化的问题，他在做弗吉尼亚州议员时就提出并促使议会通过废除土地长子继承和限嗣制，使土地由全体子女来继承，有促进经济和政治平等的意义。他在1785年给麦迪逊的信中提议："另外一种逐渐缩小贫富不均的办法是在某一个征税点下全部免税，超出征税点按几何级数征税，收入越高，税也越重。哪一个国家有未开垦的土地和失业的穷人，就清楚地表明那个国家的财产法侵犯了天赋权利。土地是作为共同的仓库供人们劳动和生活的。"②但实际上，土地长子继承制被废除的一个主要原因是美国当时有足够的土地供分配，而杰斐逊的其他设想当时都没有被提上实际议程。

一位美国法律史专家概括说，如果说在19世纪至20世纪之交，财产还意味着权力，那么到20世纪70年代中期以后，财产在法律上却意味着责任。如财产法中增加了生态限制的内容，财产所有者受各种立法限制，不得污染环境。1969年，国会将"每个人都应享

---

① [美] V. L. 帕灵顿：《美国思想史》，陈永国译，第293—295页。
② [美] 托马斯·杰斐逊：《杰斐逊选集》，朱曾汶译，第368页。

有一个健康的环境",提到法定权利的地位。环保主义者依据环境权坚持,无论社会的经济需要是什么,环境生态因素都应放在首位。从美国法律史上看,此前法律的首要目标是为经济服务的,"即保护使财富增多的要求,防止任何使财富减少的危险";20世纪中期以后,"人不仅在生活的数量方面,而且开始在生活的质量方面得到关注"[①]。"新财产""新财产权"观念正在取代传统财产权观念。所谓"新财产"泛指那些来自国家政策的各种利益,因为福利权被认为是现代社会保证公民权利的基础,也被称作"新财产权"[②]。保护"新财产权"就要制定禁止政府可随意收回其福利的程序性措施,美国联邦最高法院认可了"新财产权"概念,并判定福利接受者在其福利被取消之前有权获得一次听证。[③]

20世纪的确是美国财产观念史上的一个转折点,政府从个人财产的守夜人变为社会财产的调控者。从老罗斯福限制托拉斯和财阀垄断,到新政依据公共利益调整社会财富,再到"二战"后逐渐发展起来的各种税收和福利制度,终结了私有财产神圣不可侵犯的历史。尽管从新政以来,对政府以公共利益或社会福利的名义"敲富人的竹杠""劫富济贫"的攻击和谴责一直没有停止,但直到20世纪七八十年代,随着新保守主义的崛起,对私人财产权利的捍卫才达到一个新的阶段。70年代以来西方各国福利体制相继出现危机,高税收政策使有产者丧失投资动力,而高福利政策又使劳动者工作热情降低,整个西方经济出现停滞的迹象,使新保守主义得势,并引发了社会舆论和学者们对新政以来的福利政策以及财产权利的反思。

---

① [美]伯纳德·施瓦茨:《美国法律史》,王军译,中国政法大学出版社1990年版,第306—307、331页。

② 1964年美国学者C.赖克提出"新财产"概念,即各种形式的政府福利和赠与物应被看作一种新的财产,并给予法律保护。详见 C. Reich, "New Property", *Yale Law Journal*, No. 73,1964。

③ [美]埃尔斯特等编:《宪政与民主:理性与社会变迁研究》,潘勤等译,生活·读书·新知三联书店1998年版,第293页。

财产权的争论再次成为社会和学术界关注的焦点①，其实质是福利权与财产权的关系问题，也包括对财产权本身的反思。很多学者提到新政对美国人财产观念的影响，如有人认为，当罗斯福宣布"政府有明确的责任，用它的一切权力和资源，通过新的社会控制来解决新的社会问题"时，就承担起抛弃宪法和重新解释政府职能的责任。"新政是政治上贪图一时便利的典型事例——它只强调某些选民的眼前利益，忽视由此而必然产生的长期破坏作用。"至今我们还在为他的慷慨还债。②还有人认为，从1937年起，"财产权不再是法院试图划定个人权利和政府权力之界限的基础了"，"财产权——传统意义上所理解的财产权——已不再能担负那些最初使其成为美国宪政的核心的功能了"③。一些学者不满传统财产权地位的衰落和所谓"新财产权"观念，呼吁复活传统财产权的地位。有人认为，征税权无非是一种"不给补偿的国家征用权"，是"毫无根据的充公行为"。也有人认为，税收虽然从总体上讲是合法的，但"累进税"则不是，因为它"给少数人带来很大的负担，而让大多数人获得利益"。这违反了第五修正案中关于"财物充公"的条款，该条款要求"社会公共的负担应当由整个社会共同承担，而不是仅仅由一部分经选定的少数人来负担"。他们认为，"1937年以来最高法院已背弃了那种传统，使我们的自由，我们的繁荣和我们宪法制度的精髓处于危险之中"。有人干脆提出，把财富视为罪恶是嫉妒心理的产物："把财富和罪恶，贫穷和美德粗率地联系在一起，既错误又愚蠢，它只对煽动家、寄生虫和犯罪分子有好处——事实上从中得益的也只有这三种人。"④

美国一些著名经济学家都表明了捍卫财产权利和经济自由的立

---

① 代表性的讨论文章，见伊利主编《关于财产权争论的主要议题》（J. W. Ely, Jr. Ed., *Main Themes in the Debate Over Property Rights*, New York: Garland Publishing, Inc., 1997）。

② [美]罗伯特·J. 林格：《重建美国人的梦想》，章仁鉴、林同奇译，上海译文出版社1983年版，第82—83页。

③ [美]埃尔斯特等编：《宪政与民主：理性与社会变迁研究》，潘勤等译，第292、299页。

④ [美]罗伯特·J. 林格：《重建美国人的梦想》，章仁鉴、林同奇译，第79页。

场。布坎南在《财产与自由》一书中，不仅重提财产权是自由的前提和保障，而且明确引申出福利接受者是剥削者的观点。他说："现代社会的下层阶级根本不生产任何价值：转移支付而不是工资成了他们的生活来源。……在提供转移支付的国家中，城市下层阶级只是作为一种消费者参与经济生活。这个阶级的成员变成了剥削者而不是被剥削者。"① 弗里德曼说："社会保险，并不是像卫生部、教育部和福利部所错误地描写的那种制度：即美国十个劳动者中有九个正在为他们自己及其家庭建立生活保障。社会保险是这样的一种制度：在此种制度下，十个劳动者中有九个是在为资助不工作的人而纳税。"②

有学者分析，造成财产权衰落的原因是对平等的误解和追求，实际上制宪者早就懂得，只要人们自由地发挥他们"不同的和不相等的获得财产的能力"，财产的不平等就是不可避免的。"任何社会，只要它不能通过基因控制的办法消除人与人之间在技能和能力方面存在的所有差别，财产权这一狭隘的制度注定要产生这种不平等。"③ 更有人认为，不平等之所以成为今天世界上一个可憎的字眼，其原因之一是，《独立宣言》中"一切人生而平等"这句话造成了某种思想混乱。其实它非常清楚地表明，一切人生而平等意指人人享有平等的机会，而不是实际平等。在"生命、自由和财产"这一美国古老的格言中，没有平等，自由与平等是冲突的，财产权与平等也没有什么关系。政客们让人相信，福利国家是为了穷人，但它实际是对穷人的摧毁性打击。别的不说，它扼杀了对人的刺激因素，减低了生产率，增加了失业。有人认为，今天"美国有一半人靠工作谋生，而另一半人则靠投票谋生"。还有人预言，"我们这个国家

---

① [美] J. M. 布坎南：《财产与自由》，韩旭译，中国社会科学出版社2002年版，第58页。
② [美] 罗伯特·J. 林格：《重建美国人的梦想》，章仁鉴、林同奇译，第112页。
③ [美] 埃尔斯特等编：《宪政与民主：理性与社会变迁研究》，潘勤等译，第280、282、296页。

下一次革命将是干活的人拒绝抚养不干活的人"①。

也有一些学者提出,所谓财产权神圣不可侵犯,是自由的基础和抵制政府权力的屏障的观念,很大程度上是一种神话。从殖民地时期到新政以前,对财产权始终有各种不同程度的限制,在各种基本宪法权利中,财产权并没有优先的资格,实际上也没有什么宪法权利是无限的。尤其是 1937 年后,美国最高法院很大程度上放弃了作为财产权利保卫者的历史作用。② 还有学者说,在所有基本权利中,财产权也许最为明显地产生于国家的创设,"如果政府的目的之一是保护财产权,那财产权能安然存在,如果没有政府机构,财产权(比如,与良心自由不同)就不可能存在"。如果说"财产权是政府权力的界限,但这一界限却是政府自己划定的"。这些学者试图通过历史经验总结,调和自由与平等、个人与政府、福利权与财产权之间的紧张关系。因为他们已经意识到"财产权事实上既是美国宪政制度中最好部分又是其最坏部分的根源";而且担心"对财产权利的重新重视更有可能沿着一条深深的不平等惯道行进,而不大可能成为一条通向平等主义理解自由之物质基础的道路"③。

本文认为,英美国家对财产权利观念的反思,并非要倒退到 19 世纪,而是预示着在 21 世纪里,西方社会在财产权和福利权、个人财产与社会利益之间要寻找一种新的平衡。实际上,英美国家的第三条道路已经作出了这样的选择。

四 小结

概览西方财产观念发展史后,笔者有如下几点想法:

---

① [美]罗伯特·J. 林格:《重建美国人的梦想》,章仁鉴、林同奇译,第 90—91、97、103 页。

② J. W. Ely Jr., *The Guardian of Every Other Rights*, *A Constitutional History of Property Rights*, New York: Oxford University Press, 1998, pp. 9, 161.

③ [美]埃尔斯特等编:《宪政与民主:理性与社会变迁研究》,潘勤等译,第 297、300、307 页。

第一，关于财产，西方世界始终有不同的观念，这种观念的两极是财产的公有和私有，更多的情况下是侧重于权衡财产的社会意义和个人利益何者为先。某一时期，一种观念上升为主旋律，另一种则为其变奏曲，共同构成时代乐章。沿着这两大思想轨迹的发展，几乎可以尽览西方思想精英及其名著。其中私有财产价值高于社会利益的时期只是在18—19世纪，正是在这一时期，尤其是19世纪，西方出现因贫富分化而产生的阶级对立，孕育了马克思主义和社会主义工人运动，使西方社会处于动荡和危险中。随着20世纪西方对财产的调控，尤其是福利保障体系的建立之后，西方社会进入平稳发展时期。但是，提到西方尤其是近代以来的价值观念，我们往往更多地指自由主义的，以至于人们将西方和资产阶级画上了等号。这至少是不准确的，因为西方并非在所有时期和所有的西方人都认同一种财产观念。

第二，在西方财产观念发展史中，财产私有是手段还是目的？这非常值得探讨和深思。西方古往今来对财富公有和分享的呼声不绝，实际上非西方社会也有这样的向往和努力，但只有西方发展出了资本主义，创造了最多的社会财富。今天，西方国家既是历史上对私有财产肯定得最多的制度，同时也是世界上社会福利措施最完善的制度。这两种看似矛盾的现象是如何结合在一起的？我们考察和评价一种经济制度，既要分析它建立的原则，也要重视其结果；因为历史上动机与效果相背离的事例太多了。经济发展有其内在的规律，其中私有财产进步的历史地位和作用也应得到肯定。但如同真理走过了头就是谬误一样，私有财产的任何"越位"都会造成经济停滞甚至社会动乱。

第三，对财产问题的研究可以有多种途径，本文基本是思想观念史的，此外还可以研究财产制度史，像财产与自由、财产与法律、财产与道德伦理、财产与民俗等方面的历史都可以开掘出很好的研究领域。对财产问题的综合研究可能导致史学原有领域的重大突破和进展，如研究财产观念对西方资本主义起源理论和资本主义萌芽研究很有帮助，研究私人财产权的状况对认识专制体制有启发①。在一个连生命都没有保障的专制社会里，私人财产权必然有很大的不确定性，尽管该社会的法律甚至宪法里可能写着保护私人财产。而在一个财产可以随时被罚没，生命可以被任意剥夺的社会里，发展资本主义的确是很难想象的。

第四，财产观念是个人和社会价值观的核心，由此可以对不同的民族性和社会、文明特征作出区别。财产观念在西方各国之间也是有差别的，如近代以来英美最为强调私有财产的重要性，法国则比较重视财产的平等，德国则将财产的社会（或国家、民族）意义放在首位。本文没有涉及非西方的财产观念，但东西方之间财产观念的不同无疑是很明显的。

第五，财产观念问题涉及广泛，包括经济、法律、政治、社会、宗教、哲学、伦理等诸多学科领域，是跨学科研究的一个理想的视角，应该成为史学界研究的重点之一。但实际上，史学界对财产观念发展史重视得很不够②。这既与东方社会的财富观念有关，也与我们长期形成的政治法律文化氛围有关：财产尤其是私有财产社会地位的提高，还只是改革开放以来的事，将保护私有财产写入宪法更是进入21世纪以后的事。所以，研究西方财产观念的发展对我们有一定的借鉴意义。

（原载《文史哲》2007年第6期）

---

① 如顾銮斋在《中西封建社会的税权问题》一文中提到，纳税在西方近代前后成为贵族和民众与王权斗争并最终控制国家权力的一种手段；中国虽不乏谴责横征暴敛的记载，农民也不时有抗税的起义，但最多是要求免税和减税，没有把纳税作为一种政治或社会参与的权力。这显然是一个值得继续深入研究的问题。参见刘明翰主编《世界中世纪史新探》，内蒙古大学出版社1996年版。

② 赵文洪的《私人财产权利体系的发展》（中国社会科学出版社1998年版）是这方面少有的一部专著。

中世纪欧洲厌女主义的发展及其影响

李桂芝

厌女（misogyny），严格意义指痛恨或恐惧妇女，是欧洲中世纪妇女史研究中一个非常热门和有争议性的词语和问题。在 20 世纪上半叶，只有零星的西方学者关注厌女这一问题，如英国的中世纪经济社会史学家艾琳·鲍尔。她指出，厌女主义者存在于整个中世纪，只是在中世纪后期的文学作品中更为突出，但她和同时代的很多妇女史学家一样对中世纪妇女的地位持乐观态度，认为中世纪是妇女的一个黄金时期，例如，她指出，"文学作品中怕老婆的丈夫的主题实际反映了事实中微妙的平衡，更反映现实"[1]。其观点直到 80 年代还有一定的影响。20 世纪中期以后，随着中世纪妇女史学研究的不断深入，史家们认为此前的研究过于乐观，妇女的实际地位是在不断下降的，特别是在 13—15 世纪。而且随着六七十年代第二次女权主义浪潮的发生，中世纪妇女史研究发生了巨大的转向。与女权主义政治氛围相配合，妇女史学术研究更关注中世纪妇女地位下降的心理和社会因素，开始向"万恶的父权制"发起批判。于是，在这一背景下，厌女一词开始受到重视，压迫、从属成为描述妇女地位的标准化术语。80 年代，这一词语被广泛使用，厌女成为中世纪欧洲的一个常态特征。但最初，学者使用这一词汇时也只是指具体的憎恨妇女的言语。1991 年爱德华·布洛赫新著《中世纪厌女和西方

---

[1] Eileen Power, *Medieval Women*, edited by M. M. Postan, Cambridge: Cambridge University Press, 1997, p. 3.

浪漫爱情的发明》问世，厌女一词的含义被扩大，泛指针对妇女的所有消极言行。在他看来，"中世纪"和"厌女"一词是同义。① 此后学术界针对厌女研究的著作都是从这一泛化角度进行探讨的。② 当然厌女一词的流行、泛化和普遍化，并非所有中世纪学者都赞同，异议的声音不断。比如部分学者主张要对其进行区分，注重考察教士观念的差异化和多样性。但不可否认，中世纪厌女观念的存在已成为欧美学术界主流的声音。而且，对其在西方历史中的普遍意义而言，美国学者朱蒂斯·本耐特的观点甚为深刻。她指出：厌女主义的标准化定义是痛恨妇女，但如果照此理解，这一定义使我们低估了厌女主义者及其影响。厌女不光是少部分极端人士的意识形态，更是西方文化的一个普遍特征。换句话说，尽管只有少数人公开宣称痛恨女人，但是所有西方人共享了这样一种通过嘲笑、轻视和边缘化等手段痛恨女人的文化背景，所有的西方妇女都经历过这种痛恨带来的消极影响。③ 而近些年欧美学界热衷的中世纪妇女与暴力关系的研究也验证了厌女主义的、男性霸权的文化氛围的普遍存在。

当前欧美学术界普遍认为，欧洲中世纪厌女主义的发展与基督教的发展息息相关，其源头是古希腊罗马文化、犹太教和日耳曼文化。就笔者看来，这三个来源分别代表了厌女观念的三种表现形式。首先，日耳曼文化中的厌女观念代表了一种朴素的厌女主义，这实际上是人类社会自进入父系社会以来的一种普遍反映。最初在原始社会，这种厌女观念以图腾和宗教禁忌的形式表现出来，后来才逐渐演化成从道德角度解释其合理性的神话故事。其中西方社会最为有名的是希腊神话中的潘多拉的盒子和犹太圣经中夏娃偷吃苹果导

---

① R. Edward Bloch, *Medieval Misogyny and the Invention of Western Romantic Love*, Chicago & London: The University of Chicago Press, 1991, p. 5.

② 有关厌女一词更详细的出现和使用情况，请参见 Paula M. Rieder, "The Uses and Misuses of Misogyny: A Critical Historiography of the Language of Medieval Women's Oppression", *Historical Reflections*, Vol. 38, Issue 1, Spring 2012, pp. 1 – 18。在文章中，作者认为厌女一词是在20世纪中期以后才出现是错误的，因为前面已经提到艾琳·鲍尔在20世纪初时使用过这一术语。

③ Judith M. Bennett, "Misogyny, Popular Culture, and Women's Work", *History Workshop*, Vol. 31, No. 1, January 1991, p. 183, note 1.

致人类堕落的故事。二者的主旨都是在表明，妇女的邪恶是人类不幸的渊薮，从而验证现实中轻视、贬抑妇女的一切言行都是合情合理的。其次，古希腊罗马与犹太人中的厌女主义虽然也有这种原始的烙印，但前者体现更多的是哲学上的厌女主义，后者更多的是宗教厌女主义。基督教厌女主义正是对这三种厌女观念的继承和发展，因此欧洲中世纪的厌女主义既有历史的延续性又有其独特性。本文即主要从基督教的影响来探讨厌女主义在中世纪欧洲不同时期的发展、表现及其影响，以求教于方家。

一 古代末期和中世纪早期：歧视与鼓励并重

美国学者阿尔文·J. 施密特认为，"耶稣基督的出现，使希腊、罗马、犹太妇女千百年来极其低下的地位受到了根本性的冲击"，"赐予了她们自由与尊严"。[①] 笔者部分同意这一观点，这主要是针对基督和使徒时代而言的。通过《新约圣经》，我们了解了基督和使徒时代的一些妇女状况。基督将男女信徒一视同仁，甚至在某些方面女性更为重要，如最为喜爱抹大拉、复活的消息最早是由女信徒宣布，等等。使徒时代，部分妇女担任教会的执事、预言者，帮助建造、领导教会。使徒保罗提倡一夫一妻制，主张丈夫要像爱基督一样爱妻子。正因为这些平等思想，现代的女权主义者（尤其是其中的圣经女权主义者）将《圣经》当作她们斗争和争取妇女权利的有力武器，耶稣、圣保罗都曾被其视为女权主义者。但是，无论是耶稣还是保罗，都是时代的产物，他们虽然在一定程度上提升了妇女的地位，但他们不是女权主义者。耶稣自己没有歧视妇女，但是他也没有教导他的信众男女平等（在各方面的平等）。而圣保罗在对待女性方面更是个矛盾混合体，其歧视贬低妇女的厌女言论更是被后世教父、神学家大肆引用，影响深远。其实，对待

---

① ［美］阿尔文·J. 施密特：《基督教对文明的影响》，汪晓丹、赵巍译，上海人民出版社2014年版，第78页。

妇女的这种矛盾性可以归纳为中世纪欧洲的一个显著特征，在教会和诸多神学家的身上均有所体现。正因为如此，中世纪妇女才在历史长河中留下了不同的侧面，并引发了现代史学对中世纪妇女状况的诸多争论。

2—4世纪的教父时代是基督教厌女观念形成的重要时期。教父们继承了圣保罗歧视妇女的观点，而且将之更具体化和理论化。教父们依据《圣经》，在理论上确立了女性服从于男性的性别秩序和社会秩序，这主要是通过对创世记神话的阐释来完成的。① 在《创世记》中，上帝造人其实有两个版本，第一个是亚当与夏娃同时受造，② 第二个是上帝先创造了亚当，然后用亚当的肋骨造了夏娃。③ 但是，基督教早期和中世纪的神学家和释经者们却完全忽视第一个版本，而将第二个版本奉为圭臬，将之解释为男人是第一性，女人是第二性。同时，由于在《圣经》中上帝"授权"亚当为其他一切生物命名，④ 因此，教父们将之阐释为，在现世的社会秩序里，男人是领导者，是"女人的头"，女人要服从男人。为此，保罗在提到礼拜时妇女蒙头问题时曾说，男人不应蒙头，女人要蒙头，因为男人不是为女人创造的，而女人则是为男人创造的。⑤ 另外，因为夏娃引诱亚当偷吃禁果，从而被上帝赶出伊甸园，于是在以男性神学家为代表的教会认为，以夏娃为代表的女性是人类不幸的根源，她们理应接受惩罚，成为被谴责的对象，而且后世的妇女继承了夏娃的缺点：不能抵制诱惑，又诱惑男人。因此，现世的她们要谦卑，要服从男性的统治。不仅在教会中如此，在家中亦如此。

奥古斯丁可以说就是上述理论"建树"的承继者和主要贡献者，对后世基督教和中世纪欧洲产生巨大影响。奥古斯丁在其很多著作，

---

① 很多西方学者在著作中都提到了这一点，本文主要参考 R. Edward Bloch, *Medieval Misogyny and the Invention of Western Romantic Love*, pp. 23 – 24.
② 《圣经·创世记》1章27节，"神就照着自己的形象造人，乃是照着他的形象造男造女"，和合本·新修订标准版，中国基督教三自爱国运动委员会、中国基督教协会。
③ 《圣经·创世记》2章7节，18节，21 – 22节。
④ 《圣经·创世记》2章19 – 20节。
⑤ 《圣经·哥林多前书》，11章7 – 9节。

尤其是《反对摩尼派创世记》《论创世记》等对《创世记》注释的著作中清晰地表达了他的厌女观念。在他看来，男性统治女性是不可更改的"神意"，是上帝造人计划的一部分。最初，他受到犹太神学家斐洛的影响，认为人类在最初受造时是没有男女之分的，二者是精神的统一体。男女代表肉体与灵魂的统一，其中思想和智慧是阳性，调节感官知识的灵魂是阴性，阳性部分统治阴性部分。虽然说得比较隐晦，但简单来说，就是身为阳性的男性要统治身为阴性的妇女。在后来他抛弃斐洛学说，其男性至上的性别观就更为直白了。他认为，亚当和夏娃从受造起始就有了性别差异，并且"上帝造人的先后决定了统治与从属的社会秩序"。妇女虽然也是人，是"上帝的影像"，和男子一样拥有智力，但是从某种程度上说，这种智力只是一种潜在的能力，妇女自身是不能自主运用的，需要男性的激发。此外，妇女代表低等的感官知识，易受感官享受的诱惑。以人类的堕落而言，夏娃就是因为缺乏理性和自我控制力，更接近灵魂中更为低等的部分，因此她才被诱惑，亚当故此被逐出了伊甸园。但是夏娃并非"堕落事件"的决定性因素，因为虽然人类是因她"堕落"，但其中最关键的是亚当，如果没有亚当的同意，人类的堕落不可能发生。因为亚当代表了灵魂中智力和命令的部分。于是，在奥古斯丁看来，人类堕落最根本的原因就是性别秩序失衡了，男性服从了女性，思想服从了欲望。[1] 因此，在《反对摩尼派创世记》中，奥古斯丁说："女人的从属是万物秩序之所在、她必须被男人统治与主宰，就如灵魂控制身体，雄性的理性统治人类自身的动物性。如果女人统治男人，动物性统治理性，大厦就将崩塌。"[2] 这种性别秩序又被他引入婚姻家庭中，主张女人受造的唯一目的就是生育。因此妻子的嫁妆要交给丈夫处理，不得他的同意不得自行做出任何

---

[1] Rosemary Radford Ruether, "Augustine: Sexuality, Gender, and Women", in Judith Chelius Stark, ed., *Feminist Interpretation of Augustine*, Philadelphia: The Pennsylvania State University Press, 2007, pp. 52–57.

[2] R. Edward Bloch, *The Medieval Misogyny and the Creation of the Courtly Love*, p. 60.

决定。甚而，丈夫偶尔鞭打蛮横的老婆也是对的。①

除了《圣经》，基督教会的性别关系还受到古希腊生物学和哲学的重要影响。2—4世纪，虽然大多数基督教护教士和教父们大力批判希腊哲学，但并未全盘否定，而是有选择地吸收，其中希腊哲学中强烈的厌女观念即是一个例证。根据古希腊生物学解释：单细胞生物是宇宙的第一等级，多细胞是第二等级，单细胞代表秩序、有限、可知、雄性、奇数、右和光明，多细胞则代表无序、无限、不可知、雌性、左和黑暗。古希腊哲学在此基础上进一步延伸，认为男性是形式的、普遍的、思想的，而雌性是物质的、具体的和肉体的。后来又经过犹太神学家斐洛的具体阐释，将性别关系定位为智力与感官的关系。这种重形式轻物质的哲学思想影响了早期教父们。他们认为，在《圣经》中，亚当从无中创造，代表形式；夏娃用亚当的肋骨创造，代表物质，因而，男人被视为统一的、无性的、纯精神，而妇女是分裂的人，身心不一的。② 于是，在基督教早期，关于"妇女是否是上帝的影像"问题成为教父们争论的一个焦点。就其争论的最后结果，简单归纳起来就是，男性是高贵的，女性是低贱的。受此影响，早期教父们又将妇女与化妆联系起来，将化妆与感官联系起来，予以批判，因为这会大大危及男人及其心智。哲罗姆说："如果一个人享乐于杂技团、演员的各种表演活动、运动员的比赛、女人的外表、漂亮的珠宝衣服以及金银等其他东西，那自由的灵魂将通过观感而逝去。再者，我们的听觉被各种甜言蜜语所包围，听力所及的是诗人和喜剧演员的歌声，舞剧演员的幽默和韵文，这会削弱男性心智。"③ 在这方面最为典型的是德尔图良，有学者认为"教会的厌女主义狂潮就是从他开始的"④。

事实上，教父们认为女人的服饰、享乐会危及男性只是一种恐

---

① Rosemary Radford Ruether, "Augustine: Sexuality, Gender and Women", pp. 51, 57.
② R. Edward Bloch, *The Medieval Misogyny and the Creation of the Courtly Love*, pp. 26 – 30.
③ R. Edward Bloch, *The Medieval Misogyny and the Creation of the Courtly Love*, p. 46.
④ Suzanne Fonay Wemple, *Women in Frankish Society: Marriage and the Cloister, 500 – 900*, Philadelphia: University of Pennsylvania Press, 1981, p. 22.

惧的表象，更深层的是恐惧女性唤起男性的性欲，妨碍男性获得精神的救赎。众所周知，在罗马帝国后期，社会风气腐化，道德沦丧，女性的纵欲、专权被社会，尤其是基督教会严厉批评。相应的，将妇女的性视为教会一大危害和禁忌、独身要好过婚姻的观点在当时的教会内部颇为流行。哲罗姆在其著名的第二十二封信中声称，"童女在天上有百倍的奖赏，寡妇和已婚者，因为被性玷污，分别只有六十倍和三十倍的奖赏"。① 也因此，奥古斯丁认为，人类的原罪是通过性行为来传递的，作为罪魁祸首的妇女，"无论是在妻子那里，还是在母亲那里，在任何女人身上，夏娃（即诱惑别人的女人）仍然是我们要提防的对象"（《反对摩尼派的创世记》）。② 于是，他严格禁止其教区教士单独与妇女讲话，即使是亲戚也不行。相应的，好的基督徒妇女必须严格控制自己的欲望，"把自己蒙起来不要让男人看到"③。与此相适应，贞洁问题，成为教会初期探讨的一大热点问题。除奥古斯丁外，安布罗斯、哲罗姆等都主张严格的禁欲主义，虽然受到一些人的强烈反对，但是不断获得教会的认可。此外，德尔图良、西普里安（迦太基主教，约200—258）、耶路撒冷的西里尔、纳西昂的格里高利（约329—390）、尼斯的格里高利（约335—394）等早期教父都写过论述贞洁的文章。④ 2—4世纪在东方兴起的修道主义和严格的禁欲主义可以说是这种消极观念在大众基督徒中的一个反映，排斥妇女由此开始，对女性的性忧虑和性恐惧亦由此肇始。

在西方的修道制度中，在六七世纪之前，男女修道院虽未实行严格的隔离，甚至因为某些政治原因双重修道院（通常男修道院从属女修道院，女修道院长具有强大的权力）兴起并繁盛了很长时间，

---

① 转引自［英］玛里琳·邓恩《从沙漠教父到中世纪早期修道主义的兴起》，石敏敏译，中国社会科学出版社2010年版，第67页。
② ［美］彼得·布朗：《希波的奥古斯丁》，钱金飞、沈小龙译，中国社会科学出版社2013年版，第63页。
③ Rosemary Radford Ruether, "Augustine: Sexuality, Gender, and Women", pp. 51, 57.
④ 王晓朝：《文化视野下的教父哲学》第三章，河北大学出版社2003年版。

但从6世纪末开始,将女性视为男性纯洁危险并排斥妇女的观点和行为也逐渐获得更多教会人士的认可。[1] 如7世纪时,"英格兰教会早已开始走向两性隔离";彼得在8世纪时"略带歪曲地攻击了双重修道院"、贬损妇女在宗教上的成就,等等。[2]

众所周知,在古典时代后期,基督教的社会影响力还比较弱;到中世纪初期,蛮族占据统治地位,虽然在6—10世纪这一漫长的过程实现了基督教化,但因社会的剧烈动荡,基督教对社会的影响力依然有限,且更多的是对贵族阶层产生影响。因此在10世纪之前,欧洲社会对妇女相对还是宽松的,而且这些教父们自身的言论也是矛盾的,既有厌女的一面,也有鼓励妇女的一面。因而,在早期的教会和社会公共空间中还是有妇女一席之地的。这主要表现在两个方面。

第一,女执事的事实存在。女执事是从圣经时代流传下来的古老职业,在中世纪早期,甚至在12世纪之前一直被官方认可。女执事分三种情况。第一种,教会正式任命的女执事。如1018年,教皇本尼迪克特八世授权波尔图(Porto)的红衣主教任命主教、牧师、执事、女执事、副执事。这一特权分别在1025年和1049年被教皇约翰十九世和列奥九世再次确认。[3] 第二种,实际承担女执事功能的女修道院长。在中世纪早期,女修道院长有责任听取修院修女的日常忏悔、让其悔过并赦免其罪过。修道院规和教会法令均要求修女不得向女修道院长或其代理人以外的人忏悔。女修道院长有时甚至听取非本修院成员者的忏悔,并可令其悔过。而且有些女修院在圣餐礼时没有牧师主持,很可能是由女院长进行的(包括祝圣和分发)。女院长们也布道,甚至女院长们可以给到修院的小孩施洗礼。有些主教甚至允许妇女在祭坛引领

---

[1] Penelope D. Johnson, *Equal in Monastic Profession: Religion Women in Medieval France*, Chicago & London: The University of Chicago Press, 1993, p. 4.

[2] [英]玛里琳·邓恩:《修道主义的兴起:从沙漠教父到中世纪早期》,第248页。

[3] Gary Macy, *The Hidden History of Women's Ordination: Female Clergy in the Medieval West*, Oxford & New York: Oxford University Press, 2007, p. 35.

弥撒的举行。① 第三种，部分参与圣事工作的牧师的妻子。在格里高利教会改革之前，俗世牧师是可以结婚的，他们的妻子大部分成为牧师的助祭，参与完成部分宗教职能，主要是圣餐礼的一些工作，如制作饼酒、给大众分发圣体、整理祭坛等，偶尔还会主持弥撒（不祝圣圣礼）。② 她们成为事实上的女执事。当然，其中有些牧师妻子是被教会正式授任的女执事，如8世纪拉文纳主教塞尔吉乌斯（Sergius）的妻子就是教会任命的女执事。这样的例子还能举出一些。③

第二，在文化教育领域，主要是指修道院内两性教育的平等。因为，妇女也是"上帝的影像"，和男子一样拥有智力，于是在对待妇女教育，尤其是修女的神学教育的问题上，圣保罗和基督教教父们大多给出了相对平等的教育指导。如亚历山大的克莱门（2—3世纪的基督教教父）认为，男女享有同样的恩典和救赎，他们的德行和培养应该是一样的。④ 圣哲罗姆在其伯利恒的修道院教授修士和修女神学和拉丁古典著作，尤其是维吉尔的著作。⑤ 阿尔勒的凯撒里乌斯（Cesarius of Arles, 470—542）认为所有修女都应该会读写，且阅读宽泛的作品，每天应有两个小时的阅读时间。⑥ 因此，4世纪时在西方最著名的一些修女，在罗马在哲罗姆等神学家的指导下，狂热的学习《圣经》和希伯来文。甚至在5世纪初，修女玛塞拉领导了对奥利金主义教义的抨击。⑦ 另一位修女大梅拉妮娅的阅读范围更

---

① Gary Macy, *The Hidden History of Women's Ordination*: *Female Clergy in the Medieval West*, pp. 82 – 86.

② Jo Ann McNamara, "Canossa and the Ungendering of the Public Man", in Constance Hoffman Berman, ed., M*edieval Religion*: *New Approaches*, New York & London: Routledge, 2005, p. 95.

③ Dyan Elliott, "The Priest's Wife: Female Erasure and the Gregorian Reform", in Constance Hoffman Berman, ed., *Medieval Religion*: *New Approaches*, p. 115.

④ Ursula King, *Christian Mystics*: *Their Lives and Legacies throughout the Ages*, London & New York: Routledge, 2004, p. 21.

⑤ 王晓朝：《文化视野下的教父哲学》，第122页。

⑥ Margaret Wade La Barge, *A Small Sound of the Trumpet*: *Women in Medieval Life*, Boston: Beacon Press, 1986, p. 7.

⑦ [英]玛里琳·邓恩：《修道主义的兴起：从沙漠教父到中世纪早期》，第59页。

是惊人。有作家记载说,她仔细阅读"古代注释家的每一篇作品,包括奥利金的三百万行作品,格里高利、司提反、庇里乌斯、巴西尔和其他一流作家的二百五十万行作品……每一本书都要不遗余力的琢磨七到八遍"①。某个英格兰修女院"拥有一个令人难忘的图书馆,因为她们不仅要学习文法和《圣经》,还要学习教父学,卡西安的《谈话集》和大格里高利的《道德哲学》(Moralia),还有注释、历史和年表"②。由此,可以看出,在基督教早期,妇女的神学学习是不受任何限制的,这与中世纪后期的修女教育情况形成鲜明的对比。因此,在10世纪之前,修女院同样是欧洲的文化中心和知识的主要传播者。如10世纪萨克森女性接受教育最大的中心之一就是帝国修道院甘德尔海姆(Gandersheim)修女院。那里培育出了赫罗斯威塔(Hroswitha,生于1080年),她是德意志第一位戏剧家、女诗人和女历史学家。③ 她曾撰写一系列喜剧,驳斥同时代厌女主义者对女性贞洁的污蔑。④

此外,在基督教初期的一些重要的异端派别也赋予了妇女不同的重要性。如2世纪的一个重要派别孟他努派(the Montanists)就是由两位女先知普里斯西拉(Priscilla)和玛克西米拉(Maximilla)领导的。⑤ 又如诺斯替派也有强烈的厌女偏见,认为两性的救赎就是"成为男性"的过程,但其中又蕴含着强烈的女性主义倾向,强调神性的雌雄同体,女救世主和女性拥有宗教领导能力。⑥

因此,在10世纪以前,在相对宽松的社会环境下,中世纪欧洲的妇女,无论是修女还是普通贵族妇女在一定程度上享有与男性平

---

① 转引自[英]玛里琳·邓恩《修道主义的兴起:从沙漠教父到中世纪早期》,第61页。
② 转引自[英]玛里琳·邓恩《修道主义的兴起:从沙漠教父到中世纪早期》,第246页。
③ Maxine U. Pretzel, "Women and Knowledge of the Greek Language in Tenth-Century Germany: Comments on a Recent Article", in *Comitatus: A Journal of Medieval and Renaissance Studies*, Vol. 17, Issue 1, 1986, p. 75.
④ Jo Ann McNamara, "Canossa and the Ungendering of the Public Man", p. 100.
⑤ 转引自[英]玛里琳·邓恩《修道主义的兴起:从沙漠教父到中世纪早期》,第52页。
⑥ Barbara Newman, *From Virile Woman to Woman Christ: Studies in Medieval Religion and Literature*, Philadelphia: University of Pennsylvania Press, 1995, p. 210.

等的权利,对欧洲社会产生不容忽视的影响力。① 在修女来说,她们也是受人尊敬的属灵一族,具有和男性修道士同样的中保作用,她们的祷告也是有效的。而一般的贵族妇女享有继承权:父亲的和丈夫的,通常情况下,她的继承权要优先于其他男性非直系亲属。其继承的财产、丈夫给予妻子的"早上的礼物"也属于妇女自己所有。尤其寡妇,享有财产的完全处置权。在10世纪的土地交易市场,时时能看到买卖土地的妇女。② 有些更有权势的贵族妇女则享有更大的权力和影响。如奥托二世的姐妹玛蒂尔达(Matilda of Quedlinburg,999年去世,一名女修道院长)在奥托二世离开德意志时担任摄政,不光主持宗教会议的召开,甚至以个人名号独立行使政治权力。③

二 11—13世纪:妇女的妖魔化和性别秩序的重建

11—13世纪是中世纪欧洲的盛期,这一时期有几件事情的出现加剧了欧洲厌女观念的发展。首先最重要的是发生于11世纪下半叶,影响持续到13世纪初的教皇格里高利七世的教会改革。这次改革的中心是加强教会集权,主要改革对象是已婚的牧师,妇女只是其改革的副产品,但其改革措施和策略恶化了妇女的整体处境,使传统的厌女主义因赋予新的内容而在11世纪中期至12世纪中期达到高潮,妇女成为邪恶的代名词。这场改革成功地使普通妇女在威胁僧侣及宗教仪式纯洁性这一普遍前提下受到怀疑。④ 其次,罗马法和亚里士多德哲学的再发现和对欧洲社会的重要影响,成为厌女观念加剧的"帮凶"。在诸多因素的影响下,欧洲中世纪妇女的整体境遇发生了根本性的恶化,之前与男性平等的部分权利、地位丧失,妇女彻底成为性别秩序下的二等公民。

---

① 当时之所以出现一些很有权势的妇女,一方面是基督教厌女观念在当时的影响力有限;另一方面,在贵族阶层,有时候阶级因素往往要大于性别因素的考虑。
② Jo Ann McNamara, "Canossa and the Ungendering of the Public Man", p. 94.
③ Jo Ann McNamara, "Canossa and the Ungendering of the Public Man", p. 94.
④ Dyan Elliott, "The Priest's Wife: Female Erasure and the Gregorian Reform", p. 112.

1. 格里高利教会改革

10世纪以后，教会因其独享文化而与世俗政权相互合作并竞争，政教之争成为这一时期最重要的时代特征，而格里高利改革正是在这一大背景下进行的。这次改革主要且核心措施之一就是推行史上最为严厉的教士独身制，严禁牧师结婚，即要求俗世生活的牧师与教士一样坚守贞洁，过禁欲生活，从而打造出与俗人完全不同的教士阶层。这样，既清除了教会内的世俗主义，同时又将牧师的妻子逐出教会和宗教事务服务之列，因为"她们在教会内部占据了太多的空间"，"她们是教会资源的排水管，她们的孩子会分化教会财产"，更为重要的是，"她们介于牧师和俗人之间，蔑视任意一方，她们还利用婚姻和性来控其牧师丈夫从而威胁男性优先秩序"。[1]

贞洁生活一直被教父们和后来的很多主教们视为更好的生活和修道方式，但因为《圣经》中耶稣的话，教会并未完全禁止牧师结婚，而且几个世纪里被主教和牧师们视为他们天然享有的权利。因此，虽然从4世纪就开始了围绕牧师结婚制度的斗争，尤其是反对高级教职人员结婚的争辩，但在主教和牧师们的强烈抵制下，10世纪之前一直收效甚微。如386年教会颁布敕令，禁止牧师和执事结婚，但遭到普遍漠视。[2] 于是在11世纪时，牧师结婚现象极为普遍，教会改革派的代表彼得·达米安（1007—1072）将之比喻为"一场疾病，一场广泛传播并日益恶化的疾病"[3]。而这场斗争随着教会势力，尤其是修道士阶层势力的兴起而愈演愈烈，最终在11世纪下半叶克吕尼修道士希尔布兰德当选为教皇格里高利七世而达到高潮。其实，这场改革源头可追溯至10世纪克吕尼修道院改革的扩张和坚持严格禁欲生活的修道理想在欧洲的复兴。尤其是在占据教廷高位以后，修道士们极力将其奉行的禁欲的修道生活方式不遗余力地在

---

[1] Dyan Elliott, "The Priest's Wife: Female Erasure and the Gregorian Reform", pp. 112 – 113.

[2] Bernard Hamilton, *Religion in the Medieval West*, London: Edward Arnold, 1986, p. 18.

[3] Megan McLaughlin, "The Bishop in the Bedroom: Witnessing Episcopal Sexuality in an Age of Reform", *Journal of the History of Sexuality*, Vol. 19, No. 1, January 2010, p. 20.

世俗牧师之间推广。在遭到主教和牧师们的抵制后，特别是在教权受到以德皇亨利四世为首的俗权的挑战之机，以格里高利教皇为首的教会改革派制定了最为严厉的牧师独身措施，一方面以开除教籍等措施严惩违反禁令的牧师，一方面改变以往策略，加强厌女主义宣传，通过恶意贬低妇女，让牧师们从思想上彻底认清婚姻和妇女对其信仰的威胁，自动远离妇女，从而取得这场意识形态之争的最终胜利。

首先，教会改革派谴责已婚牧师为受到污染的人，其妻子是"妓女""情妇"，把对牧师性行为的辩护谴责为一种实际的异端，即尼古拉主义——圣职买卖罪。在他们看来，已婚牧师的性行为实为通奸，不仅自身的纯洁受到污染，教会的纯洁亦受到威胁。如彼得·达米安严厉指责已婚的主教，指出，主教是其教会的丈夫，教区所有的子民都是主教的孩子，主教和其精神上的女儿发生性关系，即为通奸。因此这样的主教如何主持圣餐礼，并实现主的身体的神秘转化？[①] 普通牧师结婚亦如此。实际上，在这里，教会改革派将已婚牧师与其主持的圣礼是否有效挂钩。"因为基督出自纯洁的圣母，因此他再生的圣礼也必须是由贞洁的牧师祝圣的。"[②] "圣餐礼本是上帝给予人的恩典，但一位被污染的牧师主持的话，会激怒上帝，可能受到惩罚，主教受到污染也牵连下面低等级的牧师的纯洁，进而会威胁整个教区的纯洁。"[③] 因而这时，牧师的婚姻已经不光是教会戒律的问题，而且承担了重要的社会功能。可以想象，这种指控，在11世纪，尤其是以圣餐礼为核心的圣礼神学已深入普通大众以及末世救赎至关重要的时代具有如何的威慑性和破坏性。于是，已婚主教、已婚牧师主持的圣礼受到普通民众的强烈抵制，而"污染了祭坛的"牧师的妻子成为大众谴责的主要对象，遭到各种恶毒词语

[①] Megan McLaughlin, "The Bishop in the Bedroom: Witnessing Episcopal Sexuality in an Age of Reform", pp. 19 – 21.

[②] N. L. Brooke, "Grgorian Reform in Action: Clerical Marriage in England, 1050 – 1200", *The Cambridge Historical Journal*, Vol. 12, No. 1, January 1956, p. 3.

[③] Dyan Elliott, "The Priest's Wife: Female Erasure and the Gregorian Reform", p. 128.

的攻击。如达米安称呼妇女为"古老的敌人、婊子、妓女"。① 于是，她们不再是受人尊敬的牧师的妻子，而被污名化为牧师的情妇、妓女，是永不满足的污染源。而在中世纪的教会法含义下，妓女是没有任何权利的妇女，是社会地位最为低贱和边缘的群体。相应地，没有了合法地位的妻子，也就没有了家庭，没有了家庭也就没有了教会财产的世俗性继承。

其次，教会改革派进而指责牧师的妻子为魔鬼的助手，对其进行妖魔化，从而掀起整个社会对牧师的妻子，进而对全体妇女的恐惧。仍以达米安为例。在关于古代圣徒塞韦鲁斯（Severus）的传记中，他称塞韦鲁斯的妻子是魔鬼的助手。她傲慢、吝啬、尖酸刻薄、富有统治欲，到处撒播邪恶，其家庭生活充满暴怒和混乱；她是魔鬼用来攻击圣徒塞韦鲁斯的工具，塞韦鲁斯由此变成一个畏畏缩缩的温顺的丈夫，丧失了男性特征。甚至在他撰写的一部动物寓言集中，他还将牧师的妻子与蛇，即古代吃人的女人的神话联系起来——它们在交配之时会咬掉雄性的头，然后整个吞了它，由此引申出牧师的妻子"会像蛇一样咬掉情人牧师的头——基督"。他说，"古老的敌人（魔鬼）渴望通过（这些女人）侵入教会纯洁的最高峰。我明确认可（这类女人）是毒蛇，吸吮可怜的鲁莽的男人的血，同时她们将致命的毒药注入牧师们的内脏"，"通过这些女人，魔鬼吞咽他选择的食物，同时用他的牙齿撕碎教会那些非常圣洁的成员，在牧师正和其性伙伴享受欢愉时，魔鬼会进入牧师的内脏，使之变为一个敌基督者"。② 于是，吃人的恐惧激发了牧师对妻子，进而对妇女的恐惧，加剧了教会内部对妇女的排斥和既有的厌女主义。在这个时代，对妇女妖魔化的恐惧还处于萌发阶段，更多的是在心理层面，而16—17世纪的猎巫运动则将这种恐惧发展至极致，上升到行动层面（当然猎巫运动的发生也有经济等方面的重要因素）。

---

① Gary Macy, *The Hidden History of Women's Ordination: Female Clergy in the Medieval West*, p.113
② Dyan Elliott, "The Priest's Wife: Female Erasure and the Gregorian Reform", pp.124 – 127.

这些极端厌女言论不光在教会精英内部传播，还通过布道、宗教文学等形式传播给普通大众，厌女主义从教会深入到普通民众。特别是从13世纪开始，教会注重选任有能力的牧师在教区布道；并且规定每年必须有几次用方言布道，将教会的教义、戒律、慈善、品德等向大众灌输且不断灌输。后来随着托钵教团的出现，托钵修士们也加入了向世俗布道的大潮。另外，普通男女接受的布道内容有时是不同的。比如向男性布道时，为博取他们的欢心，批判妇女的虚荣；向女性布道时，批判丈夫流连酒馆。但是在男权的社会下，他们的批评和丑化妇女的布道内容无疑改变、加剧和强化了男性对女性的看法。[1] 又如，这时期教会布道的重要内容之一就是宣传妇女是不洁的和反对婚姻，于是"很多普通已婚世俗男性也将妇女视为道德污染的邪恶代理人，那些生性谨慎的男人如被传染般尽力躲避与妇女发生性关系，逃离婚姻生活的恐惧"[2]。在极端厌女的改革派的宣传下，到13世纪，对妇女，尤其是对经期妇女的敌视观念盛行。例如，认为来月经的妇女碰触水果，水果会蔫；碰到植物，植物死亡；碰触酒，酒会发酸；经期妇女不能进教堂；同理，刚生了孩子的妇女不能进教堂，其中生男孩的要40天，生女孩的要80天以后才能进入教堂。[3]

这一时期，在教会以"性污染祭坛"为借口驱赶妇女的背后，除了政治和经济原因外，还有教会改革派对性的强烈忧虑，他们的一切厌女措施不过是他们针对现实处境的自然反应。虽然教会承认性是天然的，不疏导就会对社会产生巨大的破坏，但是对修士而言保持身体的贞洁是其最重要的原则之一。于是，在修道过程中，修士们面对的一个重大问题就是与肉体诱惑做斗争。很多圣徒传记都

---

[1] Ruth Mazo Karras, *Common Women: Prostitution and Sexuality in Medieval England*, New York & Oxford: Oxford University Press, 1996, p. 105.

[2] Jo Ann McNamara, "The Herrenfrage: The Restrucruring of the Gender System, 1050 – 1150", in Clare A. Lees, ed., *Medieval Masculinities: Regarding Men in the Middle Ages*, Minneapolis & London: University of Minnesota Press, 1994, p. 6.

[3] Gary Macy, *The Hidden History of Women's Ordination: Female Clergy in the Medieval West*, p. 114.

曾提到魔鬼如何化身为妇女来诱惑自己。因此，对性的忧虑和对纯洁的忧虑成为修道的一个主要问题，也因此厌女主义传统在修道团体中一直盛行不衰。例如，10世纪初期克吕尼修道院的院长奥多（Odo，910—942）继承了奥古斯丁的观点，认为性行为将人类的原罪代代传递。在他看来，被性诱惑是缺乏自控的表现，会威胁男性失去其男性气概，诱导他们进入非理性状态，从而臣服于妇女。甚至，最纯洁的妇女都试图激发男性的强奸欲望。因而，所有的男性都应该选择贞洁的生活。① 于是，一方面有些修道团体严禁接受妇女，一方面很多妇女以很多荒谬的指责受到惩罚。如英国伍斯特（Worcester）主教伍尔夫斯坦（Wulfstan，1008—1095，1062年成为主教）在当主教之前，对一位妇女说：你勾起了我的性欲，"我要远离你，憎恨你，这是你应得的，你是淫荡的火种，死亡之女和撒旦的化身"，然后以在教堂门外都能听到的声音掌掴该妇女。特里尔一些修女在性行为上并没有不检点，仅仅因为她们代表着对男性主教及其人员的诱惑而受到惩罚：强迫穿黑袍和更严格的隔离，她们反抗时这个修女院被关闭。② 这种种表现，在现代人看来荒谬至极，但中世纪的文化氛围就是如此，男人犯下道德之罪，但视女人为源头和严厉批判的对象。这种贬损和妖魔化是男性躲避女性的心理架设，如此男人才能心安理得地寻求精神的救赎。最致命的，妇女的负面形象还通过大量布道不断传播给更广泛的社会层面，被更多的普通大众接受和内化。

2. 罗马法和亚里士多德哲学的影响

在格里高利七世宗教改革的之前，教会改革派既已开始有意无意地收集古代支持牧师贞洁和教皇权威的法令以汇编成集（集大成者就是12世纪的《格拉提安教令集》）。这些教令集受到罗马法的影响，主张家长制权威，将妇女地位等同于儿童和仆人，严厉限制妇

---

① Jo Ann McNamara, "Canossa and the Ungendering of the Public Man", pp. 99 – 100.
② Megan McLaughlin, "The Bishop in the Bedroom: Witnessing Episcopal Sexuality in an Age of Reform", pp. 28 – 29.

女的法律权利。例如，妇女不能作为证人在法庭上指控某些人，如牧师；不能担任法官或与之相关的公共职位；所有丈夫都对妻子拥有无上权力：审判妻子、纠正妻子，只要不致死，殴打和饥饿方法都可以使用。而这些限制背后是教会法家对妇女的极端蔑视。在他们眼中，妇女是轻浮的、不可信的、极度无知和愚蠢的。13 世纪的教法学家博通的伯纳德（Bernard of Botone）拒绝女性证词的一段话非常有代表性："什么比烟还轻？微风。什么比微风还轻？呼吸（the wind）。什么比呼吸还轻？女人。什么比女人还轻？没有。"① 其强烈的厌女主义倾向表露无遗。在教会法的要求下，妇女被完全置于男性的控制之下。

十字军东征，很多拜占庭知识分子逃往西方，希腊知识尤其是亚里士多德哲学被重新发现，并很快被引入西方的神学、法律和医学等，而其中的厌女主义成分被原封不动地继承，即妇女从天然上低于男性。以圣阿奎那为例，其女性观念几乎是亚里士多德女性观念的翻版。阿奎那认为，男性是人类物种的常规或标准性别。只有男性才能代表人类的全部潜能，而妇女从本质上来说，在身体、道德和心理上都是有缺陷的。不只是在末日之后，甚至在万物之初，妇女的"缺陷性"限制使她在社会等级中处于一种从属地位。在本质上，她们是被征服者。由此得出结论，上帝的逻格斯以男性道成肉身不是历史的偶然，而是本体论的必然。男性代表人性的全部，作为他自己和女性的领袖。他（男性）是上帝形象的全权代表，而妇女不能代表上帝的形象，也不拥有人性的全部。女人既不能是社会的首领也不能是教会的首领。② 换句话说，"当上帝是男性时，男

---

① Gary Macy, *The Hidden History of Women's Ordination：Female Clergy in the Medieval West*, pp. 112, 118 – 119.
② Rosemary Radford Reuther, "Christology and Feminism：Can a Male Saviour Save Women?", from *to Change the World：Christology and Cultural Criticism*, New York：Crossroad, 1981, pp. 45 – 56, http：//www.womenpriests.org/theology/ruether1.asp ［2016 – 08 – 11］。另外参见托马斯·阿奎那《神学大全》第一集《论上帝》第一卷《论人》"论女人的产生"，段德智译，商务印书馆 2013 年版，第 350—359 页。

性就是上帝。"① 阿奎那还讨论了奴隶制和家内从属的区别,认为主人管理家内从属,是为了她们好……女人天生要服从男人,这是因为男性具有更强大的理性判断能力。于是很多相反的词汇得到强化:男性是理性的,女性是非理性的;男性是冷的,女性是热的;男性是积极的,女性是消极的。②

相应地,在这些对妇女诸多不利的因素的影响下,妇女整体状况恶化,社会地位不断降低。例如,神学界开展对"授任职"(ordination)标准的理论探讨,探讨的结果是,将妇女或者说女执事取消或变成子虚乌有或者说临时性措施,宗教权限丧失。③ 修女没有权利自选女修道院长;女院长向教区主教宣誓的内容更广泛、更具约束性;不能控制附属的修士;在教育上不能和修士一样获得大学教育——不再熟识拉丁语;灵性地位降低——不能参加公开的宗教游行和宣誓,代祷功能下降,修女成为实际上的二等修道者。对普通妇女而言,西班牙的一句谚语也许有些夸张,但必定也反映了部分现实:一个让人尊敬的妇女就是被打断腿锁在家中的妇女。④ 另一个对普通妇女而言重大的变化是嫁妆模式发生改变,婚礼礼品从男方给新娘的礼物变为女方出大量嫁妆。赔钱货观念的出现必然导致妇女在家庭和社会地位的降低。至于贵族妇女,以前她们可以直接继承王位,但现在只有间接继承的权力,即作为王权传递的桥梁,等等。

需要注意的是,厌女主义是渐进式发展的,因而妇女空间和权利的丧失也是渐进的。比如我们说修女地位下降,教会更关注她们的禁闭式生活,但并不是说整个中世纪中期,修女的生活都是如此。如在中世纪中期:城里人习惯在街道上看到修女,她们或去谈

---

① Mary Daly, *Beyond God the Father*, Boston: Beacon Press, 1973, p. 19.
② Gary Macy, *The Hidden History of Women's Ordination: Female Clergy in the Medieval West*, p. 119.
③ Gary Macy, *The Hidden History of Women's Ordination: Female Clergy in the Medieval West*, pp. 129 – 132.
④ Penelope D. Johnson, *Equal in Monastic Profession: Religion Women in Medieval France*, pp. 232, 253, 257.

生意或在节日里成双成对的行进。在城外泥泞的大路上，人们可能与一群旅行的修女擦身而过，或在田野里看到女修道院长在其助手的陪同下视察边界的石块。乡村的农民去旁边的修女院缴租、借钱、在艰难时期寻求帮助。朝圣者在修女院的客房吃顿饭或住宿一夜。①

另外，笔者认为有一个问题需要在这里提及，即 12 世纪圣母崇拜、典雅爱情和浪漫传奇的出现与厌女主义的关系。传统上，学者们都将之视为中世纪欧洲厌女主义盛行的悖论存在的，认为它们赞美女性、赞美圣母，缓解了西方的男权制。但 20 世纪 80 年代后批评者甚众。例如，美国学者凯特·米利特在《性政治》一书中认为，典雅爱情和浪漫传奇的影响被大大高估。骑士制度是对不公正的妇女社会地位的妥协，同时，也是掩盖这种不公的手段。这两种爱情的效果是掩盖了西方文化的男权特征，德行加在妇女身上，结果把她们限制在一个狭窄的、往往具有极大束缚力的行为范围内。② 对圣母崇拜现象的批评亦大致如此，指责它为妇女设置了一个女性难以企及的男性理想的妇女形象。对此，笔者持一个比较中庸的看法。即认为二者都是从男性角度出发对女性的构建，反映着男性至上的时代特征，不仅不能实际改善妇女的社会境遇，甚至对妇女更多了一种规训与制约；但另一方面，从短期心理层面看，给受到极端厌女压制下的妇女提供了一个舒缓的出口；从长期看，赋予中世纪欧洲甚至是未来的欧洲一个亚文化架构，虽然微弱，但可能潜移默化地影响着人们的观念，因为虽然未必平等，但尊重亦是一种进步。这种尊重或辩护虽然微弱，但在欧洲传统中从未消失。兼之，教会内部的一些人士在尊奉女性必须服从男性的主流时代特征下有限度地为女性发声，都构成了中世纪欧洲妇女史中积极的一面。

---

① Penelope D. Johnson, *Equal in Monastic Profession: Religion Women in Medieval France*, Introduction, p. 1.
② [美]凯特·米利特：《性政治》，宋文伟译，江苏人民出版社 2000 年版，第 45—46 页。

三 13世纪以后的欧洲：普遍厌女 氛围的确立与发展

13世纪以后的欧洲与此前相比有很大的不同：古典知识的发现，激发了个人主义和文艺复兴的兴起；商品经济的发展和黑死病的爆发，让人们拥有了更多的行动自由和工作自由；托钵教团的兴起，让人们有了更多的修道自由。从任何角度来看，这个时代都应该是中世纪欧洲最进步的时代。确实，妇女也从中获益，但获益有限，特别是从厌女主义的角度来看更是如此，因为这一时期的妇女观念不过是此前妇女观念的延续和强化。普遍的厌女氛围在欧洲已全面确立并不断内化，尤其是在普通大众层面。

首先，中世纪后期厌女主义在大众中获得普遍认可的最重要表征是厌女主义世俗文学的流行。13世纪以后的欧洲，由于城市经济的发展和市民阶级的兴起，代表他们精神和思想的世俗文学也获得了飞速发展，而这些文学中大多充斥着大量的厌女主义成分。美国学者凯特·米利特认为，厌女文学是男性表达其敌意的主要载体，其目的是强化男女两性各自的地位。[1] 厌女文学的数量之大且传布之广，可能一部专著都不能穷尽。厌女文学有两个常见的主题，一是厌婚。这一主题下，妇女的形象无一例外是贪婪、诡计多端、道德败坏、唠唠叨叨、爱吵架、不服管教和永不满足的物种，是男人身体痛苦和精神苦恼的源头。如15世纪流传的一部著名的厌女主义著作《玫瑰传奇》，书中有无数建议不要娶妻的话，如"不要娶妻，不论这个女人是聪明还是愚蠢，是漂亮还是丑陋，贫穷还是富有，娶妻不是聪明人该干的事。如果你娶了一个妻子，生活从此吵闹痛苦不堪"；又如，"生活之所以充满了痛苦、争吵和冲突是因为愚蠢的女人的骄傲，和那些她们言行上的危险和责备以及她们很多时候提出的要求和抱怨。人们要花大力气保护她们并阻

---

[1] [美]凯特·米利特：《性政治》，第53页。

止她们的愚蠢的意志"。在《骗子夫人》中,作者把妇女的身体各部分等同于虚伪和欺骗:"我将从头部开始:她头上顶着用愚蠢的骄傲和虚伪的诱惑编成的假辫子;戴着怯懦的帽子,她的充满诡计的头发编织成欺骗。她的头发充满犹豫。她穿的衣服不是丝的或金的,而是用毫无诚实可言的伪装装饰的嫉妒。"① 这样的厌女和厌婚言论从英国到法国到西班牙俯拾皆是,和正统的神学著作毫无二致。第二个主题是不贞的妻子。还有的厌女作品不用看内容只看标题就可知:例如,反对妇女、反对撒谎成性的妇女、反对邪恶的妻子,等等。当然在世俗文学中也会有好妇女的例子,但好妇女不过是给普通妇女树立了一个无法达到的标杆,好妇女是个例,反而坏男人是个别的或是基于人性的恶。另外,在布道、法庭及文学作品中,即使犯罪的是男性,但更多被谴责的是女性,因为是她们诱惑了他们。②

虽然有学者为这些文学作品进行辩护,认为不过是玩笑,厌女不过是读者的体验。确实,文学作品与真实的史实不能完全等同,但正如霍华德·布洛赫所说,这将成为一个连续的文化背景、文化氛围,这种"非故意"的嘲笑会内化。妻子的负面形象在西方未来几个世纪都没有改变。如 16 世纪著名的人文主义者伊拉斯谟就对女人进行无情的嘲讽。他说,"她们头脑简单并且不可改变,谁要是想强行改变她们,想使她们成为智者,这只会使她们更加愚不可及。这种努力,就像一个人逆水上游,更确切地说,这是违背自然规律的,这种企图是徒劳无益的,是根本不可能达到目的。这就像一句古老的谚语所说的'即使穿上紫袍,猴子仍然是猴子',因此女人就是女人,也就是说,不管她怎样乔装打扮,她仍然是愚蠢的。……除了取悦自己的丈夫之外,难道她们还有什么更伟大或者说更公正的目标和野心吗?正是为了这一目的,女人们涂脂抹粉、

---

① R. Edward Bloch, *Medieval Misogyny and the Invention of Western Romantic Love*, pp. 13, 14, 21.

② Ruth Mazo Karras, *Common Women: Prostitution and Sexuality in Medieval England*, pp. 104, 109.

梳理得干净整洁、卷发、喷洒香水以及施展其他一些神秘的化妆技巧,把自己打扮得花枝招展。但是,对男人来说,女人们可以被接受只不过是因为她们的极度愚蠢。丈夫之所以容忍妻子的指手画脚,也只不过是为了换得心情的愉悦和肉欲的享受,换句话说,是因为她们的愚蠢。"[①] 19世纪叔本华等人对妇女的轻视言论更是被人们熟知。

其次,训诫年轻女性的书籍流行。从14世纪开始,针对女性的训诫书籍开始流行,其大多数是从已有的各种文本中搜集各种故事汇编成册,传播主流道德,以此作为教育女子的榜样和标准。训诫书籍不同,面对的群体可能不同:有针对贵族妇女的,有针对乡绅妇女的,有针对中产阶级妇女的。但这类著作在要求妇女贞洁、服从上是一致的。如《托尔骑士书:给中世纪年轻妇女的礼仪指南》,该书是14世纪一位骑士编辑的一部故事集,目的是教导自己的妻子和女儿如何成为好的基督徒和好妻子。该书在法国、德国和英国一直流传了一百多年,深受城市中产阶级的欢迎。虽然骑士自己很尊敬自己的妻子,但在书中,他依然认为大部分妇女生性邪恶,所以妻子必须要服从丈夫,如果不服从要受到严厉批评,有时候甚至是被殴打。对于丈夫的残忍有时候妻子必须耐心且谦卑的忍耐,同时妻子还必须温柔对待丈夫和理解他。不忠的妻子理应得到恐怖的惩罚,甚至死亡,然而她们要愉快的宽容丈夫的不忠。[②] 书中收集的故事更是强化了这一思想。在文艺复兴时期的意大利,这类训诫更多,但传递的主旨是一致的。例如,15世纪著名的《廷臣书》提出理想妇女就是靠美貌、贞洁和顺从取悦所有男人。

厌女主义的强化必然导致妇女地位下降,公共空间收缩。如在13世纪以后,修女院使用拉丁语的频率越来越少。在南法,主教去

---

① [荷兰] 伊拉斯谟:《愚人颂——人类的灾难缘于聪明睿智》,刘曙光译,北京图书馆出版社2000年版,第27—28页。

② Rebecca Barnhouse, *The Book of the Knight of The Tower: Manners for Young Medieval Women*, New York: Palgrave Macmillan, 2006, p. 4.

男修道院以拉丁语或拉丁语和法语布道，在修女院则用法语对其布道。在14、15世纪，修女成为文盲几乎是常态。[1] 女孩不被欢迎，更为轻视。人们认为，女孩是"低级"怀孕，她们在子宫内就发育迟缓。她们缺乏足够的照料。女孩被遗弃和杀害的概率也比男孩高。女孩比男孩更常常被送到乡下哺育（这更便宜），比男孩更快、更突然的断奶（为了省钱），发生饥馑时提供给女孩的奶水更少，因而饿死的女孩更多。与男孩相比，她们更早地被打发出去从事冗长繁重的工作，更小离开家到外面工作或嫁人。[2] 经济萧条时期，妇女更易受到男性的职业排挤，如英国的女啤酒贩子，被男性恶意塑造成女骗子，最终被赶出这一行业。[3] 女助产士的消失也基本类似。在社会下层，经济来源的下降或消失必然意味着妇女在家庭地位的下降。妇女的生存空间不断私化，妇女唯一的生存目的就是生育，如马丁·路德曾说："即使她们生孩子生的疲惫不堪，或筋疲力尽……这就是她们存在的目的。"[4]

结 论

本文主要梳理了厌女主义在中世纪欧洲的发展情况，但笔者并不否认基督教会对妇女的保护和妇女在中世纪获得的某些权利，也不认可厌女是中世纪欧洲妇女观念的全部。笔者以为，中世纪妇女观念及妇女实际地位是复杂的和矛盾的，政治、经济、阶级和地域，等等，都是要参考的重要因素，显赫的贵族妇女的特例不能反映中世纪妇女的普遍状况，同样中下层怕老婆的男人也必定不能代表主流男性。尽管如此，从整体角度看，厌女主义是中世纪欧洲普遍的

---

[1] Penelope D. Johnson, *Equal in Monastic Profession: Religion Women in Medieval France*, pp. 146, 147.

[2] [美]玛格丽特·金:《文艺复兴时期的妇女》，刘耀春、杨美艳译，东方出版社2008年版，第33页。

[3] Judith Bennett, *Ale, Beer, and Brewsters in England: Women's Work in a Changing World, 1300 – 1600*, New York & Oxford: Oxford University Press, 1999.

[4] [美]玛格丽特·金:《文艺复兴时期的妇女》，第4页。

文化氛围，勾连着社会的方方面面，总体来说，妇女的地位、状况是随着所谓"历史的进步"而逐步恶化的。在这一恶化的过程中，天主教会起了举足轻重的作用。因此，本文主要从这一角度探讨厌女主义恶化的历史过程，同时促使人们从妇女角度思考进步与倒退的关系。

(原载《史学理论研究》2016 年第 4 期)

中国世界史研究 70 年回顾与前瞻

汪朝光

什么是"世界历史"？吴于廑在为《中国大百科全书·外国历史》所撰总论中写道："世界历史是历史学的一门重要分支学科，内容为对人类历史自原始、分散、孤立的人群发展为全世界成一密切联系整体的过程进行系统探讨和阐述。世界历史学科的主要任务是以世界全局的观点，综合考察各地区、各国、各民族的历史，运用相关学科如文化人类学、考古学的成果，研究和阐明人类历史的演变，揭示演变的规律和趋向。"[①]

《中国大百科全书·外国历史》代表了中国学界对世界历史的学科定位，不过颇有意味的是，这部书的定名是"外国历史"，而非"世界历史"。如果按吴于廑的论述，"外国历史"和"世界历史"非为一事，"外国历史"是世界各国的国别史，与中国历史相对应，而"世界历史"则是超乎其上的一门独立学科。然而在中国学界，通行的"世界历史"概念，与"外国历史"概念，并无明显分别。吴于廑也说："在中国，约从 20 世纪 50 年代初开始，主要由于历史专业的分工，人们习惯于把中国史和世界史对举，几乎把世界历史作为外国历史的代称。"[②] 虽然这样的"世界历史"概念确有其问题所在，没有中国史的世界史，和没有世界史的中国史，都是不完整

[①] 吴于廑：《世界历史》，《中国大百科全书·外国历史》第 1 册，中国大百科全书出版社 1990 年版，总论第 1 页。

[②] 吴于廑：《世界历史》，《中国大百科全书·外国历史》第 1 册，总论第 1 页。

的历史。但是，考虑到这个概念的通行性，本文的论述范围，还是以现行的"世界历史"即"外国历史"概念为基础，大要论述其在1949年以后的发展历程。[①]

一 中国特色世界史学科体系的形成

与悠久的中国史研究传统及其自成体系相比，中国的世界史学科起步晚，发展慢，底子薄。可以说，世界史在20世纪中国"新史学"中的地位基本还属于偏门，还没有成为独立学科，著述亦多半为转译转论。直到1949年中华人民共和国成立后，世界史研究才得到较大发展，形成独立的学科门类，这其中包括唯物史观指导地位的确立、研究机构的设立和研究的组织实施、大学教育的发展和人才的培养、研究成果的发表等。

1. 马克思主义唯物史观指导地位的确立

新中国的成立，为中国的学术发展开创了新的历史时期，其中具有统领性意义的，当为在马克思主义唯物史观指导下，建立了对历史的全新诠释体系，诸如生产力与生产关系、经济基础与上层建筑、阶级分析与阶级斗争、人民群众与帝王将相，等等，这些基本的历史关系、历史分析的概念和方法，开始成为史学工作者研究的出发点。

马克思主义唯物史观在世界史学科指导地位的确立，有着与中国史学科的不同特点。首先，世界史难与卓有成就的中国史研究相

[①] 有关中国世界史研究历程的述评，可参阅于沛《世界历史》第1册《中国世界史研究的产生和发展》，江西人民出版社2010年版；于沛《当代中国世界历史学研究（1949—2009）》，中国社会科学出版社2012年版；于沛、周荣耀主编《中国世界历史学30年（1978—2008）》，中国社会科学出版社2008年版；陈启能主编《建国以来世界史研究概述》，社会科学文献出版社1991年版；曹小文：《20世纪以来中国的世界通史编纂研究》，中国社会科学出版社2015年版；余建华主编《世界史理论前沿》，上海社会科学院出版社2016年版；等等。限于篇幅，本文所列以著作为主，且难免挂一漏万。这些著作代表了某一领域的研究成果，但并不意味着这些领域只有这些成果，而且不代表本文对这些著作进行全面的学术评价，那是更专门的学术评论才能完成的任务。本文作为一家之言，或可供世界史学界及世界史爱好者参考，其中容有各种不足、错漏或讹误之处，概由笔者负责。

比肩，但也正因为如此，世界史学科较少有那些需要抵制与批判的"旧"传统积淀。其次，世界史研究者的成长多半始于1949年以后，他们自始接受的就是唯物史观的熏陶，与传统积淀深厚的中国史研究老辈学者相比，世界史研究者对唯物史观的接受更为直接，更易入心。再次，因为当时的特殊环境，流行的世界史著作基本来自苏联，这些史著都是唯物史观指导下的研究成果，同时也对如何运用唯物史观指导研究起到了现身说法的作用。因此，唯物史观对世界史研究指导作用的确立，应该说是自然而然、水到渠成的过程。

就实践层面而言，唯物史观的影响更多是通过苏联史著的引进和传播而体现的，其中最有代表性的是苏联科学院主编的10卷本《世界通史》。这部书"旨在作为马克思主义历史书籍中阐明人类从远古至现代所走路程的第一部综合性著作"，强调马克思主义唯物史观指导的历史研究，"是把人类历史当作合乎规律的、被内在矛盾所推进的社会发展过程来加以研究的"。① 书中的分析框架及其看法，对起步时期的世界史研究产生了重要而深远的影响，"这种影响迄今还不能说已经消失"②。

与翻译出版苏联史著、强调以唯物史观作为世界史研究指导成为一体两面的，是对那些我们认为在唯心史观指导下的西方史学的分析批判。这些批判有些推动了世界史研究的发展进步，如对殖民主义、帝国主义的批判，但也有些反映出简单化、片面化的倾向，如怎样理解资本主义的发展及其作用。对于这些当时历史背景下的批判言论，后人也不必过于苛求。历史发展不是直线的而是曲折的，历史研究同样如此。

2. 世界史研究机构的设立和研究的组织实施

新中国的成立，为世界史研究打开了广阔的发展前景。首先，中国共产党从来都重视历史论述的重要性，重视学习历史、研究历

---

① 苏联科学院主编：《世界通史》第1卷，文运等译，生活·读书·新知三联书店1959年版，第1—5页。
② 张广智：《苏联史学输入中国及其现代回响》，《社会科学》2003年第12期。

史、在人民群众中普及正确的历史知识，在党的一元化领导下，世界史学科的建立更显其必要性。其次，新中国成立后，实行的是从中央到地方的集中领导体制以及计划经济体制，从上而下推动世界史学科的设立成为国家行为，并使其从必要成为可能。世界史学科最初的建立和发展，在相当程度上是受惠于这样的体制的。

世界史研究专门机构的设立，始自世界历史研究所的建立。1959年在中国科学院历史研究所设立了世界史研究组，1962年改称世界史研究室。1964年，根据毛泽东的指示，在中国科学院哲学社会科学学部设立世界历史研究所（1977年改称中国社会科学院世界历史研究所），从而成为中国第一家以"世界历史"命名的、专事世界史研究的机构，并由此而确立了其在世界史学界独一无二的中心地位。

除世界史所外，中国社会科学院的相关外国问题研究所、各省市的社会科学院、各级党政部门和军队系统的相关研究机构，尤其是各大学历史系，也都有研究世界史的人员。

1978年中国实行改革开放以后，为世界史学科发展带来了极大推动力。1979年，在北京召开了首次全国世界史学科规划会议。此后，以世界史所为代表的各研究机构，都在改革开放的年代迎来了自身的大发展，科研成果不断涌现，人才队伍不断成长壮大。

1978年以后的世界史研究，与之前相比，在组织形式方面最明显的变化是，学会的兴起、学术会议的举办和研究课题制的实施。世界史研究学术团体从无到有，数量众多，他们通过组织多种形式的学术活动，进行学术交流，推动学术发展。世界史学术会议的举办由过去的凤毛麟角而成为当下之日常，为研究者提供了发表见解、互相讨论的平台，使不少中青年学者脱颖而出，百家争鸣、百花齐放得到了很好的体现。世界史研究课题制开始设立，大大激发了研究者的研究热情。国家社会科学基金成为社会科学发展的重要推手，世界史是国家社科基金的资助学科大项之一。以2018年为例，国家社科基金世界历史学科立项重大项目12项、年度重点项目8项、年度一般项目52项、青年项目40项、西部项目8项、后期资助21项。

除此之外，各省市、各部委、各级研究单位和学校，也有数量不等的课题设立。可以说，长期困扰世界史学科发展的经费不足问题，已经有了大幅度缓解，当下的世界史研究者，无论是学术交流还是搜求史料，经费都不再是主要的困难。

3. 高校世界史教育的发展与人才培养

新中国成立后，作为人文社会科学基础的历史教育有了大发展。在中学，世界史是必修课程之一，使学生建立起基本的世界史常识，了解世界史发展的基本脉络。全国各综合性高校都建立了历史系，各高校历史系大多建立了与中国史相对应的世界史教研室，进行系统的世界史教学与研究工作。

1949年以后世界史学科教育的发展和人才的培养，在其初始阶段，有两件事起到了至关重要的作用。一是20世纪50年代的中苏教育合作交流。苏联专家来华讲学，开设世界史课程，他们的讲授虽然受苏式教条的影响，但大多严谨认真，课程设置规范，要求严格，对培养中国的学生也就是后来的世界史教师和研究者，起到了推动作用。二是中国学生的苏联和社会主义国家留学潮。20世纪50年代，中国政府有计划地选派留学生到以苏联为中心的各社会主义国家留学，这批留学生在国外接受了多年系统的专门化历史教育，掌握了至少一门外语，成为起步阶段世界史研究的中坚力量。

1978年改革开放以后，世界史教育得到了更大发展，形成了从大学本科到博士的全方位的世界史教育体系，高校也成为世界史研究的重镇。原先世界史教学和研究比较强的学校，如北京大学、南开大学、东北师范大学等，多半保持了这样的地位。也有过去世界史教学和研究并不位居前列的学校，如华东师范大学、首都师范大学等，发展迅速，形成新的中心。以教育部定期举行的学科评估为例，2017年的第四轮全国高校学科评估，世界史学科A＋级为北京大学、华东师范大学，A－级为首都师范大学、南开大学、东北师范大学。北京大学、南开大学、东北师范大学的世界史学科被列入同年公布的"双一流"（世界一流大学和一流学科）建设名单。世界史教育的大发展，为世界史研究奠定了人才之基。

4. 世界史成果的发表

1949年以后,世界史论著的出版,经历了由少到多、由窄到宽的过程。20世纪五六十年代,世界史论著出版数量不多,涉及领域较窄,"文化大革命"时期,世界史论著的出版跌至谷底,数量很少。1978年以后,世界史论著的出版迅速回升,数量众多,而且涉及世界史研究的各个领域,出现了百花齐放、百家争鸣的大好局面(具体见下节)。

论著出版之外,世界史研究成果发表的主要阵地是专业期刊。1954年,中国第一本专业历史研究期刊《历史研究》创刊,不过其上发表的世界史论文数量明显少于中国史。1978年,由世界历史研究所主办的专业期刊《世界历史》创刊,成为世界史研究论文发表的主要阵地。此外,大学学报和各省市社科院或社科联主办的学术期刊,也都发表一定数量的世界史论文。近些年来,东北师范大学的 Journal of Ancient Civilizations 和《古代文明》、天津师范大学的《经济社会史评论》、上海师范大学的《世界历史评论》,成为新出的世界史研究专业期刊。据不完全统计,1978—2008年,发表世界史论文24000余篇,出版著作2300余部。[①] 随着网络时代的来临,网络传播的重要性日渐增长。1999年,由世界历史研究所主办的"中国世界史研究网"上线,现已成为中国最具规模和影响力的世界史网站。

唯物史观为世界史研究确立了指导思想,世界史教育为研究培育了人才,世界史研究机构和高校世界史教研室的设立为研究构建了研究体系和队伍,世界史成果的发表使研究得以发声并扩大影响。所有这些相叠加,形成颇具特色的中国世界史学科体系。

二 世界史研究的主要成就及其不足

1. 通史型研究的引领作用

以历史研究的通行路径,一般是先有微观个案研究,再有宏观

[①] 侯建新:《世界历史研究三十年》,《历史研究》2008年第6期。

集合研究，先有专题史、国别史研究，后有通史研究。但是，中国世界史研究的发展路径，与此并不完全一致。世界史研究于新中国建立起步后，研究者注意到通史研究的重要性，注意到通史著作对研究的引领作用。以马克思主义唯物史观为指导的世界史研究，也需要通过通史类论著，为世界史构建基本的框架结构，从而有利于指导具体的个案研究。所以，微观研究和宏观研究的关系不可一概而论，精细的微观研究可以为宏观研究提供坚实的基础，言简意赅、具有真知灼见的宏观研究，也可以为微观研究提供必要的指引，激发研究者的更多具体发挥。

1949年以后的世界通史研究，首先应该提到的，是周一良、吴于廑主编的《世界通史》（人民出版社1962年版）。全书分为古代（齐思和主编）、中世纪（朱寰主编）、近代（杨生茂、张芝联、程秋原主编）卷，叙述了从远古到1917年十月革命期间的世界史。参与该书编写的有数十人之多，各卷负责人则为已在学界崭露头角的世界史研究带头人（他们后来都成为世界史研究大家）。该书以社会形态演变为论述中心，自成体系，而且用了相当篇幅论述亚非拉国家的历史。该书吸纳了此前各家研究的成果，体例设置合理可行，论述逻辑连贯一致，处理史事简明扼要，写作文字简练可读。全书出版后多次再版，历数十年而不衰，既是中国世界史学科的奠基之作，也是中国世界通史研究的经典之作，还是相当长时期各大学的必选世界史教材。当然，由于时代和研究的局限，该书亦有很多不足之处，主要是虽然跳出了西式体系的束缚，但又落入了苏式体系的窠臼，而且由于个案研究不够，又是以教材写作为中心考量，对历史问题的论述较难深入，论述空白处亦不少。

1978年以后，世界通史研究更为繁荣，出版的各种规模和形式的通史著作甚多，其中较有影响的是两部著作，一为吴于廑、齐世荣主编的《世界史》（高等教育出版社1992—1994年版），其中古代卷主编刘家和、王敦书、朱寰、马克垚，近代卷主编刘祚昌、王觉非，现代卷主编齐世荣、彭树智；二为齐世荣主编的《世界史》（高等教育出版社2006年版），其中古代卷主编杨共乐、彭小瑜，近代卷主编刘新成、刘北成,现代卷主编齐世荣,当代卷主编彭树智。这两套书都体现了从纵向到横向的整体世界史观,既有纵向论述,亦有横向比较,既论政治、军事、外交,也论经济、文化、社会,并适当纳入了中国史的内容,视野更为开阔,内容更为丰富,代表了中国世界通史研究的新高度,也是目前比较流行的世界通史教学用书。不过正因为需要顾及教学用书简洁简明的特性,或多或少也对其中专题研究的深度有所影响。

进入21世纪之后,由世界历史研究所主持编纂、武寅担任总主编的《世界历史》,成为世界通史研究中最具代表性的成果。该书共8卷39册,以专题史的形式呈现,分为"理论与方法""经济发展""政治制度""民族与宗教""战争与和平""国际关系""思想文化""中国与世界"八个专题,各专题之下又分为不同子题,体例有所创新,可以发挥中国学者所长,就若干专题进行深入研究,避免编年通史中那些不可不写而又研究不够之处。同时,全书纵横交织,点面结合,既重深度,亦具广度。因为以专题史为中心,全书注重分析,注重综合研究和前沿研究,注重跨学科方法,还特设"中国与世界"主题,从历史的角度,论述世界认知中的中国和中国认知中的世界。如该书"总序"所论:"本书采取专题与编年相结合的撰写体例,它的特点在于,强调以时间为纵线,点面结合;既有一定的时空涵盖面,又有重点专题上的学术深度,与教科书式的写法有别;与传统的世界通史性的著作相比,本课题的历史视野更加开阔,不回避当代社会发展中提出的重大理论问题和现实问题,使世界史研究体现出鲜明的时代精神。"[①]

在世界通史研究中,讨论的问题多半是具有宏观意义的重大问题,如世界史的分期、世界史的发展进程、重要历史事件的性质,等等。关于世界史的分期,过去一般认为,世界近代史开始于1640年英国资产阶级革命,世界现代史开始于1917年俄国十月革命,而现在多半将世界近代史的起点定在15世纪末16世纪初,以"地理

---

① 于沛:《世界历史·总序》,《世界历史》第1册,江西人民出版社2010年版。

大发现"带来的全球交融为开端,将世界现代史的起点定在19世纪末20世纪初,以世界经济、社会的变化、动荡、发展为开端。关于世界史的发展进程,过去的主流观点是以社会形态的演进为基础,当下的看法更趋多元化,有学者提出以现代化发展论或文化发展论观察世界史的演进过程。其实,有关历史分期,以相对长的过程演进,替代某个固定时间节点,更多关注的是历史的动态发展面相,但这并不意味着历史上的重要事件及其时间节点失去其意义,所以,1640年或1917年的历史意义,从来都为史家所关注。至于世界史的发展进程,以社会形态演进立论,确有其缘由所在,无论是现代化论或文化发展论,其所依据的立论基础,与社会形态演进论并不冲突,而且可以为社会形态演进论所包容。因此,社会形态的演进可以作为历史演进的基础面相,并由此而生发出多方面的内容。

2. 国别史研究的经世意义

国别史和专题史是世界史研究的两大主轴。顾名思义,国别史以各个主权国家的历史为研究的主要对象,而专题史则可以是超越国家概念的多国乃至全球范围的主题研究,如生态环境史研究。但即便如此,以国别为界限的生态环境史研究,仍然占据着该主题研究的重要地位,因为对于生态环境问题的处理,其实离不了政治权力也就是各国政府,于此又可凸显国家的无所不在,国别史研究的重要意义亦毋庸多言。

世界史研究中的国别史研究,涵盖了世界各国,但无论是研究数量或质量,仍以对欧美主要国家的研究占据着主导地位,这也是可以理解的。说到底,是社会需要更迫切,对这些国家的研究更能发挥史学经世致用的功能。

(1) 美国史。在世界国别史研究中,美国史研究可谓独占鳌头,占据着中心地位,为其中以研究方向论的第一大群体,可见其成就所在。

美国史研究起步于20世纪50年代。还在1953年,老辈学人黄绍湘就撰写出版了《美国简明史》(生活·读书·新知三联书店)。但是在那个年代,中美尚未建交,且处在激烈的对抗中,正常的美国史学术研究较难进行。

1978年中国实行改革开放，随之中美在1979年初建交，为美国史研究打开了全新局面，并由此而蓬勃发展，成为国别史研究的第一大热门。美国因其世界头号强国地位，引起中国上下全方位的关注，有强大的社会需求；英语是中国第一普及外语，便于处理以英语为中心的美国史资料，这些都是美国史研究的重要推动力。美国史研究领域发文和论著出版数量众多，研究主题扩大至几乎所有领域。这些研究排除了过去"左"的干扰，回复到实事求是的方法论，既论及美国历史的长处，如其科学创新精神和文化包容融合，也不回避美国历史的问题，如其霸权主义和种族主义之弊。可以说，美国史是当下国别史研究中最为全面的学科领域，并形成了一定的中国特色的阐释体系。

美国史研究成果丰硕，构成了殖民时期、独立时期、内战时期、两次世界大战时期、战后时期直至当下的全时段研究。通史以刘绪贻、杨生茂主编的6卷本《美国通史（1585—2000）》（人民出版社2002年版）为代表作。专史研究异彩纷呈，各擅其长，如老辈学者刘祚昌的《美国内战史》（人民出版社1978年版）、杨生茂主编的《美国外交政策史》（人民出版社1991年版），中生代学者陶文钊的《中美关系史》（上海人民出版社2004年版），新进学者李剑鸣的《文化的边疆：美国印第安人与白人文化关系史论》（天津人民出版社1994年版）、王晓德的《美国文化与外交》（世界知识出版社2000年版）、赵学功的《当代美国外交》（社会科学文献出版社2001年版）、梁茂信的《都市化时代——20世纪美国人口流动与城市社会问题》（东北师范大学出版社2002年版）、王立新的《踌躇的霸权：美国崛起后的身份困惑与秩序追求（1913—1945）》（中国社会科学出版社2015年版）、张勇安的《变动社会中的政策选择：美国大麻政策研究》（东方出版中心2009年版）等，都是其中的可读之作。

改革开放的实行，使中国学者可以更方便地获得美国的档案文献史料，大大提升了研究可信度与科学度；中美学界的交流，也使中国学者得以更全面地了解美国史研究的前沿问题,并吸收美国学界研究的相关理论方法。但是,当我们不时被动地被别人的研究理论方法牵着走,便不易凸显本土研究的自主和创新。这是有待未来解决的问题。

(2)英国史。英国史是1949年以后较早得到发展的国别史研究,研究论题集中在英国资产阶级革命、工业革命、宪章运动、圈地运动等领域。1978年以后,英国史研究得到更大发展,是目前国别史研究中,研究人员数量较多、论著和论文发表数量也较多的研究领域。与过往研究相比,近些年的英国史研究,更关注制度、社会、文化等主题的内容,而习见的圈地运动等论题几乎消失不见。

1988年,中国社会科学出版社出版了蒋孟引主编的《英国史》,是比较完全意义的英国通史。其后,又有若干部英国通史著作出版,如高岱的《英国通史纲要》(安徽人民出版社2002年版)、王觉非主编的《近代英国史》(南京大学出版社1997年版)等。2016年,钱乘旦主编的6卷本《英国通史》出版(江苏人民出版社),可以说是近70年来英国通史研究的总结性成果,也反映出英国史研究传承与发展的脉络与轨迹。

因为英国史研究开展较早,基础较好,故英国专史研究亦较为深入,对中世纪英国封建社会的研究可谓其中的代表,如马克垚的《英国封建社会研究》(北京大学出版社2005年版)、孟广林的《英国封建王权论稿——从诺曼征服到大宪章》(人民出版社2002年版)、《英国"宪政王权"论稿——从〈大宪章〉到"玫瑰战争"》(人民出版社2017年版)、黄春高的《分化与突破:14—16世纪英国农民经济》(北京大学出版社2011年版)等,可谓其中的代表。郭方的《英国近代国家的形成》(商务印书馆2006年版)、刘新成的《英国都铎王朝议会研究》(首都师范大学出版社1995年版)、沈汉的《英国议会政治史》(南京大学出版社1991年版)、《英国土地制度史》(学林出版社2005年版),以及阎照祥对英国政治制度史的系列研究论著等,都是英国史研究中的可读之作。对英国封建社会和资本主义制度发展史的研究,无论是史料还是分析,都需要相当的功力，体现出研究者迎难而上的追求。但是，对英国现当代史的研究似偏少偏弱，这与历史研究中的厚今薄古风潮有些距离，是需要在今后改进者。

（3）法国史。法国史是国别史研究的重要一环。从法国大革命到巴黎公社那些每每激荡人心的革命史篇章，曾经在近代中国的革命运动中起到过相当的激励作用，作为科学社会主义思想源流之一的空想社会主义，以及在法国活跃的工人运动和国际共产主义运动，这些都是学界关注的对象。法国通史著作有沈炼之主编的《法国通史简编》（人民出版社1990年版），张芝联主编的《法国通史》（北京大学出版社1989年版）、吕一民的《法国通史》（上海社会科学院出版社2002年版）、陈文海的《法国史》（人民出版社2004年版）等。法国史的时段研究比较完整，从王养冲、王令愉的《法国大革命史》（东方出版中心2007年版），到孙娴的《法兰西第二共和国史》（社会科学文献出版社1995年版），再到郭华榕的《法兰西第二帝国史》（北京大学出版社1991年版）和楼均信主编的《法兰西第三共和国兴衰史》（人民出版社1996年版），大体为法国近代历史演进勾画出了基本脉络。但是，有关法兰西第四共和国及"二战"期间维希政权和自由法国运动的研究则偏少。至于法国当代史，有周荣耀主编《当代法国》（山东人民出版社1991年版）、沈坚《当代法国》（贵州人民出版社2000年版）、金重远《法国现当代史》（上海社会科学院出版社2014年版）等。

法国史研究的传承和创新可以法国大革命史为例。还在1956年，湖北人民出版社就出版了曹绍濂的《法国资产阶级革命》。过去对法国大革命史的研究，关注的是革命的基本面相及其发展，如雅各宾派专政与罗伯斯庇尔的作用，而改革开放以后的法国大革命史研究，开始重视与大革命相关的其他面相尤其是其社会和文化层面的内容，如高毅的《法兰西风格：大革命的政治文化》（浙江人民出版社1991年版）。前些年，随着《旧制度与大革命》的热销，又掀起了一波对法国大革命史的关注，并且更加扩大了研究领域和对象，如黄艳红的《法国旧制度末期的税收、特权和政治》（社会科学文献出版社 2016 年版）涉及旧制度与大革命的关系，乐启良的《近代法国结社观念》（上海社会科学院出版社 2009 年版）涉及革命的组织问题，等等。

（4）德国史。德国史研究亦大体始自 1978 年以后。通史有丁建弘《德国通史》（上海社会科学院出版社 2002 年版）、孟钟捷《德国简史》（北京大学出版社 2012 年版）、郑寅达《德国史》（人民出版社 2014 年版）等。2019 年，由邢来顺、吴友法主编的《德国通史》（江苏人民出版社）6 卷本出版，是德国史研究最新的集大成之作。在德国专题史研究方面，德国发展道路的特殊性问题是学界关注的重点之一，如丁建弘、李霞的《普鲁士的精神和文化》（浙江人民出版社 1993 年版）、徐健的《近代普鲁士官僚制度研究》（北京大学出版社 2005 年版），李工真的《德意志道路——现代化进程研究》（武汉大学出版社 1997 年版）、《德意志现代化进程与德意志知识界》（商务印书馆 2010 年版）等。

至于其他西欧、南欧、北欧国家的历史，至今仍然研究不够，如曾经的奥匈帝国，老牌殖民帝国西班牙、葡萄牙，西方文明的发祥地之一意大利，至今仍然欠缺成规模的综合性通史论著，其间原因甚多，语言因素是不能不考虑的。在英语一家独大的情况下，其他语言都被视为"小语种"，直接影响到以通晓对象国语言为基础的国别史研究。这些还有待于后继研究者的拓展。

（5）苏联（俄国）史。苏联史虽是世界史研究起步时的热门领域，但是当时出版的有深度的研究著作并不多见。1978 年改革开放以后，苏联（俄国）史研究才得到了真正的大发展，20 世纪 50 年代留学苏联的学者，此时正值盛年，有多年的学术积累，使苏联（俄国）史研究出现了一个高潮。

有关苏联（俄国）的通史著作有：孙成木、刘祖熙、李建主编《俄国通史简编》（人民出版社 1986 年版）、陈之骅主编《苏联史纲（1917—1937）》（人民出版社 1991 年版）、《苏联史纲（1953—1964）》（人民出版社 1996 年版）、陈之骅、吴恩远、马龙闪主编《苏联兴亡史纲》（中国社会科学出版社 2004 年版）、张建华《俄国史》（人民出版社 2004 年版）等。2013 年，人民出版社推出 9 卷本《苏联史》，其中已出版的有姚海《俄国革命》、郑异凡《新经济政策的俄国》、徐天新《斯大林模式的形成》、叶书宗《勃列日涅夫的十八年》、左凤荣《戈尔巴乔夫改革时期》。在专史研究方面，有孙成木、李显荣、康春林《十月革命史》（生活·读书·新知三联书店 1980 年版）、李显荣《托洛茨基评传》（中国社会科学出版社 1986 年版）、闻一等《布哈林传》（吉林教育出版社 1988 年版）、郑异凡《布哈林论稿》（中央编译出版社 1997 年版）、马龙闪《苏联文化体制沿革史》（中国社会科学出版社 1996 年版）、刘显忠《近代俄国国家杜马》（社会科学文献出版社 2007 年版）、黄立茀等《新经济政策时期的苏联社会》（社会科学文献出版社 2012 年版）等。20 世纪 90 年代以后的苏联（俄国）史研究者，得以利用不少新公布的档案文献，根据原始档案文献编译的 36 卷本《苏联历史档案选集》也由社会科学文献出版社在 2000 年出版，使苏联史研究可以建立在更为坚实的史料基础之上，较过往研究的简单化表现出明显的多样化区别。

在苏联（俄国）史研究中，因为现实的观照，研究者的兴趣显然更多集中在 20 世纪的苏联史。1978 年以前的研究，更多集中在苏联革命史，如十月革命、社会主义建设、列宁斯大林的思想和实践等。1978 年以后的研究，则开始关注苏联体制的弊端，如肃反问题、民族政策、农业集体化、大饥荒等。1991 年苏联解体后，学界更关注苏联解体的原因及其经验教训。苏联解体前后其国内有关历史问题的讨论，也影响到中国学界，我们对苏联历史的一些负面评价，与此是有关联的，其中也有一些历史虚无主义的看法。这些看法中有许多属于主题先行的主观价值判断，脱离了具体的历史情境，但其对正常学术研究的影响却是不容忽视的。

随着老辈学者的逐渐退出以及内外环境的变化，近些年来的苏联（俄国）史研究，出现了明显低落的过程。学界需要下力鼓励新一代研究者的成长，化解那些不利于研究的因素，扩大那些有利于研究的因素，使苏联（俄国）史研究迈上新的台阶。

（6）日本史。日本是中国的近邻，两国有长期的友好交往历史，近代以来则发生了日本对中国的侵略战争，两国间的关系恩怨交织，成为学界关注的研究主题之一。1949年以后中国的日本通史研究，大体以万峰著《日本近代史》（中国社会科学出版社1978年版）为开端，其后续有发展，通史论著有吴廷璆主编《日本史》（南开大学出版社1994年版）、王仲涛、汤重南《日本史》（人民出版社2008年版）、冯玮《日本通史》（上海社会科学院出版社2012年版）、王新生《日本简史》（北京大学出版社2013年版）等。伊文成、马家骏主编《明治维新史》（辽宁教育出版社1987年版）、米庆余《明治维新——日本资本主义的起步与形成》（求实出版社1988年版）、武寅《近代日本政治体制研究》（中国社会科学出版社1997年版）、韩东育《日本近世新法家研究》（中华书局2003年版）等，则专注于日本专史研究。日本史研究比较强调其现实观照，如从中日近代历史发展的对比考虑，为什么日本的明治维新成功了，中国的洋务运动失败了。再就是因为中日战争的影响，中国的日本史研究有大量论著集中在中日战争和中日关系领域，既可以被归入日本史研究，也可以被归入中国史研究。但是，如果与日本的中国史研究相比较，中国的日本史研究的不足之处是显而易见的，需要在今后不断改进提高。

（7）亚洲史①。亚洲是中国所在的大陆，中国的周边邻国又都集中在亚洲，所以，亚洲史研究在中国得到相当的关注。亚洲通史著作，20世纪50年代出版了王辑五《亚洲各国史纲要》（高等教育出版社1957年版），朱杰勤《亚洲各国史》（广东人民出版社1958年版），何肇发《亚洲各国现代史讲义》（高等教育出版社1958年版）等。近些年出版的有，彭树智主编《中东史》（人民出版社2010年版）、王治来《中亚史》（人民出版社2010年版）、梁英明《东南亚史》（人民出版社2010年版）、梁志明等主编《东南亚古代史：上古至16世纪初》（北京大学出版社2013年版）、纳忠《阿拉

---

① 在亚非拉研究中，通史、国别史、专题史俱有，但为论述的方便，均安排在本节论述。

伯通史》（商务印书馆1997年版）、哈全安《中东史：610—2000》（天津人民出版社2010年版）、王治来、丁笃本《中亚通史》（人民出版社、新疆人民出版社2008年版）等。

亚洲国别史和专题史论著则有林承节《印度史》（人民出版社2004年版）、林太《印度通史》（上海社会科学院出版社2012年版）、刘欣如《印度古代社会史》（中国社会科学出版社1990年版）、黄思骏《印度土地制度研究》（中国社会科学出版社1998年版）、王任叔《印度尼西亚古代史》（中国社会科学出版社1987年版）、段立生《泰国通史》（上海社会科学院出版社2014年版）、贺圣达《缅甸史》（云南人民出版社2015年版）等。作为中国的近邻，且与中国有着相同的被日本侵略的经历，韩国史研究集中在近代，尤其是韩国独立运动在中国发生、发展的历史。中东国家是亚洲国家中颇为特殊的群体，由彭树智主编的《中东国家通史》（商务印书馆2001—2009年版）共13卷，研究了18个国家的历史，比较注重这些国家历史上的各种内在联系，并且将这些国家与中国的关系置于重要地位论述。总体而言，亚洲史的国别史研究还有缺项，专题史研究有待继续深入。

（8）非洲史。20世纪80年代以后，非洲史研究得到持续发展，出版了杨人楩的《非洲通史简编——从远古至1918年》（人民出版社1984年版）、中国非洲史研究会编写的《非洲通史》（北京师范大学出版社1984年版）、3卷本《非洲通史》（华东师范大学出版社1995年版，其中古代卷主编何芳川、宁骚，近代卷主编艾周昌、郑家馨，现代卷主编陆庭恩、彭坤元）等著作。但是，因为研究资料和人员等原因，非洲国别史和专题史研究较为缺乏，除了北非和南非的少数国家的研究，如杨灏城《埃及近代史》（中国社会科学出版社1985年版）、郑家馨《南非史》（北京大学出版社2010年版），其他非洲国别史和专题史较为少见。李安山的《殖民主义统治与农村社会反抗——对殖民时期加纳东部省的研究》（湖南教育出版社1999年版）、《非洲华人华侨史》（中国华侨出版社2000年版）是非洲专题史研究中的佼佼者。

（9）拉美史。拉美远离中国，受关注较少。虽然中国的拉美史研究有了不少进步，但研究规模始终不大。主要研究成果有，李春辉《拉丁美洲国家史稿》（商务印书馆1973年版）、《拉丁美洲史稿》（商务印书馆1983年版）、林被甸、董经胜《拉丁美洲史》（人民出版社2010年版）、冯秀文等《拉丁美洲农业的发展》（社会科学文献出版社2002年版）、刘文龙《墨西哥通史》（上海社会科学院出版社2009年版）等，集中在拉美被殖民史及其与资本主义发展的关系、拉美经济发展中的依附问题以及拉美主要大国史等方面。

3. 专题史研究的深入拓展

专题史研究在世界史研究中占据着重要地位。专题史通过对特定领域的研究，可以跳出国别史研究以地域为中心而"画地为牢"的局限性，从更长程、更广阔的时空层面，反映世界历史的多样性和丰富性。世界史的专题史研究，在1978年改革开放以后，迎来了发展的黄金时期。

（1）古代中世纪史。古代史研究具有一定的特殊性。从历史的基本观察角度——时间角度去观察，古代史可以列入以时间为经的通史范畴；但是，如果将通史从贯穿古今的角度去处理，从历史的又一基本观察角度——空间角度去观察，古代尚未形成完全一体化的世界，那时的国家概念又显然不同于近代以来以民族国家构建为中心的国家体系。所以，以国别史框架处理古代史，有其一定的困难之处，而从专题史的范畴处理则较为方便，古代史研究由此多半被列入专题史中的古代文明研究范畴。

在历史研究各门类中，古代史研究是具有相当难度的高度专门化的学科，入门要求很高，仅仅是其需要学习掌握的那些古代死语言（如古埃及语、苏美尔语、阿卡德语、赫梯语、亚述语、波斯语），以及今人已很少利用的语言（如古希腊语、古拉丁语、梵文、中世纪英、法、德语）等，便非未经系统正规学习之研究者所可为。但是，古代中世纪史又是世界史研究中成绩较为显著的学科。

古代中世纪史研究自20世纪50年代起步，由借鉴而自立，得到一定的发展。1978年实行改革开放以来，在百花齐放、百家争鸣方针的指引下，古代中世纪史研究跳出过去一些教条的束缚，以实事求是为本，在古代社会、国家起源、社会结构、封建主义等方面，都有许多新的研究成果和进展。通史著作有：林耀华《原始社会史》（中华书局1984年版）、杨堃《原始社会史》（北京师范大学出版社1986年版）、林志纯（日知）《世界上古史纲》（人民出版社1979年版）（署名为集体编写）、黄洋、赵立行、金寿福《世界古代中世纪史》（复旦大学出版社2005年版）、孟广林《世界中世纪史》（中国人民大学出版社2010年版）、陈志强《拜占庭帝国史》（商务印书馆2003年版）。专题研究成果有：刘家和、廖学盛主编《世界古代文明研究导论》（北京师范大学出版社2010年版）、日知主编《古代城邦史研究》（人民出版社1989年版）、易建平《部落联盟与酋邦——民主·专制·国家：起源问题比较研究》（社会科学文献出版社2004年版）、胡庆钧、廖学盛主编《早期奴隶制社会比较研究》（中国社会科学出版社2000年版）、晏绍祥《古典历史与民主传统》（北京大学出版社2013年版）、《希腊城邦民主与罗马共和政治》（人民出版社2019年版）、黄洋《古代希腊土地制度研究》（复旦大学出版社1996年版）、《古代希腊政治与社会初探》（北京大学出版社2014年版）、陈恒《希腊化研究》（商务印书馆2006年版）、刘文鹏《古代埃及史》（商务印书馆2000年版）等。

世界中世纪史在社会经济主题方面取得的成就较为突出，其中如马克垚《西欧封建经济形态研究》（人民出版社1985年版）、彭小瑜《教会法研究》（商务印书馆2003年版）、倪世光《中世纪骑士制度探究》（商务印书馆2007年版）、赵立行《商人阶层的形成与西欧社会的转型》（中国社会科学出版社2004年版）、俞金尧《西欧婚姻、家庭与人口史研究》（现代出版社2014年版）等，均为可读之作。[1]

（2）文化史。20世纪80年代的文化热，也影响到世界史研究，

---

[1] 中世纪史研究以中世纪时期的英国为主要中心，已在国别史研究中的英国史分目中介绍。

出现了不少相关研究成果。如周谷城、田汝康主编了《世界文化丛书》（浙江人民出版社1987—1996年版）30余种，部分为研究论著，部分为译著。汝信主编了《世界文明大系》12卷本（中国社会科学出版社1999—2002年版），包括了世界各主要文明的介绍与研究。还有周一良主编了《中外文化交流史》（河南人民出版社1987年版），何芳川主编了《中外文化交流史》（国际文化出版公司2008年版）等。

专题研究方面，意大利文艺复兴研究取得了明显进展，论著有刘明翰主编《欧洲文艺复兴史》（人民出版社2006—2010年版）12卷，陈小川等《文艺复兴史纲》（中国人民大学出版社1986年版）、张椿年《从信仰到理性——意大利人文主义研究》（浙江人民出版社1993年版）、张世华《意大利文艺复兴研究》（上海外语教育出版社2003年版）、朱龙华《意大利文艺复兴的起源与模式》（人民出版社2004年版）等。

"二战"史。第二次世界大战（反法西斯战争）与中国密切相关，中国抗日战争是"二战"的一部分，中国战场是反法西斯战争的东方主战场，故为学界所关注。"二战"史研究于20世纪80年代开始起步，自始即表现出鲜明的特色，强调东方中国战场的作用，强调人民抵抗在反法西斯战争中的正义性及其意义。朱贵生、王振德、张椿年的《第二次世界大战史》（人民出版社1982年版），是中国最早的"二战"史著作之一。军科院军事历史研究部编著的《第二次世界大战史》（军事科学出版社1995—1999年版）5卷本，分阶段论述了"二战"史的全过程。对于过去众说纷纭的"二战"史起源问题，该著将其分为两个起源地，从而形成两个起始点，东方战场以日本侵略中国东北的"九一八"事变为揭幕，西方战场以1939年纳粹德国入侵波兰为开端，较好地解决了有关战争起始点问题的争执，也基本得到了学界的认可。

除了上述研究领域外，专题史研究可谓四处开花，无所不在，政治、外交、经济、社会、思想史，这些过去已有研究的主题，有新的开拓。冷战、文明、环境、城市、人口、海洋、妇女史，这些过去较少研究的主题被填补空白。假以时日，专题史研究仍将方兴未艾，续有发展。

4. 世界史研究的短板与不足

世界史研究在1949年尤其是1978年以后取得的成绩有目共睹，但也存在着明显的短板与不足，这其中有一些是史学研究共有的，也有不少是世界史研究特有的。

档案文献史料是历史研究的基础，但是，世界史研究在其起步阶段，最缺的就是档案文献等原始材料，如果与数量庞大的中国史档案文献史料相比更是如此。世界史研究的档案文献史料都收藏在外国，因为各种条件的限制，研究者无法在第一时间获取这些档案文献史料，这个问题在相当长时间里困扰着世界史研究者。如果将中国史研究论文和世界史研究论文两相对照，便可见及两者间运用史料的差别。当时，世界史研究者能够利用的基础性史料非常有限。国内编译的世界史史料集，始于1957年杨人楩主编的《世界史资料丛刊》，这些史料集选译了一些原始文献或论著，但篇幅有限，多不过二三十万字，少则只有十几万字，与其说是为了研究，不如说是为了教学参考。仅仅利用这样的史料，难以从事深入的研究。[①] 世界史学界还编译了一些专题档案文献史料，如国际关系学院（外交学院）编辑，分别由高等教育出版社、人民教育出版社和生活·读书·新知三联书店出版的《现代国际关系史参考资料》（6个分册），复旦大学主持编纂的《战后世界历史长编》（上海人民出版社1975—2000年版）共11册，兼有资料性与研究性。因为学界对国际共运的关注，还编译出版了若干种第一、第二、第三国际（共产国际）和巴黎公社的历史资料。[②]

直到改革开放以后，随着开放的不断扩大和经济的持续发展，

---

① 20世纪80年代，《世界史资料丛刊》继续编译出版了若干种，大体维持了过去的风格和篇幅。

② 共产国际因为和中共的关系，再加苏联档案陆续解密，20世纪90年代以后，由中共中央党史研究室主持，编译了数十种共产国际与中国革命运动史料汇编（北京图书馆、国家图书馆出版社出版），但这些史料多为中国史研究者所用，世界史研究者利用的并不多。

出入境和经费问题基本得以解决，长期困扰世界史研究者的档案文献获取问题才有了很大缓解，在研究中利用一手档案文献成为必备前提。尤其是网络时代兴起后，网络成为查找史料的最大平台，数据库成为新的史料来源，为世界史研究的史料搜求带来了革命性变化。如美国盖尔公司开发的"盖尔学术资源"（Gale Scholar）数据库，收录了 1.7 亿页原始文献，不仅可供全文检索，而且提供"先进的文本分析和数据可视化工具"，其对传统的依赖人工查阅纸本资料的研究所带来的冲击可想而知。[①]

除了研究的基础史料严重缺乏之外，世界史研究存在的不足和问题，中心所在是缺乏原创论题及其分析阐释。中国史研究在 1949 至 1966 年期间因有关"五朵金花"的讨论而备受关注，[②] 而在世界史研究领域，则缺乏这样能够引起广泛关注与讨论的论题，这与当时世界史研究开展不够、水平不高是有关联的。改革开放以后，世界史研究日渐活跃，也有了许多讨论的论题，如关于国家起源、西欧封建主义、近现代史分期、文明和现代化在历史演进中的地位和作用、"二战"起源和东方战场，等等，都曾有热烈的讨论，大大推动了研究的进步。而且，许多讨论还对现实有所呼应。例如，马克垚将古代史研究中对若干问题讨论的意义总结为：亚细亚生产方式的讨论，起了解放思想的作用；从城邦到帝国发展路线的讨论，旨在批判东方专制主义、欧洲中心论；封建化到封建名实问题的讨论，试图将世界史上的封建制度问题有机地结合起来。[③] 但是，由于世界史作为一门学科在中国发展的时间毕竟还不很长，研究还受到各种各样主客观条件的限制，国门打开之后，世界史研究者一方面得以在第一时间接触外国的研究前沿，一方面又难免受到外国研究的影

---

① 李剑鸣：《大数据时代的世界史研究》，《史学月刊》2018 年第 9 期。
② 中国史研究的"五朵金花"，指 1949—1966 年间，学界对中国古史分期、中国封建土地所有制、中国农民起义和农民战争、中国资本主义萌芽、汉民族形成问题的集中研究和讨论。
③ 《教育部社会科学委员会历史学学部 2018 年度工作会议暨新领域新问题新方法与历史学科的发展研讨会综述》，《教育部社会科学委员会历史学学部工作简报》2018 年第 1 期。

响，跟着外国研究走的情况也不在少。如何提出世界史研究的中国论题，建立世界史研究的中国学派，说出世界史研究的中国话语，仍是世界史研究者面临的艰巨任务。

三 世界史研究的新趋向及其前瞻

1. 世界史研究的新趋向

自1949年到2019年，世界史学科经历了70年的发展，走过了从起步到繁荣之路，当下的世界史研究，可谓数量成果丰硕，质量日渐精进，观点百花齐放，队伍人才济济，展望前景，更是大有可为。

在世界史研究的发展历程中，具体研究的进展可谓不胜枚举，但如果就对世界历史演进的整体认知而言，在社会形态演进论的范式之外，不能不提到的是20世纪80年代以后提出并得到呼应的现代化论和文明论的研究范式。

罗荣渠提出了世界史演进中"一元多线"发展的现代化演进论。他着重生产力在历史演进中的作用，认为原始生产力、农业生产力、工业生产力是3种不同性质、不同形态的社会生产力。在相同的生产力水平条件下，其发展道路可以有多种模式，社会形态也可以表现为多样性。他以生产力为标准，将人类社会发展划分为原始农业文明、古典农业文明、原始工业文明、发达工业文明4个不同阶段，从而在一元化的生产力基础上，勾画出多线发展的世界史框架，并以现代化为中心，解释人类历史尤其是现代世界的变化与发展。[①] 罗荣渠的现代化论，自有其出发点及解释路径，但历史发展能否以一元的（尽管是多线的）现代化发展路径去统领和解释，亦有各种不同看法。至少，用现代化论处理前现代史的演进时，还是有相对困难之处。而且，仅仅以农业文明和工业文明去解释整个历史发展进

[①] 罗荣渠：《现代化新论——世界与中国的现代化进程》、《现代化新论续篇——东亚和中国的现代化进程》，北京大学出版社1993年、1997年版。

程，似亦有简单处，尤其是在晚近科技文明迅速发展的背景下。

罗荣渠之后，钱乘旦亦明确提出，"以现代化为主题，构建世界近现代史新的学科体系"。① 代表作为其主编的 10 卷本《世界现代化历程》（江苏人民出版社 2010 年版），该书将现代化发展论落实到具体研究中，以世界各主要国家和地区的现代化进程为例，讨论了现代化的作用和影响，有助于进一步推动相关主题的研究。

文明发展论亦为对世界历史作总体解释的研究范式，马克垚主编的《世界文明史》（北京大学出版社 2004 年版）可为其中的代表作之一。马克垚认为，"文明是人类所创造的全部物质和精神成果，从这个意义上说，文明史也就是世界通史。过去的世界通史强调的是短时段的东西，政治事件，伟大人物，后来又加上了经济形势、文化情况等比较稳定的东西。文明史不同于世界史，就是它所研究的单位是各个文明，是在历史长河中各文明的流动、发展、变化。把文明作为研究单位，我们就要区别不同的文明，要划分文明的不同类型"。② 将文明发展论用于诠释历史演进亦有其出发点和可取性，但是否能够将全部的历史演进都纳入文明谱系中，亦非易事。就历史的演进发展而论，社会形态论或可包容现代化论和文明论，但后两者却未必全能包容社会形态的演进。如何看待历史演进发展的基本脉络，还值得研究者的深入思考。

进入 21 世纪以来，专题史研究中的生态环境史为学界所关注，出版了若干种研究论著，如梅雪芹《环境史学与环境问题》（人民出版社 2004 年版）、徐再荣《全球环境问题与国际回应》（中国环境科学出版社 2007 年版）、包茂宏《环境史学的起源和发展》（北京大学出版社 2012 年版）、傅成双《自然的边疆：北美西部开发中人与环境的变迁》（社会科学文献出版社 2012 年版）、高国荣《美国环境史学研究》（中国社会科学出版社 2014 年版）、肖晓丹《欧

---

① 钱乘旦：《以现代化为主题构建世界近现代史新的学科体系》，《世界历史》2003 年第 3 期。

② 马克垚：《世界文明史》上卷，北京大学出版社 2004 年版，第 8—9 页。

洲城市环境史学研究》（四川大学出版社2018年版）等。生态环境问题于20世纪60年代在欧美发端，后为学界所关注，渐成新的研究主题。1978年以后，随着中国经济的迅速发展，在粗放生产条件下产生的生态环境问题亦随之产生，从而也引起中国学界的关注。对生态环境主题的研究和讨论，体现了历史研究和现实发展的互动关系，对20世纪80年代以后世界史学界提出的整体世界史、现代化问题、文明史论，都或多或少有所回应，从而是个可以纽结多重角度去探究的主题，并且可以反映"人类命运共同体"的理念，目前仍在不断发展中。

国际冷战史研究，是20世纪90年代以后在世界史学界得到关注和发展的又一研究主题。随着1991年苏联的解体，过去以美苏对峙为中心的冷战落幕，冷战史研究随之在美国兴起，并迅速发展为国际性学科。冷战史研究的应运而生，除了学术研究而外，也有争夺冷战解释话语权的含意在内。作为苏联解体后的继承者，俄罗斯学者在这方面显然处于下风，大量冷战史料包括俄罗斯方面的史料都收藏在美国，从而也使美国学者在冷战史研究及其阐释方面具有得天独厚的有利条件。在这种情况下，中国学者的介入，对于国际冷战史研究话语权的争夺具有积极的意义。以华东师范大学国际冷战史研究中心为主导，在冷战时期的中苏关系、中国和东欧国家关系、中朝关系、中越关系、中美关系、中国和西方关系等方面，有了不少成果，并且编辑出版了《国际冷战史研究》集刊。冷战史研究具有较为鲜明的中国特色，即以冷战时期的中国与冷战相关国关系为中心，着重运用档案文献史料，讨论历史过程，得出研究结论，并且是目前中国世界史研究中真正能够与外国学者平等对话的领域之一。不足之处在于，对冷战的主体国——美国和苏联及其他相关国的研究还不够，有待今后的不断推进。

全球史是近些年来引起世界史研究者关注的主题。16世纪以来，随着工业化和世界交融的日渐发展，全球各国都无可挽回地被卷入一体化浪潮中，气候、环境、疫病、毒品等方面的问题更是超越了国家限界，以民族国家为中心的历史书写显露其局限性。全球史的兴起正是以这样的大环境为背景,其中的一些代表作,如威廉·麦克尼尔的《全球史》和斯塔夫里阿诺斯的《全球通史》都已被翻译出版。中国学者也开始从全球史的角度进行世界史研究,如于沛主编了《全球化与全球史》(社会科学文献出版社 2007 年版),首都师范大学编辑出版了《全球史评论》集刊。

全球史处理的主题,包括贸易、迁徙、战争、文化、技术、生态、环境、疾病等,多为跨民族、跨国家的范畴,将人类历史从静态的、分隔的、孤立的发展,转变为动态的、联系的、互动的过程,也就是"从欧洲和西方跳出,将视线投射到所有的地区和时代";"建立全球的历史观——即超越民族和地区的界限,理解整个世界的历史观"。① "全球化使国家利益开始突破本土地理疆界向全球拓展",② 从而使全球史研究具有合理的出发点。但是,全球化本质上仍以西方价值观为导向,因此,全球史也很难摆脱西方话语体系,他们的研究"虽然会更加客观一些,但是实际上非常明显,这依然是以西方为中心",而且,"这种经过掩饰的西方中心论并不是绝无仅有的"。③ 因此,有论者认为,我们应该警惕全球史"扬弃民族国家历史的立场有可能被某些意识形态所利用,为否定民族国家的当代合理性提供历史学依据"。④

2. 世界史研究的中国论题

中国的世界史研究,就其学术实践和人文关怀而言,本质还在于使中国人对世界史的连续性、多样性、复杂性有全面的、深入的、正确的认知,从而建立通达、包容、积极的世界史观,既有利于中国也有利于世界的发展进步。因此,立足中国,放眼世界,确立中国论题,提出中国看法,诚为中国学者不能不考虑的根本问题。这绝不是将世界史的事实,扭曲为中国式的解读,而是由中国学者的主体性出发,以世界性的观照,提出自己对世界史的独创看法。只

---

① 巴勒克拉夫:《当代史学主要趋势》,杨豫译,上海译文出版社 1987 年版,第 242 页。
② 于沛:《全球史:民族历史记忆中的全球史》,《史学理论研究》2006 年第 1 期。
③ 巴勒克拉夫:《当代史学主要趋势》,第 248 页。
④ 钱乘旦:《更好地写出完整的人类历史》,《北京日报》2017 年 7 月 17 日。

有如此,才能真正在世界各国的世界史研究中,让中国的世界史研究占有一席之地,也才能真正发挥中国世界史研究的功用,无论是其经世济用,也无论是其学理探究,还是其人文情怀,莫不如此。

对于中国的世界史研究而言,自始即存的大问题,就是如何破解"欧洲中心论"。因为工业革命的发生,现代化最早完成于欧洲,而随着全球交融的扩展,现代世界也是以欧洲为中心构建的,所以,世界史作为一门学科产生于欧洲,其阐释权也被欧洲学者所垄断,形成世界史言说中的"欧洲中心论"。这是中国的世界史研究者自始便不能不面对的事实。早在1928年,雷海宗在评论威尔斯(时译韦尔斯)的《世界史纲》时便明确提出,这是一部"专门发挥某种史观的书","在他的脑海里,'历史'一个名词就代表'西洋史',而他的历史观也就是他以西洋史为根据所推演出来的一个历史观"①。所以,雷海宗认为,"我们中国人学习世界历史,则必须从中国的角度来看世界,这样就能够在很大程度上纠正过去把'世界史'看成是'西洋史'的错误看法"②。

雷海宗的看法,代表了中国世界史研究者的批判意识和主体性认知,破解"欧洲中心论"也成为中国世界史研究贯穿始终的论题之一,因为"不能指望西方人替我们破除其西方中心论,因为西方中心论是他们历史视野的局限,只有我们进行积极主动的历史解释,参与历史话语之间的对话和讨论,才能逐步冲淡西方历史学家的西方中心论色彩"③。

20世纪60年代,吴于廑对"欧洲中心论"进行了系统批评。他认为,"欧洲中心论是以欧洲为世界历史发展中心的。他们用欧洲的价值观念衡量世界……这在西方史学中成了根深蒂固的、不可移易的思想"。他还提出,"我们反对的是只见中心,蔑视、歧视和鄙视其余,却并不因此就主张把中心和周围平列,贬损中心的实际意

---

① 王敦书编:《伯伦史学集》,中华书局2002年版,第613—614页。
② 雷海宗:《世界史上一些论断和概念的商榷》,《历史教学》1954年第5期。
③ 韩震、孟明歧:《历史·理解·意义——历史诠释学》,上海译文出版社2002年版,第192页。

义"。在吴于廑看来，破解之道就在于体现世界历史的一致性，说明世界历史由闭塞的、非整体的发展达到整体性的发展，能够正确的解决这两个问题，就可以体现世界观点。①

20 世纪 80 年代，在改革开放时代更广阔的背景下，吴于廑对"欧洲中心论"又做出了总结性回应，提出了"从分散到整体"的世界历史观，这是基于马克思的"世界历史"论述并且对全球史观有所回应而又具有鲜明中国特色的论断。按照马克思的看法，"世界历史不是过去一直存在的，作为世界史的历史是结果"②。吴于廑认为，纵向看，世界历史"是指人类物质生产史上不同生产方式的演变和由此引起的不同社会形态的更迭"，表现为不同民族和国家历史演变的多样性和世界历史的统一性；横向看，世界历史"是指历史由各地区间的相互闭塞到逐步开放，由彼此分散到逐步联系密切，终于发展成为整体的世界历史这一客观过程而言"。它们共同的基础和最终的推动力量是物质生产的进步。因此，"既然历史在不断的纵向和横向发展中已经在越来越大的程度上成为世界历史，那么，研究世界历史就必须以世界为一全局，考察它怎样由相互闭塞发展为密切联系，由分散演变为整体的全部历程，这个全部历程就是世界历史"③。

吴于廑的"从分散到整体"的世界历史观，既是对"欧洲中心论"的批判，也回应了世界史的国际研究前沿如全球史论述，代表了中国学者提出世界史研究的中国论题并以中国学者的主体性而发声的新高度。但是，如何在这个整体认知的框架下，将世界史研究具体化，仍然任重道远。在整体世界史框架中，如何处理近代的相关问题，也仍然有不明晰之处。而且，虽然中国学者对"欧洲中心论"始终保持着警惕和批判，但批判的武器即理论和方法又往往源自西方，仍然不能从根本上摆脱西方研究的影响，这也是值得

---

① 吴于廑：《时代和世界历史——试论不同时代关于世界历史中心的不同观点》，《江汉学刊》1964 年第 1 期。
② 《马克思恩格斯选集》第 2 卷，人民出版社 1995 年版，第 28 页。
③ 《中国大百科全书·外国历史》第 1 册，总论第 5—7、15 页。

世界史研究者关注并不断有所改进的方面。

3. 世界史学科的定位变化

世界史研究是历史研究的一部分，其所包含的论述对象和内容，也就是其学科定位，就其本来意义而言，是世界史研究学术共同体讨论的结果。但是，因为在国家层面制定了学科分类的国家标准，而世界史教育的定位又是由国务院学位委员会和教育部制定的学科专业目录决定的，所以，世界史研究的学科定位，不能不受到国家标准和学科目录的指导及约束。

根据国家质量监督检验检疫总局和中国国家标准化管理委员会于2009年发布的新版《中华人民共和国学科分类与代码国家标准》，历史学一类标准被分为15个二类标准，其中综合类二类标准为史学史、史学理论、历史文献学、专门史、历史学其他学科，既关乎中国史，也关乎世界史。中国史二类标准为中国通史、中国古代史、中国近代史现代史、简帛学，世界史二类标准为世界通史、亚洲史、非洲史、美洲史、欧洲史、澳洲大洋洲史。[①] 在这个国家标准中，世界史的学科定位与中国史大体持平。

与学科分类的国家标准相比，对世界史学科定位更具影响力的是国务院学位委员会和教育部制定的学科专业目录。这本是为大学学位教育制定的学科指南，但是，因为这个学科目录对大学学科设置的约束性规定，使其成为大学学科设置和发展的指挥棒，从而也成为对世界史学科定位最强有力的影响因素。

从1983年起，国务院学位委员会和教育部制定了多个版本的学科目录。在1990年版的学科目录中，在历史学一级学科项下，世界史二级学科为上古史和中古史、近现代史、地区国别史，中国史二级学科为古代史、近现代史、地方史、民族史。两者大体持平。但是，1997年的学科目录调整，世界史被缩减为历史学一级学科项下的8个二级学科之一（史学理论与史学史、考古学与博物馆学、历

[①] 这个版本与1992年公布的第一版相比，除了增加简帛学为中国史二类学科外，其他学科分类没有变化。

史地理学、历史文献学、专门史、中国古代史、中国近现代史、世界史），这次调整对大学世界史教育产生了立竿见影的影响，世界史学科在可利用的学术资源方面，与其他二级学科相当。但是，除了中国古代史、中国近现代史和世界史之外的二级学科，与中国史的关联度远大于与世界史的关联度，这就直接导致了世界史学科在大学教育中的地位下降，从而又带来了学科在一定程度上的萎缩。世界史学界对此忧心忡忡，不断呼吁改变这种状况。

经过世界史学界的多年努力，2011年版的学科目录，将世界史列为历史学大类下与中国史和考古学并列的一级学科，从而为世界史学科发展带来了良好契机，发挥了正向激励作用。在调整后的世界历史一级学科项下，设史学理论与史学史、古代中世纪史、近现代史、地区国别史、专门史共5个二级学科，与中国史的7个二级学科（较世界史多出历史地理学和历史文献学）大体持平。唯因种种实际原因，世界史虽然在学科目录上与中国史并列，但就其研究队伍、研究成果、社会影响等方面，仍然与中国史无法相比，世界史学界在最初的兴奋过后也意识到，仅仅是学科目录的调整，还不足以成为促进研究最主要的推动力。如何进一步提升世界史的学科地位，发展世界史研究，仍是世界史研究学术共同体面临的重要任务。

4. 世界史学科的发展前瞻

2018年5月4日，习近平总书记在纪念马克思诞辰200周年大会讲话中提出，"学习和实践马克思主义关于世界历史的思想"，"我们要站在世界历史的高度审视当今世界发展趋势和面临的重大问题"。2019年1月2日，习近平总书记在致中国历史研究院成立贺信中，要求历史研究工作者，"着力提高研究水平和创新能力，推动相关历史学科融合发展，总结历史经验，揭示历史规律，把握历史趋势，加快构建中国特色历史学学科体系、学术体系、话语体系"。这为我们推动和发展世界史研究指明了方向和路径。

"历史学作为每个时代所需要的一门基础社会科学，又要求能与时代同呼吸共命运，这是现代科学的另一个基本特征。历史学家应有鲜明的时代感与责任感。"① 进入 21 世纪，如何发扬中国史学和中国世界史研究的优良传统，在马克思主义唯物史观的指导下，持续推动学科发展，拿出一流水准、世所公认的研究成果，是世界史研究者所思所虑的根本所在。

当下的世界史研究，具备了前人所不具有的大好机遇和良好条件，如知名学者的引领、中年专家的进取、青年人才的加入、经费的支持、交流的活跃、资料的获取，等等。世界史研究空前活跃，观察世界历史的视角从过去的单一转向多元，从上层转向下层；研究主题丰富多样、无所不包，几乎不再有不能被研究的主题；研究的方法和手段多种多样，除了传统历史学研究方法之外，人类学、社会学、统计学、心理学、法学、经济学乃至自然科学诸学科的研究方法都被运用在历史研究中，形成跨学科研究；历史写作不只重叙述，而更重问题的分析，结论也不单是通过论证而得之固定不移的定论，而是对历史具有多重面相的阐释。总体而言，当下世界史研究的广度、深度与高度，是过去无法比拟的。

但是，在看到世界史研究取得很大进步的同时，也应关注其面临的不容忽视的多重问题，如缺乏原创性研究，缺乏本土问题意识，盲目追随外国研究，从而成为外国研究的传声筒；只重美英等大国研究而忽视欧美其他国家研究，亚非拉国家研究更为缺乏；研究选题碎片化，脱离现实，貌似前沿实则空洞；论述低水平且重复，缺乏理论高度；等等。总体而言，目前的世界史研究，与国际研究前沿相比，还有相当距离，还缺乏真正的国际影响力和话语权。

实事求是地说，世界史研究不仅与国际研究前沿有距离，与其国内同行中国史研究相比也还有不足，如何打通世界史与中国史的区隔，在中国史研究中引入世界史思考，在世界史研究中确立中国史定位，真正将世界史与中国史交融一体进行研究，是世界史学界也是中国史学界的共同责任。雷海宗早年即提出，"我们在学习世界史的过程中要注意两个问题：第一要注意中国与世界其他地区的联

---

① 罗荣渠:《历史学要关心民族和人类的命运》,《世界历史》1993 年第 3 期。

系和彼此间的相互影响,第二要注意中国对世界人类文明发展的贡献"。① 虽然如此,世界史和中国史之间的区隔仍然存在。有研究者注意到,在中国史研究者中引起广泛反响和讨论的一些外国研究,如柯文、滨下武志、弗兰克、彭慕兰、王国斌等的研究成果,"大多数世界史学者似乎根本没有注意到这些成果或视而不见"②。同样,在世界史学界颇具影响的海登·怀特、格奥尔格·伊格尔斯、埃里克·霍布斯鲍姆的研究,中国史研究者似乎亦很淡然。其实,这些研究各有侧重,各具意义,我们要做的是在了解这些研究的基础上更好地取长补短,而不是各有偏向,各取所需。

因此,中国世界史学科的地位与发展,与中国的国家地位与发展,与中国改革开放的恢宏事业,与中华民族复兴的卓绝高度,都还不相适应,都还有待于学界同仁的共同努力。世界史学界对此是有共识的。"我们的世界史学科已经具备了在新世纪进一步发展的主客观条件,我们应该在这个基础上提出更高的目标和要求,那就是,说我们自己的话,写我们自己的书,形成我们自己的学术流派——中国学派。"③ 世界史研究者应该坚定学术自信,不负时代之托,以自己的努力,拿出公认的成果,这样,"我们就有可能写出充分而且适当地反映出中国历史文化的世界史,使世界历史的内容更加丰富,而且,有了中国历史这一重要的参照系,人们对于世界历史的认识无疑会有很大的提高。这样我们中国历史学者也就对世界历史学界做出来自己应有的贡献"。同时,"由于有了世界史这一重要参考系,也将对世界历史发展的总背景、总趋势有更清晰的认识,从而高屋建瓴,对中国历史本身取得更深刻、更广阔的理解"④。

(原载《社会科学战线》2019年第9期)

---

① 王敦书编:《伯伦史学集》,第578页。
② 刘北成:《重构世界历史的挑战》,《史学理论研究》2004年第4期。
③ 武寅:《世界史的学科定位与发展方向》,《世界历史》2003年第1期。
④ 刘家和:《谈中国人治世界史》,《光明日报》2003年1月14日。

2011年中国世界史研究述评

任灵兰

2011年是我国"十二五"的开局之年，中国的世界史研究继续在马克思主义唯物史观指导下稳步向前发展，产生了一大批有创见、高质量的学术成果。并且表现出以下突出特点：重视对世界史研究中的重大理论问题的探讨；重视追踪国外世界史研究中的学术前沿问题；重视基础性研究与对策性研究相结合；重视史学研究中的现实关怀，即历史感与现实感的统一。2011年世界史领域最为重要的事情，是世界史学科由二级学科升级为一级学科。年初，国务院学位委员会和教育部下发新的《学位授予和人才培养学科目录（2011年）》。对哲学社会科学界来说，新目录最大的变化在于历史学门类下由"历史学"一个一级学科变为"考古学""中国史""世界史"3个一级学科。世界史升级为一级学科，将会对整个中国历史学的发展产生巨大影响。1997年学科目录调整之前，世界史拥有"世界古代中世纪史""世界近现代史"和"地区国别史"3个二级学科。1997年学科目录调整，将世界史的3个二级学科合并为1个，成为"历史学"一级学科下8个二级学科中的一个。由于这次学科目录调整等原因，近十余年来，世界史学科队伍呈明显的缩减趋势，世界史学科发展受到很大制约。世界史学科现在升级为一级学科是时代的需要，说明世界史学科在中国面向世界的发展战略中占有重要地位。为了适应学科目录变动的新形势，推动中国世界史学科的新发展，中国的世界史学者多次召开会议，以世界史学科建设为主题，围绕世界史学科的发展现状、存在的问题、学科体系构建、学术队伍建设、课程设置和今后的发展方向等进行了深入的讨论，达成了一些共识。现从外国史学理论、世界古代中世纪史、世界近现代史三方面述评如下。

外国史学理论

2011 年，面对当代呈多元存在的史学理论情形，我国的史学理论研究继续坚持从理论与实践的结合上来学习和研究马克思主义史学理论；同时，对现当代出现的其他西方史学理论也进行研究。两者取得了新进展，研究继续深入，已由概括性的介绍转为系统的研究为主。

一 马克思主义史学理论研究

本年度，马克思主义史学理论研究主要集中于两大方面：一是对马克思主义经典文本的研究，即主要对唯物史观等的研究；二是对国外马克思主义史学思想、流派的研究。

1. 对唯物史观等的研究 主要对唯物史观基本概念和基本理论作正本清源式的研究，即学术界通称的"回到马克思"的研究。沈斌通过对马克思所使用的"农业公社"一词的考证，认为《复信草稿》中的"农村公社"与"农业公社"是不能作简单等同的两个概念，"农业公社"的提法是马克思的一种新的理论尝试，但其本身并不成熟，他最后放弃了这一提法。但我国有些学者将马克思有关"农业公社"特征的界定作为其标准特征用来对中国的公社进行裁定，这是不科学的。[①] 李杰则对列宁的历史认识论作了较为系统的考察，阐释了列宁独特的历史认识论的形成，并就列宁历史认识论对于建设唯物史观认识论的意义归纳为三个方面。[②] 还有学者从不同维

[①] 沈斌：《马克思给查苏利奇〈复信草稿〉中的农业公社问题》，《史学理论研究》2011 年第 3 期。

[②] 李杰：《列宁的历史认识论》，《史学理论研究》2011 年第 2 期。

度和视域对唯物史观进行解读,如:干成俊认为,对唯物主义、实践观、历史原则和辩证法的理解,是解读马克思的唯物史观的最重要的四个理论视域。[①] 邹诗鹏认为,唯物史观包含三个维度:结构维度、批判的或方法的维度、人学或历史学的维度。[②] 安启念认为,马克思对资本主义社会的研究包括纵的和横的两个维度,既唯物主义地说明了社会各因素之间的关系,又唯物主义地说明了这些因素的历史发展。以往我们对唯物史观的纵的维度重视不够,对其历史性缺乏深度挖掘,没有全面反映马克思的唯物史观思想。[③] 黄敏等认为,历史唯物主义经历了从初创到最后的基本形成过程,最后成为相对平衡的历史发展观。[④] 王东等认为,马克思晚年深化和拓展了唯物史观理论,将这一理论上升到世界史观的高度,实现了重大的哲学创新。[⑤] 张文喜通过分析马克思与韦伯关于资本主义起源问题的相关理论,认为传统"唯物史观"需要重述马克思的历史认识论。[⑥] 谢毅主要强调了马克思主义史学理论对于历史研究的重要和不可或缺的指导作用。[⑦] 沈江平认为,马克思的历史主义原则是在研究具体的历史问题时所遵循的原则和方法,所以,观照现实,对时下重大理论和实践问题应有"历史"的考量。

2. 对国外马克思主义史学思想、流派的研究 近些年,虽然国际上社会主义运动处于低谷,马克思主义思想和理论受到质疑,但是,中国学者仍然关注马克思主义这一科学体系,并在西方马克思主义史学研究方面有较大影响的成果问世。如,张广智编著的《史学之

[①] 干成俊:《解读唯物史观的四重视域》,《哲学研究》2011年第6期。

[②] 邹诗鹏:《唯物史观的三个维度》,《天津社会科学》2011年第5期。

[③] 安启念:《马克思唯物史观思想的两个维度——从〈1857—1858年经济学手稿〉谈起》,《中国人民大学学报》2011年第2期。

[④] 黄敏等:《历史唯物主义是相对平衡的历史发展观——唯物史观主客体二向度构局的历史分析》,《前沿》2011年第1期。

[⑤] 王东、贾向云:《马克思晚年哲学创新的思想升华——从唯物史观到世界史观》,《教学与研究》2011年第3期。

[⑥] 张文喜:《对马克思历史认识的再认识——在马克思和韦伯的问题场域中》,《天津社会科学》2011年第2期。

[⑦] 谢毅:《马克思主义史学理论与历史研究》,《高校理论战线》2011年第1期。

魂——当代西方马克思主义史学研究》[1]是国内第一部全面系统研究当代西方马克思主义史学的专著。它聚焦史学思想，从阐释马克思主义史学的起源与繁衍、传播与变异、危机与前景入手，集中探讨当代西方马克思主义史学的崛起、特征及其发展变化。彭小瑜则通过将托尼的《宗教与资本主义的兴起》与韦伯的《新教伦理与资本主义精神》相比较，指出两部著作反映了两种立场。与韦伯标榜中立的学术研究态度不同，托尼在他一系列学术著作和政论中对资本主义进行了尖锐的批评，并在他的政治活动和毕生关注的工人教育中努力实践自己的社会公平理想。在托尼看来，资本主义在本质上是与人的尊严相抵触的，是对财富的顶礼膜拜。同时，他对哈耶克的经济自由主义也进行了反驳，认为真正让人们奴化的恰恰是资本主义制度固有的贪婪。[2]何顺果为了回应西方全球史学对我国世界史教学、研究和编撰工作提出的挑战，着重对马克思的"世界历史"概念及思想体系进行了系统考察；认为各民族"普遍联系"论和"社会形态"演进论可视作马克思"世界历史"概念及思想体系的两个要点，使有关"世界历史"的横向和纵向发展问题都注意到了；并就由此产生的五大问题进行了探讨，以此来揭示马克思"世界历史"概念的丰富内涵。[3]

二 西方史学理论及方法研究

本年度的西方史学理论、思潮、方法研究，主要集中在四个方面：一是对后现代思潮进行更为科学的评价和研究，重点集中在对后现代史学的代表人物安克斯密特的研究；二是全球史、环境史、城市史等专门史的研究依然成为热点；三是对文明史、国家起源的

---

[1] 张广智编著：《史学之魂——当代西方马克思主义史学研究》，复旦大学出版社 2011 年版。

[2] 彭小瑜：《"经济利益不是生活的全部"——理查德·亨利·托尼的资本主义批判》，《史学集刊》2011 年第 4 期。

[3] 何顺果：《世界历史：马克思的概念及思想体系——兼谈西方全球史学的成就与局限》，《世界历史》2011 年第 4 期。

研究热度不减，新的发展是对不同文明之间的交往进行研究；四是对西方史学方法的研究。

1. 对后现代思潮等西方史学理论的研究

作为一种影响当代西方人文社会科学乃至文化的重要理论思潮，后现代思潮自20世纪六七十年代产生以来，学界的研究一直没有停止过。《史学理论研究》2011年第3期的"圆桌会议"专门以后现代史学代表人物安克斯密特为题，探讨了"安克斯密特与西方史学理论的新趋向"论题。彭刚等学者从不同角度论述了安克斯密特的史学思想，一方面对安克斯密特史学理论的新思维、新思维的贡献及政治动机等问题进行了探讨；另一方面，也对其理论上的缺陷、矛盾以及国外对他的批评进行了介绍和分析。① 此外，还有学者将后现代史学与唯物史观进行比较研究。王志华即以海登·怀特的历史哲学为例，从本体论与语言的起源和作用两个方面比较了唯物史观与后现代史学，肯定了唯物史观在两个方面更具有优势地位，由此论定回到唯物史观是唯一的出路。② 张安玉则从历史哲学的新视角对安克斯密特的历史经验理论进行探讨，认为安克斯密特将历史经验分为主观的、客观的和崇高的历史经验三种类型，而最为推崇崇高的历史经验。他的历史经验理论反映了当代哲学、历史哲学以及史学实践领域的变化，企图促成历史哲学的新转向，弥补历史哲学与史学实践间的隔膜。③ 另外，金寿铁通过辨明"历史""历史叙述""历史学""历史哲学"等相关概念的不同内涵，指出：人类已跨入新世纪，所谓单一文化圈的"欧洲中心论"时代早已终结，一个多元文化圈的跨文化时代已经到来。与这种新的时代相适应，人类必须构筑一种新的世界史观。④ 张广智主编的《西方史学通史》（六卷

---

① 彭刚等：《安克斯密特与西方史学理论的新趋向》，《史学理论研究》2011年第3期。
② 王志华：《唯物史观与后现代史观之间的论争——以海登·怀特的历史哲学为例》，《史学理论研究》2011年第1期。
③ 张安玉：《安克斯密特历史经验理论——历史哲学的新视角》，《史学理论研究》2011年第1期。
④ 金寿铁：《西方历史哲学的进程——论世界历史的历史认识与新的世界史观》，《世界历史》2011年第3期。

本）作为国内第一部有关西方史学史通史性著作,开中国多卷本西方史学史著作之先河,比较全面系统地梳理和研究了西方史学发展史。[1]

2. 对全球史、环境史、城市史等专门史的研究

在全球化的影响下,全球史的研究方兴未艾。本年度,全球史研究依然成为热点,以首都师范大学全球史研究中心为骨干的全球史研究得到进一步发展,并且从理论与实践的结合上使研究不断深化。[2] 同时,随着现代化的发展,环境和生态危机的出现,城市化进程的加快,"环境史""城市史"等这些关注现实社会问题的专门史研究得到重视。本年度,其研究热度依然不减,学术水平有显著提高。对环境史的研究仍然主要集中在美国环境史领域,如对美国环境政治史、城市环境史、"生态的印第安人"、环境正义运动、美国主流环保组织、美国环保运动展开研究。[3] 同时,也开始介绍环境史研究在欧洲的兴起、发展及特点,认为与美国相比,欧洲的环境史研究具有更多的跨学科特色和全球史的视野。[4]

2011年的城市史研究与环境史研究一样,重点同样是对美国城市史的研究;不过也有其他亮点,如对中东城市史、欧洲中世纪城市史的研究也有一些成果。王旭的《中国的美国城市史研究述评》[5]一文对起步于20世纪80年代中期的中国的美国城市史研究进行了全面的介绍和总结。俞金尧以拉丁美洲和印度为主要对象,考察了发展中国家在20世纪的城市化历史,指出其城市化的特点、问题及

---

[1] 张广智主编:《西方史学通史》(六卷本),复旦大学出版社2011年版。
[2] 刘新成主编:《全球史评论》(第四辑),中国社会科学出版社2011年版。
[3] 滕海键:《美国环境政治史研究的兴起和发展》,《史学理论研究》2011年第3期;毛达:《城市环境史研究发展过程中的重要学术现象探析》,《世界历史》2011年第3期;付成双:《现代环境主义视野下的"生态的印第安人"》,《历史研究》2011年第4期;高国荣:《美国环境正义运动的缘起、发展及其影响》,《史学月刊》2011年第11期,《1980年代以来美国主流环保组织的体制化及其影响》,《陕西师范大学学报》2011年第6期。
[4] 高国荣:《环境史在欧洲的缘起、发展及其特点》,《史学理论研究》2011年第3期。
[5] 王旭:《中国的美国城市史研究述评》,《史学理论研究》2011年第1期。

原因，以此作为历史反思。① 刘景华认为，对城市发展史的研究有必要区分城市化和城市现代化这两个概念，老城市的转型和新城市的兴起构成了英国城市现代化准备阶段的两个方面。② 另外，还有许多学者从不同方面对城市史进行了研究。③ 此外，作为20世纪中叶在美国兴起的一门重要历史学分支学科，口述史学也被学者们重视。杨祥银分析了过去六十多年来美国口述史学不同发展阶段的主流趋势，并且介绍了口述历史作为一种教育手段在美国的兴起和发展。④

3. 对文明史的研究

一直以来，人们对文明史的研究热度不减。本年度关注的是对不同文明间的交往、欧洲文明的来源、文明与文明间的关系进行研究。《史学理论研究》2011年第2期以"世界历史上的文明交往"为题专门请彭树智、刘德斌等学者进行讨论。彭树智认为，文明交往的意义不仅表现为交往的内容和形式由低级向高级、由野蛮向文明化上升；而且也使历史逐步转变为全世界的历史，这种转变乃是人类文明史上的一个划时代转折，人类历史从此进入一个全世界性的、紧密联系的、文明交往的新的自觉时期。文明交往的每一进展，都包含了全球性的发展趋势，这种趋势在16世纪加快了步伐，逐级演化成为当今的全球化交往。刘德斌认为，文明之间的交流和碰撞

---

① 俞金尧：《20世纪发展中国家城市化历史反思——以拉丁美洲和印度为主要对象的分析》，《世界历史》2011年第3期。

② 刘景华：《英国城市现代化的准备阶段——老城市的转型与新城市的兴起（1500—1750）》，《天津师范大学学报》2011年第1期。

③ 王旭：《大都市区政府治理的成功案例：1992年波特兰大都市章程》，《江海学刊》2011年第2期；朱明：《从大教堂到市政厅：中世纪晚期锡耶纳的城市空间转型》，《历史研究》2011年第5期；朱明：《奥斯曼时期的巴黎城市改造和城市化》，《世界历史》2011年第3期；宫秀华、尚德君：《影响罗马—高卢城市迅猛发展的几个因素》，《东北师大学报》2011年第1期；何美兰：《7—12世纪伊斯兰城市的布局及其成因——以开罗为例》，《首都师范大学学报》2011年第5期；车效梅、王泽壮：《城市化、城市边缘群体与伊朗伊斯兰革命》，《历史研究》2011年第5期；车效梅：《中东中世纪城市社会结构分析》，《世界历史》2011年第1期；孙群郎：《当代美国大都市区交通拥堵的治理措施》，《世界历史》2011年第3期；孙群郎：《当代美国汽车交通的危害与轨道交通的复兴》，《吉林大学社会科学学报》2011年第6期；石光宇、孙群郎：《美国全球城市形成初探》，《杭州师范大学学报》2011年第5期。

④ 杨祥银：《当代美国口述史学的主流趋势》，《社会科学战线》2011年第2期；《美国口述历史教育的兴起与发展》，《史学理论研究》2011年第1期。

不仅影响了不同文化、区域和国家的发展变化,而且也对整个国际体系的变迁产生了至关重要的影响。① 侯建新从文明的交融与创生的角度探讨了西欧文明的三个来源:古代日耳曼传统、古典希腊罗马文明和基督教不同质的文化经过几个世纪的发展,在一定社会条件下,三要素熔为一炉,逐渐生成西欧文明的雏形的过程。指出,西欧文明是次生的、混合的文明,其创生过程也是不同文明的融合和嬗变的过程。② 侯树栋则介绍了欧美学界关于中世纪早期文明与罗马文明之关系研究的新趋向,对欧洲文明究竟是"断裂"还是"连续"这个中世纪早期史的焦点问题进行了评述。他认为,应当从中世纪历史发展的趋势中认识罗马文明与中世纪早期文明之间的关系。罗马因素是作为一笔巨大的文明遗产影响中世纪的历史进程的,但中世纪文明绝非罗马文明的翻版。③

4. 史学方法研究

刘文明通过探讨克罗斯比的史学研究方法,即从全球视野与生态视角来考察历史的方法,认为克罗斯比是从这两个角度来理解欧洲的兴起与扩张,并试图构建起一种具有普遍解释力的历史研究的"脚本"。其借用地理学、生物学、生态学等其他学科的方法来研究历史具有开创性,其治史思路与方法值得借鉴。④ 方万鹏则探寻了中国史学在走向现代的进程中,自然科学方法运用于历史研究是否成为可能的问题。他以环境史为例,认为环境史学的兴起为自然科学方法名正言顺地入史提供了可能,但同时存在限度。⑤ 赵中维则主要介绍了家庭重构方法及其使用的资料,该方法在历史人口学研究中

---

① 彭树智等:《世界历史上的文明交往》,《史学理论研究》2011 年第 2 期。
② 侯建新:《交融与创生:西欧文明的三个来源》,《世界历史》2011 年第 4 期。
③ 侯树栋:《断裂,还是连续:中世纪早期文明与罗马文明之关系研究的新动向》,《史学月刊》2011 年第 1 期。
④ 刘文明:《从全球视野与生态视角来考察历史——克罗斯比治史方法初探》,《史学理论研究》2011 年第 1 期。
⑤ 方万鹏:《自然科学方法运用于历史研究的可能与限度——以环境史为中心的几点思考》,《学术研究》2011 年第 8 期。

的应用与贡献。①

世界古代中世纪史

2011年,我国的世界古代中世纪史研究继续以地区史、专题史为主,并关注一些宏观的、重大的理论问题;同时,继续进行基础性的学术研究,并对一手文献更加重视。

一 世界古代史

本年度,世界古代史研究依然注重对古希腊、古罗马的研究,其研究领域有所拓宽,更加注重对原始资料的挖掘;西亚、北非史研究继续保持专题研究的特点,并有突出表现;希腊化时代研究十分薄弱;对古代其他地区历史的研究则少有问津。

1. 西亚、北非史

在西亚两河流域研究方面,学者们比较关注两河流域文明中的人本主义思想、古代国家与专制主义、奴隶制等问题。于殿利在其专著《巴比伦法的人本观——一个关于人本主义思想起源的研究》和一系列论文中,对人本主义思想展开研究,提出了不同于传统的观点,认为美索不达米亚文明中包含的人本主义是人类社会人本主义思想的起源。② 对于乌尔第三王朝的研究,刘健注重的是对乌尔第三王朝专制国家特点的研究。③ 李学彦、吴宇虹则通过乌尔第三王朝的一件大礼品单来看当时帝国政治稳定、经济发达的情况。④ 王俊娜等对乌尔第三王朝的阿比新提王太后和舒勒吉新提身份这一热点问

---

① 赵中维:《家庭重构方法与历史人口学研究》,《世界历史》2011年第2期。
② 于殿利:《巴比伦法的人本观——一个关于人本主义思想起源的研究》,生活·读书·新知三联书店2011年版;《古代美索不达米亚宗教的人本主义因素》,《北京师范大学学报》2010年第5期;《古巴比伦私人农业经济的商业化特征》,《中国社会科学》2011年第2期。
③ 刘健:《乌尔第三王朝专制国家的特点》,《中国社科院世界历史研究所学术文集》第7辑,社会科学文献出版社2011年版。
④ 李学彦、吴宇虹:《从一件大礼品单看乌尔第三王朝国王和王后的豪华生活》,《历史教学》(下半月刊)2011年第4期。

题进行了考证。① 李学彦等则分析了奴隶劳动在两河流域家庭农业中的重要作用。② 郭丹彤认为，公元前 1600 年至前 1100 年的古代东地中海世界的战争带有浓厚的宗教色彩，本质是为争夺势力范围的非正义的争霸战争。③ 李海峰对古巴比伦时期存在着多种多样的借贷利率进行了考证，认为《汉穆拉比法典》中规定的利率只是众多利率中并不常见的一种利率。④ 郭子林对古埃及托勒密王朝对法尤姆地区进行农业开发的原因、举措、影响及意义进行了研究，并且指出：从长远来看，这一农业开发在一定程度上破坏了法尤姆地区的自然环境。⑤

2. 古印度史

在古印度研究领域，张永秀宏观地审视古印度文明的诸种特性：政治上长期处于分裂状态，很少形成统一局面；宗教繁多；等级制度森严；农村公社长期存在；各地文化多彩多样，各种文明相互包容。⑥ 毛世昌等编的《印度神秘符号》⑦ 则从符号与宗教角度探究丰富多彩而又神秘的古代印度文明。

3. 古希腊史

在古希腊研究方面，学者们研究的重点在古希腊的史学史、神话、宗教与政治、政治制度、思想意识等方面。何元国认为，20 世纪以来西方学者对修昔底德"科学""客观""超然"的史家形象认识经历了一个从质疑、反驳、颠覆到回归理性、肯定、褒扬的过程，在这些波折的背后，是西方学术思潮转向大背景下学术研究取向的

---

① 王俊娜、吴宇虹：《阿比新提王太后和舒勒吉新提身份同一研究》，《东北师大学报》2011 年第 2 期。
② 李学彦、吴宇虹：《奴隶劳动在两河流域家庭农业中的重要作用：以两件分家泥板文书为例》，《古代文明》2011 年第 1 期。
③ 郭丹彤：《论公元前 1600 年至前 1100 年东地中海世界的战争》，《历史教学》（下半月刊）2011 年第 2 期。
④ 李海峰：《古巴比伦时期借贷利率的重新论证》，《东北师大学报》2011 年第 5 期。
⑤ 郭子林：《古埃及托勒密王朝对法尤姆地区的农业开发》，《世界历史》2011 年第 5 期。
⑥ 张永秀：《论古印度文明的特性》，《潍坊学院学报》2011 年第 1 期。
⑦ 毛世昌等编：《印度神秘符号》，兰州大学出版社 2011 年版。

结果。[①] 李永斌、郭小凌通过对阿波罗崇拜的起源和传播路线进行考察，认为阿波罗是一个多种文化元素融合后塑造成的希腊本族神。阿波罗崇拜形成发展过程中所体现的文化交流和融合，正是希腊文明吸收周边文明的具体体现。[②] 裔昭印从神话和仪式两个方面，论述了宗教与古希腊人政治生活的关系，以及对政治的影响和原因。[③] 刘军整理出反映古斯巴达社会组织形式"奥巴"的19篇铭文进行翻译并加以注释，为研究奥巴的时代属性、认识希腊化时代晚期及罗马统治时期奥巴在斯巴达的历史情状提供了重要资料。[④] 李尚君研究了德谟斯提尼的修辞策略与雅典民众政治角色塑造之间的关系，认为德谟斯提尼利用其修辞策略，塑造和强化了民众作为"一致的行动者"的政治角色意识，从而对雅典城邦政治的运作发挥一定程度的实际影响。[⑤] 石庆波介绍了西方学术界有关希腊城邦国家资格的争论，认为这场争论实际上折射了古典史学界以及人类学界在理论和方法上的某些分歧。[⑥] 有关奥林匹亚赛会的研究，王大庆从奥林匹亚赛会来研究古希腊人的平等观念[⑦]；邢颖论证了奥林匹克赛会与古希腊的民族认同意识之间的关系。[⑧]

4. 古罗马史

在古罗马研究方面，胡玉娟论述了罗马起源传说如何生成和演变的过程。[⑨] 吕厚亮分析了罗马帝国晚期的多神教知识精英在表达各自历史观念的作品中是如何不约而同地采取高度相似的叙述模式，

---

① 何元国：《科学的、客观的、超然的？——二十世纪以来修昔底德史家形象之嬗变》，《历史研究》2011年第1期。
② 李永斌、郭小凌：《阿波罗崇拜的起源与传播路线》，《历史研究》2011年第3期。
③ 裔昭印：《宗教与古希腊人的政治生活》，《上海师范大学学报》2011年第1期。
④ 刘军：《斯巴达奥巴铭文译注》，《古代文明》2011年第1期。
⑤ 李尚君：《德谟斯提尼的修辞策略与雅典民众政治角色的塑造》，《历史研究》2011年第4期。
⑥ 石庆波：《城邦：无国家的社会——关于希腊城邦国家资格的争论》，《世界历史》2011年第4期。
⑦ 王大庆：《从奥林匹亚赛会看古希腊人的平等观念》，《史学理论研究》2011年第2期。
⑧ 邢颖：《奥林匹克赛会与古希腊的民族认同意识》，《中国社会科学院世界历史研究所学术文集》第7辑。
⑨ 胡玉娟：《试论罗马起源传说的生成与演变》，《世界历史》2011年第3期。

即"再造罗马"的。① 王鹤探讨了辅军与罗马化的关系,认为辅军本身在公元1—2世纪经历了罗马化过程,其性质、规模、地位和职能等均发生了演变。② 李大维论述了罗马帝国消防军建立的原因、职责、目的和影响,认为消防军的建立是古罗马的一个创举。③ 杨共乐指出,中国丝绸西销导致罗马帝国经济衰落说是学界较为流行的观点。他通过梳理这一观点的源流、脉络,分析这一观点所依赖的基础后认为,进入罗马的中国丝绸不但数量少,而且对帝国经济的影响非常有限,根本无法撼动罗马帝国的根基。④ 蔡丽娟通过论述撒卢斯特历史写作的目的、内容和其作品后面隐藏的深刻含义,从中分析指出撒卢斯特史学因此成为地道的恺撒派史学。⑤ 冯定雄指出蒙森对罗马史研究所作的重要贡献,并揭示其没有完成《罗马史》第四卷的真实原因。⑥

5. 希腊化时代

符莹岩通过研究希腊化时期阿凯亚城邦联盟的政治体制,指出其为我们提供了有别于城邦民主的另一种古希腊的民主模式。⑦ 杨巨平的《近年国外希腊化研究略论(1978—2010)》一文,较全面地介绍了三十多年来国外有关希腊化研究的整体情况,对研究者大有裨益。⑧

二 世界中世纪史

世界中世纪史研究的特点表现在:不仅研究领域不断扩大,如涉及有关新史学的研究领域;而且有深度的理论性思考也有所体现,

---

① 吕厚亮:《再造罗马:晚期罗马多神教知识精英的历史叙述》,《历史研究》2011年第4期。
② 王鹤:《辅军与罗马化关系探微》,《北方论丛》2011年第4期。
③ 李大维:《论罗马帝国消防军》,《安徽史学》2011年第2期。
④ 杨共乐:《"丝绸西销导致罗马帝国经济衰落说"源流辨析》,《史学集刊》2011年第1期。
⑤ 蔡丽娟:《论撒卢斯特史学及其政治倾向》,《世界历史》2011年第6期。
⑥ 冯定雄:《特奥多尔·蒙森与罗马史研究》,《史学月刊》2011年第6期。
⑦ 符莹岩:《浅析希腊化时期阿凯亚城邦联盟的政治体制》,《世界历史》2011年第6期。
⑧ 杨巨平:《近年国外希腊化研究略论(1978—2010)》,《世界历史》2011年第6期。

如关于西欧文明的三个来源,[①] 中世纪早期文明与罗马文明的关系,对于宪政史研究的反思,[②] 等等。

在政治制度史研究方面,程汉大介绍和总结了有关中世纪宪政价值研究的状况,他指出,该问题的研究应超越单纯证伪补偏的学术理路,立足于人类宪政史的整体高度,将历时态考察与共时态比较、宏观概括与微观探究有机地结合起来,对其价值做出一个更加完整而准确的历史定位。[③] 边瑶对1547年英国摄政改革的前因后果进行了探讨。[④] 董晓佳探讨了拜占庭帝国早期皇位继承制度的演变,认为这对此后帝国政治史产生了深远影响。[⑤] 徐延昭通过分析中世纪晚期的社会变迁,指出官吏阶层的产生正是这一社会变迁进程的产物。[⑥]

在经济史研究方面,沈琦对中世纪英格兰庄园中运输役的起源、发展、衰落进行了探讨,认为运输役的兴衰与中世纪英格兰的市场发育密切相关。[⑦] 刘超等认为,12世纪至15世纪是英格兰农业生产关系发生重要变革的时期,其具体表现就是货币地租的确立。[⑧] 孙立田通过研究中古英国的敞田制,认为在生产力水平低下的背景下,敞田制对社会起了很大的作用。[⑨] 陈敏等认为,中世纪时期西欧庄园会计的发展出现了质的飞跃,而社会变化是导致其改变的重要原因。[⑩] 雍正江通过对西欧隐修运动鼎盛时期修道院的商业活动的研

[①] 侯建新:《交融与创生:西欧文明的三个来源》,《世界历史》2011年第4期。
[②] 侯树栋:《断裂,还是连续:中世纪早期文明与罗马文明之关系研究的新动向》,《史学月刊》2011年第1期。
[③] 程汉大:《中世纪宪政价值研究综述与反思》,《史学月刊》2011年第8期。
[④] 边瑶:《1547年英国摄政改革初探》,《世界历史》2011年第2期。
[⑤] 董晓佳:《浅析拜占廷帝国早期阶段皇位继承制度的发展》,《世界历史》2011年第2期。
[⑥] 徐延昭:《浅析中世纪晚期西欧官吏阶层的产生》,《史学集刊》2011年第4期。
[⑦] 沈琦:《论中世纪英格兰庄园的运输役》,《史学集刊》2011年第3期。
[⑧] 刘超、徐滨、王兴科:《12—15世纪英格兰从劳役地租向货币地租转变的动因分析》,《陕西师范大学学报》2011年第4期。
[⑨] 孙立田:《中古英国敞田制的运作及经济社会效应》,《天津师范大学学报》2011年第1期。
[⑩] 陈敏、祝子丽、彭志云:《中世纪西欧庄园会计簿记发展与评述》,《湖南大学学报》2011年第5期。

究，指出修道院的商业活动成为西欧商品经济发展的促进力量，为西欧市场的发育和完善作出了贡献。① 宁凡选取威尔特郡的呢绒业作为考察对象，以此来认识中世纪晚期英国经济的发展态势。② 魏跃军通过研究 15 世纪末至 16 世纪中叶的西欧市场，认为西欧市场国际化的特点比较明显。③ 刘招静介绍了有关中世纪城市国家的"公债"与其"合法性"的论争情况。④ 陈玥关注爱德华三世与意大利银行间的信贷关系研究，认为双方的信贷关系是各取所需的关系。⑤ 侯建新、龙秀清则向史学界介绍了近二十年英国中世纪经济社会史研究的新趋向。⑥

在法律史研究方面，陈敬刚的《普通法的中世纪渊源》⑦ 是一部专门论述中世纪英国普通法的形成与发展的学术专著。全书围绕普通法的中世纪渊源这一主题展开，其中论述《司法之镜》的宪政思想等内容在国内同类著作中少有提及。陈太宝从中世纪西欧法律观念的视角探讨王权，认为在中世纪形成的法律限制统治权威的传统是有其历史渊源的。⑧

在社会史研究方面，赵文洪通过研究中世纪欧洲的公地制度，认为中世纪欧洲的公地共同体公共事务的管理在一定程度上体现着民主、平等和法治的精神，这些精神即是公地制度留给后世的政治学遗产。⑨ 陈立军通过对中世纪西欧村庄共同体中早期村规的制定、内容及内涵的探究，认为这为我们了解村庄共同体在整个西欧社会

---

① 雍正江：《西欧隐修运动盛期修道院商业活动初探》，《史学月刊》2011 年第 10 期。
② 宁凡：《15 世纪英格兰威尔特郡呢绒业的发展特点》，《理论月刊》2011 年第 6 期。
③ 魏跃军：《15 世纪末至 16 世纪中叶西欧市场的国际化》，《社会科学战线》2011 年第 6 期。
④ 刘招静：《中世纪城市国家"公债"及其"合法性"论争》，《史学集刊》2011 年第 1 期。
⑤ 陈玥：《爱德华三世执政早期与意大利银行信贷关系刍议》，《北方论丛》2011 年第 3 期。
⑥ 侯建新、龙秀清：《近二十年英国中世纪经济——社会史研究的新动向》，《历史研究》2011 年第 5 期。
⑦ 陈敬刚：《普通法的中世纪渊源》，知识产权出版社 2011 年版。
⑧ 陈太宝：《中世纪西欧法律观念下的王权》，《北方论丛》2011 年第 4 期。
⑨ 赵文洪：《欧洲公地制度的政治学遗产》，《学海》2011 年第 2 期。

发展过程中的作用提供了一个新视角。① 陈志坚考察了中世纪英格兰教会在保护私生子这一弱势家庭成员权利方面所起的作用，认为教会通过一系列活动向社会传导了一种理念，即人生而平等，即使私生子也有生存并获得社会资源的权利。② 李化成探讨了14世纪英国的聚落环境与黑死病传播间的关系，认为黑死病的流行既有普遍性，又体现出不同人群和地域间的差异性，这一流行特点与当时英国的聚落环境密切相关。③

在思想文化史研究方面，长期以来，"启蒙"一直是思想史领域的重大课题，孟广林从历史比较的视野，对从中世纪向近代过渡时期的思想启蒙作了系统梳理和深入探究。④ 佘碧平的《中世纪文艺复兴时期哲学》⑤是一部专门研究中世纪文艺复兴时期西方哲学的通史性著作，比较系统地梳理了从古代到近代早期的西方哲学。在军事史研究方面，王向鹏、徐家玲以及王首贞都将目光投向对中世纪十字军圣战的研究。⑥

世界近现代史

一 亚洲史、非洲史、拉丁美洲史

（一）亚洲史

本年度的世界重大事件之一是西亚北非的动荡，这促使人们反思亚非拉国家的发展道路问题，因此使亚非拉史学研究的重要性凸

---

① 陈立军：《中世纪西欧村庄共同体中的早期村规》，《东北师大学报》2011年第1期。
② 陈志坚：《试析中世纪英格兰教会对私生子权利的保护》，《首都师范大学学报》2011年第3期。
③ 李化成：《论14世纪英国的聚落环境与黑死病传播》，《世界历史》2011年第4期。
④ 孟广林：《从中世纪向近代过渡时期的思想启蒙》，《学海》2011年第1期。
⑤ 佘碧平：《中世纪文艺复兴时期哲学》，人民出版社2011年版。
⑥ 王向鹏、徐家玲：《简论基督教世界视角下的第一次十字军武装——从安条克之战谈起》，《东北师大学报》2011年第5期；王首贞：《神圣光环：1209—1229年阿尔比十字军考》，《历史教学》（下半月刊）2011年第7期。

显。但是，亚洲史研究从整体上看，依然较薄弱；从国别史来看，日本史、印度史的研究成果较为丰富，中东史研究有所发展，非洲及拉美各国史成果较少。

1. 日本史

我国学者长期以来注重日本近现代史的研究，这源于两方面的原因：其一，近代以来日本的侵略扩张；其二，日本在亚洲率先走向现代化。因此，学界对日本史的研究长期围绕以上两个主题。除此之外，中日关系、日本对外政策、经济、社会、思想、文化等方面的研究也广泛展开。

对日本侵略扩张的研究，主要集中在两方面：一是对日本侵略扩张罪行的揭露与分析；二是从思想和理论高度对战后日本历史认识问题及中日关系进行思考。张宪文主编的《南京大屠杀史料集》(78卷)[①]至2011年已全部出齐。该史料集尽其所能搜集了有关南京大屠杀的各种史料，其中包括大量的外国史料，成为日军侵华罪行的铁证。另外，还有其他一些著述也论述了这一问题。[②]对于日本侵略扩张原因的分析，有学者从日本当时出现严重的农村和农业问题角度进行分析[③]；也有学者从对外战争与现代化的关系角度进行分析。[④]步平认为，中日历史问题其实是反映在政治判断、民众感情与学术研究三个不同的但又相互联系的层面上的问题。科学地研究中日历史问题，从学术研究的高度为政治家与民众之间的对话提供准确客观的历史依据，促进在不同层面建立对话的话语体系，是中日两国历史学者的责任。[⑤]王希亮剖析了战后日本教科书关于侵略记述

---

① 张宪文主编：《南京大屠杀史料集》，江苏人民出版社2011年版。
② 刘萍：《被侮的女性：战时日军性奴隶制度》，黑龙江人民出版社2011年版；高晓燕：《施毒与清毒：战时化学战与战后化学武器的处理》，黑龙江人民出版社2011年版；熊沛彪：《日本外交史研究》，商务印书馆2011年版。
③ 文春美：《浅析政党及中间内阁应对"昭和恐慌"的"救农政策"》，《中国社会科学院世界历史研究所学术文集》第7辑。
④ 张经纬：《关于近代日本的对外战争与现代化问题》，《中国社会科学院世界历史研究所学术文集》第7辑。
⑤ 步平：《中日历史问题的对话空间——关于中日历史共同研究的思考》，《世界历史》2011年第6期。

不断退步的历史过程和原因。① 徐勇等试图从东京审判与《旧金山和约》中寻找中日战争遗留问题的根源。② 曹阳认为，日本"二战"史观的形成是由其独特的政治文化决定的，正是日本政治文化造就了日本偏执的历史观和错误的"二战"史观。③

关于"九一八"事变前后日本的对华政策，王希亮分析了"九一八"事变后，日本政府决策层在侵华问题上是如何走向一致，从而推动日本走向扩大战争，完成举国一致、趋同侵华国策的异变过程。④ 文春美认为，"二战"前日本两大政党内阁对华政策缺乏一贯性，但在国内经济环境变化背景下，支持政党组阁势力的经济利益成为日本对中国政策调整的决定性因素。⑤ 武向平探讨了"九一八"事变与日本退出国联的关系，指出当日本独霸中国和太平洋地区的欲望无限膨胀时，同列强间的"协调侵略"政策必将被"强硬政策"所取代，于是日本通过发动"九一八"事变和退出国联向"凡尔赛—华盛顿"体系发起挑战，最终退出世界裁军条约。⑥

我国学者对日本现代化研究则是对以往研究的总结。杨栋梁主编的十卷本《日本现代化历程研究》丛书⑦于 2010 年底全部出齐。该多套本丛书涵盖了日本近现代政治史、经济史、文化史、思想史、社会史、外交史、教育史、对华关系史、文学史、绘画史，是我国学术界首次出版系统探讨明治以来日本现代化历程专史系列研究丛书。

在中日关系史研究方面，杨栋梁认为，中日古代关系研究的意义并不在于证明两国关系的主流是"友好"还是别的什么，而在于

---

① 王希亮：《纠正被歪曲的历史：对日本历史教科书问题的剖析》，黑龙江人民出版社 2011 年版。
② 徐勇、张会芳：《战争遗留问题的源头：东京审判与〈旧金山和约〉》，黑龙江人民出版社 2011 年版。
③ 曹阳：《政治文化视域下的日本二战史观》，《东北亚论坛》2011 年第 5 期。
④ 王希亮：《九一八事变后日本决策层侵华国策的趋同》，《历史研究》2011 年第 4 期。
⑤ 文春美：《二战前日本政党内阁对中国政策变化的原因分析》，《史学集刊》2011 年第 2 期。
⑥ 武向平：《九一八事变与日本退出国联》，《历史教学》（下半月刊）2011 年第 6 期。
⑦ 杨栋梁主编：《日本现代化历程研究》，世界知识出版社 2010 年版。

阐明不同历史环境下双方的政策选择是推进还是倒退了两国关系。①孙立祥梳理了中日复交前五位日本首相及其内阁的"两个中国"政策并进行考察,指出这一政策是导致日本长期成为"台独"活动大本营和阻碍中日邦交正常化的重要原因之一。②宋成有分析了池田大作对中国文明的看法,认为是有关中国文明论的一个新视角。③北京日本学研究中心主编的《大平正芳与中日关系》④一书,以论文集形式论述了大平正芳对中日关系所作的贡献。

经济史研究方面,张兰星分析了切支丹时代欧洲人从日本运出白银的情况。他通过分析日本白银的开采冶炼状况、白银被大量运出的原因、日欧白银交易的具体数据,认为日本白银不但是日欧贸易中重要而特殊的商品,而且是16—17世纪东西方交流交往的集中体现。欧洲人从日本运出白银不但促进了欧亚的经济交流,还推动了世界交通和贸易的发展。⑤

2. 朝鲜史

2011年,我国学者的朝鲜史研究产生了一些较有影响的成果。李宗勋等主编的《东亚历史与朝鲜半岛》⑥是全国首届"世界史学科博士生论坛"的会议论文集,包括了有关朝鲜相关领域的23篇论文。此外,朱明爱以稳健开化派为主,集中论述了朝鲜的开化思想,指出,开化思想是旨在建设近代国家的资本主义改革思想,也是以反对腐败无能的封建主义、实现近代化为目的的近代启蒙思想的雏形。⑦杨雨蕾将目光投向明清以来中朝间的文化关系,着力探寻这一时期中国与朝鲜半岛文化交流的起源、发展、变迁情况,并分析了

---

① 杨栋梁:《中日两国古代关系的性质与特征》,《史学月刊》2011年第10期。
② 孙立祥:《中日复交前日本政府"两个中国"政策的历史考察》,《世界历史》2011年第1期。
③ 宋成有:《中国文明论的一个新视角——以池田大作在北京大学的演讲为中心》,《日本学》第16辑,世界知识出版社2011年版。
④ 北京日本学研究中心:《大平正芳与中日关系》,中央编译出版社2011年版。
⑤ 张兰星:《切支丹时代欧洲人从日本运出白银分析》,《世界历史》2011年第2期。
⑥ 李宗勋、金光熙、尹铉哲主编:《东亚历史与朝鲜半岛》,香港亚洲出版社2011年版。
⑦ 朱明爱:《朝鲜开化思想诠论——以稳健开化派为主的探索》,《山东大学学报》2011年第5期。

中朝朝贡关系背后隐含的文化因素。① 孙春日等主要围绕战后朝鲜的建国过程，探寻朝鲜的建国理念及其实践过程，并分析了朝鲜半岛南北分裂产生的原因。② 另外，对东北亚史的关注点集中在近代东北亚地区的国际关系上，尤其是在中、日、韩、俄等多国关系方面，例如：《东北亚史研究导论》《20世纪中日俄（苏）三国关系史研究》。③

3. 印度史

印度作为"金砖五国"之一，其世界地位日益重要，近年来学界给予高度重视，开始加强对其全方位的研究；尤其是有关印度的民主制度方面，2011年出版了两部专著：一是王红生的《论印度的民主》④，主要对印度的民主制度进行了较为深入的研究，认为印度的民主制度与西方的民主制度并不相同，而是具有自己的历史文化特点；另一部是洪共福的《印度独立后的政治变迁》⑤，主要从历史的角度对印度的民主制历程进行了梳理和考察。

外交政策方面，近几年来成为研究热点，成果较多。宋海啸的《印度对外政策决策：过程与模式》⑥ 一书，通过对印度独立六十多年来各种政治力量的研究，关注其在不同历史时期的重大外交决策中的互动以及对国家对外政策的影响。此外，关于印度大国理念框架下的亚太外交战略、东向政策研究也有成果发表。⑦

经济研究方面，主要在以下两方面展开：其一，印度的经济改革研究，这方面有沈开艳等的《印度经济改革发展二十年：理论、

---

① 杨雨蕾：《燕行与中朝文化关系》，上海辞书出版社2011年版。
② 孙春日、金松兰：《战后朝鲜建国理念及其实践过程》，《延边大学学报》2011年第4期。
③ 宋成有：《东北亚史研究导论》，世界知识出版社2011年版；陈景彦等：《20世纪中日俄（苏）三国关系史研究》，长春出版社2011年版。
④ 王红生：《论印度的民主》，社会科学文献出版社2011年版。
⑤ 洪共福：《印度独立后的政治变迁》，黄山书社2011年版。
⑥ 宋海啸：《印度对外政策决策：过程与模式》，世界知识出版社2011年版。
⑦ 师学伟：《21世纪初印度大国理念框架下的亚太外交战略》，《南亚研究》2011年第3期；余芳琼：《印度东向政策的发展及其原因》，《经济与社会发展》2011年第3期；余芳琼：《浅析东向政策在印度大国战略中的地位及影响》，《唐山学院学报》2011年第4期。

实证与比较（1991—2010）》① 一书，以及殷永林和刘娟凤有关印度经济改革的特点、影响、发展型联盟的文章；② 其二，中印经济的对比与合作研究，专著有龚松柏的《中印经济转型与发展模式比较》③，其重点是对中国与印度的经济转型和不同的发展模式进行了比较研究。

4. 中东、北非史

2011 年发生的中东变局，使得中东研究成为热点。本年度的中东史研究有两个特点：一是注重从理论的高度探讨中东问题；另一是注重理论与实证相结合来探讨中东问题。王京烈在《解读中东：理论建构与实证研究》④ 中强调理论对实证研究的指导意义。昝涛通过对建构主义民族理论进行梳理，从而对 20 世纪前期土耳其民族主义从"土耳其主义"到"土耳其史观"的演变作了细致、深入而辩证的考察，以此解读现代国家与民族构建的关系。⑤ 韩志斌研究了伊拉克复兴党民族主义理论与其实践之间的关系。⑥ 黄民兴以《改革开放以来中国中东民族主义研究》为题，总结了中国改革开放以来，对中东民族主义研究经历的阶段、研究重点、特点以及存在的问题。⑦

王黎探讨了奥斯曼帝国加入欧洲外交体系的历史过程。⑧ 王三义注重土耳其近代化道路问题的研究，认为影响土耳其近代化的主要因素包括多种。⑨ 王林聪研究了"土耳其模式"问题。⑩ 李秉忠通过

---

① 沈开艳等：《印度经济改革发展二十年：理论、实证与比较（1991—2010）》，上海人民出版社 2011 年版。
② 殷永林：《改革以来印度经济增长的新特点及其影响》，《东南亚南亚研究》2011 年第 1 期；刘娟凤：《发展型联盟与印度持续的经济改革》，《东南亚南亚研究》2011 年第 1 期。
③ 龚松柏：《中印经济转型与发展模式比较》，西南财经大学出版社 2011 年版。
④ 王京烈：《解读中东：理论建构与实证研究》，世界图书出版公司 2011 年版。
⑤ 昝涛：《现代国家与民族建构：20 世纪前期土耳其民族主义研究》，生活·读书·新知三联书店 2011 年版。
⑥ 韩志斌：《伊拉克复兴党民族主义理论与实践研究》，中国社会科学出版社 2011 年版。
⑦ 编委会会议发言撷选：《我国世界史研究的机遇与挑战》，《世界历史》2011 年第 2 期。
⑧ 王黎：《奥斯曼帝国加入欧洲外交体系的历史探究》，《南开学报》2011 年第 3 期。
⑨ 王三义：《土耳其的近代化：一般道路与特殊问题》，《史学集刊》2011 年第 1 期。
⑩ 王林聪：《"土耳其模式"给动荡中东的启示》，《人民论坛》2011 年第 21 期。

对海湾战争与土耳其中东外交政策转变的研究，认为海湾战争是土耳其中东外交的分水岭。①

车效梅等从中东中世纪城市社会结构角度出发探索其原因，认为多种因素交互作用使其失去了率先走向资本主义的历史机遇。② 王泽壮等关注于过度城市化与社会稳定的关系，③尤以伊朗为例，说明过度城市化与社会稳定的关系。④

姚大学等从历史的角度对阿富汗的毒品问题进行了考察，并分析其形成的原因。⑤ 在埃及史研究方面，王泰认为，埃及现代化进程中世俗政权和宗教政治的关系进一步复杂化，导致埃及在推进政治民主化的进程中步履维艰。⑥ 对于立宪君主制时期埃及华夫托党的兴衰原因，谢志恒认为，深刻的经济危机和激进民众政治的兴起最终导致华夫托党走向衰落。⑦

(二) 非洲史

2011年我国的非洲史研究表现为三个特点：注重历史与现实的联系；注重跨学科研究；注重外部力量对非洲的影响。

国际关系史一直是我国非洲史研究的重要领域。何先锋通过梳理新中国成立后对非援助的历史演变及其特点，从三个方面总结了中国的援非经验。⑧ 张莉清探讨了联合国非殖民化机制的创建对南部非洲非殖民化运动的推动作用。⑨ 由于苏丹事态的发展，对苏丹问题

---

① 李秉忠：《海湾战争与土耳其中东外交政策评析》，《史学集刊》2011年第3期。
② 车效梅：《中东中世纪城市社会结构分析》，《世界历史》2011年第1期。
③ 王泽壮、李晶、车效梅：《中东过度城市化与社会稳定》，《史学集刊》2011年第4期。
④ 车效梅、王泽壮：《城市化、城市边缘群体与伊朗伊斯兰革命》，《历史研究》2011年第5期。
⑤ 姚大学、赵宇欣：《阿富汗毒品问题的历史考察》，《史学集刊》2011年第4期。
⑥ 王泰：《埃及现代化进程中的世俗政权与宗教政治》，《世界历史》2011年第6期。
⑦ 谢志恒：《立宪君主制时期埃及华夫托党的兴衰及其原因分析》，《河南师范大学学报》2011年第5期。
⑧ 何先锋：《中国对非援助的历史演进及其特点》，《改革与开放》2011年第14期；孙国：《坦赞铁路的援建》，《党史纵览》2011年第3期；吴军伟：《基于坦赞两国视角的修建坦赞铁路动因之探析》，《学理论》2011年第11期。
⑨ 张莉清编著：《联合国非殖民化机制与南部非洲独立研究》，武汉大学出版社2011年版。

也开始关注并有成果出现。①

民族国家构建是个长盛不衰的选题，国内学者多从殖民主义的历史影响、领导人个案研究、民主化进程、种族关系、传统政治力量作用等角度进行研究。李安山通过对新南非和津巴布韦两国在民族问题上所采取的民族政策进行比较研究，认为两国处理民族问题的政策有同有异；并指出，尽管民族问题的重要性下降，但激进民族主义带来的后果仍然十分严重。②

学界一直以来热衷于非洲国家发展模式的研究，并开始走向深入和细致阶段。除了宏观上总结非洲独特道路外，已开始致力于农业和矿业发展模式的研究，如对安哥拉和津巴布韦等国情况的研究。另外，有关非洲经济领域方面的研究，刘伟才对尼扬姆维奇人的经济身份、从事贸易活动的动因、放弃贸易活动的原因等进行了研究。③

非洲专门史方面，主要注重法律史和教育史研究。肖海英等认为，传统宗教对习惯法发展的影响主要表现在四个方面：形式上、管理模式上、诉讼审判上和刑罚观念上。④ 王奎通过梳理南非习惯法的历史发展过程，认为在前殖民时期、殖民时期和独立以后的新宪政时期，习惯法在南非的法律体系中的地位、作用、特点、适用范围和条件都是不同的。⑤

非洲与全球性问题（包括人口、难民、疾病、环境、能源、安全、发展等）研究是本年度的热点问题。李建勋通过探讨非洲海洋污染控制法律机制的建立，认为一系列全球性和区域性的法律机制

---

① 姜恒昆、周军：《苏丹南北关系中的阿卜耶伊问题》，《西亚非洲》2011 年第 7 期；李新烽：《南苏丹公投的特点和影响》，《西亚非洲》2011 年第 4 期；史小春：《苏丹：站在统与分的十字路口——苏丹北南关系的历史演变和发展前景》，《当代世界》2011 年第 2 期。

② 李安山：《新南非与津巴布韦的民族问题及民族政策比较》，《西亚非洲》2011 年第 7 期。

③ 刘海方：《安哥拉内战后的发展与中安合作反思》，《外交评论（外交学院学报）》2011 年第 2 期；朱伟东：《津巴布韦"土地征收案"评析》，《西亚非洲》2011 年第 3 期；刘伟才：《尼扬姆维奇人的贸易》，《西亚非洲》2011 年第 1 期。

④ 肖海英、夏新华：《非洲传统宗教与习惯法的发展》，《河南省政法管理干部学院学报》2011 年第 2 期。

⑤ 王奎：《南非习惯法的历史发展》，《佛山科学技术学院学报》2011 年第 1 期。

虽有利于但未能解决非洲的环境问题。洪永红等试图从国际法的视角探讨解决尼罗河水现实争端的问题。① 王丽玉通过勾勒世界范围内海盗的过去、现在，阐述了惩治海盗的国际法主要制度的创制、沿革及实效，以此论证索马里海盗对现有国际法的挑战。②

（三）拉美史

2011年是拉丁美洲独立200周年，由此形成的热点是，围绕拉美独立200周年过程中的政治、经济、社会、文化、国际关系、国别史等进行了广泛深入的研究。

2010年底，中国拉丁美洲史研究会主办了"纪念拉美独立200周年学术研讨会"，围绕独立运动的起因、性质、领导力量、意义、独立后经济模式和政治发展的反思等主题展开了深入的讨论。对于独立运动的意识形态根源，传统观点认为欧洲启蒙思想发挥了主要作用。对此，韩琦提出不同看法。他认为，西属美洲独立运动的意识形态根源是欧洲启蒙思想、西班牙中世纪经院哲学传统和克里奥尔民族主义三者的合流。③ 曾昭耀通过独立运动的影响分析了拉美国家现代化的困境，他认为拉美历史上影响最大的一次失误就是独立运动未能阻止拉美民族的分裂。④ 沈安从融合的角度指出拉美独立的200年是一个从地区经济一体化逐步走向政治经济联盟的进程。⑤

经济史研究方面，主要针对拉美经济发展理论和模式以及"中等收入陷阱"等问题进行探讨。江时学认为，拉美国家独立以来，尽管在很多领域取得了不容低估的发展，但仍有许多问题没有得到解决，其中最突出的有五大难题。⑥ 对于19世纪下半叶到1914年间

---

① 李建勋：《非洲海洋污染控制法律机制初探》，《西亚非洲》2011年第3期；洪永红、刘婷：《解决尼罗河水争端的国际法思考》，《西亚非洲》2011年第3期。
② 王丽玉：《国际罪行——索马里海盗：挑战国际法》，黑龙江教育出版社2011年版。
③ 韩琦：《论西属美洲独立运动的意识形态根源》，《世界历史》2011年第5期。
④ 曾昭耀：《拉美独立200周年纪念与中拉人民的共同之忧》，《拉丁美洲研究》2011年第6期。
⑤ 沈安：《从经济一体化走向政治经济联盟——拉美团结自强争取独立的历史道路》，《拉丁美洲研究》2011年第1期。
⑥ 江时学：《拉美二百年发展进程中的五大难题》，《世界历史》2011年第1期。

拉美国家经济发展政策的主导思想，学界存在分歧。传统观点认为，这一时期拉美国家实行了自由贸易政策。但杨威等并不认同，认为此时期拉美国家实行的是高关税贸易保护政策。[①] 对于拉美国家工业化模式的转型问题，苏振兴等通过分析从"进口替代"向"出口导向"的转变之路，指出工业化模式转型的历史性延误是拉美国家"去工业化"的深层背景。[②] 赵丽红认为，比较利益原则与包括拉美在内的发展中国家的发展悖论是普遍存在的。[③] 对于拉美"中等收入陷阱"产生的根本原因及教训，张勇等学者表示应归咎于经济社会体制机制与经济发展方式没能随着中等收入阶段的到来实现根本性的调整和转变。[④]

社会史方面，郑秉文主编的《拉丁美洲城市化：经验与教训》[⑤]比较全面地论述了拉丁美洲城市化进程的特点、出现的问题以及政府的对策和得失，并将拉美城市化问题归结为"六大陷阱"。[⑥]

国际关系史方面，中拉关系、美拉关系仍然是研究的重点。韩琦指出，发展中拉关系不仅应重视拉美的资源和市场，更应重视双方的人才交流这种"无形资源"。[⑦] 在双边关系方面，王晓德从外交层面分析了拉美独立运动与南北美洲"两个半球"理论形成之间的联系。[⑧]

国别史研究关注的焦点仍注重墨西哥、阿根廷和巴西等大国。

---

① 杨威等：《拉丁美洲贸易保护主义的是与非——对拉美19世纪高关税低效益现象的分析》，《拉丁美洲研究》2011年第2期。
② 苏振兴、张勇：《从"进口替代"到"出口导向"：拉美国家工业化模式的转型》，《拉丁美洲研究》2011年第4期。
③ 赵丽红：《比较利益原则与拉美国家的发展悖论》，《拉丁美洲研究》2011年第1期。
④ 张勇：《拉美国家的反面教训》，《人民论坛》2011年第7期；杜传忠、刘英基：《拉美国家"中等收入陷阱"及对我国的警示》，《理论学习》2011年第6期。
⑤ 郑秉文主编：《拉丁美洲城市化：经验与教训》，当代世界出版社2011年版。
⑥ 郑秉文：《拉美"过度城市化"与中国"浅度城市化"的比较》，《中国党政干部论坛》2011年第7期。
⑦ 韩琦：《中拉关系与重视拉美"无形资源"的开发》，《拉丁美洲研究》2011年第1期。
⑧ 王晓德：《西属美洲殖民地的独立与"两个半球"理论的形成》，《拉丁美洲研究》2011年第1期。

有关墨西哥研究，韩琦的《跨国公司与墨西哥的经济发展》是一部系统论述拉美国家与跨国公司关系的专著，着重对1940—1982年墨西哥进口替代工业化期间跨国公司所发挥的作用，以及墨西哥如何应对跨国公司的做法进行了详细的考察。[1] 朱适则分析了第一次世界大战期间，墨西哥革命与美英墨三国的矛盾及分歧。湛园庭论述了墨西哥石油公司的改革及发展前景。[2] 阿根廷研究方面，董国辉主要探讨了1870—1914年初级产品出口与阿根廷早期现代化之间的关系。[3] 王萍主要对独立以来阿根廷的土地政策进行了较为详细的阐述。[4] 巴西研究方面，学者们主要关注以下问题：巴西新兴产业的发展，如生命科学产业、生物创新体系等；"二战"后巴西和智利在应对西方危机策略和方法上的异同比较；中产阶级对巴西现代化的影响和作用。[5]

二 俄罗斯、东欧史

（一）苏联史

2011年恰逢俄罗斯历史上两个重大事件：俄国农奴制废除150周年及苏联解体20周年。对这两大历史事件进行探讨，不仅是俄罗斯史学界而且是中国史学界的热点问题。

关于苏联解体的研究，一直是中国学者研究的热点问题。本年度，关于苏联剧变原因的讨论仍是重点，并形成了两部重要的成果：一是由李慎明主编的《居安思危——苏共亡党二十年的思考》[6]；一

---

[1] 韩琦:《跨国公司与墨西哥的经济发展》，人民出版社2011年版。
[2] 朱适:《墨西哥革命与第一次世界大战期间的英美墨关系》，《安徽史学》2011年第1期；湛园庭:《墨西哥石油公司改革及前景》，《拉丁美洲研究》2011年第1期。
[3] 董国辉:《初级产品出口与阿根廷的早期现代化——拉美独立运动爆发200周年的反思》，《世界历史》2011年第4期。
[4] 王萍:《独立以来50年阿根廷土地政策的变动》，《拉丁美洲研究》2011年第1期。
[5] 宋霞:《浅析巴西生命科学产业发展的历史和现状》，《拉丁美洲研究》2011年第1期；陈才兴:《二战后巴西和智利应对西方危机之路的比较》，《江汉大学学报》2011年第1期；郭存海:《中产阶级和巴西现代化》，《拉丁美洲研究》2011年第4期。
[6] 李慎明主编:《居安思危——苏共亡党二十年的思考》，社会科学文献出版社2011年版。

是由陆南泉等主编的《苏联真相：对 101 个重要问题的思考》[①]。对于苏联剧变根本原因的认识，两本书的观点并不相同。李慎明主编的《居安思危》认为，苏联剧变的根本原因不在于"斯大林模式"即苏联社会主义模式，而在于从赫鲁晓夫集团到戈尔巴乔夫集团逐渐脱离、背离乃至最终背叛马克思主义、社会主义和最广大人民群众的根本利益；苏共的蜕化变质是苏联解体的根本原因。陆南泉等主编的《苏联真相》则认为，苏联剧变是各种因素综合作用的结果。但是，苏联剧变的根本原因是"斯大林模式"的社会主义制度由于弊病太多已走入死胡同，失去了动力机制。余伟民认为，许多因素都需要放到苏联国家体制的建构和历史演化中作具体的分析。[②] 曹长盛认为，意识形态的变化对苏联解体起了根本作用。[③] 何干强认为，苏联是在经济体制改革中解体的，究其原因不能不反思经济学"西化"所起的恶劣作用。[④] 郑异凡认为，苏联剧变是违背了马克思主义揭示的历史规律、社会规律、经济规律的结果。[⑤] 韩松洋则尝试从宗教角度解读苏联解体的原因。[⑥]

李淑华考察了勃列日涅夫时期苏联的书刊检查制度。[⑦] 徐芹阐述了列宁关于早期俄国资本主义发展必然性和进步性的思想。[⑧] 张建华认为，冷战时期，苏联运用了"敌人形象"的特殊影响，借以整合和唤起苏联公民的"苏维埃爱国主义"意识，以对抗美国和西方的文化和政治压力。[⑨] 李琼依据新的解密档案，对苏联出兵阿富汗的决

[①] 陆南泉、黄宗良、郑异凡主编：《苏联真相：对 101 个重要问题的思考》，新华出版社 2010 年版。
[②] 余伟民：《苏联解体的制度因素与行为因素》，《俄罗斯研究》2011 年第 5 期。
[③] 曹长盛：《苏联解体进程中意识形态的作用及其教训》，《山东社会科学》2011 年第 7 期。
[④] 何干强：《经济学"西化"：苏联亡党亡国的重要原因——由"500 天纲领"引发的思考》，《山东社会科学》2011 年第 7 期。
[⑤] 郑异凡：《苏联剧变：违背历史规律的结局》，《探索与争鸣》2011 年第 10 期。
[⑥] 韩松洋：《从宗教角度解读苏联解体之原因》，《史学月刊》2011 年第 11 期。
[⑦] 李淑华：《勃列日涅夫时期书刊检查制度探究》，《俄罗斯学刊》2011 年第 5 期。
[⑧] 徐芹：《列宁早期俄国资本主义发展必然性和进步性的思想》，《湖北大学学报》2011 年第 3 期。
[⑨] 张建华：《政治动员背景下苏联国内政治中的"敌人形象"》，《史学月刊》2011 年第 4 期。

策过程和深层原因进行了探究,认为苏联出兵阿富汗的原因有两点:一是国家利益的需要;二是意识形态的驱使。[1] 王学礼、张广翔研究了有关苏联"二战"战俘问题。[2] 白晓红对早期苏维埃文化的基本特征进行了探讨。[3]

(二)俄罗斯史

政治研究方面,刘军从空间、帝国与俄罗斯国家安全角度,分析了从沙俄帝国到苏联到今日俄罗斯的共同点和不同特点。[4] 张盛发分析了普京和梅德韦杰夫在对待苏联历史观、斯大林评价、治国理念上的分歧,以及分歧的实质、根源和含义。[5] 侯艾君探讨了当代俄罗斯社会以"阴谋论"方法和观点解读历史问题的现象,研究了有关"反俄阴谋"的主要内容并剖析其根源和实质。[6] 潘晓伟通过研究十月革命前俄国东部合作化运动,指出十月革命前东部的合作社为东部商品经济发展、文化教育的普及作出了一定贡献。[7]

经济研究方面,陆南泉的《中俄经贸关系现状与前景》[8] 一书从中苏关系和中俄关系两部分考察了中俄经贸关系的发展历史。韩爽等对20年来俄罗斯金融制度变迁之路进行了考察。[9] 于春苓通过对俄罗斯的石油经济进行研究,认为石油经济对俄罗斯的经济、政治、外交影响非常大。[10] 柳若梅对历史上俄罗斯通过广州开展对华贸

---

[1] 李琼:《从犹豫到出兵:1978—1979年苏联入侵阿富汗决策探析》,《历史教学》(下半月刊) 2011 年第 8 期。
[2] 王学礼、张广翔:《苏联战俘待遇政策研究(1941—1956)》,《俄罗斯中亚东欧研究》2011 年第 5 期;张广翔、王学礼:《苏联在二战战俘遣返问题上的三重考量(1945—1956)》,《史学月刊》2011 年第 7 期。
[3] 白晓红:《早期苏维埃文化的基本特征》,《俄罗斯学刊》2011 年第 4 期。
[4] 刘军:《空间、帝国与俄罗斯国家安全》,《华东师范大学学报》2011 年第 4 期。
[5] 张盛发:《试析普京与梅德韦杰夫分歧》,《俄罗斯中亚东欧研究》2011 年第 4 期。
[6] 侯艾君:《"反俄阴谋":内容、根源与评析》,《史学理论研究》2011 年第 3 期。
[7] 潘晓伟:《十月革命前俄国东部合作化运动研究》,《北方论丛》2011 年第 5 期。
[8] 陆南泉:《中俄经贸关系现状与前景》,中国社会科学出版社 2011 年版。
[9] 韩爽、徐坡岭等:《俄罗斯金融制度变迁二十年:起点、方案与路径》,《俄罗斯学刊》2011 年第 5 期。
[10] 于春苓:《论俄罗斯的石油经济》,《世界历史》2011 年第 5 期。

易的问题进行了考察。①

文化及文化与现代化关系的研究,杨翠红认为,俄国中世纪时期的文化是与东正教修道院密不可分的,修道院在当时发挥了重要的文化功能。②季明举指出,19世纪上半叶是俄国社会思潮和文化运动发生剧烈变动的重要时期,其对以后的俄国社会产生了重要影响。③祖雪晴认为,村社精神和东正教文化决定了俄国历史发展的独特性,对俄罗斯现代化进程产生了深刻影响。④靳会新通过一些重大历史事件分析俄罗斯民族性格形成中的历史文化因素。⑤吴贺、琅元考察了英国数学家、航海学家法夸尔森与俄国近代科学发展的关系。⑥王晓菊从西伯利亚开发的视角,研究了俄罗斯科学院西伯利亚分院的创建与发展。⑦陈树林、徐凤林从哲学的角度探讨和反思了俄国现代化进程中的文化阻力问题,俄罗斯哲学促进还是妨碍了俄国的现代化?即俄罗斯文化与现代化关系的问题。⑧

张广翔和王子晖从先决条件与启动模式两个方面对中俄两国早期工业化进行了比较研究。⑨庞大鹏研究了俄罗斯的政治现代化问题。⑩另外,对于是否存在中国模式是俄罗斯学界热议的话题,郭小丽阐述了俄罗斯学界对中国模式问题的看法。⑪

---

① 柳若梅:《历史上俄罗斯通过广州开展对华贸易问题探究》,《俄罗斯学刊》2011年第3期。
② 杨翠红:《中世纪修道院与俄罗斯文化》,《北方论丛》2011年第4期。
③ 季明举:《民族主义话语及表述实质:19世纪上半叶俄国文化思潮及其历史影响》,《俄罗斯中亚东欧研究》2011年第5期。
④ 祖雪晴:《论俄罗斯现代化进程中的文化因素》,《俄罗斯中亚东欧研究》2011年第2期。
⑤ 靳会新:《俄罗斯民族性格形成的历史文化因素》,《俄罗斯中亚东欧研究》2011年第1期。
⑥ 吴贺、琅元:《法夸尔森与俄国近代科学的发展》,《历史研究》2011年第3期。
⑦ 王晓菊:《俄罗斯科学院西伯利亚分院的创建与发展》,《俄罗斯学刊》2011年第4期。
⑧ 陈树林:《俄国现代化文化阻力的文化哲学反思》,《俄罗斯研究》2011年第1期;徐凤林:《俄罗斯哲学与俄国现代化:促进还是妨碍?》,《2011年苏联东欧史研究会年会》论文集。
⑨ 张广翔、王子晖:《俄中两国早期工业化比较:先决条件与启动模式》,《吉林大学社会科学学报》2011年第6期。
⑩ 庞大鹏:《俄罗斯的政治现代化》,《俄罗斯中亚东欧研究》2011年第3期。
⑪ 郭小丽:《中国模式的俄罗斯视角》,《俄罗斯学刊》2011年第5期。

(三) 东欧史

2011 年，中国的东欧史研究主要关注点在以下几方面。

东欧转型 20 年研究。东欧史领域讨论最多的问题就是东欧国家转型问题。围绕该主题，2011 年召开了几次学术会议："后金融危机时代俄罗斯东欧经济政治发展新态势"学术研讨会；"东欧转型与欧俄关系"国际研讨会；第一届"中国—中东欧论坛"，主要围绕"中东欧研究：国家转型与加入欧盟"展开讨论。金雁的《从"东欧"到"新欧洲"：20 年转轨再回首》①即是一部全面研究东欧国家转型问题的专著，探寻 20 年来"东欧"转变为"新欧洲"的艰难之路。曲文轶从体制变革进展、经济增长与收入分配状况三个方面比较研究了原苏东国家的转轨实践。②姜琍分析了匈牙利、捷克和斯洛伐克政治右倾化的原因。③徐刚、姜琍认为中东欧新民粹主义既具有传统民粹主义的特点，又具有新的时代特征。④

高歌从中东欧国家 20 世纪几次发展道路的选择来探讨东欧剧变的原因，认为中东欧国家在选择发展道路的关键时刻易受大国的影响，多移植外来模式。⑤闫文虎认为，回顾整个冷战历史，非政府组织有意无意成了西方国家尤其是美国"和平演变"的工具，对东欧剧变和苏联解体起了推波助澜的作用。⑥

冷战时期苏联与东欧国家关系。这一主题是近 20 年来东欧史研究的热点，其特点是原始文献等一手资料的应用。从 2011 年发表的论文看，其关注点集中在战后初期东欧历史发展进程方面，包括苏联与东欧国家的政治、经济和军事联系，美国对东欧的政策等。⑦马

---

① 金雁：《从"东欧"到"新欧洲"：20 年转轨再回首》，北京大学出版社 2011 年版。
② 曲文轶：《制度变迁的经济效果——原苏东国家经济转轨 20 年回顾》，《俄罗斯中亚东欧研究》2011 年第 2 期。
③ 姜琍：《中欧政治右倾化趋势及其面临的挑战》，《俄罗斯中亚东欧研究》2011 年第 2 期。
④ 徐刚：《中东欧社会转型中的新民粹主义探析》，《欧洲研究》2011 年第 3 期。
⑤ 高歌：《对中东欧国家发展道路的思考》，《俄罗斯中亚东欧研究》2011 年第 2 期。
⑥ 闫文虎：《对冷战时期西方非政府组织在苏联东欧地区活动的历史考察——从非政府组织角度兼论苏联解体与东欧剧变的原因》，《俄罗斯中亚东欧研究》2011 年第 3 期。
⑦ 徐元宫：《苏联顾问与斯大林模式移植东欧》，《炎黄春秋》2011 年第 8 期；吕雪峰：《论斯大林在东欧推行的联合政府政策 (1944—1948)》，《西伯利亚研究》2011 年第 3 期。

细谱对近 20 年来保加利亚史学界争论激烈的几个理论问题进行了介绍，认为史学争论的背后是意识形态和党派利益之争。① 王一诺介绍了近年来国内有关中东欧研究的状况。②

三 西欧、北美史

2011 年度，国内史学界在西欧、北美史研究领域取得了丰硕成果。由于历史原因和大国的因素，使得英、法、德、美几国一直成为国内学者研究的重点，所以，这里主要就近代英国史、法国史、德国史、美国史和跨地区的国际关系史研究进行介绍。

（一）英国史

2011 年度，英国近现代史研究取得较多成果，表现在研究的深度及广度有较大发展；政治、经济、社会史依然最受青睐，成果最多；全球视野和文化转向开始成为英国史研究的新趋势。

政治史研究方面，英国民主宪政制度的研究一直是热点问题。刘金源对英国的内阁制到责任内阁制的发展变迁历程进行了考察。③ 刘成认为，英国现代政党政治到 19 世纪才逐步发展成熟，特别是英国议会改革后的英国社会现实对现代政党政治的确立至关重要。④ 史林凡探究了 1934—1935 年的"和平投票"与英国的政党政治，认为"和平投票"产生了重大影响，同时也指出了英国政党政治的弊端。⑤ 吴必康剖析了英国民主与简单多数选举制之间的联系。⑥ 柴彬则对英国近代早期的"政治性的四旬斋"运动进行了探究。⑦ 张志

---

① 马细谱：《近 20 年来保加利亚史学界争论激烈的几个理论问题》，《史学理论研究》2011 年第 2 期。
② 王一诺：《近年来国内有关中东欧研究的状况》，《俄罗斯中亚东欧研究》2011 年第 3 期。
③ 刘金源：《论近代英国内阁制的形成》，《史学集刊》2011 年第 2 期。
④ 刘成：《英国现代政党政治的确立》，《历史教学》（下半月刊）2011 年第 8 期。
⑤ 史林凡：《1934—1935 年"和平投票"与英国政党政治》，《史学月刊》2011 年第 6 期。
⑥ 吴必康：《英国民主与简单多数选举制》，钱乘旦等主编：《英国史新探——全球视野与文化转向》，北京大学出版社 2011 年版。
⑦ 柴彬：《英国近代早期"政治性的四旬斋"运动探微》，《世界历史》2011 年第 4 期。

洲在其专著中梳理了工党成立一百多年来其社会主义意识形态变迁的基本轨迹，深入分析了工党意识形态变迁的内外动因。① 潘兴明通过对"二战"后丘吉尔政府非殖民化政策的历史考察，指出这一政策对英帝国向英联邦转型的继续和完成起到承前启后的重要作用。② 洪邮生针对加入欧共体后英国人关于"议会主权"的争论指出，实际上"革命"早在英国加入欧共体时即已发生，经典议会主权理论的核心已受到冲击，但这种"革命"是有限的，它并没有动摇英国宪法主权的地位。③ 还有学者从英国 19 世纪工人运动、英格兰与苏格兰合并、英国早期出版专制与反专制等方面进行了研究。④

经济史研究方面，郭家宏等通过对 19 世纪下半期英国财税制度改革的研究，认为这些改革对英国社会具有重要意义。⑤ 滕淑娜通过对英国近代赋税来源与用途的分析，说明现代税制的建立对英国成为世界上第一个现代化国家的重要意义。⑥ 薛向君则探讨了英国近代初期国债政策取得成功的前提。⑦ 郭爱民认为，工业化时期英国形成了以大地产为主的土地结构，由此，地主因沿袭中世纪以来土地管理方面的庄官制度，从而发展出地产代理制度。⑧ 刘景华等通过对"原工业化"的先锋和英国毛纺业生产中心的西部诸郡的考察，发现它们并没有引导西部向工业化挺进，认为应对英国"原工业化"论

---

① 张志洲：《英国工党社会主义意识形态变迁研究》，社会科学文献出版社 2011 年版。
② 潘兴明：《英帝国向英联邦转型探析——基于二战后丘吉尔政府非殖民化政策的历史考察》，《史学月刊》2011 年第 2 期。
③ 洪邮生：《迟到的"革命"：英国人关于"议会主权"的一场争论》，《复旦学报》2011 年第 3 期。
④ 宋晓东：《阿普尔加斯与 19 世纪英国工人运动的发展》，《史学集刊》2011 年第 2 期；李丽颖：《英格兰与苏格兰合并的历史渊源》，《史学集刊》2011 年第 2 期；展江：《英国早期出版专制和清教徒的抗争》，《南京社会科学》2011 年第 7 期。
⑤ 郭家宏、王广坤：《论 19 世纪下半期英国的财税政策》，《史学月刊》2011 年第 8 期。
⑥ 滕淑娜：《从赋税来源与用途看英国近代议会与税收》，《史学理论研究》2011 年第 2 期。
⑦ 薛向君：《英国近代初期国债政策取得成功的前提》，《南京晓庄学院学报》2011 年第 4 期。
⑧ 郭爱民：《工业化时期英国地产代理制度透视——兼与中世纪庄官组织相比较》，《世界历史》2011 年第 3 期。

题作多向度反思。① 徐滨对工业革命时期英国工业工人工资和农业工人工资进行了系统研究。② 张顺洪对 1947 年英国海外粮食公司成立的背景、原因、目的、结果、失败的原因进行了考察，并强调其失败的重大时代背景。③ 英国与欧共体预算矛盾是英国加入欧共体后的一个保留问题。朱正梅认为，撒切尔政府之所以能够解决这一矛盾，是因为英国和欧共体双方都感到解决矛盾的紧迫性。④ 沈汉通过分析英国 19 世纪租佃农场的生产方式和性质认为，19 世纪英国农业的性质是资本主义与后封建主义的混合。⑤

社会文化史研究方面，作为史学研究新动向的社会文化史在国内开始有所反映。刘成等从和平学的冲突与化解的视角对 20 世纪英国工会与国家的关系进行了梳理和研究。⑥ 王谦考察了英国近现代情报体制的由来和演变。⑦ 针对西方学界掀起的消费社会研究热，李新宽从多方面、多角度进行实证研究，试图论证 17 世纪末至 18 世纪中叶英国已初步形成为一个消费社会，并分析了其中的原因。⑧ 郭家宏着重论述了 19 世纪英国民间慈善活动对社会所起的积极作用。⑨ 尹建龙关注英国工业革命中出现的乡村工业社会及"乡村工业社区"。⑩ 魏秀春阐述了英国学术界对英国食品安全监管研究的历史。⑪

---

① 刘景华、范英军：《工业化早期英国西部毛纺业的兴衰》，《世界历史》2011 年第 6 期。
② 徐滨：《工业革命时期英国工人的实际工资》，《世界历史》2011 年第 6 期；《工业革命时代英国农业工人的工资与生活水平》，《首都师范大学学报》2011 年第 3 期。
③ 张顺洪：《英国海外粮食公司活动考察》，《史学集刊》2011 年第 2 期。
④ 朱正梅：《1984 年撒切尔政府与欧共体预算矛盾的解决》，《史学月刊》2011 年第 3 期。
⑤ 沈汉：《资本主义还是后封建主义——论近代英国租佃农场制的性质》，《史学集刊》2011 年第 1 期。
⑥ 刘成、何涛等：《对抗与合作：20 世纪的英国工会与国家》，南京大学出版社 2011 年版。
⑦ 王谦：《英国情报组织：揭秘》，时事出版社 2011 年版。
⑧ 李新宽：《17 世纪末至 18 世纪中叶英国消费社会的出现》，《世界历史》2011 年第 5 期。
⑨ 郭家宏：《19 世纪英国民间慈善活动探析》，《学海》2011 年第 2 期。
⑩ 尹建龙：《英国早期乡村工业社会研究》，《安徽史学》2011 年第 3 期；《英国工业化初期的"乡村工业社区"及其治理》，《学海》2011 年第 3 期。
⑪ 魏秀春：《英国学术界关于英国食品安全监管研究的历史概览》，《世界历史》2011 年第 2 期。

英国的济贫实践与福利国家的建立长期吸引着人们目光，我国学者从济贫法到福利国家的建立、普遍主义福利原则、新济贫法制度、1834年济贫法改革等方面进行了研究。① 还有学者从假发与社会变迁、巫术迫害的心理成因、印刷媒介与教育变革等方面展开探讨。②

思想史研究方面，于语和等探讨了英国宪政自由主义传统的理论基础和基本价值问题。③ 姜守明通过玛丽女王时期宗教反复的失败，说明民族主义已经成为推进社会进步的不可逆转的主导因素。④ 许洁明等则分析了英国新兴工业资产阶级的道德观，指出其促进了英国社会现代伦理观念的建立。⑤

法制史研究方面，李栋的《通过司法限制权力——英格兰司法的成长与宪政的生成》⑥ 一书选择以英格兰司法与宪政之间的关系作为论题，立足于司法，重点探讨了英格兰司法的宪政意义。另外，《英国史新探——全球视野与文化转向》⑦ 一书是中英两国从事英国史研究的学者首次交流的结晶和深入对话与讨论的成果，反映了英国史研究领域最新的前沿动态。

（二）法国史

2011年度，法国史研究取得了一些成果。从涵盖的年代上说，

---

① 吴必康：《英国执政党与民生问题：从济贫法到建立福利国家》，《江海学刊》2011年第1期；丰华琴：《普遍主义福利原则的实践——英国弱势群体个人社会服务体系的形成》，《南京晓庄学院学报》2011年第4期；丁建定：《英国新济贫法制度的实施及其评价——19世纪中期英国的济贫法制度》，《华中师范大学学报》2011年第4期；高潮、徐滨：《英国1834年济贫法改革的社会背景和思想根源》，《山东师范大学学报》2011年第1期。

② 王涛：《从假发看西欧社会的变迁》，《南京大学学报》2011年第1期；孙义飞：《17世纪欧洲巫术迫害心理成因考察》，《东北师大学报》2011年第1期；张炜：《论印刷媒介对近代早期英国教育变革的影响》，《杭州师范大学学报》2011年第2期。

③ 于语和、韩晓捷：《英国宪政自由主义传统的理论基础与基本价值》，《天津师范大学学报》2011年第3期。

④ 姜守明：《从玛丽女王失败看英国民族主义的兴起》，《历史教学》（下半月刊）2011年第9期。

⑤ 许洁明、李强：《英国新兴工业资产阶级道德观浅析》，《四川大学学报》2011年第1期。

⑥ 李栋：《通过司法限制权力——英格兰司法的成长与宪政的生成》，北京大学出版社2011年版。

⑦ 钱乘旦、高岱主编：《英国史新探——全球视野与文化转向》，北京大学出版社2011年版。

旧制度时期研究者较多，其他时期则较少；从研究领域来说，偏重于政治史，社会文化史的研究开始受到重视，而对传统的经济史关注则较少。

政治、经济史研究方面，孙一萍的《沉默的决策者：法国公民投票制度化进程研究》一书专注于研究法国公民投票制度的发展历程。该书通过分析法国大革命后各个时期公民投票的基本情况，以此揭示这一进程后的深层历史原因。① 滕淑娜等从历史的角度对法国农业经济政策进行了考察，认为从中古晚期至今，法国农业经济政策包括赋税政策经历了重视、解放、保护到补贴农业的过程。② 周立红探讨了法国财政总监杜尔哥推行谷物贸易自由化改革的积极意义，认为这一改革体现了国家与市场关系的特色，即"国家是市场发展的工具"。③

社会史研究方面，詹娜对贵族附庸关系这一近代法国社会上层人际关系网进行了研究，认为它对社会造成了很大的负面影响。她还论述了近代法国贵族沙龙对女性教育所起的重要作用。④ 黄艳红考察了18世纪中叶法国"商业贵族"和"军事贵族"之争，指出双方既有不同也有相似之处，试图用"等级社会"理论对其进行剖析。他还通过考察旧制度时代的包税制度，指出包税制反映了公共权力和私人利益相互纠缠、难以厘清的状况。⑤

思想文化史研究方面，王加丰通过对1800—1870年法国社会思潮的研究认为，法国工业化时期的历史远比我们以前想象的要复杂

---

① 孙一萍：《沉默的决策者：法国公民投票制度化进程研究》，高等教育出版社2011年版。
② 滕淑娜、顾銮斋：《法国农业经济政策的历史考察》，《史学集刊》2011年第4期。
③ 周立红：《国家是市场发展的工具——杜尔哥谷物贸易自由化改革探析》，《北方论丛》2011年第1期。
④ 詹娜：《近代法国贵族附庸关系及其历史影响》，《四川大学学报》2011年第1期；詹娜：《近代法国贵族沙龙与女性教育》，《湖北社会科学》2011年第7期。
⑤ 黄艳红：《想象中的贵族：18世纪法国思想论争中的贵族问题》，《中国社会科学院世界历史研究所学术文集》（第7辑）；黄艳红：《在公共与私人之间：法国旧制度时代包税制度初探》，《史林》2011年第3期。

得多，它的资本主义是在摸索中发展起来的。① 洪庆明认为，18 世纪法国书籍与社会研究总体上经历了从注重书籍计量到强调文本解读、从书籍社会学到阅读社会学、从文化社会史到社会文化史的转变。他还认为，把握旧制度末期公共舆论的状况，是理解大革命发生的新路径和新视域。② 李宏图认为，在反启蒙和后现代的思潮下，我们更需要理解和思考什么是启蒙运动，以及它在今天所呈现出的意义。③ 许明龙通过研究孟德斯鸠对"礼仪之争"的解读，认为孟德斯鸠独具特色的中国观即在此基础上形成。④ 周立红介绍了以孚雷为代表的法国大革命修正史学与以索布尔为代表的法国大革命传统史学展开的长达 30 年的论争。⑤ 马丁则介绍了法国城市化进程中的移民管理经验以及对我们的启示。⑥ 另外，还有学者从学术史的角度介绍了当代法国政治史的复兴、记忆史的建构、教育史学的发展、对基佐政治思想的"重新发现"、巴迪欧的解放政治学逻辑等。⑦

（三）德国史

2011 年，德国史研究在一些传统领域有所发展。其关注的问题涉及德国近代化道路、社会保障制度、劳资关系、贵族研究等方面。

---

① 王加丰：《1800—1870 年间法国社会思潮的冲突与整合》，《中国社会科学》2011 年第 5 期。

② 洪庆明：《从社会史到文化史：十八世纪法国书籍与社会研究》，《历史研究》2011 年第 1 期；洪庆明：《理解革命发生学的新路径和新视阈——18 世纪法国的政治、话语和公众舆论研究》，《史学理论研究》2011 年第 3 期。

③ 李宏图：《十八世纪法国的启蒙运动》，《历史教学问题》2011 年第 2 期。

④ 许明龙：《孟德斯鸠对"礼仪之争"的解读》，《世界历史》2011 年第 4 期。

⑤ 周立红：《孚雷反对索布尔——试论法国大革命史学史上的一段论争》，《中山大学学报》2011 年第 2 期。

⑥ 马丁：《论法国城市化进程中的移民管理经验及其对我国的启示》，《杭州师范大学学报》2011 年第 2 期。

⑦ 吕一民、乐启良：《政治的回归——当代法国政治史的复兴探析》，《浙江学刊》2011 年第 4 期；沈坚、陈恒、马海丽：《法国记忆史的建构》，《历史教学问题》2011 年第 5 期；邹春芹、周采：《20 世纪中期以来法国教育史学发展初探》，《河北师范大学学报》2011 年第 1 期；倪玉珍：《法国学界对基佐政治思想的"重新发现"》，《史学理论研究》2011 年第 2 期；蓝江：《巴黎公社与共产主义观念——析巴迪欧的解放政治学逻辑》，《南京大学学报》2011 年第 3 期。

德国史研究的主要成果为朱孝远的《宗教改革与德国近代化的道路》[1]和姚玲珍的《德国社会保障制度》[2]两部著作。前者考察了宗教改革运动爆发的背景和政治经济因素，改革的过程、结果和意义；重点分析了宗教改革运动的影响，即宗教改革和德国农民战争在哪些方面促进了德国的近代化。后者则从养老、医疗、长期护理、住房保障、失业、工伤保障、家庭保障以及社会赡养、赔偿制度和国际社会保障等角度，对德国社会保障体系进行了全面系统、客观真实的介绍。

此外，经济史研究方面，徐健研究了16—17世纪德国威尔瑟—福格尔商社在东方的贸易活动，试图揭示德意志商人在以欧洲为中心的世界市场形成过程中所处的地位。[3]王超通过对"二战"后初期德国内部区域贸易的研究，指出德国内部区域贸易发展历程，从另一个角度展现了占领国在战后对德问题上的合作与对抗，同时也勾勒出战后德国是如何由经济分裂到政治分裂的全过程。[4]

社会史、文化史研究方面，李工真研究了逃亡至美国的德意志人最早对纳粹暴政与德意志历史所作的反思，指出，战后德意志社会全面深刻的反思正是在此思想平台上进行的。[5]邢来顺探讨了近代以来德国贵族政治特权延续的原因。[6]孟钟捷以8小时工作制的兴衰为中心，分析了魏玛德国劳资关系经历的从合作走向对立的演变历程。[7]张敏杰对德国自魏玛时期至两德统一后的家庭政策进行了较全

---

[1] 朱孝远：《宗教改革与德国近代化的道路》，人民出版社2011年版。
[2] 姚玲珍：《德国社会保障制度》，上海人民出版社2011年版。
[3] 徐健：《十六七世纪德国威尔瑟—福格尔商社在东方的贸易活动》，《世界历史》2011年第5期。
[4] 王超：《理想原则与现实利益的博弈——战后初期德国内部区域贸易研究》，《历史教学》（下半月刊）2011年第9期。
[5] 李工真：《对纳粹暴政与德意志历史最早的反思——德国流亡社会科学家与纳粹主义研究》，《世界历史》2011年第3期。
[6] 邢来顺：《近代以来德国贵族政治特权的延续及其原因》，《世界历史》2011年第3期。
[7] 孟钟捷：《试析魏玛德国劳资关系的演变——以8小时工作制的兴衰为中心》，《世界历史》2011年第4期；《1918—1924年阶级合作模式的尝试与一战后德国劳资关系的起伏》，《复旦学报》2011年第3期。

面的回顾与梳理。① 孙红国通过对近代德国历史上公民身份问题的考察,指出德国与英、法在公民身份发展史上的差异。② 高宇轩等对16世纪早期德国路德新教的济贫改革进行了阐述。③ 孟钟捷对魏玛政府为解决住房问题形成的住房统制模式给予关注。④ 陈从阳等则探寻了德帝国晚期和魏玛共和国时期中国文化热产生的多重原因。⑤ 此外,还有学者对德国军事史方面的一些问题进行了研究。⑥

(四) 美国史

2011年,我国学者的美国史研究取得了丰硕成果。政治史研究方面,崔志海研究了美国政府在中日甲午战争中的行为,指出美国表面上声称中立,实则偏袒日本,而偏袒日本的主要原因是为了美国的利益。⑦ 叶凡美和梁红光注重对杰斐逊的联邦制思想及反联邦主义者的联邦制理念的研究。⑧ 梁立佳和董小川认为,易洛魁联盟对18世纪的美国革命进程产生的重要影响。⑨ 谭融等通过对进步主义运动的研究认为,它为美国工业化时期的社会、经济和政治坚实有力的发展奠定了基础。⑩ 蔡萌探讨了"罗得岛问题"对美国代表制民主的深刻影响。⑪ 杨捷认为,美国在第一次柏林危机中有关核问题

---

① 张敏杰:《德国家庭政策的回顾与探析》,《浙江学刊》2011年第3期。
② 孙红国:《浅析近代德国公民身份的发展轨迹》,《历史教学》(下半月刊) 2011年第5期。
③ 高宇轩、张晓华:《16世纪早期德国路德新教济贫改革论略》,《北方论丛》2011年第2期。
④ 孟钟捷:《德国历史上的住房危机与住房政策 (1918—1924) ——兼论住房统制模式的有效性与有限性》,《华东师范大学学报》2011年第2期。
⑤ 陈从阳、桂莉:《德帝国晚期和魏玛共和国时期中国文化热原因初探》,《武汉大学学报》2011年第6期。
⑥ 许二斌:《1677—1815年黑森 - 卡塞尔的雇佣兵事业》,《世界历史》2011年第1期;倪正春:《德国农民战争条款与时代特点的悖论性》,《安庆师范学院学报》2011年第8期。
⑦ 崔志海:《美国政府与中日甲午战争》,《历史研究》2011年第2期。
⑧ 叶凡美、梁红光:《杰斐逊的联邦制思想与"国内改进"政策的延滞》,《史学集刊》2011年第5期;《反联邦主义者的联邦制理念及其意义》,《陕西师范大学学报》2011年第6期。
⑨ 梁立佳、董小川:《易洛魁联盟与美国革命》,《中央民族大学学报》2011年第5期。
⑩ 谭融、游腾飞:《论进步主义运动时期美国政治的发展》,《南开学报》2011年第5期。
⑪ 蔡萌:《"罗得岛问题"与美国的代表制民主》,《史学月刊》2011年第11期。

的决策成为美国以"核威慑"为核心的对苏核战略形成过程中的重要环节。① 茹莹分析了在1905年和1917年俄国革命期间美国态度发生极大变化的原因，指出美国的俄国观、使命观及其革命观是导致它在此问题上立场变化的重要原因。② 陈旭兰以联合国《1971年精神药物公约》的批准为中心，论述了美国在全球精神药物管制体系建立中扮演的重要角色。③

经济史研究方面，付成双认为，美国工业化的起源有其自身的独特性，它走上的是一条与英国不同的工业化发展道路。④ 李月娥论述了20世纪30年代初美国大企业应对经济危机的举措"斯沃普计划"的重要性，并给予较高的评价。⑤ 吴万库对学术界争议较大的问题，即美国革命期间约翰·亚当斯争取荷兰贷款一事进行了剖析。⑥ 张德明尝试对19世纪50年代美国打开日本市场的原因寻找新的答案，认为其原因不止一个。⑦

文化史研究方面，我国学者对古典传统在美国建国历程中发挥了什么作用这一有争议的问题进行探讨。李剑鸣认为，美国的建国者对古典知识采取了一种实用主义的态度，从某种意义上说，美国建国者在雅典和罗马之间走出了一条新的建国道路。⑧ 王晓德对杰斐逊的"自由帝国"观的内涵、实质及其影响进行了阐述。⑨ 王恩铭关注19世纪末20世纪初兴起的美国"社会福音"运动，以及20世纪90年代初美国保守派与进步派展开的"文化战争"的原因、内容

---

① 杨捷：《美国在第一次柏林危机中有关核问题的决策》，《武汉大学学报》2011年第5期。
② 茹莹：《试析美国对俄国革命的反应（1905—1920）》，《世界历史》2011年第2期。
③ 陈旭兰：《美国与全球精神药物管制体系的建立——以联合国〈1971年精神药物公约〉的批准为中心》，《世界历史》2011年第2期。
④ 付成双：《试论美国工业化的起源》，《世界历史》2011年第1期。
⑤ 李月娥：《1930年代初美国大企业应对危机的重要举措——斯沃普计划评析》，《历史教学》（下半月刊）2011年第6期。
⑥ 吴万库：《美国革命期间约翰·亚当斯争取荷兰贷款研究》，《福建师范大学学报》2011年第5期。
⑦ 张德明：《美国打开日本市场原因新探》，《史学月刊》2011年第1期。
⑧ 李剑鸣：《在雅典和罗马之间——古典传统与美利坚共和国的创建》，《史学月刊》2011年第9期。
⑨ 王晓德：《杰斐逊的"自由帝国"观及其影响》，《史学月刊》2011年第1期。

和实质。[1] 谢文玉从"语境主义"史学的视角考察了新左派"政治改宗者"对其"改宗"动因的记忆与认知。[2] 刘青论述了新美利坚帝国史研究兴起的原因。[3]

外交史研究方面，宗教对国际关系的影响受到重视。徐以骅以美国宗教团体的"苏丹运动"为例，探讨了宗教对冷战后美国外交政策的影响。[4] 邹函奇指出，冷战后，宗教对美国外交的影响日益走向组织化、法制化和机制化。[5] 李朋认为，应从国家利益分析的角度重新认识20世纪30年代美国的东亚政策。[6] 李昀指出，欧洲复兴计划的出台是美国政府与利益团体合作的产物；而且，经济合作署的成立促进了美国政府和利益团体在马歇尔计划实施中的合作。[7] 邵笑研究了福特政府的越南政策及其影响。[8] 臧平等研究了肯尼迪政府对以色列开发核武器的政策。[9]

社会史研究方面，史学界近几年展开了关于公共领域的研究。董瑜1798年《惩治煽动叛乱法》的颁布与美国"公共领域"的初步发展的角度论述了该问题，认为围绕该法令的争论与行动在客观上使"公共领域"成为美国早期民主运行的重要媒介。[10] 石庆环主

---

[1] 王恩铭：《试论美国"社会福音"运动的兴起》，《历史教学问题》2011年第1期；《美国20世纪末的一场文化战争：保守派与进步派的较量》，《世界历史》2011年第5期。

[2] 谢文玉：《美国新保守主义阵营中的新左派"政治改宗者"探论》，《历史教学》（下半月刊）2011年第11期。

[3] 刘青：《试论新美利坚帝国史研究的兴起》，《世界历史》2011年第5期。

[4] 徐以骅：《宗教与冷战后美国外交政策——以美国宗教团体的"苏丹运动"为例》，《中国社会科学》2011年第5期。

[5] 邹函奇：《冷战后宗教与美国外交——动力、路线与机制》，《史学理论研究》2011年第3期。

[6] 李朋：《国家利益与20世纪30年代美国东亚政策》，《求是学刊》2011年第5期；《美国政府、利益团体与欧洲复兴计划的出台》，《天津师范大学学报》2011年第2期。

[7] 李昀：《美国政府、利益团体与欧洲复兴计划的出台》，《天津师范大学学报》2011年第2期；《经济合作署的成立及其意义》，《福建师范大学学报》2011年第5期。

[8] 邵笑：《论福特政府的越南政策及其影响》，《世界历史》2011年第6期。

[9] 臧平、赵继珂：《肯尼迪政府对以色列开发核武器的政策初探》，《东北师大学报》2011年第5期。

[10] 董瑜：《1798年〈惩治煽动叛乱法〉与美国"公共领域"的初步发展》，《历史研究》2011年第2期。

要介绍了19世纪末20世纪初美国"新式中产阶级"形成时期的文官群体,以及他们的"政治中立"原则。① 杨超论述了美国黑人平等就业政策的形成,认为这是一个渐进的过程。② 闫金红和程早霞探讨了20世纪80年代美国的难民政策,认为冷战意识形态因素主导了美国的难民政策。③ 兰教材对美国1906年纯净食品药品法的由来进行了阐释。④ 谢国荣、吕洪艳、祝曙光等围绕布朗案判决与美国民权运动、20世纪中期美国的福利危机、美国排日运动等问题展开了研究。⑤

军事史研究方面,张小龙、孙建霞、赵学功等研究了美国内战时期联邦海军反干涉战略,北美独立战争中的大陆军,制约美国在朝鲜战争中使用核武器的若干因素,肯尼迪政府对古巴导弹危机的军事反应等。⑥

(五)国际关系史

国际关系史长期以来是我国学者研究的热点和重点,其特点为立足历史、关注现实。2011年,我国的国际关系史研究领域取得了丰硕成果。研究重点虽依然主要在冷战、"二战"时期的大国关系上,但其他方面也有较大发展,如理论探讨的加强、研究视野的开阔以及对后冷战时期国际关系的关注等。

1. 冷战史研究

王立新认为,冷战时期的美国外交政策深受冷战意识形态的影

---

① 石庆环:《19世纪末和20世纪初美国"新式中产阶级"形成时期的文官群体》,《史学集刊》2011年第1期;《美国中产阶级的"政治异化"现象与文官"政治中立"原则》,《辽宁大学学报》2011年第4期。

② 杨超:《论美国黑人平等就业政策的形成》,《北方论丛》2011年第1期。

③ 闫金红、程早霞:《论20世纪80年代美国难民政策》,《北方论丛》2011年第3期。

④ 兰教材:《美国1906年纯净食品药品法之由来》,《史学月刊》2011年第2期。

⑤ 谢国荣:《布朗案判决与美国民权运动述评》,《历史教学》(下半月刊)2011年第5期;吕洪艳:《20世纪六七十年代美国福利危机探微》,《历史教学》(下半月刊)2011年第5期;祝曙光、张建伟:《1883—1924年美国排日运动析论》,《江汉论坛》2011年第7期

⑥ 张小龙:《美国内战时期联邦海军反干涉战略探析》,《史学集刊》2011年第4期;孙建霞:《北美独立战争中的大陆军探析》,《历史教学》(下半月刊)2011年第4期;赵学功:《制约美国在朝鲜战争中使用核武器的若干因素》,《史学月刊》2011年第4期;赵学功:《肯尼迪政府对古巴导弹危机的军事反应》,《历史教学》(下半月刊)2011年第10期。

响，冷战在某种意义上是"美国的意识形态工程"。① 对美苏在中东的冷战进行研究，无疑有助于我们观察今日错综复杂的中东局势。黄民兴指出，中东在美苏冷战中具有重要意义。中东是冷战的发源地之一，正是冷战在中东地区催生出高度敌视西方的伊斯兰极端主义。② 经济冷战起源的研究是国际学术界关注的一个重要领域，以往我国学者研究不多。崔海智希望不囿于西方的研究模式，从"二战"结束前后苏美两国进行的经济合作尝试的失败这一问题入手，试图寻找经济冷战的起源。③ 谢华认为，经济外交是认识冷战历史的重要视角，对外援助则是经济外交最重要的表现形式。而美国实现冷战目标最重要的工具之一即是经济外交，冷战时期美国对第三世界国家实施的经济援助计划，是其遏制苏联大战略的有机组成部分。④

汪诗明指出，《澳新美同盟条约》是冷战时期新西兰与非英联邦国家签订的第一个防务同盟条约，该条约的签订对其外交和防务政策都产生了重要影响。⑤ 王艳芬分析了冷战初期美国对尼泊尔的外交政策，认为其带有很强的政治性和战略目的。⑥ 通过研究艾森豪威尔政府对发展援助政策的调整，刘国柱认为，其主要动因是出于对苏冷战的考虑。王苏敏论述了肯尼迪时期美国对外援助政策形成的背景。⑦ 金海以冷战初期美国公民舆论与美国政府对苏联政策的转变为切入点，深入探讨了民间舆论与美苏关系。⑧ 值得一提的是夏亚峰的

---

① 王立新：《美国的冷战意识形态：内容与作用》，《史学集刊》2011 年第 5 期。
② 黄民兴：《试析冷战在中东的分期和特点》，《史学集刊》2011 年第 3 期。
③ 崔海智：《战后苏美经济合作尝试的失败——兼论经济冷战的起源》，《世界历史》2011 年第 1 期。
④ 谢华：《经济外交与冷战史研究新视野》，《史学集刊》2011 年第 5 期。
⑤ 汪诗明：《〈澳新美同盟条约〉对新西兰外交和防务政策的影响——基于冷战时代的考量》，《史学集刊》2011 年第 5 期。
⑥ 王艳芬：《冷战初期美国对尼泊尔政策评析》，《世界历史》2011 年第 2 期。
⑦ 刘国柱：《艾森豪威尔政府对发展援助政策的调整与美国冷战战略》，《求是学刊》2011 年第 3 期；王苏敏：《肯尼迪时期美国对外援助政策的形成背景》，《内蒙古民族大学学报》2011 年第 1 期。
⑧ 金海：《冷战初期美国公民舆论与对苏政策的转变》，《中国社会科学院世界历史研究所学术文集第 7 辑》。

《近十年来美英两国学术界冷战史研究述评》[1],这篇述评非常详细地介绍了美国主要的冷战中心、研究冷战的资源来源、新的研究方法、学者们关注的热点问题、最新成果和英国冷战研究概况,为冷战研究者提供了较详细的学术信息。

2. 国际关系史其他问题研究

在国际关系史理论探讨方面,对帝国、霸权和战争起源理论的研究有所加强。刘德斌、孙兴杰认为,帝国与霸权既是国际关系的两种组织形态,也是国际关系演进的两种逻辑。在漫长的历史进程中,两种形态与逻辑交互出现并呈现出帝国向霸权转换的趋势。[2]

2011年度,相关专著有黄正柏的《欧洲一体化进程中的国家主权问题研究》[3]和陈景彦等著《20世纪中日俄(苏)三国关系史研究》[4]。前者对欧洲一体化进程中有关国家主权的相关分歧与争论的发展轨迹作了系统的历史考察。后者是一部研究20世纪中日俄三国关系史的专著,主要介绍了近代以来中日俄间错综复杂的关系。

何慧以美国第63号国家安全研究备忘录为中心,详细解读了尼克松政府的大三角战略决策。[5] 李永胜对1907—1908年中德美联盟问题进行研究。[6] 马德义通过研究卡特政府在韩国撤军政策上的前后变化,认为国际局势变化促使美国以国家利益为主线在"撤"与"留"之间徘徊。[7] 白建才研究了美国针对苏联入侵阿富汗制定的政策及其隐蔽行动。[8] 苑爽阐述了第二次世界大战后美国对德"智力索

---

[1] 夏亚峰:《近十年来英美两国学术界冷战史研究述评》,《史学集刊》2011年第1期。

[2] 刘德斌、孙兴杰:《霸权与帝国:两种不同的组织形态与逻辑》,《吉林大学学报》2011年第2期;黄琪轩:《战争起源:研究层次的多样性》,《国际论坛》2011年第2期。

[3] 黄正柏:《欧洲一体化进程中的国家主权问题研究》,湖北人民出版社2011年版。

[4] 陈景彦等:《20世纪中日俄(苏)三国关系史研究》,长春出版社2011年版。

[5] 何慧:《美国尼克松政府大三角战略决策肇始解析——以第63号国家安全研究备忘录为中心》,《世界历史》2011年第1期。

[6] 李永胜:《1907—1908年中德美联盟问题研究》,《世界历史》2011年第4期。

[7] 马德义:《卡特政府从韩国撤军政策变化初探》,《世界历史》2011年第1期。

[8] 白建才:《论美国对苏联入侵阿富汗的政策与隐蔽行动》,《陕西师范大学学报》2011年第6期。

赔"计划的内容、实施、结果和影响。① 宋晓芹关注朝鲜战俘遣返谈判中的苏联因素,认为苏联作为一种外部因素在遣返战俘问题的谈判中发挥了重要作用。② 耿志论述了麦克米伦政府在塞浦路斯独立问题上政策的变化。③ 王小欧对1934年日英两国曾构想签订互不侵犯条约一事的来龙去脉进行了梳理和分析。④ 汪诗明论述了"二战"后澳大利亚的对日战略由"硬"和平到"软"和平转变的原因。⑤ 徐振伟分析了"一战"后美国对中东欧国家实行粮食外交的政治目的。⑥ 滕帅论述了第二次柏林危机初期,英国主张以和平谈判方式解决危机的外交立场和政策。⑦ 孙山亦通过研究第二届艾森豪威尔政府时期西德与苏东国家间的关系,以及20世纪50年代美国对东欧国家的政策差别,指出美国进行冷战的实质。⑧ 胡礼忠和张绍铎依据解密档案对冷战期间尼赫鲁访日与岸信介政府的对印政策进行了考察,着重对岸信介政府的对印政策加以分析。⑨

(原载《世界历史》2012年第3期)

---

① 苑爽:《试析第二次世界大战后美国对德"智力索赔"计划》,《世界历史》2011年第3期。
② 宋晓芹:《试析朝鲜战俘遣返谈判中的苏联因素》,《世界历史》2011年第2期。
③ 耿志:《麦克米伦政府与塞浦路斯独立》,《安徽史学》2011年第4期。
④ 王小欧:《1934年日英签订互不侵犯条约构想论析》,《北方论丛》2011年第3期。
⑤ 汪诗明:《由"硬"和平到"软"和平——论二战后澳大利亚的对日战略》,《复旦学报》2011年第6期。
⑥ 徐振伟:《一战后美国对中东欧的粮食外交》,《南开学报》2011年第5期。
⑦ 滕帅:《试论第二次柏林危机初期的英国外交》,《首都师范大学学报》2011年第2期。
⑧ 孙山亦:《第二届艾森豪威尔政府时期西德与苏东国家间的关系》,《社会科学论坛》2011年第6期;《"光谱"的呈现:20世纪50年代美国对东欧国家的政策差别》,《暨南学报》2011年第1期。
⑨ 胡礼忠、张绍铎:《尼赫鲁访日与岸信介政府的对印政策》,《历史教学问题》2011年第5期。

世界历史研究回顾与展望暨世界历史研究所成立50年座谈会综述

饶望京

金秋十月，丹桂飘香。中国社会科学院世界历史研究所迎来了50周年所庆。2014年10月25日，世界历史研究回顾与展望暨世界历史研究所成立50周年座谈会在北京召开。中国社会科学院院长、党组书记王伟光出席座谈会并作重要讲话，中国社会科学院原副院长武寅出席会议并讲话。中国社会科学院历史学部主任刘庆柱出席会议并致辞，中国社会科学院世界历史研究所所长张顺洪介绍了世界历史研究所的历史与现状，党委书记赵文洪主持开幕式。中国社会科学院相关所局领导到会祝贺。会前，世界历史研究所副所长饶望京演示并讲解了"面向世界从历史走向未来——世界历史研究所50年发展历程"幻灯片。

来自中国社会科学院、北京大学、中国人民大学、北京师范大学、武汉大学、浙江大学、南京大学、南开大学、山东大学、复旦大学、首都师范大学、天津师范大学等研究机构和高校的专家学者以及世界历史研究所在职和离退休职工共一百六十余人参加了座谈会，庆祝中国社会科学院世界历史研究所成立50周年，同时对中国的世界史研究进行回顾与展望。

王伟光院长指出，世界历史研究所是根据毛泽东同志1963年关于加强外国问题研究的重要批示，于1964年5月经中华人民共和国国务院批准正式成立的。五十年来，在中央领导的亲切关怀下，在院党组的坚强领导下，在几辈专家学者的共同努力下，世界历史研究所始终坚持正确的政治方向和学术导向，坚持以马克思主义唯物史观为指导，继承和发扬我国史学"经世致用"的优良传统，大力推进世界历史研究工作，加强对外学术交流，积极回应重大理论和现实问题，努力实现中央对我院提出的"三个定位"要求。目前，世界史已成为一级学科，世界历史研究所已发展成为一个对世界主要国家和地区的历史进行综合性研究的国家级专门学术机构，拥有10个二级学科，17个受托管理的学会、书院、研究中心等学术团体，1个藏有11万余册近30种语言书籍的国内重要的世界史专业图书馆，2种在国内具有重要学术影响的学术期刊（《世界历史》和《史学理论研究》），新创办的英文期刊《世界史研究》（World History Studies）正式出版。

王伟光院长指出，五十年来，世界历史研究所先后承担了64项国家社科基金项目和142项院级项目课题。编著出版了《第二次世界大战史》、《外国历史大事集》、《世界历史》（多卷本）等一批重要的学术著作和外国史学名作、译著；组织制作了《世界历史》百集大型纪录片；组织编写《中国大百科全书·外国历史》卷、《世界历史年表》、《世界历史名词》等工具书，为我们认识世界、了解世界、传承世界文明、促进与世界各国的交往做出了重要贡献。

王伟光院长强调，在经济全球化日益加深的今天，在建成中国特色社会主义的过程中，在实现中华民族伟大复兴中国梦的进程中，每一个社会科学工作者，都肩负着认识世界、传承文明、创新理论、资政育人、服务社会的重要使命和责任。如何为弘扬先进文化、传承文明做出应有的贡献，是每位哲学社会科学工作者都应该认真思考的问题。我们要想在认识和把握世界历史发展规律方面有所作为，必须努力做到以下三点。一是要加强对历史唯物主义的研究。唯物史观是马克思的两个伟大发现之一，是科学的历史观。中国的世界史学科正是在马克思唯物史观的指导下，才取得今天的成就。坚持唯物史观和发展唯物史观不仅是巩固马克思主义在意识形态领域的指导地位的需要，更是史学研究自身不断发展的需要。只有掌握了正确的理论，才能够正确地认识人类历史发展的规律。二是要树立为人民而研究世界历史的精神。把唯物史观的基本原理贯穿世界历史研究之中，真正把人民群众作为推动人类历史发展的主体，从历史观、方法论的高度来理解人民群众是历史的创造者；从服务国家、服务社会的高度深刻理解为人民群众而研究世界历史与党和国家目标的一致性。要关注现实，关注党和国家、人民群众所关注的重大问题，树立优良的学风、文风，用正确的历史观把科学的世界历史知识，通过通俗易懂的形式传播给社会，用优秀的史学研究成果服务于人民群众。三是要为国家的发展提供智力支持。中国在世界上的影响力正在日益凸显，正处在成为全球性大国的关键时期。在这种局势下，世界历史研究大有作为。在处理中国周边国家问题时，"世界史"不应该缺位；在观察世界总体格局、处理各种多边或双边关系时，"世界史"不应该缺位；在面对各种国际组织、制定应对政策时，也需要借助"世界史"；如何破解中国自身的难题——比如住房问题、养老问题、贫富差距问题，在别国的历史中，中国可以受到启发。还有很多重要问题需要从世界历史中吸取经验教训，去澄清解答。站在新的历史起点，面对世界风云变幻，我们世界史工作者责无旁贷，任重道远。

　　作为20世纪80年代进入世界历史研究所的研究人员，武寅副院长回顾了世界历史研究所走过的历程。她指出，50年前世界历史研究所的诞生，是党和国家高瞻远瞩的重要决策，也是中国社会科学院学科布局和科研建设的一件大事，它标志着中国社会科学院乃至我国的历史研究事业又向前迈进了一大步。世界历史研究所的发展史如同我国科学技术的发展史一样，经历了曲折与艰辛。改革开放以后，开始一步一个新台阶，走上了发展的快车道。她希望世界历史研究所要进一步认清形势，明确任务，抓住机遇，用好中国社会科学院科研体制改革下放给研究所的自主权，进一步调动全所科研人员的积极性，解放科研生产力，把出大师级人才、精品级成果，作为全所努力的目标，为巩固和加强世界历史研究所在国内世界史学界的地位，并逐步扩大世界历史研究所在国际学术界的影响做出应有的贡献。

世界历史研究所的创始人程西筠、学部委员廖学盛、荣誉学部委员陈之骅和陈启能等分别发言，回顾了本所的发展历程。程西筠说，她是来所最早成员之一，目睹了研究所从房无一间、地无一垄、书无一本，借住在中国历史研究所筹建，到50年后发展到今天这样规模的全过程，科研工作取得了巨大成绩，出版了大量专著、译著、大型工具书、专题论文、各种类型的文章、知识性普及读物等。廖学盛建议，世界史所要制订长远发展规划，呼吁增加世界历史研究人员，加强外语人才培养。陈之骅从三大目标、三个重点、三大战略、三项要求四个方面，提出了12条建议，希望世界史所百尺竿头，更进一步。陈启能希望科研人员把研究工作作为自己的生命，安下心来，潜心治学，立志为国家成才。

全国著名高校的专家学者纷纷发言，对世界历史研究所未来再铸辉煌寄予厚望，对世界史研究发展方向进行了探寻。武汉大学教授胡德坤认为，世界史学科已成为一级学科，表明了国家对世界史学科的重视，也为世界史学科的发展提供了新的机遇。世界史应该抓住这个机遇，乘势而上，明确为国家为现实服务的方向，充分发挥世界史在我国改革开放、民族复兴中的作用。拓展世界史的研究范围，走学科交叉融合之路。浙江大学教授沈坚分析了中国的法国史研究现状，展望了六卷本《法国大通史》的研究前景。天津师范大学侯建新教授，深情回忆了世界历史研究所名誉所长陈翰笙先生对他的提携和谆谆教导。北京师范大学杨共乐教授认为，总结中国的世界史研究成就，可以明晰优势，发现不足，为建立重原创、有特色的世界史学科打下更为扎实的基础。南开大学教授陈志强梳理和分析了我国拜占庭史研究领域取得的巨大进步。首都师范大学徐蓝教授针对当前中国的世界史研究存在的差距，提出要关注学术前沿，重视时代发展，提高研究水平。复旦大学张广智教授对中国西方史学史学科的五十年进行了总结。中国人民大学孟广林教授，阐述了理论指导对世界史研究的意义。南京大学陈晓律教授通过评析文礼朋新作《近现代英国农业资本主义的兴衰——农业与农民现代化的再探讨》，考察了英国农业现代化问题。山东大学顾銮斋教授从培养新生力量、创办杂志和关注现实三个方面，观察和审视了世界历史研究所与中国世界史学科建设的关系。世界历史研究所徐建新研究员提出要继承前辈学者的优良传统，做积极向上的世界史所人。世界历史研究所董欣洁副研究员发出了一个青年科研人员的心声：我们年轻职工都热爱我们的研究所，都珍惜我们研究所来之不易的今天，都愿意发扬光大前辈们开创的优良传统，树立良好的品格、良好的学风，打牢坚实的学术基础，锐意进取，志在一流，为世界历史研究所更加美好、更加辉煌的明天努力奋斗。

与会一些专家还做了即席发言，对我国世界历史学的发展提出了宝贵意见和建议。

（原载《世界历史》2014 年第 6 期）